JOSEF SEIFERT

Bye Bye Dawkins und Darwin

Josef Seifert

Bye Bye
Dawkins und Darwin

Göttliche Schöpfung der Welt und des Menschen aus dem Nichts

Philosophische Beweise

Patrimonium-Verlag 2021

IMPRESSUM

Zweite verbesserte und
erweiterte Auflage (April 2021)

In der Verlagsgruppe Mainz

Printed in Germany
Erste Auflage (Irving, TX, Gaflei, FL, Santiago de Chile, Granada Spain: International Academy of Philosophy Press, Juni 2020, Siebte verb. Version/Seventh Printing 3. Oktober 2020)

Erschienen in der Edition »PATRIMONIUM THEOLOGICUM«

Patrimonium-Verlag
Verlagsgruppe Mainz
Süsterfeldstraße 83
52072 Aachen

www.patrimonium-verlag.de

Gestaltung, Druck und Vertrieb:
Druck & Verlagshaus Mainz GmbH
Süsterfeldstraße 83
52072 Aachen

www.verlag-mainz.de

Abbildungsnachweis (Umschlag):
https://de.wikipedia.org/wiki/Datei:Creaci%C3%B3n_de_Ad%C3%A1m.jpg

ISBN-10: 10: 3-86417-148-2
ISBN-13: 978-3-86417-148-2

In Memoriam

Frau Professor Alma von Stockhausen
(30. September 1927 – 4. Mai 2020),
Philosophin von hohem Ruf und Gründerin der Gustav Siewerth Akademie,
und
Albrecht Graf von Brandenstein-Zeppelin,
deren Rektor, herzlich gewidmet
in Dankbarkeit
für den unermüdlichen Kampf an der Gustav Siewerth Akademie um die Erkenntnis der grundlegenden Wahrheit der göttlichen Schöpfung der Welt und des Menschen
als freier geistiger Person
und Ebenbild Gottes
aus dem Nichts

Inhalt

KAPITEL 2

KAPITEL 3

KAPITEL 15

EINFÜHRUNG

Das vorliegende Werk stellt die Frucht eines Forschungsprojekts dar, an dem ich seit August 2018 als Direktor des Dietrich von Hildebrand Instituts für Philosophie und realistische phänomenologische Forschung an der Gustav Siewerth Akademie gearbeitet habe,[1] sowie einer jahrzehntelangen Arbeit an philosophischen Gottesbeweisen und einer Widerlegung der neodarwinistischen Erklärung des Ursprungs des Menschen.[2]

An dieser Stelle möchte ich auch Professor Dr. med. Adorján F. Kovács herzlich danken, der die erste Fassung des vorliegenden Buches gründlich und mit den Augen eines Naturwissenschaftlers gelesen und mir zahlreiche wertvolle Korrekturen und Anregungen gesandt hat, die den Text wesentlich verbessert haben.

Dieses Buch hat einen streng philosophisch-wissenschaftlichen Charakter, verzichtet aber weitgehend auf ei-

---

1 Deren Rektor Albrecht Graf von Brandenstein-Zeppelin spreche ich hiermit meinen herzlichen Dank dafür aus, dass er mir dieses, ebenso wie ein weiteres Forschungsprojekt über die Freiheit des menschlichen Willens anvertraut hat.

2 Dem Werk sind viele andere Bücher und Artikel über das Thema der philosophischen Theologie vorausgegangen; etwa *Gott als Gottesbeweis. Eine phänomenologische Neubegründung des ontologischen Arguments*, (Heidelberg: Universitätsverlag C. Winter, 1996), 2. Aufl. 2000; *Erkenntnis des Vollkommenen. Gotteserkenntnis auf den Wegen der Vernunft* (Bonn: Lepanto Verlag, 2010); 2. Auflage ebd. 2020, *Essere e persona. Verso una fondazione fenomenologica di una metafisica classica e personalistica*. (Milano: Vita e Pensiero, 1989), Teile IV und V. Vgl. Auch Josef Seifert, »Critical Reflections on Evolutionism as a Scientific or Pseudo-Scientific Theory and as an Atheist Ideology," *Aemaet.* Wissenschaftliche Zeitschrift für Philosophie und Theologie. 3 (31.3.2014), 2–51.

nen wissenschaftlichen Apparat von Zitaten, Anmerkungen sowie Bezügen auf eigene und fremde Werke.[3]

In dieser Hinsicht ahme ich, in weniger strenger Form, die Vorgangsweise Platons und des hl. Augustinus in den meisten ihrer Schriften und Dialoge sowie auch die Vorgangsweise Anselm von Canterburys im *Monologion* und *Proslogion* und jene Descartes' in den sechs metaphysischen *Meditationen* nach.[4]

Der große Unterschied zwischen der Mathematik, die philosophischer Erkenntnis ähnliche rationale Einsichten in notwendige Gegebenheiten und Sachverhalte sowie rigorose Beweise verwendet,[5] und der Philosophie, außer dem viel spezifischeren und eingeschränkteren Gegenstandsbereich der Mathematik, besteht insbesondere in zweierlei: Erstens darin, dass in der Mathematik so gut wie keine Meinungsverschiedenheiten bestehen und zweitens darin, dass in der Mathematik die letzten Fundamente, Wert und Eigenart der in ihr entwickelten Erkenntnisse und deren Gegenstände nicht untersucht werden, was für die Mathematik als solche unmöglich und nur einer Philosophie der Mathematik möglich ist, die allerdings von der Antike an in vielen mathematischen Lehrbüchern enthalten war.[6]

Sobald eine nominalistische, eine psychologistische und intuitionistische, oder deren Gegenteil, eine platonisch ori-

---

3 Dieses Prinzip führe ich im Wesentlichen streng durch außer in den Kapiteln über den ontologischen Gottesbeweis und die Evolutionstheorie, wo wenigstens eine allgemeine Berücksichtigung der hauptsächlichsten Einwände berücksichtigt werden müssen.

4 René Descartes, *Discours de la Méthode*, in: *Œuvres de Descartes*, hg. v. Charles Adam & Paul Tannery, VI, 1–78 ; *Meditationes de Prima Philosophia, Œuvres de Descartes*, hg. v. Charles Adam & Paul Tannery, Bd. VII (Paris: J. Vrin, 1983), 1–561.

5 Zumindest in ihren klassischen Formen, die sich von willkürlichen mathematischen Ansetzungen und kontraevidenten Spielereien unterscheidet, und auf evidenten Prämissen, Prinzipien und Beweisen beruht.

6 Man denke besonders an Euklid. Siehe Thomas L. Heath; transl., introd., comm., *The Thirteen Books of Euclid's Elements*, 3 vol., reprint of 2nd ed. (New York: Dover, 1956).

entierte Mathematik, wie jene der *Elemente Euklids*, das Wesen der mathematischen Axiome, Prinzipien und Theoreme behandelt, treten auch unter Mathematikern radikale Meinungsverschiedenheiten auf.

Ähnlich geht es in allen Naturwissenschaften. Sobald der Corpus dieser Wissenschaften und deren eigene Forschungsergebnisse, die fast durchwegs intersubjektiv von allen Wissenschaftlern auf demselben Gebiet geteilt werden, verlassen wird, entweder in einer Philosophie der Eigenart und des Gewissheitsgrades naturwissenschaftlicher Erkenntnisse, oder in Mischtheorien aus Physik, Biologie und Philosophie wie der Relativitätstheorie der Zeit oder der Evolutionstheorie, tritt häufig eine der beiden folgenden Reaktionen ein:

Entweder verfallen die sonst so nüchternen Naturwissenschaftler oder Mediziner einem absolut unwissenschaftlichen und ideologischen »Dogmatismus«, wie viele Verteidiger der Evolutionstheorie, oder es stellen sich zwischen verschiedenen ehrlichen und gedankenvollen Naturwissenschaftlern und Philosophen gewaltige Gegensätze und Meinungsverschiedenheiten ein. – Die letzteren entspringen nicht dem unwissenschaftlichen Charakter der Philosophie (obwohl es natürlich viele unwissenschaftlich denkende Philosophen und Denker sowie der philosophischen Methode ganz ungeübte Autoren gibt, von denen unfundierte Behauptungen aufgestellt und teils widerspruchsvolle Gedanken bunt durcheinander gemischt werden), sondern vielmehr den Tatsachen, dass die für die Beantwortung der genannten Fragen unerlässlichen Methoden der Philosophie viel schwerer zu erfassen und rigoros anzuwenden sind als jene der Naturwissenschaften, und dass ihre der Wirklichkeit treue Anwendung alle möglichen moralischen und sonstigen Hindernisse und Blindheiten überwinden muss, die den Mathematiker oder Naturwissenschaftler als solchen – solange er bei seinem Leisten bleibt – nicht bedrohen.[7]

7 Vgl. Josef Seifert, *Discours des Méthodes. The Methods of Philosophy and Realist Phenomenology*, (Frankfurt: Ontos-Verlag, 2009).

Die Ergebnisse einer rein thematischen und systematischen philosophischen Forschung darzulegen ist dem philosophischen Vorgehen vieler anderer Philosophen der Gegenwart und Vergangenheit verwandt, die sich um eine klare Erkenntnis der Wirklichkeit bemühen, anstatt gelehrte Darstellungen und Diskussionen philosophischer Meinungen zu liefern, die mehr durch gründliche philosophiehistorische Wissenschaft als durch eigene philosophische Erkenntnisse glänzen.

Mit anderen Worten: statt dem Leser das Brot der Wahrheit, nach der er sich sehnt, vorzuenthalten durch Kommentare über Kommentare anderer Philosophen, ist der einzige Zweck dieses Werkes, die Wahrheit der göttlichen Schöpfung der Welt und der Seele jedes einzelnen Menschen aus dem Nichts streng rational zu beweisen und dadurch das herrschende und bis in die Volksschulen hinein ideologisch eingepaukte und keinen Widerspruch duldende Verständnis eines geist- und planlosen Ursprungs des Universums und des Menschen durch einen Urknall und eine Evolution ohne jeden intelligenten schöpferischen Plan (ohne *Intelligent Design*) und ohne Schöpfer-Gott zu widerlegen.

Mit wiederum anderen Worten soll die Wahrheit des vom gläubigen Juden, Muslim und Christen bekannten Glaubens an Gott, den Schöpfer aller sichtbaren und unsichtbaren Dinge aus dem Nichts, rational mit dem Licht der Vernunft erkannt und bewiesen werden. Dass und wie dies möglich ist, soll im Folgenden dargelegt werden.

Zur Ausführung dieses Plans werden im Ersten Teil die strengen, mathematischer Erkenntnis ebenbürtigen, ja sie an Gewissheit übertreffenden allgemeinen metaphysischen Einsichten und Beweise dafür entwickelt, dass dem Sein der Welt ihr Nichts vorhergegangen ist und die Welt daher unmöglich in sich selbst den zureichenden Grund ihres Seins haben kann.

Nun, wenn man annimmt, der Welt sei dieses »Welt-Nichts« vorhergegangen, wie soll die Welt entstanden sein aus solchem Nichts? In der Beantwortung dieser Frage scheiden sich die Geister.

Eine Reihe von Atheisten, die zugeben, dass der Existenz der Welt ihr Nichts vorhergegangen ist, meinen, die Welt sei einfach so, ohne Plan und ohne jede schöpferische Macht und Intelligenz, aus dem Nichts entsprungen. Um diese Behauptung oder Annahme zu rechtfertigen, müssen sie entweder einige der evidentesten metaphysischen Prinzipien verwerfen oder den Begriff des Nichts dahingehend umdeuten, dass es in ihm doch etwas, etwa »fluktuierende Energiequanten«, gab, das sich dann plötzlich, nur wie »fast aus dem Nichts«, verdichtet und ausgedehnt haben könnte.

Der Autor, der die Überzeugung, die Welt sei aus dem Nichts entsprungen, mit den genannten Atheisten teilt, dabei allerdings ein philosophisch gesehen wesentlich nichtigeres Nichts meint als einen mit Energiequanten gefüllten leeren Raum, wird hingegen beweisen, dass die Welt ausschließlich durch göttliche Schöpfung aus dem Nichts hervorgehen konnte.

Um dieses Projekt durchzuführen, müssen wir als erstes fragen: Wie können wir die – auch von vielen atheistischen Naturwissenschaftlern gemachte – Annahme, die Welt könne nicht ewig (anfanglos) sein und der Welt sei daher ihr Nichts, das »Welt-Nichts«, vorausgegangen, als sichere Wahrheit rigoros beweisen?

Für die Naturwissenschaft, so plausibel auch deren Gründe für die Annahme dieser These sind, bleibt die Annahme, die Welt käme aus dem ihr vorhergehenden Nichts, eine Theorie (neben anderen), die sich naturwissenschaftlich nicht strikt beweisen lässt, sondern eher manchen rein naturwissenschaftlichen Betrachtungen, Theorien und Prinzipien über die Welt, wie dem Satz der Erhaltung und des Gleichbleibens der Quantität der Energie in einem geschlossenen System, zu widersprechen scheint.

Es gibt jedoch eine Reihe von strikten philosophischen Beweisen dafür, dass der Welt deren Nichts vorhergegangen sein muss und die Welt weiterhin ständig aus dem Nichts hervorgeht bzw. im Sein erhalten und davon abgehalten wird, ins Nichts zurückzufallen.[8]

Im zweiten Teil wird im Spiegel der zeitlichen, nicht notwendig existierenden und unvollkommenen Welt gezeigt, dass nur ein ewiges, notwendig seiendes und vollkommenes Wesen, nämlich ein personaler Gott, den zureichenden Grund für sein Dasein in sich haben kann.

Dabei wird zur Lösung der philosophischen Frage nach jenem Sein, das den zureichenden Grund seiner Existenz in sich selbst hat, eine metaphysisch-präzise-spekulative Metaphysik, die im Spiegel der Welt die ganz andere göttliche Wesenheit, wenngleich unvollkommen, erkennt, angewendet und als wichtiger Teil eines »phänomenologischen und noumenologischen Realismus« bestätigt.[9]

Der dritte Teil bietet die Beweise für die göttliche Schöpfung aus dem Nichts, d.h. dafür, dass ausschließlich ein personaler und freier göttlicher Schöpfungsakt, dem nicht ein Zufall, sondern ein absolut bewundernswerter und intelligenter Plan zugrunde liegt, die Welt aus dem Nichts ins Dasein gerufen haben kann.

Gleich eingangs wird im dritten Teil das Prinzip vom zureichenden Grund, das beweist, dass ein ursachen- und grundloses Hervorgehen der Welt aus dem Nichts absolut unmöglich ist, eingehend analysiert. Erst nachdem dieses evidente metaphysische Grundprinzip von verschiedenen falschen Deutungen unterschieden wird, die sich selbst bei seinem größten Verteidiger und »Entdecker«, G. W. Leibniz, finden, kann man erkennen, dass nicht nur einzig und al-

8 Es gibt große Philosophen, wie Thomas von Aquin, die, im Gegensatz zu Bonaventura, mir und anderen, behaupteten, dass es keinen rein philosophischen Beweis dafür gibt, dass dem Sein der Welt ihr Nichts vorhergegangen und die Welt nicht ewig sei. Dennoch verteidigte Thomas von Aquin als rein philosophische Einsicht, dass die Welt von Gott aus dem Nichts geschaffen wird und ständig aus diesem hervorgeht und ohne seinen Schöpfungsakt ins Nichts stürzen würde.

9 Vgl. Josef Seifert, *Discours des Méthodes. The Methods of Philosophy and Realist Phenomenology*, zit.

lein Gott den zureichenden Grund des eigenen Seins in sich selbst besitzt, sondern dass auch Er allein den zureichenden Grund für die Entstehung und das Sein der Welt bieten kann.

Die Absurdität der Annahme, die Welt sei von selbst aus einer kosmischen Explosion von Gasen, einem Big Bang, ohne einen intelligenten Plan eines Schöpfers, entstanden, wird klar bewiesen.

Die von mehreren Vorurteilen befreite Erkenntnis des Prinzips vom zureichenden Grund widerlegt jedoch gleichermaßen die Behauptung von Leibniz, alles Seiende habe einen *notwendigen* Grund, der allein zureichend sein könne. Ganz im Gegenteil werden wir einsehen: nur ein freier, ungezwungener Akt göttlicher Wahl kann sowohl der zureichende Grund für die nicht-notwendige Existenz der Welt als auch für menschliche Freiheit sein.

Dem entsprechend wird nachgewiesen, dass die Welt aus dem ewigen göttlichen Wesen nicht durch ein notwendiges Gesetz eines notwendigen Hervorfließens aus Gott hervorgebracht worden sein kann.

Der vierte Teil gilt der Kritik einer atheistischen Evolutionstheorie, aber ebenso einer Darwin nachbetenden »theistischen Evolutionstheorie«, wenn diese der atheistischen Evolutionstheorie, die auf den Prinzipien einer planlosen zufälligen Mutation und dem Prinzip der natürlichen Auslese durch Überleben des Stärkeren und ähnlichen ungeistigen Faktoren beruht, einzig und allein den Gedanken hinzufügt, dass »Evolution« als »Methode der Schöpfung« von Gott benutzt wird und von Ihm nur das erste Material geliefert wird, aus dem sich der Rest planlos entwickelt.

Diese Art von theistischer Evolutionstheorie wird sich in gewisser Hinsicht als noch absurder als der atheistische Evolutionismus erweisen. Denn dem Atheisten, der einen Schöpfergott ablehnt, bleibt fast nichts anderes übrig als die Entwicklung der Arten durch eine Art von Evolutionstheorie zu erklären. Hingegen ist die Idee eines theistischen Evolutionismus, die Idee, dass eine göttliche Person, die die Macht hat ein höchst sinnvolles Gebilde zu schaffen, Milliarden von Jahren darauf wartet, bis planlose Mutationen oder die natürliche Auslese irgendeine Höherentwicklung ergeben, schlichtweg Unsinn; sie impliziert, dass der Gott-Schöpfer jeder Macht oder jedes Verstandes bar ist.[10]

Daher ist eine theistische Evolutionstheorie eine Beleidigung der Intelligenz und Macht Gottes. Ja, sogar wenn man einem menschlichen Künstler die Methoden darwinischer Evolution zutrauen wollte, um ein Kunstwerk hervorzubringen, würde man ihn schwer beleidigen.

Man stelle sich einen Phidias vor, der seine Statue des olympischen Zeus und der Athena Parthenos schaffen konnte, aber statt dafür seine höchste bildhauerische Kunst gebraucht zu haben, eine halbe Ewigkeit tatenlos abgewartet hätte, bis aus einer Fülle hässlicher Formationen, die aus Ausbrüchen von Vulkanen ohne jeden Plan oder Wirken eines Künstlers entstünden, einmal per Zufall sein olympischer Zeus oder seine berühmte Athena Parthenos entstanden wäre (was natürlich die ganze Ewigkeit lang nie geschehen würde).

Ein solcher, dem »theistischen darwinistischen Gott« ähnlicher Künstler, der anstatt selbst ein Kunstwerk zu schaffen, die albernste denkbare Methode angewendet hätte, sondern auf puren Zufall gewartet hätte, wäre ein vollendeter Narr

10 Ich betrachte es, im Gegensatz zu vielen ausgezeichneten Wissenschaftlern, in keiner Weise als Gegensatz zu wissenschaftlichem und philosophischem Erkennen, ironische, sarkastische oder ehrliche und der Realität entsprechende Ausdrücke wie Unsinn, Dummheit etc. zu verwenden. Ich verzichte darauf, die vielen streng wissenschaftlichen Werke, denen dies nicht fremd ist, im Einzelnen zu zitieren, möchte nur das Beispiel von Descartes hier anführen, der auf die Anrede von Hobbes an ihn, »Herr Geist« mit »Herr Körper« antwortete und gerade dadurch Licht auf die Absurdität des Materialismus warf. Solange solche Ausdrücke nicht unflätige und grobe Beschimpfungen sind, sondern wahre Sachverhalt zu illustrieren helfen, wie die sokratische Ironie oder die Ironie des Erasmus von Rotterdam, betrachte ich sie als durchaus vereinbar mit strenger Wissenschaft, ja als eine der dritten Klasse von Methoden, die ich anderswo unterschieden habe. Vgl. Josef Seifert, *Discours des Méthodes,* cit.

gewesen. Und wenn jemand Phidias nach Vollendung seiner berühmten Athena Parthenos gesagt hätte, diese Statue samt der Abbildung seines und des Perikles Hauptes auf dem Schild der Göttin, sei bloß zufällig aus einem Erdrutsch nach einem Vulkanausbruch entstanden, hätte er sich als Person und Künstler in absurder Weise verspottet gefühlt.

Um wieviel mehr beleidigt man den Schöpfer-Gott, wenn man das unglaubliche Schöpfungswerk eines Elefanten oder des menschlichen Auges, oder gar des ganzen Kosmos, als Zufallsprodukt betrachten wollte, das keinen göttlichen Meister, und nicht einmal einen intelligenten Menschen als Schöpfer voraussetzen würde!

Durch eine solche Annahme würde einem der elementarsten Prinzipien der Kausalordnung und zureichenden Ursachen in grotesker Weise widersprochen. Der erbitterte Kampf der Evolutionisten gegen die Aussage vieler Naturwissenschaftler, dass der Entwicklung und Formung der Lebewesen evidenterweise ein intelligenter Plan zugrunde liegt, und gegen den Vortrag der Schöpfungslehre an den Schulen, trägt daher zweifellos Züge des puren und boshaften Wahnsinns an sich, eines Wahnsinns, den Platon auch noch in seinem Spätwerk *Gesetze* für so pervers und so gefährlich hielt, dass er ihn mit dem Tod bestraft sehen wollte.

Eine Höherentwicklung, die von Gott gleichsam nur »angekickt« würde, im Übrigen aber auf denselben irrationalen Grundlagen der Darwin«schen Theorie beruhen, und daher keinerlei Planen und Eingreifen des personalen Schöpfers verlangen würde, wird als absolut unhaltbar erwiesen, insbesondere wenn man meint, auch Leben und die menschliche Seele könnten sich durch eine derartige Evolution vom Urknall an erklären lassen.

Dies soll im fünften Teil mit Hilfe von streng wissenschaftlichen philosophischen Methoden gezeigt werden.

Im Augenblick hingegen, in dem »theistischer Evolutionismus« in dem zu Unrecht Augustinus zugeschriebenen und gänzlich verschiedenen Sinne der *rationes seminales* (Samen-Plänen) bedeuten würde, dass Gott alle Höherentwicklungen der Arten steuern würde durch den Lebewesen eingepflanzte Fähigkeiten, sich über die eigene Art hinaus so lange weiterzuentwickeln, bis etwa aus Amöben Elefanten geworden sind, würde es sich nicht mehr um dieselbe Art von »Evolutionstheorie«, wie sie heute jedermann, wenngleich dunkel versteht, sondern um die Schöpfung einer »Arten überschreitenden« Entwicklung handeln.

Dies wäre aber eine Idee göttlicher Schöpfung durch einen superintelligenten Plan, der Gott als eine Art von jenseitigem Zauberer und Meister der Metamorphosen deuten würde, und hätte daher nichts mehr mit der Idee einer Evolution aus zufälligen Mutationen und ohne jeden intelligenten Plan und Schöpfungsakt zu tun.

Auch diese intelligente Art »theistischer Evolution«, die manche, wenngleich m.E. irriger Weise, dem hl. Augustinus zuschreiben, werden wir kritisch zurückweisen.

Nicht nur scheitert auch diese intelligente theistische Evolutionstheorie absolut an der Erklärung des Ursprungs des Lebens der Tiere und Pflanzen aus der unbelebten Natur, sondern vor allem und absolut scheitert sie in ihrem Versuch einer Erklärung des Ursprungs von Personen und der geistigen Seele jedes Menschen, die selbst von Gott nicht aus der belebten Materie, Tieren oder sogar aus anderen menschlichen Seelen durch Evolution oder Zeugung hervorgebracht werden kann – von dem atheistischen Konstrukt, dass Zufälle durch eine »chemische Evolution« Leben aus unbelebter Materie, und ungeistige Ursachen wie natürliche Auslese aus biologischem Leben und Genen geistige Personen hervorbringen könnten.

Trotz des wissenschaftlich und methodisch rigorosen Charakters dieser Arbeit versuche ich, das mir gestellte Thema möglichst klar, präzise und allgemeinverständlich zu behandeln.

Obwohl dieses Werk ferner von einem polemischen Titel wie *The Atheism-Delusion*, wie ihn philosophisch gesehen groteske Werke wie »The *God-Delusion*« verdienen würden, sowie von einer ausführlichen Analyse von Richard

Dawkins' Atheismus-Bestseller und den Werken anderer neuerer Atheisten,[11] deren philosophische Machwerke eine

11 Man denke an »neue Atheisten« oder eigentlich Antitheisten wie Stephen Hawking, Christopher Hitchens, Daniel Dennett, Sam Harris, Michel Onfray, Piergiorgio Odifreddi, Steven Weinberg, und andere aggressive neue Atheisten, die unter diesem vagen Namen weniger wegen einer echten wissenschaftlichen oder fundierten philosophischen Gemeinsamkeit als vielmehr hauptsächlich deshalb gruppiert werden, weil sie als Naturwissenschaftler, Philosophen oder Historiker in polemischer, selbstbewusster und publikumswirksamer Weise Gott aus den Universitätssälen und dem öffentlichen Leben vertreiben und einen konzertierten Kampf gegen Gott führen möchten.

Dieser breit angelegte Kampf gegen Gott wird im Namen des Evolutionismus, einer Pseudowissenschaft und einer verzerrten Darstellung der Geistesgeschichte sowie einer der untersten Ebene der Aufklärung verpflichteten Rationalität, die sich überdies mit einer niedrigen Stufe aggressiv-rhetorischer Debatten verbindet, geführt. Der Intention der Mehrheit der neuen Atheisten nach, für die Dawkins in Inhalt und Stil als Markenzeichen dienen könnte, soll dieser Kampf in einer Art »sozialem Gottesmord« und einer breit gefächerten Befreiung von aller Gottesfurcht und Gewissensangst und einem neuen Hedonismus enden, der auf der »an Sicherheit grenzenden Wahrscheinlichkeit, dass es keinen Gott gibt«, fußt. Bei vielen Autoren münden diese Vorurteile in eine antitheistischen Hetze gegen Judentum, Christentum und Islam und verbinden sich mit Jan Assmanns These, monotheistische Religionen seien von Natur aus gewalttätig und nur der Atheismus, Polytheismus und religiöse Relativismus sei der Weg zum Frieden und der Bruderschaft der Menschheit.

Dabei setzen die neuen Atheisten sich mit keinem bedeutenden Philosophen, Theologen oder mit religiösen Persönlichkeiten ernsthaft auseinander, sondern arbeiten mit oberflächlichen Argumenten und Buchtiteln wie die »God Delusion«, die »Jesus-Delusion«, oberflächlichsten Urteilen über die größten abendländischen Philosophen, Entstellungen der Geschichte, Diffamierung ihrer »Gegner« und Kritiker. Ja, sie schrecken selbst vor billigen Slogans, persönlicher Verunglimpfung und Verachtung, Spott und Hohn nicht zurück. Auch Werbesprüche auf Bussen, Plakate und ad hoc organisierte Volksabstimmungen sind ihnen willkommene Mittel der Verbreitung ihrer unseriösen Ideen und ihres offenen Kampfes gegen Gott und Religion.

Eine nicht unbeachtliche Zahl der »neuen Atheisten« haben sich selbst als die schlauen Köpfe (the Brights) tituliert und sind mehr Demagogen und Sophisten als ernstzunehmende Denker und Atheisten wie Ludwig Feuerbach, Albert Camus, Friedrich Nietzsche oder Jean-Paul Sartre dies innerhalb gewisser Grenzen waren.

Zu einer sachlichen Diskussion zwischen den »neuen Atheisten« und einem Mathematiker und tief in der Biologie bewanderten Professor der Universität Oxford vgl. John Lennox, *Hat die Wissenschaft Gott begraben? Eine kritische Analyse moderner Denkvoraussetzungen,* (Holzgerlingen: SCM R. Brockhaus, 2010); ders., *Gott im Fadenkeuz. Warum der neue Atheismus nicht trifft.* (Holzgerlingen: SCM R. Brockhaus, 2016).

Es gibt unter den Kritikern dieses neuen Atheismus auch Atheisten und Agnostiker, die wegen einiger dieser Elemente und penetranten Vorurteile den »neuen Atheismus« ablehnen. Siehe etwa John Humphrys, *In God We Doubt,* (London: Hodder and Stoughton, 2007).

In einem überaus scharfen Stil und in philosophisch brillanter Weise bietet Edward Feser in seinem Buch, *The Last Superstition. A Refutation of the New Atheism,* (South Bend, Indiana: St. Augustine Press, 2008, 2012 auch auf Deutsch erschienen) den neuen Atheisten Parole. Seine Benutzung der groben und beleidigenden Sprache Dawkins', indem er dessen eigene und für Theisten und Religion total unberechtigten Ausdrücke berechtigterweise auf Dawkins und andere neue Atheisten anwendet, mag manchem Leser als eine problematische Abweichung vom ruhigen und wohlgesitteten akademischen Ton vorkommen.

Dieser Stil wird jedoch anderen Lesern, die Sachlichkeit am Maßstab der Angemessenheit messen und daher einen neutralen Ton in der Rede über oberflächliche und ungerechte Attacken gegen Gott und Religion als durchaus unangemessen und daher auch als unpassend und unsachlich empfinden, voll berechtigt scheinen, weil Feser das niedrige geistige Niveau und die objektiv empörende Unverschämtheit vieler neuer Atheisten gegenüber den größten Denkern des Abendlandes treffend und verdientermaßen in ihren eigenen Worten geißelt. Dieselben scharfen Worte, die aus dem Munde Dawkins' einfach Grobheiten und Frechheiten sind, stellen aus dem Munde Fesers sozusagen gebührende (Un)Wertantworten dar.

Auch werden diese Anwendungen verbaler Auslassungen Dawkins' auf diesen selbst von Fesers ernsthafter philosophischer Kritik begleitet, die bei Dawkins total fehlt.

solche Untersuchung auch gar nicht verdienen, absieht, stellt es doch implizit eine definitive Widerlegung solcher populistischer Werke und jeder anderen Form von Atheismus dar. Auch konnte ich es mir nicht verbeißen, dem steifen wissenschaftlichen Titel das »Bye-bye Dawkins und Darwin« hinzuzufügen, um anzudeuten, dass deren Behauptungen und Theorien im vorliegenden Werk widerlegt werden sollen. [Der Patrimonium Verlag hat mit meinem Einverständnis entschieden, diesen früheren Untertitel zum Haupttitel und den Haupttitel der ersten Auflage zum Untertitel zu machen].

Obwohl Dawkins übrigens abfällig von der Philosophie redet, und meint, heute könne nur noch die Naturwissenschaft wissenschaftlich von Gott reden, widerlegt er seine eigene Behauptung durch den Inhalt seines Buches *The God Delusion*, der, was seinen Atheismus anlangt, ausschließlich aus philosophischen Behauptungen besteht, für die es nicht den leisesten naturwissenschaftlichen (oder philosophischen) Beweis gibt.

Die Behauptung Dawkins', nur Naturwissenschaft könne heute die Gottesfrage behandeln, ist im Übrigen von vornherein zum Zusammenbruch programmiert. Denn keine einzige naturwissenschaftliche Erkenntnis kann auch nur den unbegründeten Anspruch erheben, Gottes Existenz zu widerlegen, ebenso wie auch keine einzige naturwissenschaftliche Erkenntnis ohne Hilfe der Philosophie die Erkenntnis Gottes beweisen kann, weil die objektive Existenz Gottes, an den zahllose Menschen glauben und auf den sie sich in religiösen Akten beziehen, innerhalb der Wissenschaften ausschließlich ein Gegenstand der Philosophie und Theologie, und nicht der empirischen Erkenntnisse der Naturwissenschaften ist.

Dennoch werde ich weitgehend die grobklotzige Sprache der neuen Atheisten nicht einmal auf diese selbst anwenden, bzw. mir solche erfrischend ehrlichen Herzensergüsse, wie Feser sie sich fast durchgehend erlaubt, nur an relativ wenigen Stellen, an denen ihre Unterdrückung einfach unwahrhaftig wäre, gestatten.

Nur wenn sich echte naturwissenschaftliche Entdeckungen organisch mit philosophischen Erkenntnissen verbinden und für sie offen sind, kann Naturwissenschaft indirekt wichtige Beiträge zur Gotteserkenntnis leisten, wie etwa Collins schon im Titel seines berühmtesten Buches bemerkt[12] und viele andere Naturwissenschaftler anerkannt haben.

Und nur wenn naturwissenschaftliche Erkenntnisse und Theorien sich mit philosophischen, und zwar mit unwahren, ja mit absurden philosophischen Aussagen verbinden, wie der Leugnung der allgemeinsten philosophischen Wahrheiten – etwa dem *Ex nihilo nihil fit (aus dem Nichts wird nichts)* – können Naturwissenschaftler der Atheismus-Illusion verfallen, nie durch naturwissenschaftliche oder philosophische Erkenntnisse als solche.

So sind alle angeblichen Beweise des Atheismus Dawkins und anderer alter und »neuer Atheisten« rein philosophischer Natur, wenngleich sie meist einer überaus unwissenschaftlichen Pseudo-Philosophie entspringen, die den hehren Namen Philosophie (Liebe zur Weisheit) nicht verdient und in der, entgegen allen Gesetzen rigoroser philosophischer Methoden und Logik, willkürliche und aller Vernunft widersprechende Aussagen mit schwindelerregender Freiheit der Phantasie ausgespuckt und umhergeworfen werden, als wären sie strenge naturwissenschaftliche oder überhaupt irgendwelche Erkenntnisse.

Wir sehen jedoch im Folgenden von einer direkten Auseinandersetzung mit Dawkins und anderen Atheisten ab und wenden uns vielmehr ganz auf dem Boden streng philosophischer, doch allgemeinverständlicher Methoden der Frage zu, ob wir die göttliche Schöpfung aus dem Nichts nicht nur mit Wahrscheinlichkeit, wie viele analytische Philosophen heute annehmen, sondern mit letzter Evidenz und Gewissheit mithilfe von Methoden der Philosophie

12 Francis S. Collins, *The Language of God. A Scientist presents Evidence for Belief,* (New York: Free Press, 2006).

überhaupt und der realistischen Phänomenologie im Besonderen, begründen können.

Man kann dieses Werk, so sehr es in der großen Tradition der Philosophie und der realistischen Phänomenologie die Quellen der in ihm entwickelten Erkenntnisse findet, aus verschiedenen Gründen in der heutigen philosophischen Debatte revolutionär nennen: erstens, weil es sich ganz vom Skeptizismus, der seit Hume und Kant weiteste Verbreitung hat, aber auch von jeder Art von Subjektivismus und Relativismus, z.B. dem der Gadamerschen, Heideggerschen und jenem der späteren Husserl'schen Phänomenologie, komplett freihält und eine objektive, realistische metaphysische Gotteserkenntnis mit strengen philosophischen Methoden begründet.[13]

Dabei fällt das vorliegende Werk nicht in einen unkritischen Realismus zurück, dessen Überwindung dem spektakulären Gedankengebäude des deutschen Idealismus gelungen sei, sondern baut auf einer langen Reihe gesicherter Erkenntnisse auf, die zeigen, dass alle Versuche seit Kant, einer objektiven Metaphysik des Seins an sich und der Gotteserkenntnis den Boden zu entziehen bzw. diese auf ein bloß subjektives »Postulat« der Vernunft zu reduzieren, zum Scheitern verurteilt sind.[14]

Sodann kann dieses Werk als revolutionär angesehen werden, weil sich die hier dargelegte Metaphysik und Gotteserkenntnis nicht auf dem schwankenden Boden des heute verbreiteten Probabilismus und der unsicheren Methoden der meisten metaphysisch und religionsphilosophisch gesinnten analytischen Denker, von denen viele in dem Skep-

13 Vgl. Josef Seifert, *Discours des Méthodes*, zit.; ders., *Der Widersinn des Relativismus: Befreiung von seiner Diktatur*. (Mainz: Patrimonium-Verlag, 2016), *Der Streit um die Wahrheit. Wahrheit und Wahrheitstheorien. De Veritate – Über die Wahrheit*, Bd. II/The Dispute about Truth. Truth and Truth Theories (Frankfurt / Paris / New Brunswick: 2009).

14 Vgl. Josef Seifert, *Back to Things in Themselves. A Phenomenological Foundation for Classical Realism* (London: Routledge, 1987; 2013).

tiker Karneades oder Karl Popper ihren Meister erblicken, bewegt, sondern auf dem sicheren Boden unbezweifelbarer metaphysischer Einsichten, Evidenzen und Beweise steht.

Diese metaphysischen Erkenntnisse, im Sinne einer wissenschaftlich-philosophischen Durchdringung der ersten Prinzipien und der höchsten Gegenstände der Metaphysik, wie sie bezüglich der Gottesbeweise auch innerhalb der realistischen Phänomenologie seit Edith Stein kaum noch weiter entwickelt wurden, sind hier unser Thema.[15]

15 Siehe Edith Stein, *Endliches und Ewiges Sein. Versuch eines Aufstiegs zum Sinn des Seins*, 1 Anhang: *Martin Heideggers Existenzphilosophie. Die Seelenburg*. Edith Stein, Gesamtausgabe, Bd. 11 und 12 (Freiburg i. Br.: Herder, 2006). Nach Edith Stein, Max Scheler, Alexander Koyré und anderen »realistischen Phänomenologen« habe ich, zusammen mit anderen Philosophen dieser Richtung, wie Rogelio Rovira, am meisten über die Frage der Gotteserkenntnis gearbeitet. Siehe Rogelio Rovira, *La fuga del no ser* (Madrid: Encuentro, 1991); Josef Seifert: *Gott als Gottesbeweis*, zit.; *Erkenntnis des Vollkommenen*, zit.; *Conocimiento de Dios por las vías de la razón y del amor*. (Traducido e introducido por Pedro Jesús Teruel, revisado y aumentado por el autor), (Madrid: Encuentro, 2013). *Essere e persona*, zit.

ERSTER TEIL

BEWEISE DAFÜR, DASS DIE GANZE WELT UND WIR ALLE MIT IHR EINMAL NICHTS WAREN

KAPITEL 1

Zwei Beweise dafür, dass allen Seienden-in-der-Zeit ihr Nichts vorhergegangen ist und dass sie in ihrem Anfang und in jedem Augenblick aus dem Nichts kommen

1. Was heißt »das Nichts«?

Viele Naturwissenschaftler, inklusive vieler Atheisten meinen, aus den von ihnen erkannten physikalischen Gesetzen und der Beobachtung der Expansion des Universums und anderen Fakten der Beobachtung erkennen zu können, dass die Welt einmal nichts war, bzw. dass der Welt ihr Nichts vorhergegangen ist, eine These, der der Autor voll und ganz zustimmt.

Was aber ist das »Nichts«, das gemeint ist, wenn man sagt, der Welt sei das Nichts vorhergegangen oder wenn man von der Schöpfung aus dem Nichts redet? Dieses Nichts ist offensichtlich kein Ding, kein Gegenstand, kein Seiendes, sondern dessen radikaler Gegensatz, dessen absolute Abwesenheit. Dieses Nichts enthält auch nicht irgendetwas in es hineingeschmuggeltes Seiendes wie Energiequanten.

Dieser Begriff des Nichts, das der Existenz der Welt vorhergegangen ist, unterscheidet sich nicht nur von dem weniger strikten »Nichts« mancher Atheisten, die vom Nichts reden, dabei aber einen leeren Raum mit irgendwelchen Atomen oder Energiequanten darin meinen, sondern auch von dem »Nichts« in einem noch viel weniger strikten Sinn, in dem man etwas Seiendes im Vergleich zu einem unendlich vollkommeneren Seienden ein Nichts nennen kann. In diesem Sinne nennt etwa der metaphysische Dichter Crashaw den Menschen ein »hyperbolisches Nichts«. Mit dem Satz »Come man; Hyperbolized nothing! know thy span«, aus einem Gedicht zum Anlass des Begräbnisses eines jungen Mannes, wird der sterbliche Mensch nicht als ein absolutes Nichts, sondern als ein Nichts betrachtet, wenn man ihn mit dem ewigen und unsterblichen Gott vergleicht.[16]

Im Folgenden ist von einer wirklich radikalen Abwesenheit alles Seins im sichtbaren und unsichtbaren Universum die Rede.

Doch auch hier meint der Ausdruck »Nichts« keineswegs jenes absolute Nichts, das wir in dem philosophischen Staunen betrachten, in dem wir jene Erkenntnis gewinnen, die Max Scheler die erste evidente Erkenntnis überhaupt nennt: dass überhaupt etwas ist und nicht vielmehr nichts:

> *Der Tatbestand, dass nicht Nichts sei, ist gleichzeitig der Gegenstand erster und unmittelbarster Einsicht, wie der Gegenstand der intensivsten und letzten philosophischen Verwunderung – wobei diese letztere emotionale Bewegung angesichts des Tatbestandes freilich erst dann voll einzutreten vermag, wenn ihr unter den die philosophische Haltung prädisponierenden Gemütsakten die den Selbstverständlichkeitscharak-*

---

16 Aus dem Gedicht von Richard Crashaw, *Death's Lectvre And The Fvneral Of A Yovng Gentleman:*

Dear reliques of a dislodg'd soul, whose lack Makes many a mourning paper put on black! O stay a while, ere thou draw in thy head And wind thy self vp close in thy cold bed. Stay but a little while, vntill I call A summon's worthy of thy funerall. Come then, Youth, Beavty, Blood! all ye soft powres, Whose sylken flatteryes swell a few fond howres Into a false æternity. Come man; Hyperbolizèd nothing! know thy span; Take thine own measure here, down, down, and bow Before thy self in thine idæa; thou Huge emptynes! contract thy bulke; and shrinke All thy wild circle to a point. O sink Lower and lower yet; till thy leane size Call Heaun to look on thee with narrow eyes. Lesser and lesser yet; till thou begin To show a face, fitt to confesse thy kin, Thy neighbourhood to Nothing! Proud lookes, and lofty eyliddes, here putt on Your selues in your vnfaign'd reflexion; Here, gallant ladyes! this vnpartiall glasse (Through all your painting) showes you your true face. These death-seal'd lippes are they dare giue the ly To the lowd boasts of poor Mortality; These curtain'd windows, this retirèd eye Outstares the liddes of larg-look't Tyranny. This posture is the braue one, this that lyes Thus low, stands vp (me thinkes) thus and defies The World. All-daring dust and ashes! only you Of all interpreters read Nature true.

ter (und eben damit den Einsichtscharakter) des Tatbestandes des Seins auslöschende Demutshaltung vorangegangen ist.[17]

Dieses absolute Nichts würde bedeuten, dass es absolut Nichts gäbe, weder im Himmel noch auf der Erde noch unter der Erde noch im Weltall – weder Gott noch Engel, weder Mensch noch Tier, weder Pflanze noch Materie, sondern – NICHTS!

Von diesem Nichts sprechen wir im Folgenden natürlich nicht, wenn wir von der göttlichen Schöpfung aus dem Nichts reden. Denn in diesem absoluten Nichts gäbe es auch und vor allem Gott nicht.

Vielmehr reden wir nur von jenem »beschränkteren« Nichts, das nur die absolute Abwesenheit unseres Daseins als individueller Mensch, sowie das Nichtsein der ganzen Welt, aller sichtbaren und unsichtbaren Dinge, meint.

Atheistische Wissenschaftler merken oft nicht, dass dieses Nichts nicht das absolute Nichts sein kann, schon deshalb nicht, weil das absolute Nichts in sich unmöglich ist, sondern nur das »Welt-Nichts«, d.h. die absolute Abwesenheit des Seins der Welt und aller realen Dinge in ihr.[18]

Mit anderen Worten, dieses Nichts bedeutet, dass einmal keine Welt, kein Gestirn im Weltall, kein einziges Molekül, kein einziges Atom, kein einziges Elementarteilchen oder Energiequant, keine einzige Pflanze, kein einziges Tier, kein einziger Mensch, keine einzige Seele und kein einziger Engel existiert haben.

Die Tatsache, dass wir dieses Nichts denken, macht es zwar zu einem Gegenstand unseres Denkens und eines *Begriffs*, der einen präzisen Sinn hat und nicht nichts, son-

17 Max Scheler, »Vom Wesen der Philosophie. Der philosophische Aufschwung und die moralischen Vorbedingungen«, in Max Scheler, *Vom Ewigen im Menschen*, Gesammelte Werke, Bd. V, 5. Aufl. (Bern/München: Francke Verlag, 1968), pp. 61–99, p. 91.

18 Wir klammern hier die Frage aus, ob ein absolut leerer Raum dieses Welt-Nichts ist oder ob auch der leere Raum nicht existieren könnte und einmal nicht existiert hat.

dern etwas ist: eben ein Begriff. Doch der *Gegenstand* dieses Begriffs, das Nichts selbst, hat absolut kein Sein. Auf Grund der Transzendenz des Menschen in der Erkenntnis macht der Mensch das Nichts nicht etwa zu etwas Seiendem, wenn er das Nichts denkt, sondern ist vielmehr in der Lage zu verstehen, was das absolute Nichtsein der Welt war, nämlich das Welt-nichts.

Das Wissen, dass dem Sein-in-der-Zeit sein Nichts vorausgeht, ergibt sich aus der folgenden mit Gewissheit philosophisch erkannten Wahrheit:

2. Der Beweis dafür, dass der Existenz der Welt ihr Nichts vorhergegangen ist, aus der absoluten Unmöglichkeit, dass ein sich in der Zeit erstreckendes Seiendes jemals, in Vergangenheit oder Zukunft, aktuell unendlich lang dauern kann, was seinerseits Bedingung der anfanglosen Ewigkeit der Welt wäre

Dass es einen Beginn in der Zeit für jedes Sein-in-der-Zeit und also auch für die ganze Welt, die Sein-in-der-Zeit ist, gegeben haben muss, ergibt sich aus der evidenten Tatsache, dass das Wesen einer unbegrenzt langen Reihe von endlichen und aufeinanderfolgenden zeitlichen Längeneinheiten der Dauer (wie Sekunden, Minuten, Stunden, Tagen, Jahren, Jahrhunderten, Jahrtausenden, Jahrquadrillionen, usf.) absolut die Möglichkeit ausschließt, jemals aktuell unendliche Dauer zu erreichen. Mit anderen Worten, es ist absolut unmöglich, durch die Abfolge endlicher und aufeinanderfolgender Einheiten zeitlicher Dauer (die einzige Art der Dauer, die Seiende in der Zeit haben können) jemals tatsächliche Unendlichkeit der Dauer zu erlangen.[19] Dies ist genauso unmöglich, wie dass wir durch eine

19 Die folgende Argumentation findet sich in ihrem Kern in den Kalam-Argumenten und in besonders pointierter Form bei Bonaventura. Dieser widerspricht Aristoteles, der die Ewigkeit und Anfangslosigkeit der Welt behauptet und Thomas von Aquin, der behauptet, dass »*die Welt nicht immer war, wird allein im Glau-*

Addition von + 1 oder durch die Addition einer endlichen Zahl, gleich wie hoch sie sein möge, die wir zu einer gegebenen Zahl X der natürlichen Zahlenreihe hinzufügen, oder durch ihre Multiplikation mit einer endlichen Zahl, gleich welcher Größe, jemals eine unendliche Zahl erhalten könnten.

Man könnte sagen: Die Endlichkeit seiner aktuellen Dauer ist dem Sein-in-der-Zeit zuinnerst eingeschrieben. Denn es kann von Anfang an nur in endlichen Zeitabschnitten fortdauern, und gleich mit welcher Zahl wir diesen immer endlichen Abschnitt der Dauer multiplizieren und gleich wie viele andere gleich endliche Zeitabschnitte, Jahre, Jahrhunderte, Jahrmillionen usw. dem gegenwärtigen Sein der Welt folgen werden oder vorhergegangen sind, ein Sein-in-der-Zeit kann nie aktuelle Unendlichkeit der Dauer erreichen. Dies ist von seinem Wesen her absolut ausgeschlossen.

Dies wird besonders deutlich am Beispiel der zukünftigen zeitlichen Dauer, die zwar ohne Ende weitergehen, aber dennoch nie wirklich unendlich werden bzw. die Unendlichkeit künftiger Dauer ganz verwirklichen kann. Keine, auch eine endlose, Hinzufügung endlicher zukünftiger zeitlicher Abschnitte, auch wenn diese immer und ewig, die ganze Ewigkeit hindurch, der bisherigen Dauer eines Seins-in-der-Zeit hinzugefügt werden, könnte jemals wirklich unendlich lang werden.

Dies ist ebenso wenig möglich, wie dass eine endliche Zahl jemals die endliche Zahlenreihe tatsächlich unendlich machen könnte, wenn man sie in einem unaufhörlichen Prozess von mathematischer Addition per +1 (oder + X, wobei X eine endliche Zahl der natürlichen Zahlenreihe gleich welcher Größe bedeutet) vermehrt. Es ist unmöglich, dass jemals eine endliche Zahl X durch Hinzufügung von +1 oder einer anderen Zahl der natürlichen Zahlenreihe unendlich würde.

---

ben festgehalten und kann nicht streng bewiesen werden« (S. th. I, q. 46, a. 2).

Ähnliches gilt in besonders evidenter Weise für zeitliche Dauer. Es besteht eine Inkommensurabilität zwischen dem Endlichen und dem Unendlichen, so dass durch das Hinzufügen einer weiteren endlichen Zeitstrecke, selbst wenn dieses sich in alle Ewigkeit hinein fortsetzt, nie eine aktuell unendliche Dauer erreicht werden kann, auch wenn dieses Hinzufügen nie enden wird, wie jeder annimmt, der die Unsterblichkeit der Seele erkannt hat oder an das ewige Leben glaubt.

In der Tat kann ein Seiendes-in-der-Zeit aktuell unendlicher Dauer auf diese Weise nicht einmal näherkommen. Ein zeitliches Wesen, egal wie lange es in der Zeit bestehen kann und ob es alle Ewigkeit lang nie enden wird, kann endlos sein, sich jedoch nie aktuell unendlicher Dauer auch nur nähern. Diese bleibt immer unendlich jenseits jeder endlichen Dauer aller Zeitabschnitte, die niemals den Schritt bzw. den Sprung von endlicher Dauer zu tatsächlich unendlicher tun können. Jede Menge aufeinanderfolgender zeitlicher Segmente, so groß diese auch sein mögen, die zu den vorhergehenden Segmenten der Dauer hinzugefügt würden, kann für alle Ewigkeit nur potentiell unendlich sein. Das Sein-in-der-Zeit[20] kann nie aktuell unendliche Dauer erlangen.

Nun könnte jemand einwenden: Gilt diese Zeitlichkeit nicht nur von der materiellen Welt und ist nicht die menschliche Seele, die menschliche Person, ewig und diesem Rhythmus der Zeit ganz enthoben? Trifft hier nicht das platonische Argument aus dem *Phaidon* zu, dass der Leib der Veränderlichkeit unterliegt, die Seele aber den ewigen Formen (Ideen)

---

20 Ich übernehme hier den Heidegger'schen Terminus des »Seins-in-der-Zeit« völlig frei von den spezifischen Heidegger'schen Erklärungen desselben und vor allem seiner These, dass es gar kein Sein gäbe, das nicht Sein in der Zeit wäre. Vgl. Josef Seifert, »Die verschiedenen Bedeutungen von ›Sein‹ – Dietrich von Hildebrand als Metaphysiker und Martin Heideggers Vorwurf der Seinsvergessenheit«, in: Balduin Schwarz, hrsg., *Wahrheit, Wert und Sein. Festgabe für Dietrich von Hildebrand zum 80. Geburtstag* (Regensburg: Habbel, 1970), S. 301–332.

verwandt und gerade deshalb unsterblich ist? Hat nicht der Vorsokratiker Heraklit gesagt: »Du kannst nicht zwei Mal in denselben Fluss steigen« und damit die Zeitlichkeit ganz der Materie zugordnet, die sich in der Zeit bewegt, während Platon die Ewigkeit der Seele erkannte?

So tief die hinter diesem platonischen Beweis der Unsterblichkeit der Seele stehenden Gedanken sein mögen,[21] so enthalten sie doch erstens eine arge Verwechslung: zwischen der abstrakten und zeitlosen Wesenheit oder Idee und dem konkretesten einzigartigsten und individuellsten Sein, das es gibt: der Seele, der Person. Diese sind aufeinander zugeordnet, aber radikal voneinander verschieden: die Seele lebt, die Idee, etwa die der Gerechtigkeit oder der Primzahlen, nicht, die Seele ist durch und durch einzigartig, ja einmalig und unwiederholbar einzig, die meisten Ideen sind universal; die Seele ist sich ihrer selbst von innen her bewusst, die Ideen nicht.

Nun ist Bewusstsein ebenso sehr für das seelische menschliche Sein in der Zeit wie für die göttliche Ewigkeit vorausgesetzt, doch kann kein endliches und unvollkommenes Seiendes wie die menschliche Seele ewig und anfanglos sein.

Zweitens widerspricht die Behauptung, die Seele sei nicht auch Sein-in-der-Zeit, jeder menschlichen Erfahrung unseres seelischen Lebens, erfahren wir doch die Zeitlichkeit unseres seelischen Seins viel klarer als die der Materie.

Die Zeitlichkeit des majestätischen und fast 7000 m hohen Aconcagua-Gebirges in den argentinisch-chilenischen Anden etwa erleben wir nicht direkt, sondern verstehen sie nur in einer Wesenserkenntnis, in der wir begreifen, dass auch der höchste und scheinbar ewig-beständige Berg jederzeit vernichtet werden und keine Zukunft mehr haben könnte. Wir erleben aber die Zeitlichkeit dieses Gebirges und die rasende Bewegung von Elektronen- und Ener-

21 Vgl. Josef Seifert, »Philosophizing with Plato about the Immortality of the Soul«, *Philosophical News*. No. 8 März 2014. *Anima*, 140–162.

giefeldern, von denen der Physiker uns erzählt, nicht. Ja, selbst in der Erfahrung desselben Flusses, in den wir nicht zweimal steigen können, erfahren wir eher die ständige Bewegung des Wassers im Raum als die der Zeit.

Hingegen erfahren wir in unserem seelischen Leben dessen Zeitlichkeit unmittelbar und mit höchster Gewissheit. Wir wissen, wenn wir von einem Zweifel zu einer Erkenntnis gelangen, dass unser Zweifel der Vergangenheit angehört und wir jetzt Gewissheit besitzen. In jedem Hören einer Melodie sind wir uns bewusst, dass das Hören der vergangenen Noten oder ganzer Sätze einer Symphonie nicht mehr gegenwärtig ist, sondern dem Nicht-mehr-Sein des Gewesenen angehört. Angesichts der Angst vor dem Tod sind wir uns bewusst, dass wir jetzt leben und einmal in der Zukunft sterben werden und mit unserem Tod auch das irdische seelische Leben und alle bewussten Erlebnisse des Diesseits enden werden.

Wenn immer wir uns in einem Akt der Reue von einer begangenen Sünde abwenden, erkennen wir, dass unsere böse geistige oder leib-geistige freie Tat vergangen ist und unwiderruflich begangen wurde und dass wir sie nicht damals bereut haben, sondern dies erst jetzt tun und dass nicht beide, böse Tat und Reue, gleichzeitig sind.

Daher gilt von der Seele noch deutlicher als von dem Gebirge und sogar dem Fluss, dass sie sich in einem zeitlichen Strom bewegt, in dem ständig das jetzt Erlebte in die Vergangenheit eilt und das heutige Erleben gestern noch nicht existierte. Auch von der Seele ist es wahr, dass alles, was jemals in ihr und ihrem Leben war und nicht mehr gegenwärtig ist, einmal war und dass die Vergangenheit ihres Lebens vollständig und ohne offene Rückstände abgelaufen ist.

Auf diesem Boden kann man die folgende Frage leicht beantworten: Warum ist denn unsterbliche, ewige künftige Dauer des Seins-in-der-Zeit, das nie enden wird, möglich, seine anfanglos-ewige vergangene Dauer hingegen unmöglich? Aus einem einfachen Grund: Die Vergangenheit eines in der Zeit Seienden war zur Gänze aktuell real und enthält keinerlei Raum für einen Zuwachs in Richtung Vergangenheit. Die vergangene Zeit ist zur Gänze abgelaufen; das vergangene Leben eines Lebewesens ist zur Gänze real gewesen.

Die Zukunft eines Seienden-in-der-Zeit hingegen enthält in jedem Moment unendlich viel mehr Potentialität als Aktualität zeitlicher Dauer.

Daher ist es absolut unmöglich, dass ein Sein-in-der-Zeit ohne Anfang war, denn dies würde dem Wesen der Zeitlichkeit und der evidenten Unmöglichkeit widersprechen, dass eine Summierung, auch eine endlose Summierung, endlicher zeitlicher Abschnitte der Dauer je aktuell unendlich werden oder aktuell unendlich gewesen sein kann. Daher war alles Sein-in-der-Zeit einmal nichts und ist aus dem Nichts geworden.

3. Der Beweis dafür, dass das Sein-in-der-Zeit aus dem Nichts kommt, aus der inneren Bewegung der Zeitlichkeit und der Nichtigkeit des Seins-in-der-Zeit

Jedes Sein-in-der Zeit hat aber nicht nur einen Anfang, vor dem es nicht war, sondern befindet sich auch in einer unausgesetzten Bewegung aus dem Nichtsein ins Sein und aus dem Sein ins Nichtsein. Seine Zukunft ist noch nicht, seine Vergangenheit nicht mehr.

Zwischen dem zukünftigen und dem vergangenen Nichtsein steht der unglaublich kurze Augenblick der Gegenwart, in dem allein das Sein-in-der-Zeit aktuell *ist*. Selbst wenn man den absoluten Zeit-Nihilismus dadurch vermeidet, dass man eine erlebte und zugleich ontologisch reale »Insel der Gegenwart« anerkennt, die sich nicht in den unendlich unausgedehnten Jetztpunkt eingrenzen lässt, der im nächsten Moment nicht mehr ist, so flieht doch auch diese »erweiterte Gegenwartsinsel«, wie sie für das gegenwärtige Handeln oder das Anhören einer Melodie oder eines ganzen Konzerts nötig ist, ungemein rasch in das Nichtsein des Gewesenen.

Husserl hat gezeigt, dass diese Insel der erlebten zeitlichen Gegenwart zugleich das unmittelbar Vergangene und das unmittelbar Kommende in sich vereinigt. In einer »Retention« hält der menschliche Geist das eben Vergangene und Erlebte gleichsam fest, sodass es in die sich dynamisch bewegende Zeitinsel einer erweiterten erlebten Gegenwart eingeht. Ohne diese primäre Erinnerung könnten wir weder einen Satz oder eine Melodie hören und verstehen noch eine Handlung vollbringen. In gewisser, wenngleich sehr verschiedener Weise geht auch die unmittelbar bevorstehende Zukunft bzw. das in ihr Erwartete, in die Gegenwartsinsel ein. Wenn wir etwa den Anfang eines bestimmten Wortes einer uns bekannten Sprache hören, ergänzen wir dieses um den Teil, den wir noch nicht hören, aber bestimmt erwarten. Wir können in diesem Sinne von Protention reden, die natürlich nicht besteht, wenn jemand chinesisch zu uns Nichtchinesen und dieser Sprache nicht Mächtigen redet oder objektiv völlig zusammenhanglose Handlungen ausführt.[22]

Man kann diese Insel der Gegenwart jedoch nicht auf ein subjektives Erleben einschränken. Vielmehr gehört objektiv zu unserem Handeln und Denken, dass sich deren gegenwärtige Wirklichkeit in einen Teil des eben Gewesenen und unmittelbar Kommenden hinein erstreckt. Nur durch dieses »Transzendieren«, dieses Überschreiten des unausgedehnten Augenblicks haben Leben, Handlungen und vieles mehr Wirklichkeit und Gegenwart.

Aber auch jene Zeitinsel der Gegenwart, auf der wir uns freuen, lieben, eine schöne Musik hören, flieht ununterbrochen ins Nicht-mehr-Sein des Vergangenen, und es bleibt unbegreiflich, wie und aus welcher Quelle diese kurzlebige Gegenwart des Seins-in-der-Zeit, die, kaum dass sie wird, sogleich vergeht und ins Nichts eilt, sich fort und fort erneuert.

22 Edmund Husserl, *Zur Phänomenologie des inneren Zeitbewusstseins* (1893–1917), Husserliana 10, hrsg. v. Rudolf Boehm (Den Haag: Nijhoff, 1969). Vgl. auch Don Ferrari, *Consciousness, Time, and Intuition. A Study of Retention,* (September 1999).

Zwar ist eine solche Zeitinsel, die das eben Gewesene und sogleich Kommende, und damit unendlich viele Augenblicke, in einer Einheit der erlebten Gegenwart zusammenschließt, innerhalb des Seins-in-der-Zeit der Ewigkeit am ähnlichsten, aber sie bleibt doch nur ein ungemein schwaches Abbild der Ewigkeit. Denn auch diese Zeitinsel der erlebten Gegenwart versinkt in kürzester Zeit in das Nicht-mehr-Sein der Vergangenheit.[23]

Wenn wir in den Abgrund der Zeitlichkeit unseres Seins blicken, verstehen wir, dass dieses jeden Augenblick aus dem Nichts des Künftigen ins Sein der Gegenwart übergeht und in der aktuellen Gegenwart ununterbrochen auftaucht und verschwindet. Wir werden im dritten Teil darlegen, wie das Sein-in-der-Zeit in jedem Augenblick aus dem Nichts, auf das es zueilt, im Sein erhalten und gleichsam neu geschaffen werden muss, was Augustinus als eine *creatio continua* (eine fortgesetzte oder immer weitergehende Schöpfung) bezeichnet hat und Descartes in der dritten *Meditation* glänzend darlegt.

Dieses spezielle Nichts, von dem wir hier sprechen, geht dem Sein-in-der-Zeit nicht voraus, sondern wohnt ihm inne bzw. erwartet es gleichsam als eine ständig neu gefüllte »Totenkammer der Zeit«.

Wenn wir diesen ständigen Sturz ins Nichtsein alles Seienden in der Zeit betrachten, sehen wir mit Gewissheit ein, dass die wirklich existierenden Seienden in der Zeit sowie ihr Leben und andere Attribute nicht nur in ihrem Beginn, sondern unablässig neu aus dem Nichts ins Sein treten. Denn ihr vergangenes Sein ist nicht mehr und kann

23 Gemäß dem eingangs Gesagten werde ich hier nicht die rein subjektive Interpretation, die Husserl seiner wichtigen Entdeckung der »Zeitinsel« gibt, kritisieren, was ich anderswo getan habe. Vgl. Edmund Husserl, Zur Phänomenologie des inneren Zeitbewusstseins. Vgl. Josef Seifert, *Essere e persona*, zit., Kap. 10. Ebenso wenig werde ich hier alle unbezweifelbaren Einsichten, die Husserl in dem genannten Werk, das mich tief beeindruckt und beeinflusst hat, darlegt, von jenen Punkten, in denen ich meine, dass er sich geirrt hat, abgrenzen.

daher weder ihr gegenwärtiges aktuelles, noch ihr zukünftiges Sein begründen, das ja noch nicht ist. Und selbst der unendlich schnell davoneilende Punkt der Gegenwart, der gewissermaßen der *actus essendi,* die einzige *Aktualität* zeitlicher Wesen ist, kann seine Fortdauer nicht begründen, entflieht ja jede Gegenwart im nächsten Augenblick in das Nicht-mehr-Sein der Vergangenheit.

Auch wenn wir zugeben, dass das Nicht-Sein der Vergangenheit nicht ein absolutes Nichts ist, was schon daraus hervorgeht, dass die Geschichtswissenschaft, die sich mit Vergangenem beschäftigt oder unsere persönliche Erinnerung, sich auf Etwas, das ein »wirklich Gewesenes« ist, über das wahre und falsche Meinungen möglich sind, richten, so ist doch das vergangene Sein der Seienden-in-der-Zeit, wenn es mit ihrem gegenwärtigen verglichen wird, in einem klaren Sinn nicht mehr, nichts mehr.

Die Siege und Weltherrschaft Julius Caesars oder des Kaisers von Persien, die Herrschaft der Nazis – sie alle sind nicht mehr.

So erkennen wir zwei Gründe, warum das Sein-in-der-Zeit aus dem Nichts kommt: Erstens ist ihm dieses Nichts vorangegangen, weil ein »Sein-in-der-Zeit« unmöglich anfanglos-ewig sein kann.

Zweitens taucht das »Sein-in-der-Zeit« sozusagen in jedem Augenblick aus dem Nichts auf, aus dem Nichts der Zukunft, und flieht in das Nichts des »Nicht mehr« der Vergangenheit.

KAPITEL 2

Ein dritter Beweis dafür, dass der Welt das Nichts nicht nur vorhergeht, sondern die Welt in dem Augenblick, in dem sie sich selbst überlassen wäre, ins Nichts zurücksinken bzw. vergehen würde, aus der Kontingenz der Welt.

1. Um die Welt zu vernichten, müsste Gott nichts tun, sondern nur etwas unterlassen

Die gewaltige Erkenntnis, die im Titel dieses Abschnitts ausgesprochen ist, formuliert Thomas von Aquin folgendermaßen:

> *»So wie daher das Hervorbringen von etwas ins Sein vom Willen Gottes abhängt, so hängt es ebenso von seinem Willen ab, dass die Dinge erhalten werden; denn er erhält sie nicht anders, als dass er ihnen immerfort Existenz verleiht; wenn er also seine Tat von ihnen fortnähme, würden alle Dinge auf nichts reduziert werden ...«*[24]

---

24 Thomas Aquinas, *Summa Theologica I,* Q. 9, art 2, resp. (Übers., *in: Opera Omnia* (ut sunt in indice thomistico additis 61 scriptis ex aliis medii aevi auctoribus), 7 Bde, ed. Roberto Busa S. J. (Stuttgart-Bad Cannstatt, 1980), vol. III, Q. 9, Art. 1, resp. Thomas von Aquin meint, dass der zeitliche Anfang der Welt philosophisch nicht beweisbar ist (er hält diese Wahrheit nur für eine Glaubenswahrheit), aber er hält dennoch an diesem dritten Beweis für die göttliche Schöpfung und Erhaltung der Welt aus dem Nichts fest. Dieser dritte Beweis hängt nicht von dem tatsächlichen der Welt Vorhergehen des Nichts ab, das wir, mit Albertus Magnus, dem Lehrer des Aquinaten, und Bonaventura verteidigen und aus evidenten Beweisen im ersten Kapitel begründet haben.

Thomas betont, wie Augustinus, dass die Welt von Gott geschaffen wäre, auch wenn sie anfanglos ewig existierte, genauso wie eine Fußspur im Sand vom Fußtritt eines Menschen verursacht bleibt, auch wenn sie zugleich mit ihm existiert. Beide übersehen aber die von der muslimischen Philosophie des Kalam-Arguments und Bonaventura eingesehene Wahrheit, dass das Sein-in-der-Zeit in seiner Folge endlicher zeitlicher Abschnitte

In Anbetracht der Seienden in der Welt, die wir reale nennen (materielle Dinge, Lebewesen, Menschen), unterscheiden wir ihre Natur oder ihr Wesen, »das was sie sind«, von ihrer Existenz, von der Realität ihres Seins. Beide dieser »Prinzipien« oder konstitutiven »Elemente« des einen Seienden (*ens*): Sein (*esse*) und Wesen (*essentia*) sind von entscheidender Bedeutung. Was jedes Seiende ist, sein Wesen, bildet den intelligiblen Inhalt und bestimmt den Sinn, den Wert, den Rang, den Grundmodus und die Form eines Seienden. Das Wesen des Menschen etwa unterscheidet den Menschen abgrundtief von einem Stein, einem Baum oder einem Frosch, die wieder von ihrem jeweiligen Wesen bestimmt sind.

Die Existenz, der *actus essendi* (der Akt des Seins), ist das in einem Seienden, was das, *was* dieses Seiende ist (sein Wesen), tatsächlich wirklich macht. Allein aufgrund meines Seins, meiner Existenz, bin ich wirklich Mensch und verwirkliche so mein Menschsein und das Wesen des Menschseins. Auch gibt es eine Zuordnung zwischen Sein und Wesen, auf die insbesondere die Philosophin Edith Stein hingewiesen hat:[25] Jedes Wesen kann nur das zu ihm passende Sein, auch jedes Individuum, jeder einzigartige und einzige Mensch kann nur sein eigenes Dasein erhalten, niemals das eines anderen Individuums oder einer anderen Seinsart.

Ohne früher durchgeführte ausführliche Analysen von Sein und Wesen[26] im vorliegenden Kontext wiederholen

---

auf einander seinem Wesen nach nicht aktuell unendlich und daher auch nicht anfanglos-ewig existieren kann.

25 Edith Stein, Endliches und Ewiges Sein, zit. Vgl. auch Augusta Spiegelman Gooch, *Metaphysical Ordination: Reflections on Edith Stein's »Endliches Und Ewiges Sein«*, Dissertation, University of Dallas(1982).https://philpapers.org/rec/GOOMOR.

26 Wesen und Existenz (Sein) habe ich in früheren Werken sehr eingehend analysiert. Vgl. Josef Seifert, *Sein und Wesen.* (Heidelberg: Universitätsverlag C. Winter, 1996); *Gott als Gottesbeweis*, zit.; »Essence and Existence. A New Foundation of Classical Metaphysics on the Basis of ›Phenomenological Realism‹, and a Critical Investigation of ›Existentialist Thomism‹«, *Aletheia* I (1977), pp. 17–157; I, 2 (1977), pp. 371–459; »Esse, Essence, and Infinity: a Dialogue

zu können, möchte ich nur auf die Tatsache hinweisen, dass sich die realen Seienden dieser Welt in Bezug auf ihre Existenz im bemerkenswertesten und einem »metaphysisch bedrohlichen« Zustand befinden. Ihre Existenz und damit die ganze Aktualität ihres Seins, jenes einzigartigen innersten »Aktes«, der sie überhaupt ins Sein bringt und im Sein hält, ist weder eins mit ihrem Wesen, noch notwendigerweise damit verbunden, noch in irgendeiner anderen Weise notwendig. Wir sagen, dass sie kontingent (nicht-notwendig) existieren, aber das sollten wir nur mit einem metaphysischen Schaudern sagen: Du, Ich, wir alle könnten nicht sein – wir könnten nichts sein! Nichts könnte sein, anstatt dass wir dawären und dasind.

Alles, was in der Welt lebt und sich bewegt, alles, was in ihr ist, *könnte auch nicht sein.* Nur wenige Menschen erleben das volle Staunen und zugleich die vielfältige Erschütterung, die diese Erkenntnis in uns hervorrufen kann und soll. Wir leben meist in einer Art metaphysischer Seins- und Kontingenzvergessenheit.

2. Woher wissen wir, dass unsere Existenz kontingent (nicht-notwendig) ist?[27]

Die Kontingenz der Existenz von etwas ist unserer Erkenntnis auf verschiedene Weise klar gegeben:

---

with Existentialist Thomism«, in: *The New Scholasticism,* (Winter 1984), 84–98.

27 Kant würde hier von einer »intelligiblen Kontingenz« sprechen, deren Wissen er verneint, indem er nur die empirische Kontingenz als bekannt anerkennt. Diese Sichtweise, die auf Kants grundlegende Erkenntnistheorie zurückgeht, wurde bereits in meinen Büchern *Erkenntnis objektiver Wahrheit* und *Back to Things in Themselves,* die sich mit der Grundlage des philosophischen Realismus beschäftigen, widerlegt. Ders.; *Erkenntnis objektiver Wahrheit. Die Transzendenz des Menschen in der Erkenntnis* (Salzburg: A. Pustet, [2]1976); eine Kurzfassung dieses Buches ist *Unbezweifelbare Wahrheitserkenntnis. Jenseits von Skeptizismus und Diktatur des Relativismus.* (Mainz: Patrimonium-Verlag, 2015). *Discours des Méthodes.*

1. Erstens können wir in unserer Vorstellung alle Arten von rein möglichen Seienden einer bestimmten Art betrachten, von denen wir nicht wissen, ob sie real existieren. Keines dieser Individuen existiert wirklich – zumindest wissen wir nicht, ob eines dieser Seienden, die wir uns in unserer Phantasie vorstellen können, tatsächlich existiert.

Wenn wir philosophisch über diese Tatsache nachdenken, die jedem Kind bekannt ist, das Märchen hört oder neue erfindet, sehen wir, dass mit dieser Vorstellung von Individuen der gleichen Art wie jene, die wirklich existieren, die wir uns aber nur vorstellen und die nicht existieren, die Nichtnotwendigkeit der Existenz aller Individuen derselben Art einsichtig gegeben ist. Denn dass die Existenz eines Individuums, das jene Wesen und Naturen verkörpert, von denen wir uns jederzeit andere Individuen vorstellen können, die nicht existieren, nicht notwendig ist, leuchtet unmittelbar ein. Denn wenn die Existenz aller Individuen einer bestimmten Art notwendig wäre, müssten alle möglichen Individuen derselben Art existieren. Dies ist nicht der Fall; ergo ist die Existenz keines Individuums derselben Art notwendig.

Freilich besteht die Möglichkeit, dass die von uns vorgestellten imaginären Wesen, die wir etwa in einem Roman beschreiben, existieren. Tatsächlich können wir nicht absolut wissen, dass sie nicht so existieren, wie wir sie uns vorgestellt haben. An diesem Punkt gelangen wir von unserem ersten Argument zu einem zweiten, tieferen.

2. Wir verstehen nämlich, dass es objektiv, gleich ob wir uns Individuen derselben endlichen Art vorstellen oder nicht, gleich ob sie existieren oder nicht, nichts gibt, was ihnen innewohnt, was ihre Nichtexistenz unmöglich machen würde und zugleich, dass es immer mehr (nämlich unendlich viele) mögliche als wirkliche Individuen der menschlichen oder anderer endlicher Naturen gibt, weil eine aktuell unendliche Zahl endlicher Wesen nicht existieren kann, ähnlich wie eine aktuell unendliche Dauer der in-der-Zeit und in auf einander folgenden Reihen zeitli-

cher Dauer Seienden nie aktuell unendlich sein kann, wie wir gesehen haben.

Mit dieser Möglichkeit anderer individueller Seiender derselben Art, von denen niemals *alle* (unendlich viele) tatsächlich existieren können, erfassen wir die Kontingenz und Nichtnotwendigkeit der Existenz auch jener Wesen, die tatsächlich existieren. Bei diesem Argument geht es um die jedenfalls zwischen der unendlichen Zahl von *möglichen* und der endlichen Zahl von *wirklichen* Individuen der menschlichen oder anderer Naturen bestehende Diskrepanz, eine Diskrepanz, die wesensnotwendig besteht, weil es unmöglich ist, die unendliche Zahl *möglicher Individuen* einer bestimmten Natur (z.B. der menschlichen) auszuschöpfen.

Dies erinnert an die Unmöglichkeit, gleich wie lange wir leben oder die Welt in der Zukunft existieren wird, dass wir oder die Welt aktuell unendlich lang existiert haben oder einmal gelebt haben werden.

Wir können zur selben Einsicht auf vielen anderen Wegen, teilweise auch ganz empirischen, gelangen:

3. Wir wissen etwa von der Biologie her, dass aus der Vereinigung jeder existierenden menschlichen Samenzelle mit je einer existierenden menschlichen Eizelle eine astronomische Anzahl von Gen-Kombinationen und dieselbe astronomische Anzahl anderer Menschen möglich ist, die nicht existieren, ganz zu schweigen von der grenzenlosen Anzahl möglicher Wesen. Aber wenn andere Seiende derselben Art, z. B. Menschen, möglich sind, aber nicht real existieren, folgt daraus, dass jene Seienden, die die gleiche Natur wie jene rein möglichen besitzen, aber tatsächlich existieren, nicht notwendig existieren.

Es folgt, mit anderen Worten, nicht aus ihrem Wesen, dass ein Seiendes dieser Art notwendig existieren müsste; sonst müssten alle möglichen Wesen der gleichen Natur existieren. So ist ihre Existenz nicht Teil ihres Wesens und nicht untrennbar mit diesem verbunden, sondern fällt gewissermaßen außerhalb des Wesens dieser Seienden. Daher ist es möglich, dass der *actus essendi* (die aktuelle reale Existenz) einem Individuum dieser Art verliehen wird, unendlich vielen anderen nicht.

4. Die Tatsache, dass wir auch nicht existieren könnten, wirft Licht auf »unser Nichts« und zugleich auf die ungeheure Tatsache unseres Seins, das nicht aus unserem Wesen folgt, sondern uns geschenkt ist. Dieser Geschenkcharakter der nicht-notwendigen realen Existenz macht diese auch zum Objekt der Dankbarkeit, wie Matthias Claudius es ausdrückt:

Ich danke Gott und freue mich.
Wie's Kind zur Weihnachtsgabe,
Dass ich bin, bin! Und Dich
Schön menschlich Antlitz! habe …

Man könnte sagen, dass der für sein Dasein dankbare Dichter hier drei Dinge gleichzeitig erfasst: (1) die Möglichkeit unzähliger anderer nicht-existierender Wesen gleicher Natur wie die, die existieren; (2) die Tatsache, dass daher das Wesen (die Natur) der Seienden in der Welt deren reale Existenz oder gar (3) eine Notwendigkeit ihrer Existenz *nicht* einschließt. Diese grundlegenden metaphysischen Fakten sind uns klar gegeben, wenn wir nur über das Verhältnis zwischen Wesen und Existenz der von uns vorgestellten, der möglichen und der wirklichen Seienden in der Welt nachdenken oder Dankbarkeit über unser Dasein empfinden.

5. Ein weiterer, sehr ähnlicher und wieder rein metaphysischer Weg, auf dem wir die Kontingenz (Nichtnotwendigkeit) aller Seienden in der Welt verstehen können, geht von der Vervielfältigbarkeit der Individuen innerhalb derselben Art und Gattung aus. Wann immer wir begreifen, dass es möglich ist, dass die gleiche Natur in verschiedenen Individuen existieren kann, die nicht, nicht mehr oder noch nicht sind, ja wann immer wir in der Erfahrung mehr als ein einzelnes Mitglied einer Klasse von Wesen finden, verstehen wir, dass kein einziges Mitglied dieser Klasse von Wesen,

kein einziges Individuum, das diese Natur besitzt, notwendigerweise existieren kann.

Wir gewinnen eine Einsicht in den wesenhaften Zusammenhang zwischen der Vielheit der individuellen Seienden gleicher Natur und der Nichtnotwendigkeit ihrer Existenz. Wir verstehen, dass ein Wesen einer bestimmten Art (z.B. die menschliche Natur) in vielen Individuen, die es nicht gibt, aber, ohne jede Begrenzung, prinzipiell geben könnte, existieren kann. Gerade aus dieser »Vermehrbarkeit« folgt, dass die Natur eines solchen Seienden seine reale Existenz nicht einschließt. Wir können, anders gesagt, eine Einsicht in die nicht-notwendige Verbindung zwischen Wesen und Existenz all derjenigen Wesen gewinnen, die sich vermehren können, d.h. deren Wesen in prinzipiell grenzenloser Weise in immer neuen Individuen existieren kann.[28]

Die Existenz einer menschlichen Person in ihrer individuellen und unwiederholbaren *haecceitas*, von der Duns

---

28 Ich sehe hier von der m.E. irrigen Meinung Thomas von Aquins ab, dass innerhalb derselben Art von Sein verschiedene Individuen nur durch die Materie (*materia prima quantitate signata*) zustande kommen können, eine Meinung, die auch Edith Stein in ihrem Hauptwerk treffend kritisiert: vgl. Edith Stein, *Endliches und Ewiges Sein*, zit. Das Einzelsein der geschaffenen reinen Geister, S. 319 ff. Vgl. dazu Thomas von Aquin, *De Ente et Essentia*, in: *Opera Omnia* (ut sunt in indice thomistico additis 61 scriptis ex aliis medii aevi auctoribus), 7 Bde, ed. Roberto Busa S. J. (Stuttgart-Bad Cannstatt, 1980), Bd. 3, S. 583–587. Vgl. auch die deutsche Übersetzung dieses Werkes durch Edith Stein, sowie ihre Kommentare zu diesem Werk in den Anmerkungen: Thomas von Aquin, *De ente et essentia – Über das Seiende und das Wesen*, übersetzt von Edith Stein Gesamtausgabe, Bd. 26 (Freiburg i. Br.: Herder, 2010), S. 13 ff. Vgl. ebenfalls Robert McNamara, »The Concept of Christian Philosophy in Edith Stein«, 2020, *American Catholic Philosophical Quarterly*, Vol. 94, No. 2 pp. 323–346, doi: 10.5840/acpq2020310199. Ich habe in verschiedenen Werken zu zeigen versucht, dass die Seele (Person) eine unvergleichlich höhere Individualität besitzt als eine, die aus der Materie erklärt werden könnte. Vgl. Josef Seifert, *Essere e persona, zit.*, Kap. 9; and »Persons and Causes: beyond Aristotle«, *Journal of East-West Thought*, Fall Issue Nr. 3 Vol. 2, September 2012, pp. 1–32.

Scotus spricht, in ihrem »Diese-Da-Sein«, das sich in seiner unwiederholbaren Einzigkeit nicht vermehren lässt, kann daher nicht notwendig in einer Natur wie der menschlichen begründet sein, die mehr als ein einziges Individuum zulässt.[29] Daher kann die Existenz der menschlichen Person, deren allgemeine menschliche Natur in vielen Individuen existiert und in vielen weiteren existieren kann, nicht notwendig sein.

6. Eine weitere, und zwar empirische Weise, die Kontingenz eines Seienden zu erfassen, ist die Erfahrung des Werdens und Vergehens – besonders von Lebewesen und Menschen. Hier begreifen wir diese erstaunliche Tatsache: Unser siebter Enkel Jackson Christopher war vor zwei Jahren nicht, und jetzt ist und existiert er.

Da wir jedoch kein absolutes empirisches Wissen über das Werden haben und nicht mit absoluter Sicherheit a priori wissen, ob Leib und Seele eines neuen Menschen irgendwo und irgendwie bereits existiert haben, muss dieses empirische Argument ganz hinter den erwähnten apriorischen zurücktreten.

In Einklang mit der Kantischen Terminologie und Unterscheidung zwischen intelligibler Kontingenz (absoluter an sich) und empirischer (die nur auf der Ebene der Wahrnehmung festgestellt wird, aber nicht erlaubt, Schlüsse auf die Wirklichkeit an sich zu ziehen), könnten wir sagen, dass wir auf dem Boden empirischer Beobachtungen nur empirische Kontingenz erkennen, nicht intelligible.

29 Die unwiederholbare Einzigkeit jeder Person wurde auch dichterisch als einzigartiger oder unverwechselbarer »Geschmack« jedes Einzelnen, von dem G. M. Hopkins spricht, oder als »Melodie ihrer Seele« bezeichnet. Diesen Ausdruck hat die damals 10-jährige Komponistin Alma Deutscher in ihrer zweiten Oper *Cinderella* geprägt. Zu deren philosophischer Substanz vgl. Josef Seifert, *Das Wunderkind Alma Deutscher – Große Komponistin und Philosophin.* Philosophie in Kunst, Musik und Literatur, Bd. 1 (Gaflei, FL, Santiago de Chile, Granada, Bierbronnen: IAP Press/DKP, 12 Februar 2020). Auch als Kindle-E-Buch erhältlich.

Um in diese metaphysische und »intelligible Kontingenz« unseres Seins einzudringen, müssen wir uns dem höchst einsichtigen und notwendigen Sachverhalt zuwenden, dass die Existenz anderer Seiender gleicher Natur möglich ist, woraus die Nichtnotwendigkeit der Existenz aller Seienden derselben Art folgt.

7. Die Kontingenz der Existenz kann auch durch eine Betrachtung der Zeitlichkeit aller realen Seienden im Universum sichtbar werden, wie wir gesehen haben. Denn ihr einstiges Nichtsein in der Vergangenheit und ihr Nochnichtsein in der Zukunft zeigen, dass sie nicht immer waren und viele Abschnitte ihrer Dauer noch nicht sind, und sie folglich nicht immer sind. Ihr aktuelles Dasein war nicht immer aktuell, ja kann gar nicht anfanglos und ewig existiert haben, und ist schon rein deshalb nicht-notwendig, sondern kontingent. Denn nichts, was einmal nicht war (ebensowenig wie etwas, das einmal nicht sein wird), existiert notwendigerweise.

KAPITEL 3

Ein vierter Beweis dafür, dass die Welt aus dem Nichts gekommen ist: Nichts Unvollkommenes existiert notwendig, sondern muss aus dem Nichts gekommen sein

1. Die Unvollkommenheit der Welt und aller Seiender in ihr: die »reinen« und die »gemischten« Vollkommenheiten

Alle Wesen auf der Welt sind von begrenzter Vollkommenheit. Denn sie besitzen sowohl wesenhaft begrenzte (gemischte) Wertvollkommenheiten, wie biologisches Leben oder die Natur einer Pflanze, eines Tieres, eines Menschen oder eines Engels, deren spezifische Naturen wesenhaft endlich und begrenzt sind, oder sie besitzen, aber nur in begrenztem Maße, reine (d.h. potenziell unendliche) Vollkommenheiten, wie das Sein oder die Erkenntnis der Wahrheit.

2. Die Nichtnotwendigkeit seines Maßes und seiner Grenzen sowie seiner Existenz sind von einem Wesen endlicher Vollkommenheit untrennbar

Die wesenhaft begrenzten, die sogenannten »gemischten Vollkommenheiten«, wie diejenige, ein Löwe zu sein oder schnell laufen zu können, aber auch die Begrenztheit der Verkörperung aller »reinen Vollkommenheiten« im Menschen (wie die des Lebens, der Gerechtigkeit oder Liebe) implizieren notwendigerweise sowohl die Kontingenz der Existenz als auch die Kontingenz und Nichtnotwendigkeit der Wesens- und Vollkommenheitsgrenzen eines Seienden.

Unter Kontingenz verstehen wir hier offensichtlich mehr als nur Begrenzung als solche. Sowohl das Maß der Vollkommenheit eines begrenzten Wesens als auch die begrenzte Natur selbst in ihrer Konkretheit (und ihren Grenzen) sind kontingent, d.h. nicht-notwendig.

Blaise Pascal hat die Kontingenz (Nichtnotwendigkeit) unserer Grenzen in Raum und Zeit so formuliert:

> »Bedenke ich die kurze Dauer meines Lebens, aufgezehrt von der Ewigkeit vorher und nachher, bedenke ich das bisschen Raum, den ich einnehme, und selbst den, den ich sehe, verschlungen von der unendlichen Weite der Räume, von denen ich nichts weiß und die von mir nichts wissen, dann erschauere ich und staune, dass ich hier und nicht dort bin; keinen Grund gibt es, weshalb ich gerade hier und nicht dort bin, weshalb jetzt und nicht später. Wer hat mich hier hingesetzt? Durch wessen Anordnung und Verfügung ist mir dieser Ort und diese Stunde bestimmt worden? [30]

Pascals Fragen über Grenzen von Zeit und Raum muss man auch für diesen viel breiteren metaphysischen Sinn von Grenzen stellen. Betrachten wir Pascals Fragen, die zugleich Einsichten zum Ausdruck bringen, noch einmal und etwas näher:

Warum sind wir in den unendlichen Räumen, die uns umgeben, nicht kleiner oder größer? Warum sind wir hier und nicht dort? Warum füllt unsere Gegenwart nicht mit ihrer Aktualität eine längere Insel der Zeit aus? Warum wurde genau diese Zeit unserer Lebensspanne unserem tatsächlichen Leben zugeteilt und nicht irgendeine der anderen unendlich vielen möglichen Zeiträume in Zukunft und Vergangenheit?

Diese von Blaise Pascal gestellten Fragen können nun auf alle Wesen und Vollkommenheiten in der Welt ausgedehnt werden. So wie die quantitativen Grenzen des Rau-

---

30 Blaise Pascal, *Œuvres complètes*. Hrsg. v. Louis Lafuma, (Paris: Éditions du Seuil, 1963), *Pensées* fr. 69 (205), Übers. J.S.:

Quand je considère la petite durée de ma vie absorbée dans l'éternité précédente et suivante ... le petit espace que je remplis et même que je vois abîmé dans l'infinie immensité des espaces que j'ignore et qui m'ignorent, je m'effraye et m'étonne de me voir ici plutôt que là, car il n'y a point de raison pourquoi ici plutôt que là, pourquoi à présent plutôt que lors. Qui m'y a mis? Par l'ordre et la conduite de qui ce lieu et ce temps a-t-il été destiné à moi?

mes und der Zeit, die wir mit unserem Sein füllen, von einer Unendlichkeit anderer möglicher geringerer oder größerer Grenzen umrandet sind, und geheimnisvoll und aus der Natur heraus, die dermaßen begrenzt ist, unerklärt bleiben, so bleibt es auch völlig unklar, warum unsere Person, unser Wissen, unsere Intelligenz, unsere Schönheit, unsere Erkenntnis, Weisheit oder unsere Güte genau in dem Maß begrenzt sind, wie sie in der Tat begrenzt sind, und nicht in einem der unendlich vielen anderen möglichen Grade oder Maße und Grenzen, die denkbar sind. Warum sind wir nicht mehr oder weniger schön, intelligent, gerecht usw.? Dieses genaue, kleine oder größere, Maß dieser reinen Vollkommenheiten, während es unendlich viele Grade von möglichen Mehr oder Weniger gibt, bedarf einer Erklärung. Und diese Erklärung kann letzten Endes nicht in uns selbst liegen, auch wenn ein Teil dieser Grenzen von unserem freien Willen bedingt sind.

Denn wenn es auch in unserer Macht liegt, Ungerechtigkeit zu meiden und mehr oder weniger gerecht zu sein, so bleibt doch jeder Grad menschlicher Gerechtigkeit begrenzt und dadurch auch kontingent (nicht-notwendig). Die von jedem Grad endlicher Vollkommenheiten untrennbaren Grenzen sind nicht notwendig.

Analog dazu bleibt der Grund der genauen Anzahl von einzelnen menschlichen Personen, anstatt dass es mehr oder weniger menschliche Individuen gibt, aus dem Wesen des Menschseins heraus unerklärbar. Wer hat allen Menschen, Tieren und Sternen ihre begrenzte Zahl und die bestimmten Grenzen ihrer Vollkommenheiten in einem unendlichen metaphysischen Raum von möglichen »Weniger« und »Mehr« zugeteilt?

Diese Frage ergibt sich notwendig. Denn wir können innerhalb der begrenzten Wesen und Vollkommenheiten selbst nie eine Spur von einer solchen Erklärung entdecken. Es gibt keinen Grund in dem Wesen, das von Höherem und Niedrigerem umgeben ist, das buchstäblich und analog ein über ihm und ein unter ihm, ein rechts und ein links von ihm hat, in denen es nicht ist, warum es genau dort ist, wo es ist und genau innerhalb jener Grenzen, in denen es eben existiert. So ist uns die Nichtnotwendigkeit der eigenen Grenzen und jener aller anderen Seienden in der Welt gegeben.

Die Kontingenz begrenzter Vollkommenheiten in dem Sinne, dass es in jedem Fall mehr oder weniger von ihnen geben könnte, ist auch untrennbar von der Kontingenz der Existenz. Kein begrenzt vollkommenes Wesen, dessen Grenzen nicht-notwendig sind, kann notwendigerweise existieren und kein notwendigerweise existierendes Wesen kann in seiner Vollkommenheit und seinem Wert begrenzt sein.

Daher wird die Nichtnotwendigkeit der Existenz von der Nichtnotwendigkeit der Grenzen eines unvollkommenen Wesens impliziert. Wie können diese Behauptungen begründet werden?

Es handelt sich hier um einen evidenten Zusammenhang, der letztlich nur durch direkte Einsicht in einen wesensnotwendigen Sachverhalt geistig wahrgenommen werden kann, der aber dennoch auch indirekt durch die folgenden Schritte bewiesen werden kann:

1. Wenn ein Wesen mehr oder weniger vollkommen sein könnte, könnte ein solches Wesen auch gar nicht existieren. Die Tatsache, dass die Grenzen seines tatsächlichen Seins ein mehr oder weniger vollkommenes Maß dieser Vollkommenheiten ermöglichen, für deren konkretes Limit es keinen intrinsischen hinreichenden Grund in begrenzten Wesen gibt, macht es auch möglich, dass ein solches Seiendes gar kein Maß an Sein und Vollkommenheit hätte, dass es mit anderen Worten nichts sein könnte. In einem Abschnitt, der an Pascals Fragment über die Grenzen der Zeit und des Raums erinnert, drückt Anselm von Canterbury diesen Punkt so aus:

> *Ich möchte noch etwas hinzufügen. Zweifellos kann von demjenigen, was irgendwo oder irgendwann nicht ist, gedacht werden, dass es nirgends und niemals ist, da es an einem be-*

stimmten Ort und zu einer bestimmten Zeit nicht ist. Denn was gestern nicht war und heute ist: von dem verstehen wir, dass es so, wie es gestern nicht war, so auch niemals sein kann. Und von dem, was nicht hier, aber anderswo ist: von dem können wir auch verstehen, dass so, wie es nicht hier ist, so könnte es auch nirgends sein. Ebenso kann von dem, dessen einzelne Teile nicht sind, verstanden werden, dass an demjenigen Ort und zu derjenigen Zeit, zu denen seine übrigen Teile sind, keiner seiner Teile und daher es selbst als Ganzes nicht sein könnte.[31]

Was hier über Zeit, Ort und Zusammensetzung aus Teilen gesagt wird, kann auf alle Grenzen der Vollkommenheit angewendet werden. Die Möglichkeit, anders und mit anderen Grenzen zu sein, impliziert notwendigerweise die Möglichkeit, überhaupt nicht zu sein. Denn die Möglichkeit der Nicht-Existenz von Teilen der begrenzten Vollkommenheitsgrade in einem Wesen macht es durchaus möglich, dass in diesem Wesen überhaupt keine Stufe seiner Werte und Vollkommenheiten ist und damit auch, dass es überhaupt nicht existiert.

2. Auf Grund der notwendigen Verbindung zwischen der Nichtnotwendigkeit der Grenzen der Grade der Vollkommenheiten und der damit unzertrennlich verknüpften Nicht-Notwendigkeit seiner Existenz ergibt sich aus den bereits genannten Gründen, dass alles unvollkommene Sein aus dem Nichts gekommen ist und immer im Sein erhalten und aus dem ihm sozusagen »natürlich zugehörenden Nichtsein« heraus im Sein gehalten werden muss.

Dieselbe Wahrheit ergibt sich auch daraus, dass alles unvollkommene Seiende, da es mehr oder weniger vollkommen sein und werden kann, auch zeitlich ist und aus denselben Gründen, wie wir in Kapitel 1 dargelegt haben,

31 Anselm of Canterbury (Aosta), *Quid ad haec respondeat editor ipsius libelli. S. Anselmi Opera Omnia,* (Hg.) Franciscus Salesius Schmitt, 2 Vol. (Stuttgart-Bad-Cannstatt: Friedrich Frommann/ Günter Holzboog, 1968), vol. 1, p. 131 (eigene Übersetzung JS).

einmal nichts war, also aus dem Nichts ins Sein gekommen ist.

Aber wenn jedes Maß an Vollkommenheit begrenzter Wesen kontingent und nicht notwendig ist und auch nicht durch ihre begrenzte Natur selbst erklärt wird, dann können wir leicht erkennen, dass diese kontingenten Naturen mit ihren spezifischen Grenzen sowie die nicht-notwendige Existenz begrenzter und unvollkommener Wesen diesen von einer ihnen äußeren Ursache zugewiesen wurden. Die Pascalsche Frage nach einer extrinsischen Quelle der Erklärung dieser Masse und Grenzen stellt sich unweigerlich. Darauf werden wir im dritten Teil ausführlich eingehen.

ZWEITER TEIL

GOTT ALS DAS EINZIGE EWIGE, NOTWENDIGE UND VOLLKOMMENE SEIN, DAS DEN ZUREICHENDEN GRUND SEINES SEINS IN SICH SELBST HAT

KAPITEL 4

Das Prinzip vom zureichenden Grund – seine Einheit und seine Vielfalt

1. Das alles Seiende umfassende Prinzip vom zureichenden Grund

Wir haben im vorliegenden Werk oft schon auf den zureichenden Grund, der dem einen Seienden, aus sich heraus betrachtet, fehlt, dem anderen innewohnt, hingewiesen und werden dies noch vermehrt tun. Daher müssen wir diesem Satz vom Grunde, wie man das Prinzip auch nennt,[32] auf den Grund gehen und verstehen, worin dieses Prinzip besteht und worauf es sich gründet. Dieses Prinzip hat erstmals Leibniz klar formuliert. Zugleich aber hat er es in vielerlei Hinsicht verwirrt.

Diese Verwirrung ist nicht nur dadurch entstanden, dass Leibniz zwischen sehr verschiedenen Wurzeln bzw. sehr verschiedenen notwendigen Sachverhalten und Prinzipien vom zureichenden Grund nicht unterschieden hat, die eine differenzierte Untersuchung und Formulierung verlangen, wie wir seit Schopenhauers bedeutender und preisgekrönter Schrift über die vierfache Wurzel des Prinzips vom zureichenden Grund wissen[33].

---

32 Auf die Bedeutung dieses Satzes für die Metaphysik hat, neben Leibniz, auch Martin Heidegger hingewiesen. Vgl. Martin Heidegger, *Der Satz vom Grund,* (1955–1956), (Pfullingen: Günter Neske, 1957), Gesamtausgabe 10, Hrsg. von Petra Jaeger, (Frankfurt am Main: Vittorio Klostermann, 1997). Aus den eingangs angegebenen Gründen behalten wir eine kritische Untersuchung der Leibniz'schen, Schopenhauer'schen und Heidegger'schen Erörterung dieses Grundprinzips der Metaphysik und der Wissenschaften überhaupt einer künftigen Publikation vor.

33 Arthur Schopenhauer, *Ueber die vierfache Wurzel* des *Satzes vom zureichenden Grunde.* Eine philosophische Abhandlung. 1813. Zweite, sehr verbesserte und beträchtlich vermehrte Auflage, (Frankfurt a. M.: Joh. Christ. Hermann'sche Buchhandlung, Suchsland, 1847).

Vielmehr hat Leibniz das *principium rationis sufficientis* auch mit drei weiteren Sätzen, von denen einer wahr, aber kein erstes Prinzip, und zwei andere falsch sind, verwechselt, wodurch er seine große philosophische Einsicht und *prise de conscience* dieses Prinzips sehr verwirrt und zu vielen Irrtümern Anlass gegeben hat.

2. Ein oder viele Prinzipien vom zureichenden Grund?

Ein wichtiges, in Schopenhauers Werk über die vierfache Wurzel des Prinzips des zureichenden Grundes[34] formuliertes Ergebnis seiner Untersuchungen ist die zweifache These, dass sich einerseits hinter dieser Formel verschiedene Prinzipien verbergen, andererseits es aber dennoch einen einheitlichen Sinn dieses Prinzips, das Schopenhauer, Leibniz folgend, den »Hauptgrundsatz in aller Erkenntniß, den Satz vom zureichenden Grunde,«[35] nennt, geben muss. Wir könnten diesen einheitlichen Kern, der jedoch primär einen ontologischen und metaphysischen, nicht einen epistemologischen Gehalt hat, vielleicht am besten so formulieren:

Alles, was ist, was der Fall ist, was geschieht, wahr ist oder was eine bestimmte Eigenschaft bzw. Bestimmung hat, muss einen zureichenden Grund haben, warum es ist, anstatt nicht zu sein, warum es wahr ist, anstatt nicht wahr zu sein und warum es so ist, wie es ist, anstatt anders zu sein.

Dabei bleibt ganz offen, welcher Art der zureichende Grund in einem besonderen Fall ist.

So können wir, von dieser allgemeinsten Wurzel des Prinzips vom zureichenden Grunde ausgehend, weiter differenzieren und unterscheiden:

1) *Zureichender Seinsgrund* (der das Prinzip von der zureichenden Ursache jedes Wandels und kontingenten Seins, das Kausalprinzip, als einen Teil einschließt): *Al-*

34 *Ueber die vierfache Wurzel des Satzes vom zureichenden Grunde,* zit.
35 Arthur Schopenhauer, *Ueber die vierfache Wurzel* des *Satzes vom zureichenden Grunde,* zit., Kap. 1, Einleitung, § 2.

les was ist, was der Fall ist und was geschieht, muss einen zureichenden Grund haben, warum es ist, anstatt nicht zu sein, warum es geschieht, anstatt nicht zu geschehen, und warum es so ist, wie es ist, anstatt anders zu sein.

Wir können aber das Prinzip vom zureichenden Grund auch

2) in einem doppelten *logischen Sinn* verstehen: a) einmal als den zureichenden Grund für die Wahrheit jedweden Urteils, der allein darin liegt, dass der in ihm behauptete Sachverhalt besteht, so wie er behauptet wird, sodann b) als den zureichenden Grund der Wahrheit einer Konklusion, die aus der Wahrheit von Prämissen und logischen Gesetzen abgeleitet wird und in diesen den zureichenden Grund ihrer Wahrheit *qua Konklusion* hat. Der zureichende Grund der Wahrheit einer Konklusion qua Konklusion schließt auch die logische Schlüssigkeit der Beweisform und die Wahrheit seiner Prämissen ein.

3) Weiter können wir von einem zureichenden *Erkenntnisgrund reden.*

Und schließlich können wir zwischen

4) einem zureichenden *psychologischen Grund* (Motiv) für eine Handlung und

5) einem zureichenden moralischen Grund für die Gutheit oder Schlechtigkeit einer Handlung unterscheiden. Diese Unterteilungen sind keineswegs erschöpfend.

In unserem Zusammenhang geht es hauptsächlich und fast ausschließlich um den ersten, ontologischen und metaphysischen, Sinn des Prinzips vom zureichenden Grund (1).

3. Der zureichende Seinsgrund

Recht verstanden, und auch manchmal von Leibniz ganz gleich formuliert, besagt dieses Prinzip, das Leibniz an Evidenz dem Widerspruchsprinzip gleichstellt und das Leibniz ganz gleich formuliert, besagt dieses Prinzip, das Leibniz an Evidenz dem Widerspruchsprinzip gleichstellt und als eines der beiden bezeichnet, auf denen all unsere Erkenntnis und Wissenschaft beruht: *Alles Seiende bedarf dafür, dass es ist anstatt nicht zu sein, und dafür was und wie es ist, statt anders zu sein, eines zureichenden Grundes, der sein Dasein, sein Wesenswas und jede Art seiner inhaltlichen Bestimmtheit, seines Wie-Seins erklärt.*

Seit dem Vorsokratiker Parmenides, bei dem wir die Grundeinsicht in das Prinzip des zureichenden Grundes und den eng mit ihm verknüpften Satz »Ex nihilo nihil fit« (aus Nichts wird nichts) bereits antreffen, wurde das *principium rationis sufficientis* (das Prinzip vom zureichenden Grund) von vielen Denkern formuliert, von Platon, Aristoteles und zahlreichen anderen Philosophen. Spinoza hat es relativ pointierter und klarer formuliert als seine Vorgänger und einige wichtige Unterscheidungen zwischen dem Prinzip vom zureichenden Grund und dem Kausalprinzip gemacht. Am pointiertesten und energischsten hat es jedoch Leibniz, der dem Prinzip seinen Namen gegeben hat, an den Anfang aller Philosophie und Wissenschaft gestellt. Er sieht im *principium rationis sufficientis* den Ausgangspunkt der Grundfrage der Metaphysik: »Warum ist überhaupt etwas und nicht vielmehr nichts?«

In dieser Frage setzen wir bereits die Einsicht voraus, dass nichts ohne Grund geschieht: »*Nihil fit sine ratione*« (nichts geschieht ohne Grund) oder sogar, dass »*nihil (est) sine ratione*« – Nichts (ist) ohne Grund. Denn nur weil wir verstehen, dass nichts absolut grundlos sein oder geschehen kann, und deshalb die Frage nach dem *Warum* immer eine Antwort hat, selbst wenn der zureichende Grund manchmal eine ganz willkürliche Willensentscheidung ist und wir viele Gründe meist nicht kennen, können wir diese Frage nach dem Grund in dieser Allgemeinheit stellen.

4. Die Verschiedenheit des Kausalprinzips vom Prinzip vom zureichenden Grund und das Kausalprinzip als Teil und Spezifikation des Prinzips vom zureichenden Grund

Leibniz scheint, wie Kant, das Kausalprinzip nicht scharf vom Prinzip vom zureichenden Grund geschieden zu haben.[36] Das letztere ist jedoch ein viel allgemeineres Gesetz als das Kausalprinzip. Das geht schon daraus hervor, dass der Satz vom zureichenden Grund, den nach Spinoza Leibniz als solchen und als ein elementares metaphysisches Prinzip hervorgehoben und so benannt hat,[37] sich nicht

36 Kant macht keinen Unterschied zwischen Kausalprinzip und dem ontologischen Prinzip vom zureichenden Grund. Vgl. dazu etwa Immanuel Kant, *Kritik der Urtheilskraft*, AAV, 195, wo er behauptet, dass »das Wort *Ursache*, von dem Übersinnlichen gebraucht, nur den *Grund* bedeutet.« Ebenso wenig macht Kant einen klaren Unterschied zwischen dem allgemeinen Kausalprinzip und speziellen empirischen Kausalgesetzen. Vgl. dazu *Kritik der reinen Vernunft* B 570. Vgl. auch Ertl (1998), S. 144 f. Auch aus der oben zitierten Stelle (*KrV* B 246) erweist sich dies.

Heidegger bemängelt dies zu Recht, ohne auch die tautologische Fassung des Kausalprinzips zu kritisieren, die Leibniz hier verwendet. Die elende Tautologie »keine Wirkung ohne Ursache«, im Gegensatz zu »keine Veränderung (und kein kontingentes Sein) ohne Ursache« ist überhaupt kein Prinzip, sondern ein nichtssagendes tautologisches Urteil wie »Jeder Junggeselle ist unverheiratet«.

37 Schon viel früher, vor allem bei Aristoteles, war dieses Prinzip, allerdings ohne klare Unterscheidung vom Kausalprinzip, formuliert worden. Leibniz formulierte den Satz vom zureichenden Grund, vor allem in der *Monadologie* und *Theodizee*, aber auch in anderen Werken, mit großer philosophischer Schärfe. Vgl. etwa *Metaphysische Abhandlung*, 6 ff. Allerdings gab er diesem Prinzip im Rahmen seines Briefwechsels mit Clarke über die Kontinua und über Freiheit, sowie im Rahmen seiner Diskussion der bestmöglichen Welt eine überaus problematische Deutung, indem er den zureichenden Grund als letztlich notwendigen Grund interpretierte. In unserer Formulierung und Interpretation des Prinzips vom zureichenden Grunde lösen wir dieses Prinzip ganz aus derartigen Leibniz'schen Interpretationen und Konstruktionen heraus.

nur, wie das Kausalprinzip, auf alle Veränderungen und alle kontingenten Seienden, die eine Ursache verlangen und auf ihre Wirkursachen, durch die sie hervorgebracht und im Sein erhalten werden, also auf einen Teilbereich der Seienden und seiner Gründe bezieht, sondern auf alles überhaupt: *nihil est sive fit sine ratione* (nichts ist oder wird ohne Grund), wie wir sagen können.

Wird der Satz vom zureichenden Grund in dieser oder ähnlicher Weise formuliert, ist klar, dass seine strikt universelle Gültigkeit, die sich sowohl auf Zeitliches als auch auf Ewiges, auf notwendig wie auf zufällig Seiendes und auf alle Arten von Gründen erstreckt, ihn deutlich vom Kausalprinzip unterscheidet. Denn während jedes Seiende einen zureichenden Grund hat, aber kein Seiendes die Ursache seiner selbst sein kann, ist es möglich und sogar, wie nähere Untersuchung zeigen wird, notwendig anzunehmen, dass es Seiendes gibt, dessen zureichender Grund in seinem inneren notwendigen Sein und Wesen oder in einem freien Willensakt, nicht außerhalb desselben zu finden ist, ohne dass dieses Sein sich selbst schaffen oder verursachen müsste, was unmöglich ist.

Auch schließt das Prinzip vom zureichenden Grund viele von Wirkursächlichkeit verschiedene Ursachen und Gründe ein, z.B. die Materialursache, die Formalursache, die Finalursache, die Exemplarursache sowie auch Motivation und andere spezifisch personale Ursachen, während sich das Kausalitätsprinzip, zumindest in seinem engeren Sinn, ausschließlich auf Wirkursächlichkeit bezieht.

Das Gesagte möge genügen, um den viel allgemeineren Sinn des Prinzips vom zureichenden Grund gegenüber jenem des Kausalprinzips klarzustellen.

Das Kausalprinzip, das für jede Veränderung in der realen Welt und für jedes kontingente Sein inklusive von Schöpfungen der Phantasie gilt, kann so formuliert werden: »Ex nihilo nihil fit« – »Aus Nichts entsteht nichts« oder »*Es kann kein neuer Zustand eintreten, nichts geschehen, ja nichts Kontingentes (Zufälliges seiner Existenz nach) existieren oder zu existieren fortfahren, ohne dass eine zureichende Wirkursache vorhanden wäre, die dieses Werden und kontingente Sein erklärt, d.h. ohne dass diesen Seienden oder Veränderungen eine Kraft im seinsmäßig-kausalen (nicht notwendig im zeitlichen) Sinne vorherginge, durch die (διά οὗ, diá hou, wie Aristoteles die Wirkursächlichkeit nennt) das betreffende Seiende oder Ereignis hervorgerufen, hervorgebracht oder im Sein erhalten wird.«*

Trotz seiner Verschiedenheit vom Prinzip vom zureichenden Grunde kann das Kausalprinzip immerhin als ein spezielleres Prinzip vom zureichenden Grund bzw. als jener Teil desselben betrachtet werden, der sich auf die Wirkursache, die *Causa efficiens*, bezieht.

5. Die Verwirrung zwischen dem wahren Prinzip des zureichenden Grundes, einem weiteren und von ihm verschiedenen Satz und zwei irrigen Formulierungen

Leibniz versteht das Prinzip vom zureichenden Grund jedoch in einem weiteren und m. E. ganz unrichtigen Sinn, indem er

1. behauptet, dass alles einen *notwendigen Grund* haben müsse. Wenn man es so verstünde, käme es letzten Endes einer Leugnung der menschlichen und göttlichen Wahlfreiheit und der Kontingenz der Welt gleich.
2. Dem schließt Leibniz eine weitere These an, die zwar wahr, aber in Wirklichkeit kein erstes Grundprinzip, sondern eine Schlussfolgerung aus einem Gottesbeweis oder dem Glauben an Gott ist: *Alles, was ist und geschieht oder zugelassen wird, muss für sein Sein oder seine Zulassung einen guten Grund haben.*

   Wenn Gott existiert, ist dieser zweite Satz sicher wahr, aber er ist kein erstes Prinzip, sondern eine Schlussfolgerung aus der Existenz Gottes.
3. Aus der Verbindung dieser beiden Thesen der Notwendigkeit und Gutheit des Grundes allen Seins schließt

Leibniz auf die Wahrheit einer dritten und wiederum falschen These: dass die Welt die best-mögliche sein müsse.

Zu akzeptieren, dass das Prinzip vom zureichenden Grund einen *notwendigen* Grund für alles verlange, und daher diese Welt die best-mögliche sein müsse, ist falsch und angesichts menschlicher Freiheit und des Bösen sowie der Kontingenz der Welt sogar widersprüchlich, da es für ein nicht-notwendiges, kontingentes Seiendes und einen Akt freier Wahl nur dann einen zureichenden Grund gibt, der sie erklärt und nicht wegerklärt, wenn es keinen notwendigen Grund für sie gibt.[38]

38 Vgl. Josef Seifert, *Gott als Gottesbeweis,* zit.; ders., *Essere e persona,* zit., Kap. 12–15.

KAPITEL 5

Warum kein Seiendes in der Welt einen zureichenden Grund für seinen Anfang und seinen Fortbestand in sich selbst hat

Wir haben schon drei Gründe genannt, warum das Sein-in-der-Zeit unmöglich den zureichenden Grund seines Seins in sich haben kann.

Erstens kann das Sein-in-der Zeit im Gegensatz zu seiner potentiell ewigen Zukunft unmöglich ewig-anfanglos sein. Denn wenn die Welt aller Seienden-in-der-Zeit anfanglos wäre, hätte die Welt aktuell unendlich lange Zeit existiert, was wir als unmöglich erkannt haben.

Daher war alles Sein-in-der-Zeit einmal nichts. Was jedoch aus dem Nichts geworden ist, kann weder in sich selbst noch in dem Nichts, das seinem Anfang vorausgegangen ist, den zureichenden Grund für seinen Anfang haben.

Der zweite Grund war dieser: Eine zeitliche Gegenwart, die so schwach und so wenig real ist, dass sie im nächsten Moment schon nicht mehr ist, kann weder den zureichenden Grund für sich selbst noch denjenigen für alle künftigen Gegenwarten des eigenen Seins und der Welt liefern, sondern erfordert notwendigerweise eine extrinsische metaphysische Erklärung, die allein den zureichenden Grund für Ursprung und Fortdauer des Seins in der Zeit liefern kann.

Alles Sein-in-der-Zeit benötigt also auf Grund seiner Bewegung in das Nichtmehr-Sein des Vergangenen und aus dem Nichtsein zukünftigen Seins, das noch nicht real ist, in die aktuelle Gegenwart, einer ständig wirksamen Ursache, die es hervorbringt und, existiert es einmal, wenn es fortdauert wie die Substanzen, im Sein erhält.

Da unser eigenes Sein und jedes andere Sein-in-der-Zeit jeden Augenblick aus dem Nichts ins Sein auftaucht, muss es gemäß der Anwendung des Prinzips vom zureichenden Grund und des Kausalprinzips in jedem Augenblick aus dem Nichts, auf das es, von sich aus betrachtet, zueilt, im Sein erhalten und gleichsam kontinuierlich geschaffen werden.

Dieses zweite Nichts, das mit dem Sein-in-der-Zeit verbunden ist, geht dem Sein-in-der-Zeit nicht voraus, sondern wohnt ihm gleichsam inne und daher verlangt das Sein-in-der-Zeit eine *creatio continua* in dem Sinne, dass es nicht nur am Anfang einer außer seiner selbst liegenden Ursache bedarf, sondern dieselbe Kraft, die es geschaffen hat, unaufhörlich und stets braucht, um nicht ins Nichts zurückzustürzen.

Mit anderen Worten, alle Dinge, die in der Zeit auftauchen und dahingehen, entraten auf Grund dieser Nichtigkeit, die im Herzen zeitlichen Seins wohnt, eines inneren Grundes, warum sie sind anstatt nicht zu sein. Dieser zureichende Grund kann offenkundig nicht in ihnen selbst liegen.

Den dritten Grund, aus dem der zureichende Grund des Seins der Welt nicht in diesem selbst liegen kann, haben wir in der nicht-notwendigen Existenz der Welt gefunden. Nichts, das auch nicht sein könnte, kann den letzten Grund seines Seins in sich selbst habe.

Der vierte Grund, der uns darüber belehrt, dass die Welt unmöglich in sich selbst den zureichenden Grund ihrer Existenz haben kann, besteht in ihrer Begrenztheit und endlichen Vollkommenheit in einem metaphysischen Spektrum unendlich vieler möglicher »Mehr« oder »Weniger« an Vollkommenheit.

Der zureichende Grund für das exakte Maß endlicher Vollkommenheiten kann unmöglich in der Welt, deren genaue Grenzen ebenso wenig notwendig sind wie ihre Existenz, liegen.

Wenn wir daher das Prinzip vom zureichenden Grund auf die Seienden in der Welt anwenden, finden wir, dass keines von ihnen den zureichenden Grund, der erklärt, warum sie sind anstatt nicht zu sein, in sich selbst hat.

Von daher können wir den Übergang zu einer weiteren und ganz von jener der Welt verschiedenen, göttlichen Wesenheit tun und durch rigorose Einsichten erkennen, dass wir in dieser, und in dieser allein, dasjenige Sein erkennen, das durch sich selbst ist und daher in sich selbst, auf Grund seiner unendlichen Vollkommenheit, seiner notwendigen Existenz und seiner Ewigkeit, den zureichenden Grund Seines Seins in sich selbst besitzt.

KAPITEL 6

Über das ewige Sein – Grund seiner selbst – im Spiegel des Seins-in-der-Zeit

1. Der Blick vom Sein-in-der-Zeit auf das »ganz andere ewige Sein«

> *»Das Sein, dessen ich als meines Seins inne bin, ist von Zeitlichkeit nicht zu trennen. Es ist, als ›aktuelles‹ Sein – d. h. als gegenwärtig-wirkliches – punktuell: ein ›Jetzt‹ zwischen einem ›Nicht mehr‹ und einem ›Noch nicht‹.*
>
> *Aber indem es sich in seinem fließenden Charakter in Sein und Nichtsein spaltet, enthüllt sich uns die Idee des reinen Seins, das nichts von Nichtsein in sich hat, bei dem es kein ›Nicht mehr‹ und kein ›Noch nicht‹ gibt, das nicht zeitlich ist, sondern ewig.«*
>
> Edith Stein/Sr. Teresia Benedicta a Cruce, Endliches und Ewiges Sein. Versuch eines Aufstiegs zum Sinn des Seins, Edith Stein, Gesamtausgabe, Bd. 11 und 12 (Freiburg i. Br.: Herder, 2006), S. 36.

Wenn im Folgenden von einer Erkenntnis Gottes »im Spiegel« des zeitlichen und endlichen Seins die Rede ist, wird selbstverständlich die Metapher des Spiegels rein analog gebraucht. Sie impliziert keinerlei Verendlichung oder Trivialisierung Gottes.

Dennoch bleibt das Bild der Erkenntnis durch einen Spiegel ein wichtiges Gleichnis. Es ist eine Erkenntnis gemeint, bei der sich ein Etwas nicht direkt, sondern »durch etwas anderes zeigt«. Und so wie die klare Erkenntnis eines Menschen in einem Spiegel nicht die Erkenntnis des Spiegelglases, sondern von etwas ganz anderem, dem Menschen oder was sonst sich spiegelt, ist, so ist auch die Erkenntnis Gottes im Spiegel der Welt die Erkenntnis von etwas ganz anderem, das aber wirklich in seinem ganz anderen Wesen im intelligiblen und treuen Spiegel des endlichen Seins mit-erfasst wird.

Im »ontischen Spiegel« des Seins-in-der-Zeit und seiner Nichtigkeit erkennen wir nicht nur, dass das in der Zeit Seiende aus dem Nichts kommt und in keinem Augenblick in sich einen zureichenden Grund seiner Existenz besitzt, sondern erkennen auch das Wesen eines ganz und gar anderen, doch dem Sein-in-der-Zeit strikt korrespondierenden Seins: des ewigen Seins. Wir könnten die Unerklärtheit des Seins-in-der-Zeit durch sich selbst ohne Einsicht in das ewige Sein gar nicht erfassen.

Die Ewigkeit kann, wie die Zeit, nicht begriffen werden, wenn man von der Natur des Wesens absieht, das ewig ist. Wie Plotin beobachtet, dessen großen Einsichten in die Zeit und Ewigkeit wir in vielem folgen,[39] gehört die Ewigkeit zum immerwährenden und immer gegenwärtigen Sein, während die Zeit zur veränderlichen Welt inklusive menschlicher Personen und des menschlichen Bewusstseinsstroms gehört, das, anstatt immer gegenwärtig zu sein, immer zum größten Teil abwesend ist.

Vielleicht steht unsere Betonung der erkenntnistheoretischen Tatsache, dass die Seienden-in-der-Zeit die ersten und einzigen wirklichen Wesen sind, die der menschlichen Erfahrung direkt zugänglich sind, nicht im Widerspruch zu Plotins Vorgehensweise in der *Enneade* III, 7, in der er behauptet, dass Zeit nur als Bild der Ewigkeit verstanden werden kann und dass das archetypische ewige Sein und Wesen zuerst erfasst werden müssen, um das Zeitliche zu verstehen.

Das ewige Sein und Wesen kann zwar nur durch die Erfahrung zeitlicher Dinge für uns zugänglich werden und unser Wissen darüber wird durch die Erfahrung von zeitlichen Wesen vermittelt, aber dennoch lässt erst das voraus-

39 Im Sinne unseres Vorworts sehen wir ganz von einer Reihe von Punkten ab, in denen Plotin, so denke ich, von der Wahrheit von Zeit und Ewigkeit abweicht. Wir betrachten hier nur jene seiner Aussagen, die das Wesen von Zeit und Ewigkeit wahrheitsgemäß aussagen.

gehende Verständnis des ewigen Seins uns die Unvollkommenheit des Seins-in-der-Zeit erkennen.

Diese ewige Natur muss Geist sein. Denn kein materielles Ding kann ewig sein, ist doch jedes materielle Seiende wirklichen und möglichen Veränderungen und Bewegungen unterworfen und damit zeitlich.

Die Ewigkeit muss also ein Attribut eines geistigen Seins (oder sogar mit diesem identisch) sein. Aber was ist dieses ewige Sein, und was ist der ewige Modus seiner Dauer?

2. Der Kontrast zwischen dem Katalog der Wesenseigenschaften des Ewigen und jener des Seins-in-der-Zeit

Die Ewigkeit muss sich von all den wesenhaften Momenten der Zeit und der Zeitlichkeit unterscheiden, in denen die metaphysische Unerklärlichkeit der Seienden-in-der-Zeit aus ihnen selbst wurzelt. Untersuchen wir diese verschiedenen Merkmale des Ewigen, die jenen des Seins-in-der-Zeit entgegengesetzt sind:

A) Ewigkeit als »der zugleich ganze und vollkommene Besitz eines niemals endenden und niemals anfangenden Lebens.«

Dass das ewige Sein Geist sein muss, ist auch in der weiteren Kennzeichnung der Ewigkeit als »zugleich wirklicher und vollkommener Besitz niemals endenden Lebens« enthalten, deren präziseste Definition wir Boethius verdanken:

Ich darf dessen in ihrer Präzision und Knappheit kaum zu übersetzende Definition leicht ergänzen und frei formulieren:

> *(Göttliche) Ewigkeit ist der zugleich ganze und vollkommene Besitz eines niemals endenden und niemals anfangenden Lebens.*[40]

40 Boethius, De Consolatione Philosophiae, 5, Kap. 6: »interminabilis vitae tota simul et perfecta possessio«.

Es ist evident, dass dieses Attribut keiner unbelebten Materie, aber auch nicht dem tierischen und menschlichen, leib-seelischen Leben, das wesenhaft in die unablässige Bewegung der Zeit eingebunden ist und Leben nur unvollkommen und in einem perpetuellen Nacheinander besitzt, zukommen kann. Wir sehen ein, dass das vollkommene Leben nur darin bestehen kann, das niemals beginnende und niemals endende Leben ganz, zugleich und vollkommen zu besitzen. In Kontrast dazu fehlt dem Leben in der Zeit und dessen gegenwärtiger Aktualität alles vergangene und alles zukünftige Leben. Es geht gleichsam ständig vom Nichts des künftigen Lebens durch das jetzt oder die »Insel erlebter Gegenwart« in den Tod seiner Vergangenheit über.

B) Das ewige Sein: das absolut ungeteilte Sein

Auch kann das ewige Wesen nicht von Teil zu Teil in Folge sein. Es kann nicht verschiedene Phasen seiner Dauer besitzen, von denen eine außerhalb der anderen läge. Das ewige Sein hat keine Teile seines Seins außerhalb seines aktuell existierenden Wesens. Sonst hätte es einen Anfang.

Das ewige Seiende muss daher als unteilbares Seiendes bezeichnet werden, während das zeitliche Seiende immer ein geteiltes Seiendes ist. Die zukünftige Dauer eines zeitlichen Wesens ist grundsätzlich von seiner vergangenen Dauer verschieden und daher auch von dieser, wenigstens prinzipiell, »abtrennbar«. Dem Sein-in-der-Zeit könnten die künftigen Teile seines Seins genommen werden. Das ewige Sein ist das absolut unteilbare Sein.

C) Das ewige Sein als das Unwandelbare Sein

Das ewige Sein ist auf Grund seiner Unteilbarkeit auch *unwandelbar*, das Sein in der Zeit und auch die endliche Person ist keineswegs unwandelbar, ja die endliche Person kann in einem tragischen Sinn von ihrer gegenwärtigen und vergangenen Identität, etwa durch den Tod oder durch ihren moralischen Fall, getrennt werden. Derselbe höchste

Engel Luzifer, von dem Gott dem Propheten Ezechiel sagt, er sei im Paradies gut gewesen, kann danach, verblendet von seinem Hochmut, der Ausbund aller Bosheit werden.[41]

D) Das ewige Sein als »ganz-Gleichzeitig-Sein« im Gegensatz zum Nacheinander-Sein

Das ewige Sein ist auch kein »Nacheinander Sein«, sondern muss »ganz gleichzeitig« sein, wie Parmenides feststellte: »denn es ist jetzt, ganz, gleichzeitig.«[42]

Dieses »ganz-gleichzeitig-Sein« unterscheidet sich grundlegend von der bloßen Zeitlosigkeit. Denn es beinhaltet die ganze Aktualität und Dynamik des Seins und des Lebens, die allein »ganz gleichzeitig« besessen werden kann. Dieses Attribut des *realen gleichzeitigen Jetzt*

---

41 Diesen Text aus dem Propheten *Ezechiel* (28, 11–17) über den »König von Tyras« (den Cherub Luzifer) zitiere ich nur aus dem philosophischen Grund, dass aus ihm einzusehen ist, wie unerhört und tragisch unvollkommen die moralische Identität des Menschen oder auch des Engels ist:

> *So spricht Gott der HERR: Du warst das Abbild der Vollkommenheit, voller Weisheit und über die Maßen schön. In Eden warst du, im Garten Gottes, geschmückt mit Edelsteinen jeder Art, mit Sarder, Topas, Diamant, Türkis, Onyx, Jaspis, Saphir, Malachit, Smaragd. Von Gold war die Arbeit deiner Ohrringe und des Perlenschmucks, den du trugst; am Tag, als du geschaffen wurdest, wurden sie bereitet. Du warst ein glänzender, schirmender Cherub, und auf den heiligen Berg hatte ich dich gesetzt; ein Gott warst du und wandeltest inmitten der feurigen Steine. Du warst ohne Tadel in deinem Tun von dem Tage an, als du geschaffen wurdest, bis an dir Missetat gefunden wurde. Durch deinen großen Handel wurdest du voll Frevels und hast dich versündigt. Da verstieß ich dich vom Berge Gottes und tilgte dich, du schirmender Cherub, hinweg aus der Mitte der feurigen Steine. Weil sich dein Herz erhob, dass du so schön warst, und du deine Weisheit verdorben hast in all deinem Glanz, darum habe ich dich zu Boden gestürzt und ein Schauspiel aus dir gemacht vor den Königen.*

42 H. Diels-W. Kranz, *Die Fragmente der Vorsokratiker*, 6. Aufl. (Berlin, 1951–52), 3 Bde. Bd. I, Parmenides, fr. 8: »*Es war nie und wird nicht sein, weil es jetzt ist, zugleich ganz.*« (Übers. aus dem Griechischen JS)

auf rein ideale, zeitlose Objekte, wie die abstrakten, reinen »Wesenheiten« anzuwenden, wäre nicht sinnvoll.

E) Das ewige Sein als das ganz Innerliche und In-Sich-Sein im Gegensatz zur Exteriorität und dem »Außer-Sich-Sein« des Seins in der Zeit

Im Gegensatz zur Exteriorität des zeitlichen Wesens, das in seinem Wesen ausgebreitet ist und in dem Teile seines Seins, die in Vergangenheit und Zukunft waren oder sein werden, außerhalb seines gegenwärtigen Ist liegen, das also ein Ist besitzt, dem manche Teile seiner selbst noch oder schon fehlen, ist das ewige Sein ganz und gar innerlich. Nichts, was zu Ihm gehört, liegt außerhalb seines gegenwärtigen IST.

F) Das ewige Sein als reinste »Ständigkeit« des Seins

Die Ewigkeit kann auch als »Ständigkeit«, als bleibendes und immer im Sein stehendes Wesen bezeichnet werden im Gegensatz zum unbeständigen und immer fließenden Sein des Seins-in-der-Zeit. Zwar besitzen auch alle endlichen Substanzen eine gewisse Ständigkeit. Doch kann ein zeitliches Stehen und Verharren einer identischen Substanz im Laufe der Zeit und in den verschiedenen Phasen ihrer Dauer mit dieser höchsten *Stasis,* diesem vollkommenen »im Sein Stehen«, das hier gemeint wird, nicht gleichgesetzt, ja nicht einmal voll verglichen werden.

Dieses ganz in Seinem Stehen des Ewigen impliziert ein Zusammenfallen von (scheinbaren) Gegensätzen: ein bewegungsloses *stehendes Jetzt* (ein *nunc stans),* doch zugleich ein unendlich lebendiges Jetzt, ein Wesen, das IST, ohne dass es in der Vergangenheit »war« und in der Zukunft »sein wird:

> *»Da es jetzt, ganz und vollständig, ist, ist das Immer des Ewigen nicht ein Immer in der Zeit, sondern ein Wesen, das immer in Gleichheit ist«.*[43]

43 Plotin, *Enn.* III, 7,2.

G) Das ewige Sein als absolut Dauerhaftes Sein

Das ewige Wesen ist dauerhaftes Sein, es besitzt die Art von Beständigkeit, die kein zeitliches Wesen jemals erreichen kann. Der zeitliche Modus des Beständigen einer Substanz oder einer Person mitten im Strudel des Wechsels impliziert einen Gegensatz zum REINEN BESTÄNDIGEN des ewigen Wesens.

H) Das ewige Sein als das absolut Eine

Das ewige Sein ist auch das Ur-Eine. Doch diese Ureinheit besteht nicht darin, dass Gott auf ein Eines oberhalb seiner selbst blicken müsste, sondern darin, dass das ewige Wesen trotz seiner höchsten dynamischen Wirklichkeit in unveränderlicher Einheit ruht, was für Zeitwesen, die aufgrund ihrer Natur in ihren Phasen und den Teilen ihrer Dauer »viele sind«, unmöglich ist.

Die unteilbare Einheit und das einzige Leben des ewigen Seins wird von großen Philosophen immer wieder mit dem Punkt verglichen, der das Zentrum des Kreises ist und gleichsam den ganzen Kreis in seiner Einheit enthält und zusammenhält – eine schöne Analogie, aber nur eine Analogie.

I) Das ewige als das absolut »distanzlose« Sein

Ewig kann nur ein Wesen genannt werden , in dem es keine Distanz gibt zwischen dem, was es ist und was es war und was es sein wird. Die Distanz in diesem ontologischen Sinne ist untrennbar mit dem Wesen des Zeitlichen verbunden; denn ein Teil von dessen Sein liegt in der Vergangenheit, ein anderer in der Gegenwart, ein dritter Teil in der Zukunft. Diese verschiedenen Phasen und Teile der Aktualität sind zeitlich voneinander entfernt und daher auch ontologisch »distanziert«. Diese Distanz, die dem Wesen der Zeitlichkeit innewohnt, muss der ewigen Natur vollkommen fehlen. Seine Distanzlosigkeit bedeutet jedoch keinen Mangel, sondern höchste Vollkommenheit.

J) Das ewige Sein als vollkommen mit sich identisches Sein

Nur das ewige Wesen ist völlig identisch mit sich selbst. Im Lichte dieser Wahrheit wird deutlich, dass wir in allen zeitlichen Seienden nur eine begrenzte Identität finden, nämlich eine, die im voll umfassenden Sinn nur »zur gleichen Zeit« gilt.

Freilich gibt es auch durch den Lauf der Zeit hindurch eine Identität von Seienden-in-der-Zeit, vor allem von Personen, deren personale Identität durch alle Zeit hindurch, ja das ganze unsterbliche Leben der Seele hindurch, dauert. Dennoch ist selbst diese Identität der Person-in-der-Zeit aufgrund ihrer Zeitlichkeit unvollkommen, was zur Folge hat, dass das vergangene Sein der gleichen identischen menschlichen Person nicht schlechthin identisch und eins mit ihrem gegenwärtigen Sein ist.

Das gilt erst recht von Materie, Pflanzen und Tieren. Wenn ich jetzt einen Baum verbrenne, ist klar, dass sein vergangenes und gegenwärtiges Substanzsein nicht mit seinem zukünftigen, das ich verhindert habe, zusammenfallen kann. Dasselbe leuchtet auch eindringlich im Moralischen ein: Dieselbe identische Person kann einmal voll Liebe und Gutheit, hernach voll Grausamkeit und Bosheit sein.

Im ewigen Wesen hingegen findet sich nichts von dem Gegenteil seiner Identität mit sich selbst, sondern es verharrt ewig in der reinsten und immerwährenden Identität Seines Seins.

K) Das ewige Sein als vollkommen gegenwärtiges Sein

Das ewige Sein wurde auch zu Recht als rein *gegenwärtiges Sein* bezeichnet, das gegenwärtige Sein IST UND BLEIBT, in dem alles JETZT IST und nichts erst kommen muss oder vergeht, das also ganz und gar gegenwärtig ist – wahrhaft ein Da-Sein. Das zeitliche Seiende hingegen ist in einem gewissen Sinne ein »immer abwesendes und nie ganz daseiendes Seiendes«.

L) Das ewige Sein als »Einfach *Sein*«

Dies führt zur einfachsten Charakterisierung der Ewigkeit als »einfach *Sein*«.[44]

Das ewige Wesen kann die Mischung aus Sein und Nichtsein nicht enthalten, die wir in der Welt als wirklich bezeichnen.

Das ewige Sein ist also auch volles SEIN, in der Tat und in der Wahrheit. Es enthält *keine* Potentialität, die noch nicht verwirklicht ist. Vielmehr besitzt es alle reinen Vollkommenheiten, von denen es absolut besser ist, sie zu besitzen, als sie nicht zu besitzen, in ihrer unendlichen Fülle.

M) Das ewige Sein als zukunftsloses und vergangenheitsloses »Leben selbst«

Als reines und einfaches Wesen ist das ewige Sein auch reinstes und vollstes Leben. Das bedeutet, dass es keine Spuren von Nichtleben enthält. Jedes zeitliche Wesen, durch die Tatsache, dass ein Teil seines Lebens nicht mehr ist, andere künftige Teile noch nicht, und sein gegenwärtiges Leben ununterbrochen in die Nicht-Aktualität übergeht, ist kein reines und vollkommenes Leben, sondern zugleich auch ein beständiges Sterben.

Das ewige Sein muss ein unveränderliches und reinstes lebendiges Sein sein, das nicht von einer Tat zur nächsten übergeht oder das Sein jagen und nach ihm suchen muss.

---

44 Dies dürfte auch die tiefste Bedeutung von Thomas' Bezeichnung Gottes als *Esse Tantum* sein. Dessen richtige Interpretation besteht nicht in Gilsons Übersetzung einer (wie ich zeigte) in sich unmöglichen »Existenz allein«. Davon handle ich ausführlich in *Sein und Wesen*. Philosophie und Realistische Phänomenologie/ Philosophy and Realist Phenomenology. Studien der Internationalen Akademie für Philosophie im Fürstentum Liechtenstein/ Studies of the International Academy of Philosophy in the Principality Liechtenstein, (Hrsg./Ed.), Rocco Buttiglione and Josef Seifert, Band/Vol. 3 (Heidelberg: Universitätsverlag C. Winter, 1996) und anderen Werken.

Die Ewigkeit ist das Leben, das … die Ganzheit des Seins in der gegenwärtigen Aktualität besitzt; nicht jetzt das eine, dann das andere, sondern das Ganze gleichzeitig.[45]

So gelangen wir zu jener wahren und tiefen Definition der Ewigkeit, die wir etwas ergänzend übersetzen:

Ewigkeit ist das Leben selbst – immer ganz, immer vollständig, in keiner Weise in Perioden oder Teile des Lebens auseinandergebrochen – das ist das, wonach wir gesucht haben – das ist die Ewigkeit.

Wenn man dem Seienden-in-der-Zeit seine Zukunft wegnähme, würde man es vernichten.

Dem ewigen Wesen jedoch Zukunft zu geben, in der es sein wird und noch nicht ist, würde bedeuten, ihm seinen allgegenwärtigen, immer gegenwärtigen Besitz des Seins wegzunehmen und es von seinem Thron der Ewigkeit herunterzustürzen.

Diese Erkenntnisse sind auch in der bewundernswerten Definition der Ewigkeit ausgedrückt, mit der wir den »Katalog der Attribute der Ewigkeit« eröffnet haben und die wir Boethius und anderen großen Philosophen verdanken, hier jedoch etwas ergänzen:

(Göttliche) Ewigkeit ist der zugleich wirkliche, immerwährende und vollkommene Besitz eines niemals endenden und niemals anfangenden Lebens.[46]

Zeit ist von Seienden, die in ihr sind oder leben, verschieden und ordnet sie gleichsam »von außen«. Die Ewigkeit hingegen gehört ganz zum Wesen des einen Seins, das ewig ist, sie ist diesem Wesen ganz innerlich und in gewissem Sinne identisch mit ihm, sodass Gott »*die Ewigkeit selbst*« ist.

---

45 Plotin, Enn. III, 7.

46 Boethius, *De Consolatione Philosophiae*, 5, Kap. 6: »*interminabilis vitae tota simul et perfecta possessio*«.

N) Das ewige Sein als Person: als »Ich bin der Ich Bin«

Dieser in gewissem Sinne grundlegendsten Eigenschaft des ewigen Seins, dass es Person, und zwar ein unendlich vollkommenes personales Wesen, sein muss und nicht etwas Impersonales sein kann –, nicht das *to estin (das ES IST)* als das Parmenides Gott gedacht hat, sondern der »ICH BIN DER ICH BIN«, der *Deus vivens et videns* – werden wir das nächste Kapitel widmen.

3. »Wie in einem Spiegel«: Allein das ewige Sein hat in sich den Grund seines Seins

Als reines »IST« und reines vollkommenes »ICH BIN«, in dem nichts vergeht, nichts erst kommen wird, besitzt das ewige Sein allein den zureichenden Grund seines Seins in sich selbst: *Es ist, was es ist.* So ist die Identität der Ewigkeit unvergleichlich vollkommener als die Identität des Menschen, seines selben Seins, das jetzt gegenwärtig ist, zuvor vergangen war und noch in der Zukunft sein wird (eine solche Identität besitzen auch endliche Substanzen und vor allem Personen). Die Identität des ewigen göttlichen Seins ist die Identität von »schon Seiendem Sein«. Kein »war« und kein »wird sein« ist darin enthalten.[47] Dieser Besitz seines vollen Wesens ist seine *Stasis* (seine Ständigkeit).

Selbst endliche Wesen erfüllen mit ihrem tatsächlichen Sein nicht nur einen unendlich unausgedehnten Jetztpunkt, sondern eine unendlich teilbare Insel des »Jetzt,« der Gegenwart. Insofern ist das endliche, zeitliche Wesen eine schwache Analogie zum ewigen Wesen, das in der Aktualität seines ewigen, »ständigen« und in sich selbst stehenden, gegenwärtigen und tatsächlichen »Jetzt«, alle Zeiten und die unendliche Dauer jenseits aller Zeiten erfüllt.

Das ewige Sein, das eine im Sein verharrende Existenz besitzt, ist das einzige Sein, das in seinem eigenen notwen-

47 *»Es bleibt im Sein als das, was es ist, in dem, was es ist, in dem es ist.«* Plotin, *ebd.*

digen Wesen-Sein selbst den zureichenden Grund seines Seins besitzt.

4. Auf eine philosophische Kontemplation des ewigen Gottes hin

Wir haben gesehen, dass das zeitliche Leben, das sich wie die Flamme verzehrt, sich nicht erklären kann, weil es nicht in vollem Besitz des Lebens ist. Deshalb kann sich nur das ewige und ewig wirkliche Leben, das sich nie verzehrt und nie vergeht, selbst erklären. Das unvollkommene endliche Leben des zeitlichen Wesens liefert nicht den zureichenden Grund für seine Aktualität.

Nur das vollkommene, unendliche Leben, das bereits ganz ist, was es ist, kann dies tun; nur das Leben, in dem es weder Vergangenheit noch Zukunft gibt und das ganz und zugleich ist, kann sich erklären. Wir haben festgestellt, dass nur das, was vollständig bleibt und was die vollkommene Aktivität und Aktualität des Lebens ist, sich selbst erklären kann; nicht das, was manchmal so und manchmal anders ist, sondern nur dasjenige Sein, das nicht nur zu sein und zu leben scheint, sondern vollständig und unveränderlich IST und LEBT, aus sich heraus ist und den zureichenden Grund für sein Sein in sich selbst hat. Nicht das, was manchmal nicht und manchmal anders ist, sondern nur das, was nie nicht und nie anders ist; nicht das, was veränderlich ist, sondern das, was unveränderlich ist; nicht das, was Unterschiede zu anderen Phasen seines Seins enthält, sondern das, was von einer ununterscheidbaren Einheit ist. Nicht das Leben, dessen Gegenwart und Vergangenheit voneinander entfernt sind, sondern nur der ungeteilte und distanzlose Selbstbesitz immer gegenwärtigen Lebens kann sich selbst erklären. Nicht das, was sich selbst verwirklichen und entwickeln muss, das immer in seinem Sein einschrumpft und wächst, das frühere und spätere Phasen hat, kann sich erklären; sondern nur das, was sich nie ändert, das, was keine Distanz zwischen verschiedenen Verwirklichungen seines Seins kennt, weil es immer und vollkommen ist, das sich nicht zu entwickeln und zu verwirklichen braucht, weil es ganz und gar wirklich ist, nicht das, was ein früher oder später kennt, sondern das, was rein und immer JETZT IST. Nicht das, was aufgrund seiner Zeitlichkeit nicht vollständig selbst ist, sondern das, was aufgrund seines eigenen Seins und Lebens vollkommen ist, was es ist.

Nicht das Wesen, das in tiefer und ewiger Bewegung ist, nämlich das, was in der Zeit existiert, sondern das, was unbewegt und unwandelbar ist, kann sich erklären. Nicht das, was nie in seinem Sein steht, sondern das, was das Selbstständige und immer Bleibende ist. Aber diese Attribute können nur vom Ewigen besessen werden, niemals vom Zeitlichen, das nie fest in seinem Sein »steht«. Nicht das Unruhige, sondern nur das, was in ewiger Ruhe ist, nicht das, was sein ganzes Wesen nicht in Einheit bringen kann, das in einer Vielzahl von Momenten lebt, das in dieser Hinsicht teilbar ist, sondern das, was unteilbar ist und seine ganze Aktualität in einer ewigen Einheit jetzt und immer und zugleich vereint.

Der tiefste Weg, die Notwendigkeit auszudrücken, die Ewigkeit von dem Wesen dessen her zu verstehen, das ewig ist, und nicht in der Abstraktion davon, liegt in der Erkenntnis, dass letztendlich Gott selbst die Ewigkeit und das ewige aus sich seiende Leben ist. Also ist die absolute Form der Ewigkeit (im Unterschied zum ewigen Leben des Menschen) absolut untrennbar von Gott und ist NUR Gott in diesem Vollsinn ewig. Nur jenes Wesen, das »von allem Sein voll ist« und alle reinen Vollkommenheiten in ihrer unendlichen Fülle verkörpert, das *DAS* SEIN, *DAS* LEBEN, *DIE* WAHRHEIT, *DIE* GERECHTIGKEIT, UND ALLE ANDEREN REINEN VOLLKOMMENHEITEN *SELBST IST*, kann wirklich ewig sein, anfangslos, ohne Ende, und zwar so, dass die ewige Gegenwart seines Wesens und die Abwesenheit der Zukunft keinerlei Mangel an Sein impliziert.

KAPITEL 7

Warum nur die – vollkommenste – Person ewig sein kann

Aus den erörterten Wesensmerkmalen des ewigen Seins, insbesondere aus dem alles Sein und alles Leben Besitzen, wird uns nun klar, dass das absolute Wesen nur ein geistiges und personales Wesen sein kann.

Nur das ewige Sein, das ganz und gleichzeitig gegenwärtig ist, IST im vollsten Sinne, nur es ist wirklich und vollständig. Und es ist evident, dass kein einziges Attribut, das wir als wesenhafte Bestimmung des Ewigen erkannt haben, von der Materie, aber auch nicht von einer Person-in-einem-Leib, von einem Menschen und der menschlichen Natur, aber auch nicht von einem Engel, der einen Anfang seines Seins hat und in der Zeit (wenn auch einer höheren Art von Zeit, die man als Äon bezeichnet hat) entscheidet und handelt, besessen werden kann.

Nur die absolut vollkommene personale Natur, die per eminentiam alle Zeiten und unendliche Dauer in die gegenwärtige Wirklichkeit ihres vollkommenen Seins und Lebens sammelt, ist ewig.

Das ewige Wesen kann nicht das sein, was immer im Sinne eines bloßen »zu jeder Zeit« ist, im Sinne einer nie endenden Zeit, sondern das, was die »gute« Unendlichkeit des Seins und Lebens so besitzt, dass es immer IST. Es ist das, was nicht sagen kann und muss, dass es war oder sein wird, sondern das *»ICH BIN DER ICH BIN«* heißt. – Der Übergang vom TO ESTIN (vom »es ist«) des Parmenides zum *EIMI HOS EIMI (ICH BIN DER ICH BIN*) ist hier gerechtfertigt durch all die Überlegungen, die uns bei der Betrachtung jedes einzelnen Wesensmerkmals der Ewigkeit zur Erkenntnis führen, dass nur ein personales und rein geistiges Wesen alle Vollkommenheit und alle Aktualität des Lebens und alle übrigen Wesenseigenschaften des Ewigen besitzen kann.

Behalten wir all die erörterten Merkmale des Ewigen im Blick, so sehen wir, dass das ewige Sein unmöglich Materie sein kann. Denn diese ist bis in ihre subatomaren Strukturen in ständiger, rasender Bewegung. Sie ist Sein-in-der-Zeit, das niemals die Merkmale des Ewigen besitzen kann. Auch wenn ein Gebäude oder ein Berg ruht, sind sie in der Zeit.[48] Ein gewaltiger Sprengstoff, ein Erdbeben oder eine andere Katastrophe kann sie jeden Augenblick hinwegfegen, und auf der Mikroebene der Atome und subatomaren Prozesse bewegt sich auch das scheinbar ruhende Sein ständig.

Wie ferner die materielle Welt als solche nie die erlebte Gegenwart, die das gerade Vergangene, Gegenwärtige und eben erst Kommende zu einem einigen Jetzt verbindet, besitzen kann, so schließt erst recht das ewig Gegenwärtigsein die bewusste geistige Seinsform der Person ein und kann unmöglich einer materiellen Substanz als solcher eigen sein.

Dies gilt ebenso von dem innersten Wesensmerkmal des ewigen Seins, des »ganzen, zugleich seienden und vollkommenen Besitz niemals anfangenden und niemals endenden Lebens«, das niemals einer Pflanze, einem Tier oder einem Menschen, aber auch keinem Engel zukommen kann, schon weil diese alle in der Zeit zu sein begonnen haben, aber auch weil sie ihr Leben in einer Abfolge eines Früher und Später leben.

Nur ein personaler Geist kann das Leben vollkommen besitzen. Und erst recht kann nur ein personales Wesen *zugleich und vollkommen ein niemals endendes und niemals anfangendes Leben haben.*

---

48 Diesem Sachverhalt hat Rainer Maria Rilke in einem wunderbaren Gedicht Ausdruck verliehen, in dem er auch von den Bergen und den Sternen über ihnen sagt, »auch in ihnen flimmert Zeit« (1920):

Berge ruhn, von Sternen überprächtigt,
aber auch in ihnen flimmert Zeit.
Ach, in meinem wilden Herzen nächtigt,
obdachlos, die Unvergänglichkeit.

Dritte Strophe des Gedichts, *Wunderliches Wort: die Zeit vertreiben*!

Keine unbelebte Materie, aber auch kein leib-geistiges menschliches Wesen, dessen Leben wesenhaft in die unablässige Bewegung der Zeit eingebunden ist und das sein Leben nur unvollkommen und in einem perpetuellen Nacheinander besitzt, kann ein solches ewiges Leben haben, da der gegenwärtigen Aktualität des zeitlichen Lebens alles vergangene und alles zukünftige Leben fehlt.

Erst recht kann nur ein personales und bewusst lebendes Wesen jenes absolut ungeteilte Sein des Ewigen haben, das nicht in Folge und in Teilen ist oder verschiedene Phasen seiner Dauer besitzt. Denn alles nicht-personale Sein hat notwendigerweise verschiedene, auf einander folgende Phasen seines Seins und seiner Dauer.

Das ewig präsente JETZT, das Ewigkeitsmeer, von dem die ebenfalls nur Personen zugängliche Gegenwartsinsel ein schwaches Abbild ist und zu dem sie zugleich einen Gegensatz bildet, kann gleichermaßen nur einer PERSON eigen sein.

Nur ein vollkommen geistiges und personales Sein kann jenes »ganz-Gleichzeitig-Sein« und »ganz-Jetzt-Sein« und immer gegenwärtig Sein des Ewigen besitzen. Ja, man kann sich fragen, ob überhaupt ein impersonales Seiendes im eigentlichen Sinne *gegenwärtig* sein kann. Daher setzt das immerwährende und ganz und zugleich bestehende Gegenwärtigsein des Ewigen ein personales Subjekt voraus, das sein reales Jetzt-Sein und sein »Jetzt und immer Sein« von innen her erfährt und vollkommen erkennt.

Auch das ganz Innerliche und In-Sich-Sein im Gegensatz zur Exteriorität und dem »Außer-Sich-Sein« aller materiellen Seienden und aller Seienden in der Zeit kann nur ein rein geistig-personales Sein besitzen.

Auch das Zusammenfallen der scheinbaren Gegensätze, ein unbewegtes *stehendes Jetzt* (ein *nunc stans)* und doch zugleich ein unendlich lebendiges Jetzt zu besitzen, kann nur einer Person, und zwar einem vollkommenen personalen Wesen, eigen sein. Alle anderen Wesen könnten höchstens die eine oder die andere Seite dieses Gegensatzpaares verkörpern und nicht eine *coincidentia oppositorum*, ein Zusammenfallen dieser auf den ersten Blick einander scheinbar ausschließenden Gegensätze garantieren.

Auch kann nur ein geistig-personales Wesen das Ur-Eine Ewige sein. Nur ein reiner Geist kann diese Ureinheit besitzen, die in den zeitlosen Ideen, von denen Platon redet, nur eine ideelle, nicht eine lebendige und reale Ureinheit ist und nur in dem personalen göttlichen Wesen eine wirkliche, dynamische und bewusst gelebte »Ureinheit« ist. Kein materielles Ding, kein Mensch und kein Engel kann die höchste reale Ureinheit sein oder besitzen.

Nur das vollkommene geistig-personale Sein kann auch vollkommen mit sich identisch sein und diese vollkommene Identität mit sich bewusst kennen oder die perfekte wertmäßige und moralische Identität mit sich selbst, die wesenhaft zum ewigen Sein gehört, unverlierbar besitzen.

In einem viel ausführlicheren metaphysischen Werk habe ich gezeigt, dass nur eine Person das Sein im vollkommensten und reinsten Sinn sein kann.[49]

Auch indem das ewige Sein alle reinen Vollkommenheiten vollständig aktuell sowie in ihrer unendlichen Fülle besitzt, kann es nur Person sein. Denn gerade die wichtigsten reinen Vollkommenheiten wie Allwissenheit, Güte, Gerechtigkeit und Liebe sind wesenhaft personale Vollkommenheiten; und die allgemeineren wie das Gute, das Wahre und das Schöne, sind nur im absoluten personalen Sein vollkommen und könnten nie einem nicht-personalen Gott, der ein Widerspruch in sich wäre, zukommen.

Dabei müssen wir natürlich klar das reinste Personsein Gottes von dem unvollkommenen, leibgebundenen Personsein des Menschen unterscheiden, der die Wesensattribute des Ewigen gerade nicht besitzt, aber nicht, weil er Person ist, sondern weil er nur in sehr unvollkommener Weise Person ist.

---

49 Vgl. Josef Seifert, *Essere e persona*, zit., Kap. 9–15.

Wenn wir einmal klar zwischen Personsein und Menschsein unterschieden und erkannt haben, dass der Mensch nur in sehr unvollkommener Weise Person ist, zeigt sich deutlich: Es besteht keinerlei Anthropomorphismus, keinerlei illegitime menschlich-allzu-menschliche Gottesvorstellung darin, Gott als personales Wesen zu begreifen, sondern die Anerkennung Gottes als personales, d.h. als erkennendes, freies, liebendes, seliges Wesen, ist die einzig wahre metaphysische Gottesvorstellung, die allein allen metaphysischen Wahrheiten über die Ewigkeit, die wir auf den Schultern großer Denker entdeckt haben, gerecht wird.

Es ist entscheidend, den strengen und zwingenden Charakter dieser klassischen, aber phänomenologisch und personalistisch vertieften Metaphysik von Zeit und Ewigkeit zu sehen und zu erkennen, dass diese philosophische Reflexion und das spekulative Wissen um ein ewiges Wesen, das unserer Erfahrung nicht direkt zugänglich ist, immer noch phänomenologisch auf der selbst gegebenen und äußerst verständlichen Natur von Zeit und Zeitlichkeit sowie auf der absoluten Notwendigkeit beruht, dass sich die zeitliche Natur nicht durch sich selbst erklären kann. Ebenso notwendig und intelligibel ist die Natur des ewigen Seins, das sich, wiederum mit Wesensnotwendigkeit, in den wesenhaften Merkmalen der Zeit widerspiegelt.

Und doch kann das zeitliche Wesen trotz des radikalen Unterschieds zwischen Zeit und Ewigkeit wirklich analog zum Ewigen sein. Während das ewige Wesen alle Vergangenheit und Zukunft in einem einzigen JETZT IST sammelt und alle Zeiten hindurch und über alle Zeiten hinaus IST, besitzen die endlichen menschlichen Personen auf Grund der erweiterten Insel der gelebten Zeit analog dazu eine gegenwärtige Aktualität, die den Abgrund unendlich vieler verschiedener Momente überbrückt, in die die Gegenwart des zeitlichen und vor allem des als solchen erlebten Seins nicht aufgelöst werden kann.

Während das ewige Wesen seine Vollkommenheit darin besitzt, in sich selbst in ewiger Aktualität und Ruhe »zu stehen«, kann das zeitliche Wesen die Fülle des ewigen Wesens in der Dauer der Zeit nur in zwei Weisen nachahmen: Erstens, indem es seine Vollkommenheit in einer Vielzahl von Momenten lebt, in denen es wahre und reine Vollkommenheiten verwirklicht, die wirklich der Vollkommenheit des unendlich selbstbesitzenden Lebens ähnlich sind, diese aber nur unvollkommen verkörpern.

Dennoch kann die dynamische Kraft des Lebens und des Seins des absoluten ewigen Wesens in dieser Realität der Existenz, des Seins und des Lebens der endlichen Personen abgebildet und analog verwirklicht werden. Der vollkommene Selbstbesitz der göttlichen Person in ihrem vollkommenen Bewusstsein ohne jeden Mangel wird wahrhaftig analog in der endlichen Person und im Selbstbesitz des menschlichen Bewusstseins und im primären Gedächtnis, das Husserl Retention nennt und ohne das wir keine Gegenwart erleben könnten, abgebildet.

Zweitens können wir in der Kontemplation des ewigen Seins an dessen Ewigkeit in unserer Erkenntnis teilhaben, das ewige Sein gleichsam in einem unseren zeitlichen Bewusstseinsstrom überscheitenden und transzendierenden Erkennen erschauen und in einer gewissen Weise »in dem Ewigen weilen«. Der Gedanke der *visio beatifica* ist gerade jener einer unvergleichlich höheren erkennenden Vereinigung mit Gott, sodass dessen ewiges und vollkommenes Sein in gewissem Sinne »uns erfüllt« und »in uns eintritt« und wir durch erkennende Teilhabe an Ihm selbst ewig und »vergöttlicht« werden, ohne dass jemals diese intentionale Teilhabe an Gott den unüberbrückbaren und ewig bestehenden ontologischen Unterschied zwischen Geschöpf und Schöpfer aufheben kann. Es geht um eine personale Vereinigung und Einswerdung, die niemals eine ontologische Identität darstellt, ja deren Wert und Wesen nicht nur durch eine tatsächliche und in sich unmögliche Identität zwischen uns und Gott, sondern sogar durch die bloße Illusion einer Aufhebung des Unterschieds zwischen Gott und uns verfälscht, ja zerstört und verunmöglicht würde.

Denn diese Vereinigung ist gerade eine der vielen Formen der Einheit, die Verschiedenheit voraussetzen.

Im Licht des Gesagten gelangen wir auch zu dem Schluss, dass das ewige Sein nicht die Negation der Zeit, die einfache Abwesenheit der Zeit, wie sie im Nichts vorliegt, ist, sondern es muss im Lichte der allvollkommenen Natur begriffen werden und ist der transzendente Archetyp und das erste Analogon (das Urbild) aller dauernden, auch der in der Zeit dauernden und gegenwärtigen, Seienden.[50]

Die Ewigkeit ist nicht so sehr das Gegenteil der Zeit, sondern sie umfasst in ihrer vollkommenen Aktualität alle Zeiten und überschreitet sie gleichzeitig, weil das Sein-in-der Zeit niemals die absolute Unendlichkeit der Dauer und das unvergänglich JETZT und IMMER (*nunc et semper*) dessen verwirklichen kann, der allein von sich sagen kann »*ICH BIN DER ICH BIN*«.

Auch die absolute Transzendenz Gottes über die Welt ist durch die metaphysischen Reflexionen des letzten Kapitels deutlich geworden. Denn es ist offensichtlich, dass kein Wesen auf der Welt jemals Ewigkeit im Sinne des vollkommenen und gleichzeitigen Besitzes allen Lebens und aller Aktualität besitzen könnte. Daher können auch kein Mensch und kein Engel, schon weil sie einen Anfang in der Zeit haben und unvollkommen sind, ein »Teil Gottes« sein, wie der Pantheismus annimmt.

Deshalb muss dieser eine einzige Gott, der allein ewig ist und ewig sein kann, radikal von jedem Seienden und von allen Seienden in der Welt in ihrer Gesamtheit verschieden sein.

---

50 Vielleicht meint Plotin etwas Ähnliches, wenn er sagt, dass das zeitliche Wesen »das vollkommene, ganze Wesen nachahmen kann, das in sich selbst gesammelt und vollkommen unendlich ist, wenn es, indem es sein Sein immer neu gewinnt [in der Zeit], im Sein bleibt«. Plotin, *Über Ewigkeit und Zeit,* Enneade III, 7, 11, 252. Übers., eingel. u. komm. von W. Beierwaltes (Frankfurt/M., 1967).

Hier berühren wir die wahre »ontologische Differenz« zwischen den Seienden und dem Sein und dem Wesen, einen Unterschied, auf den Heidegger gepocht, den er aber radikal verfälscht hat. Martin Heidegger untergrub die klassische und mittelalterliche Metaphysik, indem er sowohl Wesen als auch Sein auf die Sphäre der Zeit einschränkte, und beraubte sich selbst der Möglichkeit, die wahre und unendliche ontologische Differenz zwischen dem ewigen SEIN SELBST und den Seienden, die in der Zeit sind, zu erkennen. Das einzige vollkommene und wahre Wesen und Sein, das in Ewigkeit lebt und von dem der Mensch nicht der Hirte ist, wie Heidegger zu denken oder zu dichten beliebt, ist daher aus sich seiende Person.

Der tiefste Punkt dieser Metaphysik der Ewigkeit bleibt unerreicht, wenn man nicht sieht, dass das absolute Wesen Person, und zwar nicht Person-in-Zeit, sondern ewige Person sein muss. Alle Attribute des ewigen Seins verlangen sein Personsein.

Als Person hängt das ewige SEIN SELBST selbstverständlich nicht vom Menschen (vom »Dasein«)[51] ab, wie Heidegger behauptet, sondern allein durch Ihn, den ewigen personalen Gott, empfängt das »Dasein« (der Heidegger'sche und sehr gesuchte Ausdruck für »Mensch«) das Sein und die Aktualität seines Seins, das sich in allen Seienden-in-der-Zeit von ihrem Wesen unterscheidet. Bevor wir auf darauf eingehen, müssen wir noch zwei andere Attribute Gottes erkennen, die sich im endlichen Sein, als dessen Gegensatz und zugleich als dessen Urbild, enthüllen.

51 (=vom Menschen). Heidegger gibt, in einer implizit atheistischen Wende, dem Dasein, das in sich Existenz oder Sein bedeutet, eine ganz neue Bedeutung, indem er diesen allgemeinen metaphysischen Begriff, der in erster Linie und im höchsten Sinn vom ewigen Sein gilt, mit dem Menschen und damit mit dem Sein-in-der-Zeit identifiziert. Zumindest in diesem Punkt folgt auch Jean-Luc Marion Heidegger. Vgl. sein Buch, *Dieu sans l'Être* (Paris: Presses Universitaires de France, 1982).

KAPITEL 8

Der notwendig seiende Gott ist das einzige Sein, das den zureichenden Grund seines Seins in sich hat und aus sich ist

Wir haben im dritten Kapitel ausgeführt, dass kein zeitliches Seiendes in dieser Welt anfanglos ewig oder notwendig existiert.

Behalten wir den in Kapitel 3 entwickelten strikten Beweis der elementaren Wahrheit, die sich aus den ewigen Gesetzen der Logik und Metaphysik und einigen konkreten Fakten ergibt, im Auge, dass sich kein kontingentes (nicht-notwendig existierendes) Seiendes aus sich heraus erklären kann, so gewinnen wir, ähnlich wie im Fall von Zeit und Ewigkeit, im »intelligiblen Spiegel« des kontingenten Seins eine weitere Einsicht:

Nur ein in sich und absolut notwendiges Sein kann sich selbst erklären. Nur ein Seiendes, dessen reale Existenz nicht außerhalb seines Wesens fällt, nur ein Seiendes, dessen Existenz ihm nicht von außen geschenkt wird, kann den zureichenden Grund seines Daseins in seinem Wesen, in seiner inneren Wesens-Seins-Notwendigkeit, besitzen.[52]

Die Einsicht in die Unerklärbarkeit des kontingenten Seins wäre gar nicht ohne die Einsicht möglich, ja denkbar, dass einzig und allein das notwendig seiende Sein in sich selbst den zureichenden Grund seines Seins besitzen kann. Diese beiden metaphysischen Einsichten sind also untrennbar mit einander verbunden.

In keinem endlichen Seienden ist Existenz ein Prädikat im Sinne eines Wesensattributs einer Sache. Das Dasein gehört objektiv und rein ontologisch nicht zum Wesen der kontingenten Seienden, sondern ist ein Geschenk, das nicht

52 Auf dieser Einsicht beruht auch der ontologische Gottesbeweis. Vgl. Josef Seifert, *Gott als Gottesbeweis*, zit.

aus ihrem Wesen selbst fließt. Wenn dieses »außerhalb des Wesens« Fallen der Existenz tatsächlich auch auf Gott zuträfe, dann besäße Gott den zureichenden Grund seines Seins nicht in sich selbst, nicht in seinem Wesen.

Doch lässt sich gerade der einzige »Fall« der göttlichen Wesenheit und ihr Verhältnis zur göttlichen Existenz nicht mit dem Verhältnis zwischen Wesen und Existenz in allen anderen Seienden vergleichen. Denn die Wesenheit Gottes ist gerade darin einzigartig, dass sie auch als Wesenheit völlig zusammenbricht, wenn notwendige reale Existenz von ihr »entfernt« wird. Gottes Wesen wäre eben auch als Wesen nicht »es selbst« ohne reale und notwendige Existenz.

Jede Verwandlung Gottes in ein Sein, zu dem Existenz nur in nicht-notwendiger Weise gehört, würde auch die gesamte göttliche Wesenheit zerstören, ja die Wesenheit Gottes als Wesenheit wäre eine bloße widersprüchliche Fiktion, wenn Gott nicht real und notwendig existierte. Das wird ja auch von jenen Philosophen zugegeben, die da behaupten: wenn Gott möglich (d. h. hier: »nicht widersprüchlich«) ist, ist er auch wirklich. Dies ist gerade deshalb so, weil Gottes Wesen einzigartig unter allen Wesen ist und weil hier und nur hier reale Existenz zu diesem Wesen selbst gehört.

Wenn aber das göttliche Wesen notwendig real existiert, dann lässt sich die über alle kontingenten Wesen sinnvolle Aussage, dass sie diese oder jene Eigenschaft besäßen, *falls* sie tatsächlich existierten, hier gerade nicht anwenden. Im Gegenteil, jede solche Konditionalität der Existenz, jedes solche »Wenn es einen Gott gibt, ist die Eigenschaft X in ihm wirklich,« widerstreitet dem Wesen desjenigen, was Gott ist. Jeder derartige Zusatz würde Gott in ein kontingentes, in seinem Dasein bloß »zufälliges« Wesen verwandeln, sodass man sagen muss: wenn Gott nur dann notwendig existiert, wenn es ihn gibt, gibt es überhaupt keinen Gott.

Die Notwendigkeit des Daseins, die untrennbar zum göttlichen Wesen gehört, ist eine absolute Notwendigkeit, die nur die eine »Bedingung« hat, dass es sich im Falle des göttlichen Wesens um eine echte objektive Wesenheit handelt und nicht um eine subjektive Idee. Nur in diesem Sinne hat das »Wenn Gott existiert, ist er notwendig« Sinn.

Sobald aber die objektive unerfindbare Notwendigkeit der göttlichen Wesenheit feststeht, steht auch fest, dass Gott existiert, weil eben – und zwar ausschließlich im Falle der göttlichen Wesenheit – das reale notwendige Dasein nicht in irgendeinem Sinne »außer« die Wesenheit selbst fällt, sondern in ihr als innerlichste Aktualität und als zur Wesenheit gehörig IST. Denn wenn Gott nicht wäre oder auch nur nicht sein könnte, wäre er überhaupt nicht Gott, besäße er nicht das mit »Gott« gemeinte Wesen, ja dann gäbe es dieses Wesen gar nicht, das göttliche Realexistenz genauso notwendig in sich schließt wie alle anderen Prädikate. Ja wenn Gott nicht wirklich und notwendig existiert, könnte er überhaupt nicht existieren und wäre der Gottesbegriff eine widerspruchsvolle Idee.

Aus diesem Grunde besteht auch nur die Alternative: entweder Gott existiert notwendig, oder die Gottesidee ist eine in sich unmögliche Konstruktion, ein in sich widersinniges Konstrukt, das gar nicht sein kann. Gott existiert entweder notwendig oder notwendig nicht. Ein Gott, der existieren, aber auch nicht existieren kann, ist ein Unding und wäre eben kein Gott. In diesem und nur in diesem Sinne ist es deshalb durchaus richtig zu sagen: wenn Gott möglich ist (d. h. nicht widersprüchlich), ist er auch wirklich.

Die Notwendigkeit der göttlichen Existenz ist keine tautologisch-analytische, sondern eine synthetische Notwendigkeit, weil sie nicht aus dem bloßen Begriff Gottes als des »allerrealsten Wesens« hervorgeht und nicht auf Grund dieses bloßen Begriffsinhalts in Anwendung der obersten logischen Grundsätze abgeleitet werden kann.

Normalerweise sind solche analytischen oder tautologischen Urteile notwendig wahr, wenn auch uninteressant, weil sie gegenüber ihrem Subjektbegriff nichts Neues ausdrücken, wie wenn wir sagen, »ein alter Mann ist alt«. Wenn wir in dem Subjektbegriff hingegen widersprüchliche Begriffselemente verbinden, sind diese analytischen

Urteile notwendig falsch, wie wenn wir sagen wollten: »Eine notwendig existierende Insel existiert notwendig«, oder »Ein viereckiger Kreis ist viereckig«.

Die Notwendigkeit der göttlichen Existenz ist weder (aus materiallogischen oder formallogischen Gründen) eine solche »tautologische Falschaussage« auf Grund ihres widersprüchlichen Subjektbegriffs, noch eine leere tautologische Wahrheit, wie »alle Greise sind alt«. Nein, sie ist eine ontologische Notwendigkeit, d. h. eine im besonderen einzigartigen Wesen der »Sache Gott selbst« und den in ihrem *Logos* enthaltenen Wesensgesetzen gründende Notwendigkeit. Es ist jedoch eine absolute Notwendigkeit, was man versteht, wenn einmal die Eigenart der göttlichen Natur als objektiver, notwendiger und intelligibler Wesenheit anerkannt wird.

Gewiss würde ein bloßer Begriff oder ein auf diesem beruhenden analytischen Urteil uns nicht einmal über die Möglichkeit (Nicht-Widersprüchlichkeit) Gottes belehren. Wenn wir hingegen entdecken, dass die intelligibelste, die verstehbarste aller Wesenheiten der Grund für Gottes notwendige Existenz ist, zeigt sich, dass die Thesen, dass Gott allein sich selbst erklären kann, weil in seinem Wesen allein reale und notwendige Existenz Teil seines Wesens ist, erkennen wir, dass Gott allein wirklich und zugleich notwendig existiert. Eben darum hat auch Gott allein den Grund seines Daseins in sich selbst. Diese Einsicht ist eine inhaltsvolle apriorische Erkenntnis. Sie kann nur in einem synthetischen Urteil formuliert werden und folgt nicht aus einem willkürlich angesetzten Begriff; sie hat daher absolut nichts mit leeren Tautologien zu tun.

Diese Erkenntnis ist in keinster Weise der absurden hohlen Tautologie ähnlich: »eine notwendig existierende Insel existiert notwendig.« Diese Tautologie ist nicht nur leer, sondern wegen des widerspruchsvollen Subjektbegriffs des Urteils auch falsch.

Notwendige reale Existenz ist jedoch keineswegs eine willkürliche Wortschöpfung oder gar ein undenkbares Un-

Ding, sondern vielmehr ein notwendiges Wesensattribut Gottes.

Dies zeigt sich auch aus der Betrachtung des eng mit notwendiger Existenz verknüpften Attributs der *Aseitas* (der Aseität), des aus sich selbst Seins Gottes. Diese Eigenschaft, die untrennbar von der Absolutheit und Autonomie Gottes ist und der jedes von außen her und durch-etwas-anderes-Sein widerspricht, wäre schlechthin unmöglich ohne die Notwendigkeit der Existenz. Nicht ein absurdes »die Ursache der eigenen Existenz Sein«, sondern allein ein notwendiges Existieren kann diese Aseität begründen. Ein Seiendes, das auch nicht sein könnte, könnte niemals aus sich heraus (*a se*) sein, noch könnte es den zureichenden Grund seines Daseins in sich enthalten.

Im nächsten Kapitel werden wir sehen, dass sowohl die unendliche Vollkommenheit und damit die innerste Charakteristik des göttlichen Wesens als auch die Einfachheit Gottes, die Ewigkeit und andere Attribute Gottes ohne die Notwendigkeit der göttlichen Existenz objektiv unmöglich wären.

Die Notwendigkeit der Existenz Gottes ist daher keineswegs eine leere oder gar eine widersinnige Begriffskonstruktion, wie eine Reihe von Philosophen seit Kant behauptet haben, sondern betrifft vielmehr einen einzigartigen notwendigen Wesens- und Seinssachverhalt, der nur für Gott gilt.

Ein kontingent existierendes Seiendes ist ein Seiendes, dessen Realexistenz weder in ihm selbst noch in seinem Wesen und Sosein einen zureichenden Grund besitzt. Aus diesem Grunde ist das kontingente Seiende, wenn man es als das einzig Seiende betrachtet, wie auch der atheistische Metaphysiker Sartre erkannte, *de trop* und »absurd«, eben weil es keinen Grund und keinen aus ihm selbst heraus bestehenden Anspruch auf Existenz haben kann.[53]

---

53 Siehe J.-P. Sartre, *L'Être e le néant*, S. 20 ff.: *»Die Kontingenz selbst ist absolut und deshalb vollkommen überflüssig ... ungeschaffen, ohne*

Im »Spiegel« dieser Wahrheiten erkennen wir: Nur ein notwendig seiendes Wesen besitzt den zureichenden Grund seines Seins in sich selbst: weil es ist, was es ist, nämlich Gott.

Ein seit Kant immer wieder versuchter Beweis, dass die notwendige Existenz Gottes ein widersprüchliches Gedankenkonstrukt sei, geht von einem evidenterweise falschen, ja absurden Satz aus: dass alle Existenz kontingent sei. Denn diese These würde bedeuten, dass alle Seienden weder aus sich noch aus einem anderen notwendig Seienden (das es ja dieser Auffassung nach nicht gibt) begründbar sind und also gegen das evidente Prinzip vom zureichenden Grund verstoßen.[54]

Wir sehen dagegen klar ein: wenn überhaupt etwas ist, muss es auch ein notwendig seiendes Wesen geben. Wir vermögen ferner zu sehen, dass ein Wesen, dessen Realexistenz von seiner Natur untrennbar ist, das einzig letztlich intelligible Wesen ist. Es allein erklärt sich selbst und seine Existenz und enthält nicht die Unvollkommenheiten von Wesen, Existieren und Seinssinn (als *Ens*), die in allen nicht-notwendig existierenden Seienden zu finden sind.

Fern davon, einen Selbstwiderspruch zu enthalten, ist der absolut notwendig Seiende, daher das einzige Wesen, das auch dann nicht metaphysisch unmöglich, bzw. widersprüchlich ist, wenn es isoliert und in sich allein als einziges Seiendes betrachtet wird.

Selbst wenn wir jedoch die Erkenntnis des kontingenten Seienden bräuchten, um das absolute Sein zu erkennen und sogar, um zu erkennen, dass nicht Sein überhaupt

Grund für ihr Dasein, das Sein selbst ist überflüssig (unbegründet) in alle Ewigkeit.« (eigene Übersetzung).

54 Siehe J. Seifert, *Essere e persona*, Kap. 11. In einem weiteren Band über das ontologische Argument, »Das ontologische Argument und der Atheismus in der modernen Philosophie«, werden wir zeigen, dass John Locke diese Erkenntnis für so schlechthin evident hielt, dass er meinte, das ontologische Argument ließe sich auch vom Atheisten, der ein notwendig existierendes Wesen nicht leugne, verwenden.

widersprüchlich ist, könnten wir dennoch einsehen, dass die kontingenten Seienden, die wir aus der Erfahrung kennen und deren Kontingenz wir durch Verstehensakte erfassen, als einzige Seiende betrachtet, absolut unmöglich und widersprüchlich wären. Es wären Welt und Mensch tatsächlich radikal widersprüchlich, hätten sie nicht ihren Seinsgrund in einem ganz andersartigen, notwendig seienden Wesen, das das einzige »in sich Vernünftige« und »Begründete« ist, das heißt, das einzige Seiende, das sich selbst erklären kann.

KAPITEL 9

Der unendlich vollkommene Gott allein hat den zureichenden Grund seines Seins in sich selbst

Wie die Flüchtigkeit und Hinfälligkeit des endlichen Seins uns die Notwendigkeit eines ewigen Seins enthüllt, so die Unvollkommenheit aller endlichen Wesen die Notwendigkeit eines unendlich vollkommenen Wesens.[55]

Wenn alle in ihrer Vollkommenheit begrenzten Wesen notwendigerweise nicht nur hinsichtlich ihrer exakten Grenzen, sondern auch in ihrer Existenz kontingent (nicht-notwendig) sind, können sie ihr eigenes Sein bereits aus diesem Grund nicht erklären, wie wir in Kapitel 3 gesehen haben.

Jedes Seiende in der Welt entbehrt nicht nur auf Grund der Kontingenz (Nichtnotwendigkeit) seiner Existenz, sondern auch aufgrund der mit dieser untrennbar verbundenen Kontingenz seines konkreten Wesens und der »Maße« von dessen Begrenzungen, eines zureichenden Grundes zu sein, der in ihm selbst läge.

Daher kann weder der Mensch, noch irgendein anderes Seiendes in der Welt sein Dasein und seine Wesens- und Vollkommenheitsgrenzen aus sich selbst heraus erklären.

So kann die Welt die Frage, die sich uns aufdrängt, nicht beantworten: Warum gibt es überhaupt etwas und nicht vielmehr nichts? Und: Warum habe ich diese und keine anderen Grenzen? Warum bin ich kein Engel, sondern ein Mensch? Warum kein Tier, sondern ein Mensch? Warum bin ich nicht kenntnisreicher und weiser, als ich bin?

Dieser Weg der Gotteserkenntnis hat den immensen Vorteil, dass nur hier deutlich wird, dass Gott nicht nur ein *ens necessarium*, ein notwendiges und ewiges Sein ist,

55 Edith Stein/Sr. Teresia Benedicta a Cruce, *Endliches und Ewiges Sein. Versuch eines Aufstiegs zum Sinn des Seins*, Edith Stein, Gesamtausgabe, Bd. 11 und 12 (Freiburg i. Br.: Herder, 2006), S. 165.

sondern dass Gott Gott ist, was er nur sein kann, wenn er ein *id* oder ein *is quo maius nihil cogitari possit,* ein unendlich vollkommener Gott ist, unendlich in Güte und Kraft, würdig aller Anbetung, Liebe und allen Lobpreises.

Denn jeder unvollkommene Gott, jeder Gott, den wir in irgendeiner Weise als mangelhaft oder gar böse beurteilen könnten, jede Göttin-Mutter Erde (Gaia oder Pachamama), die in der Antike verehrt wurde und bis heute in manchen Stämmen des Amazonasgebiets angebetet wird, jeder Sonnengott Apollo, jeder vatermörderische Gott Zeus oder Neptun und jeder andere erdenkliche unvollkommene oder böse, neidische und ungerechte Gott wäre überhaupt kein Gott und hätte auch nicht den notwendigen und zureichenden Grund Seines Seins in sich selbst.

Nur das vollkommene, vollständige und reine Wesen, nur das Unbegrenzte und Unendliche in all seinen Vollkommenheiten, nur das Sein selbst, in dem es kein Nichtsein gibt, nur die Güte selbst, in der es keinen Schatten des Bösen oder der Begrenzung gibt, nur ein allwissendes, allseliges, allvollkommenes Wesen, in dem es keine Grenze der Erkenntnis, der Seligkeit und Vollkommenheit gibt, kann seine eigene Erklärung (nicht seine Ursache) in der notwendigen Fülle seines eigenen Seins und in seiner eigenen Notwendigkeit zu sein enthalten.

So ist Gott in der Tat *esse tantum,* reine Realität des grenzenlosen Seins und unendlich vollkommenen Wesens. Und alle reinen und miteinander vereinbaren Vollkommenheiten, die wir im dritten Kapitel unterschieden haben, existieren im absoluten Sein, und in ihm allein, in vollkommener Einheit des personalen göttlichen Wesens.

Wie wir in den Wesensbegrenzungen endlicher Wesen auch den letzten Grund für das begrenzte und nichtnotwendige Dasein *(Esse)* endlicher Wesen fanden, so begegnen wir auch in der unendlichen göttlichen Fülle aller reinen Vollkommenheiten dem letzten metaphysischen Grund des notwendigen göttlichen *Esse,* das nur deshalb notwendig sein kann, weil es, ebenso wie die unendlich vollkommene göttliche Wesenheit, unendlich und unbegrenzt ist.

Es ist an diesem Punkt entscheidend zu sehen, dass keineswegs, wie Étienne Gilson und andere sogenannte »existentialistische« Thomisten behaupten, nur das *esse*, die reine Existenz, unendlich sein kann, während das Wesen immer eine Beschränkung/Begrenzung bedeuten würde.[56] Nein, beide, Wesen und Existenz, müssen in dem höchsten realen Seienden, das allein den zureichenden Grund seines Daseins haben kann, unendlich sein.[57]

Wir haben im dritten Kapitel die notwendigerweise begrenzten Naturen und Vollkommenheiten von den »reinen Vollkommenheiten« und ihren drei Grundklassen unterschieden (1. die »transzendentalen« Seinsproprietäten, die allen Seienden in analoger Weise zukommen wie »etwas« – nicht nichts – zu sein; 2. Diejenigen reinen Vollkommenheiten, die nur manchen Seienden in der Welt und Gott zukommen, wie Leben und Vernunft; 3. Die exklusiv göttlichen reinen Vollkommenheiten wie notwendige Existenz und Allmacht).

---

56 Dies habe ich anderswo ausführlich begründet. Vgl. Josef Seifert, »Essence and Existence«, zit.; »Esse, Essence, and Infinity: a Dialogue with Existentialist Thomism«, in: *The New Scholasticism*, (Winter 1984), 84–98; *Sein und Wesen*, zit.

57 In der Meinung, dass in Gott das Wesen auf das Sein reduzierbar sei, weichen die existentialistischen Thomisten nicht nur weit von der Wahrheit ab (weil alles Seiende Sein UND Wesen voraussetzt), sondern ebenso weit von Thomas von Aquin ab, der klar sagt, dass Gott zugleich sein Wesen und sein Sein ist:

> *»Wie das, was Feuer in sich hat und doch nicht Feuer ist, durch Teilhabe feurig ist, so ist das, was Sein hat und nicht das Sein ist, seiend durch Teilhabe. Gott aber ist sein Wesen, wie gezeigt wurde (a 3). Wäre er also nicht sein Sein, so wäre er seiend durch Teilhabe und nicht durch sein Wesen. Also wäre er nicht das erste Seiende – eine widersinnige Behauptung. Also ist Gott sein Sein und nicht nur sein Wesen.«*

Summa Theologica, zit., I, q. 1, a. 4; zitiert nach der Übersetzung von Edith Stein in Edith Stein/Sr. Teresia Benedicta a Cruce, *Endliches und Ewiges Sein, zit.*, S. 224.

Diese »reinen Vollkommenheiten«, sei es ihrer Realitätsstufe, sei es ihrer Intelligibilität (Erkennbarkeit) oder sei es ihrem Wert nach, können unendlich sein. Ja sie sind nur dann vollkommen und rein »sie selbst«, wenn sie unendlich sind (endliches Wissen ist mit Unwissen gemischt, endliches Leben hat etwas vom Tod oder Vergänglichkeit des Lebens an sich).

In der Welt aber existieren nicht nur wesenhaft begrenzte (»gemischte«) Vollkommenheiten, wie die Tierarten, sondern auch die reinen Vollkommenheiten immer nur in begrenzter, endlicher Form.

Veranschaulichen wir uns dies in den Fällen zweier reiner Vollkommenheiten im früher erörterten Sinn, das heißt zweier Vollkommenheiten, die unendlich sein können und erst dann sie selbst sind, wenn sie unendlich sind – die aber in der Welt immer unvollkommen verwirklicht sind: des Lebens und der Gerechtigkeit.

Alle der Vernunft entbehrenden Lebewesen, nämlich die Pflanzen und Tiere, haben, wie Thomas sagt, nur »ein halbes Leben«. Aber auch das geistige personale Leben auf Erden ist begrenzt: Es hat einen Anfang und das irdische Leben ein Ende. Krankheiten und alle möglichen weiteren Übel mindern die »Lebensqualität«. Kaum wird es erlebt und genossen, flieht es schon dahin und haust in den Gewölben der Vergangenheit. (Ich spreche nur vom leibseelischen irdischen Leben, nicht vom unsterblichen Leben der Seele, das Platon erkannt hat, oder dem ewigen leibseelischen Leben nach der Auferstehung, an das Christen glauben.)

Oder nehmen wir das Beispiel der Gerechtigkeit. Die menschliche Gerechtigkeit ist bereits durch die Grenzen des menschlichen Wissens begrenzt. Im menschlichen Richter etwa ist die Möglichkeit der Erfüllung der Aufgabe, denjenigen, der ein Gesetz übertreten hat, gerecht zu strafen, bereits dadurch eingeschränkt, dass das menschliche Wissen, das für die Gerechtigkeit vorausgesetzt wird, begrenzt ist.

Oft ist jedem menschlichen Beobachter die genaue Art und das Ausmaß dessen, was der andere mit voller Verantwortung unrecht oder recht getan hat, verborgen. Die menschliche Kenntnis der Taten eines anderen Menschen ist nicht nur in ihrem Umfang und ihrem Gewissheitsgrad begrenzt, sondern auch in ihrer Tiefe und Klarheit.

Da der menschliche Richter meistens nicht selbst Zeuge der Übertretung war und infolgedessen in seinem Urteil sich oft auf Zeugenaussagen stützt, über deren Vertrauenswürdigkeit er sich ein Urteil bilden muss, ohne sicher sein zu können, dass er nicht getäuscht wurde, ist seine Erkenntnis als Basis eines gerechten Urteils auch aus diesem weiteren Grund unvollkommen. Auch vertrauenswürdige Zeugen machen oft ungenaue Aussagen, stützen sich auf eigene undeutliche Erinnerungen oder Vermutungen, oder sie dichten bewusst oder unbewusst Elemente hinzu. Darüber hinaus ist unser Wissen über den ganzen anderen Menschen sowie unsere Erkenntnis des allgemeinen Wesens der Gerechtigkeit und all der Faktoren und Gesetze, die im konkreten Fall der Strafjustiz anzuwenden sind, äußerst begrenzt.

Die menschliche Gerechtigkeit wird nicht nur durch die genannten Einschränkungen unserer Erkenntnis behindert (daher verlangt vollkommene moralische Gerechtigkeit, die von der moralischen Ordnung gefordert wird, Allwissenheit des Richters).

Menschliche Gerechtigkeit ist auch durch den beschränkt guten Willen menschlicher Richter, in deren Entscheidungen und Überlegungen allzu oft Gesichtspunkte einfließen, die der Gerechtigkeit des Falles fremd sind, begrenzt und mit Ungerechtigkeit vermengt, selbst wenn sie unbestechlich sind und nicht aus finanziellen Gründen, Angst vor Vergeltung oder wegen sonstiger persönlicher Vorteile ungerechte Urteile fällen.

So sind diese beiden reinen Vollkommenheiten, Leben und Gerechtigkeit, in der Welt immer unvollkommen.

Daraus erkennen wir, dass kein Seiendes in der Welt, sondern nur ein ganz anderes, unendlich vollkommenes,

Seiendes den zureichenden Grund und die Antwort auf die Grundfrage, warum es ist anstatt nicht zu sein, aus sich heraus geben kann, während wir auf sie schweigen müssen: Warum gibt es mich, anstatt dass es mich nicht gäbe?

Das unendlich Vollkommene und aus sich selbst Seiende hingegen kann seine eigene unendliche Vollkommenheit aus seinem eigenen Wesen heraus erklären und besitzt in sich selbst den Grund seines Daseins. Nur ein unendlich vollkommenes Wesen ohne jede Grenze braucht keine kontingenten Grenzen – die es eben nicht hat – zu erklären, sondern trägt den zureichenden Grund seines Seins in sich. Sein Sein und seine unendliche Vollkommenheit brauchen keinen anderen Grund als Gott selbst, sein notwendiges Sein-Wesen.

So erlaubt uns erst dieser Weg von der endlich guten Welt zum unendlich guten Gott, wirklich von einem Beweis für die Existenz *Gottes* zu sprechen, und nicht nur von einem Beweis für ein notwendiges Wesen, für ein ewiges Wesen, für eine erste Ursache, für ein ungemein intelligentes Wesen usw.

Und an dieser Stelle können wir auch noch den dritten Schritt tun: So wie einzig und allein ein unendlich vollkommenes Wesen den Grund seines eigenen Seins in sich selbst hat, so kann auch es, und es allein, der Ursprung unseres Seins sein.

Doch noch bevor wir diesen für das Thema der göttlichen Schöpfung der Welt und des Menschen wichtigsten Schritt tun, wollen wir uns von der Erkenntnis, dass nur ein unendlich vollkommenes Wesen den zureichenden Grund seines Seins in sich hat, zum sublimsten aller Gottesbeweise führen lassen, durch den wir unmittelbar die reale Existenz und die unendliche Vollkommenheit Gottes, unseres Schöpfers, auf den Wegen der reinen Vernunft erkennen.

KAPITEL 10

Der ontologische Gottesbeweis als Gipfel aller Gottesbeweise: Der über den hinaus nichts Größeres gedacht werden kann IST

1. Ist Gott »Beweis seiner selbst«? Eine knappe Darstellung des »ontologischen Gottesbeweises«[58]

Der sogenannte ontologische Gottesbeweis geht einfach vom mit dem Namen »Etwas, worüber hinaus nichts Größeres [Besseres, Schöneres] gedacht werden kann« Gemeinten, dem »unendlich vollkommenen Wesen«, aus. Und nur aus dessen Betrachtung soll gezeigt werden, dass reale und notwendige Existenz nicht bloß sprachlich oder begrifflich in diesen Worten ausgedrückt oder gar in sie hineingelegt wird, sondern so wesenhaft zu dem Wesen, das wir Gott nennen, selbst gehört, dass Gott notwendig sein muss, ja auch nicht einmal als nicht seiend gedacht werden kann.

»Dasjenige, worüber nichts Größeres gedacht werden kann« bezeichnet die göttliche Wesenheit von ihrem Wesenskern her: der unübertreffbaren Vollkommenheit dessen, worüber hinaus nichts Größeres und Vollkommeneres sein, ja nicht einmal etwas Größeres gedacht werden kann.

Dabei scheint es zunächst, als gehe das Argument von einem reinen Gedanken bzw. Gegenstand des Denkens aus. Denn es beruht nicht auf der Wahrnehmung der Existenz der Welt, der Kausalität, der Finalität oder sonstiger Eigenschaften der Welt. Es nimmt scheinbar nichts als einen bewussten intentionalen Akt zum Ausgangspunkt, dessen

---

58 Der Text dieses Kapitels geht auf einen am 12. Dezember 1996 auf Einladung der Philosophischen Gesellschaft Innsbruck und in dieser Form nie veröffentlichten Vortrag an der Universität Innsbruck zurück. In demselben Jahr (1996) war die erste Auflage meines Buches *Gott als Gottesbeweis* erschienen.

sublimsten Gegenstand es untersucht: »*Etwas, worüber hinaus nichts Größeres gedacht werden kann*«.

Weiter unternimmt das ontologische Argument den Versuch, der sich scharf jeder subjektivistischen idealistischen Philosophie entgegensetzt,[59] gerade vom Cogito und der Analyse intentionaler Akte und des Bewusstseins her die Transzendenz des Menschen in der Erkenntnis zu entdecken. Dies gilt nicht nur für die Analyse des augustinischen und cartesischen Cogito-Gedankens,[60] sondern auch des ontologischen Arguments.

Und damit kommen wir zum Kern des Arguments, das auch der wahrheitssuchende Atheist, der zunächst keinerlei Existenzbehauptung über Gott macht, nachvollziehen kann. Die Wirklichkeit desjenigen Wesens, größer als das nichts gedacht werden kann, können wir nämlich gerade dann einsehen, wenn wir uns in einen atheistischen Gedanken versetzen oder uns in einem Skeptizismus vorstellen, dass dieses Wesen vielleicht bloß in unserem Geist, also als reines Objekt unseres Denkens, existierte. Man bemerkt die Ähnlichkeit mit dem *Cogito* hier, in dem wir gerade aus dem radikalsten skeptischen Zweifel zur unbezweifelbaren Erkenntnis unserer Existenz und der Wahrheit gelangen.

Wie soll dies aber auf den atheistischen Zweifel und Gott anwendbar sein? Können wir uns denn jemals noch aus diesem Strudel agnostischen oder atheistischen Subjektivismus befreien, wenn wir nur von einem Gedanken ausgehen oder uns sogar in den Standpunkt des Atheisten versetzen, wie Anselm dies tut?

---

59 Vgl. etwa Josef Seifert, *Back to Things in Themselves*, zit.

60 Dies ist zutiefst phänomenologisch. Vgl. Dietrich von Hildebrand, D. von Hildebrand, »Das Cogito und die Erkenntnis der realen Welt. Teilveröffentlichung der Salzburger Vorlesungen Hildebrands: ›Wesen und Wert menschlicher Erkenntnis‹«, *Aletheia* 6/1993–1994 (1994), 2–27. Vgl. auch meine Bücher, in denen ich die Transzendenz des Menschen in der Erkenntnis als ein Urphänomen aufzuweisen suche: Josef Seifert, *Erkenntnis objektiver Wahrheit. Die Transzendenz des Menschen in der Erkenntnis* (Salzburg: A. Pustet, ^{2}1976); Josef Seifert, *Back to Things in Themselves*, zit.

Wir können antworten: In einer solchen philosophischen Betrachtung berühren wir, ähnlich wie im Cogito und radikalen Zweifel, indem wir eine Fülle von Wesenheiten und Wesensgesetzen entdecken, einen Weg vom Denken zu einer den eigenen Geist transzendierenden Erkenntnis einer Wesenheit, die wir nicht produzieren oder schaffen können. Es führt uns gerade das Erforschen unseres bewussten Seins und vor allem »unseres höchsten Gedankens« über uns selbst hinaus. Suchen wir uns nämlich das *aliquid quo maius nihil cogitari potest* als nur im Geiste seiend zu denken, so sehen wir sogleich ein, dass ein solches »Wesen« objektiv nicht mehr das wäre, größer als das nichts gedacht werden und größer als das nichts sein kann. Denn sobald wir es auch als real und unabhängig von unserem Denken seiend vorstellen, rühren wir denkend an etwas Größeres als an ein rein gedachtes Wesen, nämlich an eines, das sowohl in unserem Denken (*in intellectu*) als auch *in re* (in sich selbst) wirklich ist.

Daher muss das, worüber hinaus nichts Größeres gedacht werden und nichts Größeres sein kann, in der Wirklichkeit und nicht bloß im Denken existieren, da es sonst nicht das wäre, worüber hinaus nichts Größeres gedacht werden kann, da es sonst nicht diese seine eigene vollkommene Wesenheit hätte.

In einer modal-ontologischen Wende desselben Arguments[61] sehen wir ein, dass ein Wesen, dessen *Nichtexistenz möglich* ist, weniger vollkommen ist als ein Seiendes, *dessen Nichtexistenz unmöglich* ist.

Daraus folgt aber auch, dass jeder, der meint, dieses Wesen könnte auch nicht existieren, das vollkommene Wesen (das *id quo maius cogitari nequit)* überhaupt nicht denkt bzw. erfasst, dass er die Washeit dieses unreduzierbar-einzigartigen und vom Menschengeist unerfindbaren Wesens nicht versteht, sondern es wie eine andere Natur behandelt, bei der es in der Tat sowohl sein kann, dass sie wirklich als

61 Anselm, *Proslogion*, 3.

auch, dass sie bloß möglich ist, wie dies eben bei der »vollkommensten Insel«, die der Mönch Gaunilo zur Widerlegung des ontologischen Gottesbeweises ins Feld geführt hat, der Fall ist. Gaunilo meint, diese vollkommenste Insel müsste ja auch notwendig existieren, denn sonst wäre sie nicht die vollkommenste Insel.[62]

In diesem Argument wird das Dasein Gottes nicht auf dem Umweg über die Welt durch Syllogismen erkannt, sondern aus einer einfacheren Erkenntnis, und zwar einer Erkenntnis des notwendigen göttlichen Wesens, und mit diesem Ausgehen von einer *notwendigen Wesenheit* und *notwendigen Wesensgesetzen* sind wir schon im Kern der ursprünglichen Phänomenologie, im Bereich der Einsicht in in sich notwendige Wesenheiten und absolut notwendige Wesensgesetze, wie sie z.B. Adolf Reinach für das *Wichtigste überhaupt* gehalten hat.[63]

Um zu erkennen, dass dieses Argument keine logischen Fehler begeht, sondern dass es den tiefsten philosophischen Gottesbeweis überhaupt darstellt, müssen vier entscheidende Grundlagen des Beweises geklärt werden, nämlich dass:

1) es nicht von einer subjektiven Idee oder einem subjektiven Begriff, sondern einer objektiven Wesenheit ausgeht;

62 Anselm of Canterbury (Aosta), *Proslogion* und *Ad Proslogion,* in: Anselm of Canterbury (Aosta), *S. Anselmi Opera Omnia,* zit., Bd. I, S. 89-139. Der Einwand des Mönches Gaunilo und Anselms Antwort findet sich in dem *Ad Proslogion* (op. cit., 121 ff.).

63 Adolf Reinach, »Über Phänomenologie«, in: Adolf Reinach, *Sämtliche Werke,* Bd. I, *ebd.,* S. 531–550. Vgl. auch Adolf Reinach, »Die apriorischen Grundlagen des bürgerlichen Rechtes«, in: Reinach, Adolf, *Sämtliche Werke. Texkritische Ausgabe in zwei Bänden,* Bd. I: *Die Werke,* Teil I: Kritische Neuausgabe (1905–1914), Teil II: Nachgelassene Texte (1906–1917); hrsg.v. Karl Schuhmann Barry Smith (München und Wien: Philosophia Verlag, 1989), 141–278. Die wohl klarsten Erklärung notwendiger und unerfindbarer Wesenheiten gegenüber sinnvoller, aber nicht notwendiger Naturen findet sich in Dietrich von Hildebrand, *What is Philosophy?,* 3rd edn, with a New Introductory Essay by Josef Seifert (London: Routledge, 1991), Kap. 4.

2) diese objektive göttliche Wesenheit von unserem Geist in ihrer Notwendigkeit erkennbar ist;
3) notwendige Existenz im göttlichen Wesen gründen kann, und
4) die objektive unendliche Wertvollkommenheit notwendiges Dasein einschließt. Sollte es auch nur an einer dieser Voraussetzungen fehlen, bricht das Argument in sich zusammen.

Und all dies muss unter Beachtung des phänomenologischen Urprinzips aller Prinzipien geschehen, im Ausgehen vom leibhaftig selbst Gegebenen, von den selbst gegebenen Sachen.[64]

2. Die Notwendigkeit der göttlichen Wesenheit: Gott als »Urgegebenheit der Urgegebenheiten«: Mittelbare Erfahrung ist kein Hindernis unmittelbarer Wesensschau und Einsicht

Aber wie kann man behaupten, dass Gott (das *id quo maius nihil cogitari possit*) eine Gegebenheit, oder sogar eine Urgegebenheit, oder gar die Urgegebenheit aller Urgegebenheiten sein soll? Wenn wir phänomenologisch vorgehen und uns rein an das selbst Gegebene halten, scheint uns zunächst nur die Welt gegeben und nur sie verstehbar zu sein.

Dabei müssen wir Verstehen und Wahrnehmen allerdings scharf unterscheiden. Gewiss, wir erfahren die Welt höchst unmittelbar – zunächst die unseren Sinnen zugängliche Welt, die wir sehen, tasten, hören und durch andere Quellen sinnlicher Anschauung mit einzigartiger Unmittelbarkeit erfahren, so dass die Bilder des sinnlichen Sehens, Anfassens usf. Urbilder allen unmittelbaren Erfassens, auch in der geistigen Sphäre, sind.

Die Welt unseres Bewusstseins und unseres eigenen Seins, wenn sie auch zunächst gegenüber der Welt sinnfäl-

64 Edmund Husserl, *Ideen zu einer reinen Phänomenologie und phänomenologischen Philosophie* I, ed. Karl Schuhmann. *Husserliana*, vol. III/1; 1. Buch, text of 1.–3. edn, 1. Buch, 1. Abschnitt. Siehe Zitat in Anmerkung 48.

liger Gegenstände und anderer Personen gleichsam im Hintergrund des bewussten Lebens verbleibt, ist uns sogar mit noch größerer Unmittelbarkeit im Vollzug unseres bewussten Seins zugänglich als die sinnlich erfahrenen Gegenstände. Wir erkennen, wie Augustinus, Descartes und Leibniz zeigten, unser bewusstes Sein in einer unmittelbaren Erfahrung, in einer zu unbezweifelbarer Erkenntnis führenden unmittelbaren Wirklichkeitsberührung, in der weder Gott noch die von uns erfahrenen realen Objekte unseres Bewusstseins, die Außenwelt und andere Menschen, zugänglich sind, die wir in anderer Weise unmittelbar erfahren.

Wir besitzen keine unmittelbare Anschauung Gottes, das absolute Sein begegnet uns nicht wie die sinnlich zugängliche Welt oder wie der Strom unseres bewussten Lebens und unser eigenes Ich, aber auch nicht wie die anderen Menschen, mit denen wir in tausendfältigen komplexen Erfahrungen und Akten, wie in Akten des Verstehens, des Gesprächs oder der Liebe verbunden sind. Gott ist im Verhältnis zu allen diesen erfahrbaren Dingen vom Kreis unserer Erfahrung abwesend und unsichtbar. All unser Erkennen beginnt mit der Erfahrung von innerweltlichen Seienden.

Aus der Notwendigkeit menschlichen Denkens, bei der Welt anzusetzen, folgt aber nicht, dass die Welt in ihrem Sein verstehbarer ist als das absolute Sein oder dass sie die von Leibniz und Heidegger in das Zentrum der Metaphysik gerückte Frage: »Warum ist überhaupt etwas und nicht vielmehr nichts?«, beantworten könne, anstatt dass das göttliche Wesen, und es allein, diese Frage letztlich und von sich selbst her beantwortet und deshalb in dieser Hinsicht viel intelligibler als die Welt, ja allein intelligibel und von sich selbst her »verständlich« ist.

Ganz im Gegenteil zeigt eine eingehendere philosophische Reflexion, dass das Sein der Welt, solange diese an und für sich betrachtet wird, durch und durch unverständlich und unbegründet ist, so sonnenklar diese Welt auch unseren Sinnen und unserer Erfahrung gegeben sein mag. Anschauliche Gegebenheit muss eben scharf von jener

Intelligibilität und Verstehbarkeit von Sein unterschieden werden, die dieses eine Antwort auf die Frage geben lässt: »Warum ist überhaupt etwas und nicht vielmehr nichts?«

Der Vorsokratiker Parmenides sah dies klar. Auch der Phänomenologe Max Scheler betonte dies, als er von den erstevidenten Erkenntnissen sprach. Die Tatsache, die Max Scheler für die erste und unmittelbarste Evidenz hält, ist die, dass es überhaupt etwas gibt und nicht vielmehr nichts.[65]

Eine zweite Einsicht steht am Ausgangspunkt des ontologischen Gottesbeweises: Das einzige Sein, das durch sich selbst verstehbar ist, das einzige Sein, das einen rationalen Grund für sein Sein besitzt und daher voll intelligibel ist, das ist eben das ungeschaffene und ewige absolute »Sein schlechthin«. Und dieses Wesen besitzt genau so sehr wie alle anderen notwendigen Wesenheiten eine innere Notwendigkeit, eine Einsichtigkeit, deren Gegenstand in keiner willkürlichen Weise vom menschlichen Subjekt ausgedacht wird, sondern allem unserem Verstehen vorgegeben

---

65 Siehe Max Scheler, »Vom Wesen der Philosophie und der moralischen Bedingung des philosophischen Erkennens«, S. 93–94:

> *Die erste und unmittelbarste Evidenz, zugleich diejenige, die schon zur Konstituierung des Wortes »Zweifel an etwas« (an dem Sein von etwas, an der Wahrheit eines Satzes usw.) vorausgesetzt ist, ist aber die evidente Einsicht, dass überhaupt Etwas sei … Der Tatbestand, dass nicht Nichts sei, ist gleichzeitig der Gegenstand erster und unmittelbarster Einsicht, wie der Gegenstand der intensivsten und letzten philosophischen Verwunderung – wobei diese letztere emotionale Bewegung angesichts des Tatbestandes freilich erst dann voll einzutreten vermag, wenn ihr unter den die philosophische Haltung prädisponierenden Gemütsakten die den Selbstverständlichkeitscharakter ... des Tatbestandes des Seins auslöschende Demutshaltung vorangegangen ist. [… Es] wird mir diese Einsicht mit unumstößlicher Evidenz klar – so klar, dass sie an Klarheit alles überstrahlt, was mit ihr nur in denkbaren Vergleich gebracht werden kann. Freilich: Wer gleichsam nicht in den Abgrund des absoluten Nichts geschaut hat, der wird auch die eminente Positivität des Inhalts der Einsicht, dass überhaupt Etwas ist und nicht lieber Nichts, vollständig übersehen. Er wird bei irgendeiner der vielleicht nicht minder evidenten, aber der Evidenz dieser Einsicht doch nachgeordneten Einsichten beginnen ...*

ist. Wenn es überhaupt etwas gibt, so können wir den Kern dieser Einsicht formulieren, dann muss es das notwendige, absolute Sein geben.

> *So groß ist die Wahrheit des göttlichen Seins, dass dieses mit Zustimmung gar nicht als nicht-seiend gedacht werden kann, es sei denn wegen eines Mangels seitens des Verstehenden, der nicht erkennt, was Gott ist.*[66]

3. Die erste und wichtigste Voraussetzung des ontologischen Gottesbeweises und die Hinfälligkeit des Vorwurfs, er begehe einen von vier elementaren Fehlschlüssen

Die wichtigste Voraussetzung des ontologischen Arguments ist es, dass es *nicht* einen Namen oder einen bloßen Begriff zum Ausgangspunkt nimmt. Von einer möglicherweise bloß subjektiven Idee, einem rein intentionalen Gegenstand[67] oder von einem willkürlich geformten Begriff eines *id quo maius cogitari non potest* oder eines allerrealsten Seins (Descartes) kann man unmöglich schließen, dass die Momente, die in dieser Idee vereinigt sind, auch außerhalb derselben irgendeine Wirklichkeit besitzen und Kant behielte recht:

> *Der Begriff eines höchsten Wesens ist eine in mancher Absicht sehr nützliche Idee; sie ist aber eben darum, weil sie bloß Idee ist, ganz unfähig, um vermittelst ihrer allein unsere Erkenntnis in Ansehung dessen, was existiert, zu erweitern. Sie vermag nicht einmal so viel, dass sie uns in Ansehung der Möglichkeit eines Mehreren belehrte.*[68]

---

66 Bonaventura, *Sent.*, Lib. I, d. VIII, P. I, Art. I, Q. ii:

> *Tanta est veritas divini esse, ut non possit cum assensu cogitari non esse nisi propter defectum ex parte intelligentis, qui ignorat, quid sit Deus.*

67 Vgl. dazu Antonio Millán-Puelles, Antonio Millán-Puelles, *Teoría del objeto puro*. Colecciónes Cuestiones Fundamentales (Madrid: Ediciones RIALP, 1990); *The Theory of the Pure Object*, English translation by Jorge García-Gómez (Heidelberg: Universitätsverlag C. Winter, 1996).

68 Immanuel Kant, *KrV* B 629–30.

Wenn das ontologische Argument tatsächlich aus einer möglicherweise rein subjektiven Idee die wirkliche Existenz Gottes beweisen wollte, beginge der Beweis den groben Fehler einer *metabasis eis allo genos* , d.h. den Fehler des logisch inkorrekten Übergangs von der Ebene des rein begrifflich Gedachten zur Wirklichkeit.

A) Keine »metabasis ad aliud Genus«

Dieser erste logische Fehler wäre gerade dann gegeben, wenn Anselm tatsächlich meinte, er könne aus einer rein begrifflich notwendigen Verknüpfung zwischen göttlichem Wesen und göttlicher Existenz schließen, dass diese notwendige Verknüpfung auch außerhalb der Sphäre der Begriffe in der Wirklichkeit bestehe. Es ist nun ohne weiteres klar, dass der Beweis dann ein logischer Fehler sondergleichen wäre, da ja die begriffliche Verknüpfung von Bedeutungselementen, wie Kant zeigt, nicht einmal die Nichtwidersprüchlichkeit des Begriffs, geschweige denn dessen Realentsprechung impliziert. So würde der Begriff der vollkommensten und notwendig wirklich existierenden Insel den Begriff der notwendigen Existenz enthalten, wäre aber ein reines Konstrukt, aus dem keineswegs die (notwendige) Existenz der Insel zu beweisen wäre. Vielmehr sehen wir in dem Augenblick, in dem wir erfassen, was eine Insel, gleich wie vollkommen, ist, ein, dass sie weder unendlich vollkommen sein noch notwendig existieren kann.

B) Keine petitio principii (kein Zirkelschluss)

Oder aber der ontologische Beweis, ginge er von einem bloß subjektiven Begriff aus, wäre eine *petitio principii*. Eine solche wäre dann im ontologischen Argument enthalten, wenn Anselm von Anfang an annähme, dass sein Begriff des »*aliquid quo maius nihil cogitari possit*« irgendeinem wirklich existierenden Wesen außerhalb seines Geistes entspricht. Dann würde der Beweis zwar nicht einen unerlaubten Sprung von der Ordnung der Begriffe in die Sphäre der Wirklichkeit machen, aber – und dies wäre kaum besser – gerade das voraussetzen, was es zu beweisen gilt: nämlich dass dem »*aliquid quo maius nihil cogitari possit*« tatsächlich ein wirklich existierendes Seiendes entspricht.

C) Keine »Elende Tautologie« (kein rein analytisches Urteil)

Eine dritte Möglichkeit, die Kant besonders hervorhebt, wäre die, dass das ontologische Argument nichts darstellte als eine Begriffsanalyse bzw. ein analytisches Urteil, in dem das Prädikat nichts Neues behaupten, sondern nur wiederholen würde, was der Subjektbegriff schon aussagt, etwa: »Ein notwendig existierendes Wesen existiert notwendig.« Wollte man dieses analytische Urteil für einen Gottesbeweis ausgeben, würde man seinen Sinn radikal missverstehen. Die analytische Wahrheit »Ein notwendig existierendes Wesen existiert notwendig« belehrt uns nämlich keineswegs darüber, was außerhalb unserer Begriffe in der Wirklichkeit existiert. Vielmehr besagt es nur, dass der Begriff notwendige Existenz im Begriff Gottes enthalten ist und dass der Satz »Gott existiert« dem zufolge den logischen Sinn des Namens (Begriffsinhalts) Gott richtig entfaltet und, falls der Gottesbegriff nicht in sich widersprüchlich ist, wahr ist, *falls es die Sache »Gott« gibt.*

D) Keine Verwechslung einer nominalen mit einer realen Definition

Aus einer ganz willkürlich entworfenen Idee das Dasein des ihr entsprechenden Gegenstandes selbst »ausklauben« zu wollen, wäre in der Tat völlig unhaltbar,[69] und würde im besten Fall eine nominale mit einer realen Bestimmung Gottes verwechseln und daher ein logisch fehlerhaftes Argument darstellen.[70]

---

69 Immanuel Kant, *Kritik der reinen Vernunft*, B 603.

70 Franz Brentano, einer der Väter der Phänomenologie, spricht von dem Grundgebrechen des Beweises als von einem *Paralogismus durch Äquivokation.*

Eine reine Nominaldefinition kann ja auch ein unmögliches Gebilde meinen (wie ein hölzernes Bügeleisen und die Quadratur des Kreises), und darf keinesfalls mit einer Realbestimmung einer Sache verwechselt werden.[71]

Allerdings ist hier höchste Vorsicht geboten. Der Begriff der »Realdefinition« ist ja höchst doppeldeutig, denn sie kann einmal jede Bestimmung eines vorgegebenen Wesens, das auch ein reines notwendiges *Eidos*, eine reine Wesenheit sein kann, ein andermal auch die reale Existenz dieses Wesens bzw. ein in *seiner realen Existenz* vorausgesetztes meinen. Der ontologische Beweis ist nur dann haltbar, wenn der Name des *aliquid quo maius nihil cogitari possit* nicht einen rein intentionalen Gegenstand meint, sondern ein allem menschlichen Verstehen vorgegebenes und von ihm unabhängiges Wesen, wenn er also in diesem Sinne eine *Realdefinition* darstellt.

Der ontologische Gottesbeweis ist also nur gültig, wenn das gemeinte Wesen *id quo maius nihil cogitari possit* ebenso notwendig ist und ebenso notwendige Sachverhalte begründet wie das Wesen des Rot den Sachverhalt begründet, dass die Farbe Rot, wie jede andere Farbe auch, notwendig räumliche Ausdehnung voraussetzt.

Wenn dem so ist, dann ist die Aussage, dass die göttliche Existenz notwendig zur göttlichen Wesenheit gehört und also Gott notwendig existiert, weder ein leeres analytisches

71 F. Brentano, a.a.O., S. 44–45:

Was ein unendlich vollkommenes Wesen ist, dem kommt notwendige Existenz zu. Gott ist ein unendlich vollkommenes Wesen. Also kommt Gott notwendige Existenz zu. Also: Gott ist. Was heißt hier: Nun ist Gott ein unendliches Wesen? Es gibt einen Gott, der ein unendlich vollkommenes Wesen ist? Das wäre real verstanden, setzte aber voraus, was doch erst zu beweisen ist, nämlich die Existenz Gottes.

Oder heißt es bloß soviel wie: Unter Gott versteht man ein unendlich vollkommenes Wesen? Dann ist der Satz nicht zu beanstanden, ergibt aber keinen anderen Schlußsatz als: Unter Gott versteht man ein Wesen, dem notwendig Existenz zukommt, wobei die Frage, ob ein solches Wesen existiert, offen bleibt.

Urteil noch eine Verwechslung eines allgemeinen negativen mit einem affirmativen Urteil, wie Brentano meint. Es ist nicht, als wolle man behaupten, ein Schuster existiere, da es im Begriff eines Schusters liege, Schuhe zu machen, und man also in Wahrheit vom Schuster aussagen könnte, er könne Schuhe machen, wofür die Voraussetzung seine Existenz sei. Denn hier liegt erstens überhaupt kein objektiv notwendiges Wesen (des Schusters) vor und zweitens gründet im Schustersein höchstens das Schuhemachenkönnen (freilich nicht mit Wesensnotwendigkeit), keinesfalls aber notwendige Existenz. Im Gegenteil, diese wird vom kontingenten Wesen des Schusters ausgeschlossen.

Nun ist klar, dass wenn der Beweis tatsächlich von einer ganz willkürlich entworfenen Idee ausginge, er in der Tat ein Nest von logischem Unsinn und Fehlern gröbster Art wäre.

Der Ausgangspunkt des ontologischen Arguments in seiner wahren Gestalt ist jedoch keineswegs das bloße Verstehen oder die Analyse eines möglicherweise rein subjektiven Begriffs. Ausschließlich dann, wenn es nicht ein möglicherweise rein subjektiver Begriff ist, von dem das ontologische Argument ausgeht, sondern wenn eine reine Wesenserkenntnis, für die eine Feststellung von realer Existenz noch nicht vorausgesetzt wird und in der die objektive und innere Notwendigkeit des göttlichen Wesens erkannt wird, dem Argument zugrunde liegt, kann es gültig sein. Das zeigt sich schon daraus, dass ich von jedem Gegenstand den Begriff »der existierende« oder »der notwendig existierende X« bilden kann, dass aber ausschließlich die göttliche Wesenheit notwendige Existenz einschließt.

Ausschließlich das göttliche Wesen in seinem Unterschied zu jedem anderen denkbaren Wesen, das göttliche Wesen ganz allein, ist der Grund seiner notwendigen Existenz. Daher würde keineswegs ein bloßer subjektiver Begriff eines notwendig existierenden Wesens genügen, um dessen Realerkenntnis zu begründen. Denn dann müsste ebenso aus dem Begriff einer notwendig existierenden Insel folgen, dass sie notwendig existiert, was Unsinn ist. Ja ganz unabhängig vom hier verwendeten Begriff der notwendig seienden Insel – ja sogar gegen den Begriff der notwendig seienden vollkommensten Insel! –, liegt es im Wesen der Insel, nicht-notwendig zu existieren, so dass gilt, dass kein reales Seiendes außer Gott (wir sehen hier vom schwierigen Problem idealer notwendiger Existenz, die aber letzten Endes in Gott sein muss, ab) notwendig existieren *kann.*[72]

E) Kein Konstrukt aus einem inhaltsleeren nebulosen Begriff der Vollkommenheit

An dieser Stelle gilt es auch, sich mit einer anderen und neueren Begründung des Einwands, dass Anselms Ausgangspunkt eine rein subjektive, willkürliche Idee sei, aus der ein uneinsichtiges, ja widerspruchvolles Konstrukt »Gottes« hervorgegangen sei, auseinanderzusetzen.

Da der Hauptvertreter und Begründer der sogenannten »neuen Phänomenologie« diesen Einwand gestellt hat, zitiere ich hier dessen Formulierung:

> *»Neben der Allmacht steht in der quasitrinitarischen Formel des Monotheismus die ebenso maximale Güte in einem völlig verschwommenen Sinn; offenbar geht man von der oberflächlichen Feststellung aus, irgend etwas in irgend einem Sinn vortrefflich und löblich zu finden, und interessiert sich ohne Präzisierung des Positivs nur noch für die Steigerung zum Superlativ nach allen erdenklichen Richtungen. Zu völliger Reinheit läutert sich dieser Formalismus mit Verzicht auf bestimmte Inhalte in Anselms Gott-Definition aus dem Proslogion: »quo maius cogitari nequit«. Da kann man nur fragen: maius für wen? Offenbar ist doch mindestens auch sittliche Güte gemeint, nebst sonstigen vortrefflichen Eigenschaften, bei denen sich die günstige Wertung ebenso auf die Autorität von Gefühlen stützt; in allen solchen Fällen ist sie relativ auf die Perspektive eines affektiv betroffenen Subjek-*

---

72 *Et quidem quidquid est praeter te solum, potest cogitari non esse. Solus igitur verissime omnium, et ideo maxime omnium habes esse : quia quidquid aliud est non sic vere, et idcirco minus habet esse. Proslogion*, Kap. III.

tes, z. B. eines Menschen, sicherlich im Fall der Verbindlichkeit [...]. Von einer absoluten, an gar keine Perspektive gebundenen Vortrefflichkeit kann man nicht sinnvoll sprechen; dann hat es erst recht keinen Sinn, sie in den Superlativ zu steigern. (Hermann Schmitz, »Der unerschöpfliche Gegenstand«, 1990, S. 450 f.)

Ich möchte darauf so antworten:

Ich denke, dass dieser Kommentar von Hermann Schmitz ganz an der Metaphysik Gottes und an Anselm vorbeigeht. Er übersieht gänzlich die Einsichten Anselms in ganz präzise inhaltliche »reine Vollkommenheiten«, die in Gott unendlich sein müssen und Unendlichkeit zulassen, wie Leben, Weisheit, Allmacht, Wahrheit, Gerechtigkeit, Seligkeit, Ewigkeit und was immer absolut besser ist als es nicht zu besitzen.[73] Duns Scotus hat Anselms Entdeckung der »reinen Vollkommenheiten« wesentlich verfeinert und ich habe dessen Analyse erweitert.[74]

4. Was ist eine »reine Vollkommenheit«?

»Reine Vollkommenheiten« besitzen eine Reihe allgemeiner Merkmale, von denen ich an dieser Stelle nur drei erwähnen werde, und man kann sie in drei grundsätzlich verschiedene Klassen teilen.

---

73 Anselm, *Monologion*, 15.

74 Vgl. Alan Wolter, *The Transcendentals and their Function in the Metaphysics of Duns Scotus* (St. Bonaventure, New York: Franciscan Institute Publications, 1946); vgl. auch Josef Seifert, *Essere e persona*, zit., Kap. 5; 9; »Essere Persona Come Perfezione Pura. Il Beato Duns Scoto e una nuova metafisica personalistica«, *De Homine, Dialogo di Filosofia* 11 (Rom: Herder/Università Lateranense, 1994), pp. 57–75. Vgl. Auch Rogelio Rovira, »Perfection and Imperfection of Josef Seifert's Theory of Pure Perfections«. *Journal of East-West-Thought* (JET). Spring Number 1, Vol. 7, March 2017, Special Issue: Seifert's Phenomenological Realism: 53–71; Josef Seifert, »A Reply to Rovira: Can the ›Imperfection‹ of My Philosophy of Pure Perfections Be Overcome?«. *Journal of East-West-Thought* (JET). Spring Number 1, Vol. 7, March 2017, Special Issue: Seifert's Phenomenological Realism: 73–80.

A) Der Besitz einer reinen Vollkommenheit ist absolut besser als ihr Nichtbesitz, gleich aus welchem Grund

Unter einer reinen Vollkommenheit verstehen Anselm und Duns Scotus eine Eigenschaft oder Vollkommenheit, die zu besitzen oder zu sein absolut gesprochen besser ist, als sie nicht zu besitzen, gleich aus welchem Grunde. Mit anderen Worten, eine reine Vollkommenheit ist eine unübertreffbare Vollkommenheit in dem präzisen Sinne, dass jedes Übertreffen einer bestimmten Verwirklichungsform einer solchen Vollkommenheit nur im Sinne eines noch eigentlicheren Besitzes derselben bestehen kann, nicht durch ein Überschreiten des Wesens der betreffenden Vollkommenheit. So kann man einen bestimmten Grad des Seins, Lebens, Erkennens oder der Gerechtigkeit nur durch eine jeweils höhere Verwirklichung eben dieser Vollkommenheiten übertreffen: durch höheres Sein, vollkommeneres Leben und Erkennen, erhabenere Gerechtigkeit.

Den Gegensatz dazu bilden die sogenannten gemischten oder die wesenhaft begrenzten Vollkommenheiten, wie etwa alle Tier- und Pflanzenarten sowie deren allgemeinste Gattungen, oder auch Eigenschaften wie Leiblichkeit, leibliche Anmut, der Besitz eines Gesichts, die Fähigkeit zu lachen, usf. Diese wertvollen Eigenschaften zu besitzen, ist nicht absolut besser als sie nicht zu besitzen, nämlich immer dann, wenn ihr Besitz den einer höheren Vollkommenheit ausschließt.

Anselm bringt das Beispiel des Goldes. Der Intellekt steht höher als Gold, ohne Gold zu sein. Von solchen nur in gewisser Hinsicht guten, aber wesenhaft begrenzten, guten Dingen, wie Gold zu sein, kann man deshalb nicht sagen, dass es absolut besser sei, sie zu besitzen, als sie nicht zu besitzen, ganz im Gegenteil: Während zwar ihr einfacher Nichtbesitz im Sinne eines Nichtseins stets weniger gut ist als ihr Besitz (sonst wären sie überhaupt keine Werte oder Vollkommenheiten), so gibt es andere höhere Vollkommenheiten, die mit ihnen unvereinbar sind. So z. B. kann der Geist nicht aus Gold bestehen oder Gold sein, wohl aber ist er wesentlich vollkommener als die Materie und damit als das Gold.

Es ist zweifellos eine der großartigsten Fähigkeiten des menschlichen Geistes, den Unterschied zwischen diesen wesenhaft begrenzten und den reinen und unübertrefflichen Vollkommenheiten zu erkennen: zu erkennen, dass man nicht über dem Sein stehen kann, ohne zu sein, sondern nur dieses vollkommen besitzen, dass man nicht vollkommener sein kann als in sich selbst wertvoll und gut zu sein, sondern dass die in sich ruhende Bedeutsamkeit des Wertvollseins und des Guten eine schlechthin unübertreffliche Vollkommenheit, ja die Grundlage jeder möglichen Vollkommenheit ist.

Zu diesen reinen Vollkommenheiten gehören auch Schönheit und spezifisch personale Vollkommenheiten wie Erkenntnis und Weisheit, wie nach Anselm viele andere Denker gesehen haben, unter ihnen Leibniz.[75]

B) Alle reinen Vollkommenheiten sind mit einander verträglich

Aus diesem ersten Merkmal reiner Vollkommenheiten folgt mit zwingender logischer und ontologischer Notwendigkeit ein zweites: Alle reinen Vollkommenheiten sind miteinander verträglich. Denn wenn es nicht so wäre, wenn z. B. die Vollkommenheit A (etwa Gerechtigkeit) und die Vollkommenheit B (etwa Weisheit) einander ausschlössen, so wäre es zugleich absolut und schlechthin besser, die Vollkommenheit A zu besitzen, eben weil sie eine reine Vollkommenheit ist, als es auch zugleich absolut besser wäre, sie nicht zu besitzen, weil sie der reinen Vollkommenheit B, die zu besitzen schlechthin gut ist, widerspräche.

---

75 Vgl. G. W. Leibniz, Grundriss eines Bedenkens von Aufrichtung einer Sozietät in Deutschland zu Aufnehmen der Künste und Wissenschaften, § 5, vermutlich 1671 entstanden, in: *Leibniz, Die Hauptwerke*, zusammengefasst und übertragen von Gerhard Krüger (Stuttgart: Alfred Kröner Verlag, 1958), S. 6.

Auch in diesem Punkte unterscheiden sich die reinen Vollkommenheiten radikal von den gemischten oder wesenhaft begrenzten. Viele von diesen – wie etwa die verschiedenen Tier- und Pflanzengattungen – schließen einander nämlich aus und können unmöglich in ein und demselben Wesen verwirklicht sein.

C) Alle reinen Vollkommenheiten können unendlich sein, ja sind erst dann voll sie selbst, wenn sie unendlich sind.

Ein noch wichtigeres drittes Merkmal der reinen Vollkommenheiten ist ein doppeltes: Einmal können diese reinen Vollkommenheiten unendlich sein. Unendlichkeit steht in keinem Widerspruch zu ihrem Wesen. Sodann aber gilt sogar noch mehr: Diese sogenannten reinen Vollkommenheiten sind nur sie selbst, wenn sie schlechthin unendlich und unbegrenzt sind. Begrenztes Sein ist eben nicht volles Sein, sondern ein mit Nichtsein gemischtes Sein; begrenzte Erkenntnis ist eben z. T. Unwissenheit und Ignoranz, also Nichterkenntnis; begrenzte Weisheit ist keine schlechthinnige Weisheit; begrenzte Glückseligkeit ist nicht das Glück selbst. Man könnte sagen, dass für alle reinen Vollkommenheiten gilt, dass sie selbst nur wahrhaft sind, was sie sind, wenn sie schlechthin unbegrenzt und tatsächlich unendlich sind. Auch darin unterscheiden sich die reinen Vollkommenheiten strikt von den gemischten, denn diese erlauben es nicht, ins Unendliche projiziert zu werden oder unendlich zu sein. Sie sind *notwendig endlich*. Ein unendliches Pferd, eine unendliche körperliche Gestalt, ein unendlicher Baum – all dies ist in sich widerspruchsvoll. Es widerspricht der Natur dieser Wesen und den ihrer *ratio formalis* nach begrenzten Vollkommheiten, unendlich zu sein. Ihre Begrenztheit ist in ihre *ratio formalis*, in das, was sie formal als solche konstituiert, eingeschrieben. Ganz im Gegensatz dazu erkennen wir, dass die *ratio formalis* (das, was formell ein Wesen ausmacht) im Falle der reinen Vollkommenheiten nicht wesenhaft begrenzt ist.

Deshalb gilt auch bei den reinen Vollkommenheiten die *via negationis* in ihrem rein ontologisch-logischen Sinn auf keinen Fall für das absolute Sein oder für ein unendlich gutes Wesen. Ganz im Gegenteil, hier gilt die reinste *via positiva*. In diesem Sinne ist Gott der allein Gute, der allein Seiende, der allein Weise und Gerechte. Keinerlei Einschränkung oder Negation dieser Vollkommenheiten wäre hier am Platz. Ja, Gott besitzt *alle* reinen Vollkommenheiten in ihrer höchsten unendlichen Form.[76]

Die einzigen beiden reinen Negationen bezüglich Gottes, die auch angesichts reiner Vollkommenheiten in Frage kommen, negieren entweder die Grenzen unserer Erkenntnis dieser reinen Vollkommenheiten (die wir nicht Gott selbst zusprechen dürfen, wie Thomas von Aquin sagt) oder sprechen Gott die endlichen Formen, in denen diese reinen Vollkommenheiten in der Welt existieren, ab: Gott erkennt nicht ... so unvollkommen wie wir. Seine Weisheit fällt auch nicht mit dem Wenigen, das wir von ihr erfassen, zusammen, sondern ist unendlich viel größer als dies, usf.

D) Die drei Klassen reiner Vollkommenheiten

Es gibt drei grundverschiedene Arten reiner Vollkommenheiten in der Richtung ihrer Träger:

1. Erstens gibt es die sogenannten Transzendentalien im mittelalterlichen Sinne.

D.h. Proprietäten, deren kein Seiendes ganz beraubt sein kann, die also alle Seienden überhaupt in einem gewissen Maß besitzen müssen. Thomas von Aquin hat etwa in seiner längsten Liste sieben solche Transzendentalien aufgezählt und auch Edith Stein hat viel und Tiefsinniges über diese geschrieben:

76 Siehe Alan Wolter, *The Transcendentals and their Function in the Metaphysics of Duns Scotus*, zit. Sie auch Rogelio Rovira, »Perfection and Imperfection of Josef Seifert's Theory of Pure Perfections«, zit. Josef Seifert, »A Reply to Rovira: Can the ›Imperfection‹ of My Philosophy of Pure Perfections Be Overcome?«, zit.

Ens (id quod est und *esse),* dasw Seiende und das Sein.

Res (essentia), das Wesen.

Aliquid (non aliud, non nihil), Etwas Sein (nicht etwas anderes und nicht Nichts).

Unum (indivisum), Eines (Ungeteiltes).

Verum (wahr in verschiedenem Sinne ontologischer Wahrheit).

Bonum (gut, ebenfalls in verschiedenem Sinn, wobei das in sich selbst Gute und Wertvolle deren höchster Sinn ist).

Pulchrum (schön).[77]

2. Reine Vollkommenheiten, die nur manche Seiende in der Welt und Gott besitzen:

Die zweite Art reiner Vollkommenheiten finden sich nicht in allen Seienden überhaupt, sondern nur in manchen Seienden in der Welt und, in ihrer unendlichen Form, in Gott: etwa Leben, Bewusstsein, Erkenntnis, Weisheit, Willensfreiheit, Glück.

3. *Exklusiv göttliche reine Vollkommenheiten:* etwa Aseität (aus sich Sein), Ewigkeit im vollen Sinne, notwendige Existenz, absolut unendliche Vollkommenheit, Allwissenheit, Allmacht, usf.

Die Erkenntnis reiner Vollkommenheiten ist eine absolute Bedingung *sine qua non* für Gotteserkenntnis und folglich auch für die Erkenntnis der göttlichen Schöpfung aus dem Nichts. Denn wenn der menschliche Geist keine solche reinen Vollkommenheiten erkennen könnte, so bliebe auch das absolute Sein immer ein schlechthin unbekanntes X für ihn, das genauso gut sein wie nicht sein, widersprüchlich wie sinnvoll, lebendige Person wie lebloses

---

77 Thomas von Aquin, *Quaestiones disputatae de veritate,* in: *Opera Omnia* (ut sunt in indice thomistico additis 61 scriptis ex aliis medii aevi auctoribus), 7 Bde, ed. Roberto Busa S. J. (Stuttgart–Bad Cannstatt, 1980), vol. III, pp. 1–186, I, 1. Edith Stein, *Endliches und Ewiges Sein,* zit., VI, § 2, »Die transzendentalen Bestimmungen und der ›volle Sinn‹ des Seins«, S. 219 ff.

Ding, vernünftig wie vernunftlos, gerecht wie ungerecht, bewusst wie unbewusst sein könnte.

E) Endliche und unendliche Form der reinen Vollkommenheiten

Jene reinen Vollkommenheiten, die potentiell aber nicht immer unendlich sind, wie die exklusiv göttlichen, sind in der Welt immer endlich und begrenzt. Jeder Mensch etwa könnte schöner und weniger schön, weiser oder weniger weise, usf. sein.

Zugleich kann keine mögliche und denkbare Zunahme der reinen Vollkommenheiten in endlichen Wesen jemals wirklich unendlich vollkommen sein. Stattdessen bleibt jeder endliche Vollkommenheitsgrad unendlich weit entfernt von der tatsächlich unendlichen Vollkommenheit, geradeso wie jede begrenzte Zeitdauer, gleich wie lang, immer unendlich weit von tatsächlicher Ewigkeit entfernt bleibt.

Am oben zitierten Text von Schmitz kann man viele weitere Kritiken anbringen. Er enthält einen Wertsubjektivismus. Er stellt die Frage, »für wen« das *id quo maius nihil cogitari possit* das vollkommenste (maius) ist, statt die Frage »größer als was?« Dasjenige, größer als das nichts Größeres sein oder auch nur gedacht werden kann, ist nicht »für jemanden oder für unser höchstes Denken größer«, sondern es ist in sich und deshalb für alle größer. Auch stützen sich sittliche Werte nicht auf Gefühle, wie der Emotivismus von Schmitz behauptet, sondern umgekehrt stützen sich geistige affektive Antworten auf vorher schon erkannte Werte und Güter. Darin folgt Schmitz einer Fülle von relativistischen Ethikern.

5. Der ontologische Gottesbeweis als Gottesbeweis aus dem Prinzip vom zureichenden Grund

Der Ausgangspunkt des ontologischen Gottesbeweises vom objektiven göttlichen Wesen, das allein ihn begründen kann, zeigt sich besonders klar, wenn wir ihn im Licht des evidenten Prinzips vom zureichenden Grund und unserer klaren Einsicht betrachten, dass allein Gott, ein ewiges, notwendig existierendes und unendlich vollkommenes Wesen, den zureichenden Grund seines Seins in sich selbst haben kann.

Diese Einsicht allein genügt, um die Wahrheit und Gültigkeit des ontologischen Gottesbeweises zu beweisen. Denn wenn jedes Seiende einen zureichenden Grund seines Seins haben muss, sei es in sich selbst, sei es in einem anderen Seienden, wie soll dann das einzige Wesen, das diesen zureichenden Seinsgrund in sich selbst hat, nicht existieren?

Wenn es wahr ist, dass kein zeitliches, kontingentes und begrenztes Seiendes der Welt den zureichenden Grund für sein eigenes oder ein anderes Sein liefern kann, wie wir klar eingesehen haben, wie soll dann das einzige Wesen, von dem wir einsehen, dass es, und es allein, den zureichenden Grund seines Seins in sich selbst hat, nicht existieren? Wenn die Welt kein reiner Schein ist, sondern existiert, was wir mit Gewissheit erkennen, wie könnte dann das einzige Wesen, das den zureichenden Seinsgrund in sich besitzt, nicht sein oder Schein sein?

6. Die Denkunmöglichkeit des Nicht-seins Gottes lässt sich nur aus der ontologischen Unmöglichkeit seines Nichtseins erkennen

Die Denkunmöglichkeit, dass das »*Etwas, worüber hinaus nichts Größeres gedacht werden kann*« nicht existiert, lässt sich daher nur von einem am Wesen der Sache orientierten, nicht von einem sachfernen Denken, also von einem die Sache selbst, um die es geht, *begreifenden Erkennen* erfassen.[78]

78 Vielleicht die deutlichste Belegstelle für Anselms Absicht, seinen neuen Beweis vom objektiven Wesen und nicht vom subjektiven Begriff Gottes her aufzubauen, ist der berühmte Text in *Proslogion* iv über den Unterschied zwischen zwei Arten von Verstehen: *secundum voces* und *secundum rem*. Diese Unterscheidung wird gerade in Antwort auf die Frage durchgeführt, wie denn der Atheismus möglich sei, wenn das Nichtsein Gottes doch nach Meinung Anselms gar nicht einmal gedacht werden könne. Denn der Tor (der Atheist), der in seinem Herzen spricht: es ist kein Gott, denkt

Ein Denken, in dem eine Sache (*res*) so gedacht wird, dass nur eine Wortbedeutung bzw. ein Wortsinn gedacht wird, die Sache, wie sie nur in und durch diese Bedeutung gemeint und »entworfen« wird, kann unmöglich das Argument begründen. Denn dabei könnte es sich sogar um eine der Sache selbst »fremde« (äußerliche) Bedeutung handeln, die »außerhalb des Wesens selbst« liegt oder aber sogar vom Wesen abweicht und diesem entgegengesetzt ist. Im ersteren Fall handelt es sich um einen Erkenntnisakt, in dem eine begriffliche Bedeutung als solche verstanden wird, ohne dass die »jenseits ihrer« (außerhalb der Bedeutung) liegende Sache verstanden würde; im letzteren Fall geht es um eine Bedeutung, die nicht nur als solche vom Wesen der Sache verschieden (diesem »äußerlich«: extranea) ist, was in bestimmtem Sinn für jede begriffliche auf ein Seiendes meinend hinzielende Bedeutung gilt, sondern die diesem Wesen auch »fremd« ist, also mit den in ihr vereinigten Bedeutungsmomenten der Einheit des durch sie angezielten Wesens widerspricht.[79] – Nur eine zweite, radikal verschiedene Art von Verstehen, in welchem nämlich das selbst, was die Sache ist, also das Wesen der Sache, verstanden wird, kann das ontologische Argument begründen. Nur ein Verstehen und Begreifen der Sache selbst (der *res ipsa*) kann es begründen, in dem *id ipsum quod res est intelligitur*, in dem das selbst, was die Sache ist, verstanden wird. Nur ein solches sachnahes bzw. die Sache selbst erfassendes Verstehen, dass die Sache selbst so sei, kann das Argument begründen.

Anselm bemerkt, dass Gott in dieser zweiten Weise nicht als nicht seiend gedacht (verstanden) werden kann. Denn niemand, der versteht, was Gott ist (*Nullus quippe intelligens id quod deus est*) kann denken, dass Gott nicht existiert

---

doch das Nichtsein Gottes, da ja in der Terminologie des Psalmisten und des hl. Augustinus denken dasselbe bedeutet wie im Herzen sprechen.

79 Anselm erwähnt im zitierten Text aus Kapitel iv des *Proslogion* noch die Möglichkeit, dass das Wort Gott völlig gedankenlos ausgesprochen wird: *sine ulla significatione.*

(*potest cogitare quia deus non est*). Derjenige also, der das *id quo nihil maius cogitari possit* recht versteht, versteht auch, dass es solcherart ist, dass es auch nicht (einmal) im Denken nicht sein kann. (*Quod si bene intelligit, utique intelligit id ipsum sic esse, ut nec cogitatione queat non esse.*)

Also betrifft die »Denkunmöglichkeit« erstens nur diese zweite Art wahren Wesensverständnisses, nicht die rein begriffliche Bedeutungserfassung des Namens »Gott«; und zweitens ist das Nichtdenkenkönnen, dass Gott nicht existiert, nach Anselm kein rein psychologisches oder subjektiv-transzendentales, sondern ein ganz im objektiven intelligiblen metaphysischen göttlichen Wesen gegründetes, im metaphysischen *sic esse* Gottes fundiertes: Nur weil Gott objektiv von seinem Wesen her nicht nicht-*sein* kann, kann er auch im richtigen Denken, das von dieser ontologischen Notwendigkeit des wesenhaften Seins Gottes geprägt ist, nicht als nicht-seiend auch nur gedacht werden.

Eine ontologische und metaphysische Notwendigkeit des göttlichen Wesens wird also von Anselm nicht wegen einer psychologischen Denknotwendigkeit behauptet, sondern umgekehrt: Nur wegen der objektiven Seinsnotwendigkeit des Wesens der Sache selbst können wir auch das Nichtsein Gottes nicht denkend setzen.

Das Erfasstwerden der objektiven ontologischen Wesensnotwendigkeit und Wesensunmöglichkeit allein ist der Grund für dieses Nichtdenkenkönnen des Nicht-Daseins Gottes: Nur wenn die Wesensnotwendigkeit, kraft deren Gott notwendig ist, dem Geist einleuchtet; nur wenn dieser Geist *id ipsum quod res est* erfasst, folgt daraus eine Gesetzlichkeit für das richtige Denken, das nun die einmal erkannte Notwendigkeit nicht mehr leugnen kann.

So wie ein in der Mathematik ungeschulter Schüler oder der Sklave in Platons *Menon*, der von Sokrates nach dem Pythagoräischen Lehrsatz befragt wird, sehr wohl auf die Frage nach der Winkelsumme des Dreiecks oder der Länge der Seite eines Quadrats, das die doppelte Fläche eines gegebenen Quadrats hat, falsche Antworten denken und geben kann, so kann auch ein Atheist, der die notwendige göttliche Wesenheit nicht erfasst hat, denken, Gott existiere nicht.

Denn solange jemand das notwendige Wesen von etwas nicht erkannt hat, kann er Falsches sagen und behaupten, wie der Sklave über mathematische Wahrheiten oder Dawkins über Gott und den »Gotteswahn«.

Erst nachdem der Sklave allein durch die gezielten sokratischen Fragen die von Pythagoras entdeckten Sachverhalte begriffen hat, kann er nicht mehr gegen diese einleuchtenden Wahrheiten reden, außer wenn er aus irgendeinem Grund lügen will, was leider auch möglich ist. Die Denkunmöglichkeit des Nichtseins Gottes ist also keineswegs eine rein psychologische Unmöglichkeit, die weder bezüglich notwendiger mathematischer Sachverhalte noch bezüglich der notwendigen göttlichen Seins-Wesensnotwendigkeit besteht.

7. Die Begründung einer Denknotwendigkeit in einer Seinsnotwendigkeit: Das ontologische Argument und die Widerlegung seiner psychologistischen Interpretation: Husserl und Anselm

Zwischen dem Kerngedanken des ontologischen Arguments und der in den Prolegomena zu den *Logischen Untersuchungen* gebotenen Widerlegung der psychologistischen Deutung der obersten logischen Gesetze durch Husserl besteht eine bemerkenswerte Verwandtschaft. Ähnlich wie Husserl dort nachweist, dass keine Denknotwendigkeit als solche besteht, das Widerspruchsgesetz nicht zu verwerfen, bzw. nicht gleichzeitig zwei kontradiktorische Urteile für wahr zu halten, bemerken auch Anselm und wir, dass keine Denkunmöglichkeit besteht, die den Atheisten von der Verwerfung des Daseins Gottes abhalten könnte. Wie Husserl eine rein objektive Wesensnotwendigkeit für das logische Widerspruchsgesetz nachzuweisen sucht, das einen anderen Sinn hat als ein psychologisches Denkgesetz, und das besagt, dass eine objektive gesetzliche Unmöglichkeit besteht, dass zwei kontradiktorische Urteile zusammen wahr sein können, versucht auch jede gültige Version des ontologischen Arguments, eine objektive gesetzliche Wesensunmöglichkeit des Nichtseins Gottes festzustellen. Wie Husserl annimmt, dass es demjenigen, der die objektive Wesensnotwendigkeit des Widerspruchsprinzips erfasst, unmöglich ist, dieses in seinem Denken zu verwerfen, weil er eine objektive Wesensnotwendigkeit einsieht, nimmt auch jede gültige Verteidigung des ontologischen Arguments an, dass nur derjenige das Sein Gottes nicht einmal in seinem Denken leugnen kann, der das objektive Wesen Gottes richtig versteht und dessen Urteil von der objektiven Wesensnotwendigkeit der Sachen selbst (vom *id ipsum quod res est*) geformt ist.

So ist es die innere ontologische Wahrheit der göttlichen Wesenheit allein, die das Nichtsein Gottes verbietet; und nur das Erfassen dieser seinsmäßigen und wesensmäßigen Notwendigkeit selbst macht das denkend-erkennende diesem Wesen Widersprechen unmöglich. Es geht also um die Erkenntnis, dass Gott so wahrhaft ist, dass er nicht einmal im Denken als nicht-seiend gedacht werden kann: *utique sic vere est, ut nec cogitari possit non esse.*

Damit lässt sich aber dieser Beweis in seinem tieferen Sinn von keinem Einwand treffen, der sich gegen ein ganz andersartiges Argument richtet, welches rein aus einem Begriff oder einer Idee auf die Wirklichkeit des absoluten Seins schlösse und das in der Tat ein Nest logischer Fehler darstellen würde.

Das, was die Vertreter des phänomenologischen Realismus notwendige Wesenheiten und ein objektives Apriori nennen, drückt auch Descartes in der V. Meditation aus, wenn er sagt, es gebe Ideen »*von gewissen Dingen, von denen man, wenngleich sie vielleicht nirgendwo außer mir existieren, dennoch nicht sagen kann, sie seien ein Nichts.*« Noch bedeutsamer ist der Satz: »*Und wenngleich ich sie in gewisser Weise willkürlich denke, so erdichte ich sie dennoch nicht, vielmehr haben sie ihre wahrhaften und unveränderlichen Naturen.*«[80]

80 Descartes, *Meditationen* V, 5.

Diese Wesenheiten, zu denen auch die Zahlen und geometrischen Formen gehören, besitzen eine derartige innere Sinnfülle und Notwendigkeit, dass ihre Erkenntnis rein aus der Erfahrung (Betrachtung) ihres Wesens (der *Wesenserfahrung)* gewonnen werden kann und nicht von Erfahrung im Sinne von Realkonstatierung von Wesen dieser Art abhängt, ein für das ontologische Argument absolut entscheidender Punkt.

So schreibt Descartes, ähnlich wie später Reinach und Hildebrand: »Selbst wenn ich träumte, so ist dennoch alles sicher wahr, was meinem Verstande einleuchtend ist.« Diese Lehre von den wahren und unveränderlichen Naturen, die sich von willkürlich im Denken hervorgebrachten Ideen unterscheiden, ist für das ontologische Argument grundlegend. Die willkürlich konstruierte Idee des vollkommensten Körpers oder der vollkommensten Insel unterscheidet sich radikal von der vorgefundenen göttlichen Wesenheit, in der wir die Notwendigkeit des absoluten Seins ebenso entdecken, wie wir die mathematischen Wahrheiten über Dreiecke einsehen. Lesen wir den Text von Descartes, in dem dieser Sachverhalt nahezu perfekt beschrieben ist:

Und so werden wir einsehen, dass das notwendige Dasein in der Idee des höchst mächtigen Wesens enthalten ist, und zwar nicht durch eine Erdichtung unseres Geistes, sondern weil das Dasein zur wahren und unveränderlichen Natur eines solchen Wesens gehört; und wir werden in der Tat leicht wahrnehmen, dass jenes ... Wesen unbedingt alle Vollkommenheiten in sich haben muss, die in der Idee Gottes enthalten sind, so dass jene, ohne die geringste Erdichtung unseres Geistes, und aus ihrer eigenen Natur heraus, miteinander verbunden sind und in Gott existieren.[81]

---

81 Erwiderung auf erste Einwände, *Meditationen*, 158. Wie bewusst Descartes jene Deutung, die Kant und Brentano dem von ihnen verworfenen ontologischen (Cartesischen) Argument geben, ablehnt, zeigt auch der folgende Passus:

Aber gesetzt auch, dass ich Gott nicht anders als existierend denken könnte, wie einen Berg nicht ohne Tal, so folgt doch sicher daraus ... nicht,

8. Die Erkennbarkeit der objektiven Notwendigkeit der göttlichen Wesenheit quoad nos und deren Kriterien

Selbstverständlich ist es jedoch mit der bloßen verbalen Versicherung, vom objektiven, dem menschlichen Geist transzendenten Wesen des absoluten Seins auszugehen, nicht getan. Das ontologische Argument setzt neben der objektiven Notwendigkeit der göttlichen Wesenheit selbst auch deren Einsichtigkeit für menschliches Verstehen voraus. Die erkenntnistheoretische Frage, wie denn die Nichtwidersprüchlichkeit und darüber hinaus die Transzendenz des erkannten göttlichen Wesens wirklich überzeugend evident gemacht werden kann, ist absolut grundlegend für unser Argument.

Der bedeutendste Einwand gegen den ontologischen Gottesbeweis leugnet seit Gaunilo und Thomas von Aquin die *Erkennbarkeit* der objektiven Notwendigkeit der göttlichen Wesenheit. Eine überzeugende Antwort auf diesen Einwand müsste über alle bei Anselm und, noch wesent-

---

dass es überhaupt einen Berg in der Welt gibt, und so scheint auch daraus, dass ich Gott als daseiend denke, nicht zu folgen, dass Gott existiert, legt doch mein Denken den Dingen keine Notwendigkeit auf … Dagegen folgt daraus, dass ich Gott nur als existierend denken kann, dass das Dasein von Gott untrennbar ist, und demnach, dass er in Wahrheit existiert – nicht als ob mein Denken dies bewirkte, oder als ob es irgendeiner Sache eine Notwendigkeit auferlegte, sondern im Gegenteil, weil ja die Notwendigkeit der Sache selbst, nämlich des Daseins Gottes, mich dazu bestimmt, es zu denken. (Meditationen V, 9).

Nur weil es sich also nicht um etwas von meinen Gedanken Abhängendes handelt, sondern um eine wahrhafte und unveränderliche Natur (Med.V, 11), ist das Argument gültig. Wohl die überzeugendste Beweisstelle dafür, dass Descartes die Existenz Gottes keineswegs aus einem bloßen Begriff ableiten wollte, ist jene aus den Erwiderungen auf die ersten Einwände zu den Meditationen (Med., 152), in der Descartes genau den von Kant und Brentano kritisierten Trugschluss und die von ihnen aufgedeckten logischen Fehler zurückweist. Dabei setzt er diesem fehlerhaften Argument sein in keiner Weise auf einem bloßen Begriff, sondern auf der wahren und unveränderlichen Natur oder Wesenheit oder Form einer Sache aufgebautes Argument entgegen.

lich klarere in Descartes' Dritter *Meditation* zu findenden Unterscheidungen und Kriterien für die Trennung echter Wesenheiten von subjektiven Ideen hinausgehen.

A) Alle anderen Gottesbeweise setzen die Wahrheit der Erkenntnis des göttlichen Wesens voraus

Eine systematische philosophische Begründung der Erkennbarkeit des Wesens von absolutem Sein hätte erstens auf die Unmöglichkeit aufmerksam zu machen, den kosmologischen Beweis (etwa mit Brentano und den »Fünf Wegen«, den *Quinque viae* Thomas von Aquins) anzunehmen und doch eine Wesenserkenntnis Gottes zu leugnen. Hier wäre mit größter Sorgfalt der Kant'sche Gedanke, dass das kosmologische Argument sich letztlich auf den ontologischen Gottesbeweis reduzieren lasse, oder, besser gesagt, dessen Grundeinsicht in die objektive Wesenheit Gottes ebenso notwendig voraussetze wie dieser, zu prüfen.

Andernorts versuchte ich zu zeigen, dass sich zwar das kosmologische Argument nicht auf den ontologischen Gottesbeweis reduzieren lässt, dass es aber sehr wohl dessen Grunderkenntnis, dass Gott eine unerfindbare und objektive Wesenheit hat und wir diese, wenn auch noch so unvollständig, erkennen können, voraussetzt.

Voraussetzen heißt hier nicht »eine willkürliche Annahme machen«, sondern einfach »zum Ausgangspunkt wählen«, wobei durchaus die Möglichkeit offenbleibt, dass diese »Voraussetzung« eine evidente Wahrheit ist. Jedenfalls müssen die kosmologischen Gottesbeweise zumindest an drei Stellen ihrer Beweisführung eine solche Erkenntnis der unerfindbar notwendigen göttlichen Wesenheit benutzen oder jedenfalls annehmen:

1. Sowohl als Fundament der hypothetischen Prämisse der Kontingenzbeweise: Um zu sagen: »Wenn es ein bewegtes Sein gibt, muss es einen unbewegten (ewigen) Beweger geben«, muss ich sowohl die objektive Wesenheit des zeitlichen, bewegten Seins als auch die des ewigen unbewegten Bewegers erkennen.

2. Um am Ende jedes der fünf Wege sagen zu können: »Und das ist, was alle Gott nennen«, setze ich eine objektive Erkenntnis des göttlichen Wesens voraus, das mir erlaubt, das notwendige Sein oder die Erste Ursache »Gott« zu nennen.
3. Um am Ende der kosmologischen Beweise zu erkennen, dass der unbewegte Beweger, die Erste Ursache, das notwendig existierende und unendlich vollkommene Wesen ein einziger Gott ist und die verschiedenen kosmologischen Argumente uns nicht ein unbewegt-ewiges, ein weiteres notwendig existierendes Wesen etc. sondern einen einzigen Gott, der alle diese Eigenschaften besitzt, auf fünf verschiedene Weisen erkennen lassen, müssen wir eine Erkenntnis des göttlichen Wesens besitzen, das alle unabhängig voneinander bewiesenen göttlichen Attribute besitzt und vereint.[82]

Erst recht setzen wir eine objektive Wesenserkenntnis Gottes voraus, wenn wir, wie Thomas von Aquin, zahlreiche andere göttliche Vollkommenheiten erkennen, die nicht direkt aus den kosmologischen Beweisen folgen: etwa die von Thomas unterschiedenen Modi der göttlichen Allgegenwart kraft seines Wesens, kraft seiner Erkenntnis, kraft seiner Allmacht, kraft seiner Liebe; die rein geistige Wesenheit Gottes; Seine Freiheit; Vorsehung, Güte, Gerechtigkeit, Barmherzigkeit, Allmacht usf.

B) Um die von Atheisten behauptete historisch-psychologistische Genealogie der Gottesidee als falsch zu erkennen, setzen wir eine wahre Erkenntnis der göttlichen Wesenheit voraus

Zweitens müsste eine Genealogie der Gottesidee aus historisch-psychologischen Bedingungen, wie Nietzsche oder Feuerbach sowie der Marxismus sie behaupten, mit zwingenden Gründen ausgeschlossen und die Kriterien erhellt

82 In meinem Buch *Gott als Gottesbeweis,* zit., Kap. 7–9, habe ich dies näher erklärt, bes. S. 296 ff.

werden, aus denen wir die innere Notwendigkeit, Wahrheit und Unerfindbarkeit der göttlichen Wesenheit erkennen können.[83]

Bei der Suche nach schlagenden Argumenten und Kriterien für die objektive Notwendigkeit der göttlichen Wesenheit begegnen wir bei Descartes mehreren Kennzeichen der inneren Wahrheit der Gottesidee, die höchster Beachtung wert sind, nämlich:

C) Die notwendige Korrelation zwischen der Intelligibilität des zeitlich-endlichen und jener des ewig-unendlichen Seins

Zunächst jenes schon von Bonaventura betonte und von uns im ersten und zweiten Teil ausgeführte Kriterium, dass eine notwendige Korrelation zwischen Intelligibilität zeitlich-endlichen und ewig-unendlichen Seins besteht.[84] Ähnlich wie wir das Gekrümmte nicht verstehen können, wenn wir nicht wissen, was das Gerade ist, könnten wir das Wesen des endlichen, kontingenten, zeitlichen und unvollkommenen Seins nicht verstehen, wenn wir nicht das unendliche, notwendig seiende, ewige und vollkommene Sein verstünden. Diese Einsicht in die intelligible und notwendige Korrelation zwischen göttlicher Wesenheit und dem Wesen der Welt liegt auch den thomistischen *fünf Wegen* zugrunde. Diese Einsicht haben auch Plotin im Verhältnis Zeit-Ewigkeit,[85] sowie Descartes im Verhältnis endlich-unendlich,[86] oder etwa auch Edith Stein im Verhältnis »zeitlich-begrenzt« – »ewig-unendlich« entwickelt.[87] Diese Attribute lassen sich

83 Dieses Problem wurde in meinem Buch *Gott als Gottesbeweis* (vgl. bes. Kap. 8, S. 337–386) eingehend analysiert, wo auch die nicht-anthropomorphen Züge analogischer Erkenntnis Gottes und reiner Vollkommenheiten erforscht wurden.

84 Vgl. dazu meine Arbeiten über dieses Thema bei Bonaventura: *Gott als Gottesbeweis*, Kap. 4.

85 Vgl. Plotin, Enn. III, 7.

86 Vgl. René Descartes, *Med.* 4.

87 Vgl. Edith Stein, *Endliches und Ewiges Sein*, zit. Vgl. auch etwa mein *Essere e persona*, zit., Kap. 10–12.

einerseits aus keiner Steigerung der Welt ableiten, andererseits stehen sie in einer notwendigen Wesensentsprechung zu den Attributen der Welt (die sowohl jene Abhängigkeitsverhältnisse, die die Kontingenzbeweise erforschen als auch das ontologische Argument begründen).

D) Die Unableitbarkeit der Gottesidee aus dem Wesen der Welt und ihr »Mehr an Realität«

Dazu kommt die bedeutungsvolle Tatsache, dass – wie Descartes sich ausdrückt – die Gottesidee »mehr objektive Realität« oder einen wesenhaft erhabeneren Gehalt besitzt, als sich aus der Welt ableiten ließe. Die »Gottesidee« bzw. die göttliche Wesenheit enthält Werte und Attribute, die sich nicht nur aus keiner Steigerung endlicher Eigenschaften ableiten lassen, sondern die auch allen Gehalten der endlichen Welt unvergleichlich überlegen sind.

E) Der anthropologische Beweis des Atheisten Nietzsche und Augustins für die unreduzierbare Wahrheit des göttlichen Wesens

Das ist auch die Basis eines weiteren, und zwar eines anthropologisch-metaphysischen Kriteriums für die innere Wahrheit der göttlichen Wesenheit: die tiefsten religiösen Akte wie Anbetung, hängen in ihrer eigenen einsichtigen Struktur und ihrem Wesen von der göttlichen Natur ab, auf die allein sie sinnvollerweise bezogen sein können. In dem Augenblick, in dem wir endliche Güter oder Personen, wie die Pachamama, anbeten oder andere Akte, die ausschließlich Gott gebühren, an sie richten, verfälschen wir auch das Wesen dieser Akte. Friedrich Nietzsche, gerade in seinem Bekenntnis dessen, worauf der Atheist verzichtet und was er verliert, gibt dieser Entsprechung in seiner Analyse der psychologischen und anthropologischen Konsequenzen des »Todes Gottes« in dem Fragment *Excelsior* aus der *Fröhlichen Wissenschaft* einen tiefen Ausdruck. In den Worten, die er an den Atheisten richtet, zeigt Nietzsche im Spiegel des Atheismus, wie weder Gebet noch Anbetung noch Urvertrauen und Geborgenheit noch eine »letzte Hoffnung«, »letzte Liebe«, innerer Frieden noch eine letzte Erfüllung des Menschen ohne Bezug auf die unendliche Sinnfülle möglich sind, die uns allein in der göttlichen Wesenheit begegnet:

Excelsior! »Du wirst niemals mehr beten, niemals mehr anbeten, niemals mehr im endlosen Vertrauen ausruhen – du versagst es dir, vor einer letzten Weisheit, letzten Güte, letzten Macht stehenzubleiben und deine Gedanken abzuschirren – du hast keinen fortwährenden Wächter und Freund für deine sieben Einsamkeiten – du lebst ohne den Ausblick auf ein Gebirge, das Schnee auf dem Haupte und Glut in seinem Herzen trägt – es gibt für dich keinen Vergelter, keinen Verbesserer letzter Hand mehr – es gibt keine Vernunft in dem mehr, was geschieht, keine Liebe in dem, was dir geschehen wird – deinem Herzen steht keine Ruhestatt mehr offen, wo es nur zu finden und nicht mehr zu suchen hat, du wehrst dich gegen irgendeinen letzten Frieden ... – Mensch der Entsagung, in alledem willst du entsagen? Wer wird dir die Kraft dazu geben? Noch hatte niemand diese Kraft!«[88]

Auch die Worte des »tollen Menschen« in der *Fröhlichen Wissenschaft,*[89] und jene der Vorskizze dazu, erhellen das gewaltige anthropologische Phänomen der Zuordnung zwischen Mensch und Gott, das ohne die innere unreduzierbare Eigenart und Notwendigkeit der göttlichen Wesenheit keinen Sinn hätte, ebenso wie die von Nietzsche gewaltig geschilderte Verzweiflung des Atheisten keinen Sinn hätte, wenn Gott nur eine Erfindung menschlichen Geistes wäre:

Wohin ist Gott? Haben wir denn das Meer ausgetrunken? Was war das für ein Schwamm, mit dem wir den ganzen Horizont um uns auslöschten? Wie brachten wir dies zustande, diese ewige Linie wegzuwischen, auf die bisher alle Linien und Maße sich zurückbezogen, nach der bisher alle Baumeister des Lebens bauten, ohne die es keine

---

88 F. Nietzsche, *Die fröhliche Wissenschaft*, IV, 285.
89 F. Nietzsche, *Fröhliche Wissenschaft*, 4. Buch, St. Januarius, 125.

Perspektiven, keine Ordnung, keine Baukunst zu geben schien?[90]

In diesem Bild der »ewigen Linie« sowie in anderen wortgewaltigen Darstellungen beschreibt Nietzsche das anthropologische Urphänomen der Hingeordnetheit des Menschen auf Gott, das Augustinus in die Worte fasste: »Du hast uns auf Dich hin geschaffen, Herr, und ruhelos ist unser Herz, bis es ruhet in Dir.«[91] Man könnte hier auch das moralische Gewissen und viele andere Phänomene heranziehen, die die unerfindbare Wesenheit Gottes und sein wesenhaftes Verhältnis zum Menschen, das auch in Kierkegaards Analysen der Verzweiflung im Mittelpunkt steht, erhellen.[92]

F) Die Abhängigkeit der Intelligibilität des Seins von der »allein wahren« und intelligiblen Wesenheit Gottes

Es lässt sich ferner erweisen, dass die Intelligibilität des Seins als solchen von der Intelligibilität des absoluten Seins abhängt und dass das letztere in genau zu bestimmendem Sinn »allein intelligibel« ist, weil die göttliche Wesenheit allein keinen der tiefen Mängel der Verstehbarkeit hat, die sich aus der Endlichkeit, Zeitlichkeit, und Nichtnotwendigkeit aller Seienden in der Welt ergeben. Wie wir gesehen haben, hat kein endliches, zeitliches und nicht-notwendiges Seiendes den zureichenden Grund seines Seins in sich. Daher hat eine zu den Sachen selbst zurückkehrende phänomenologische Ontologie und Gnoseologie Gottes dessen Gegebenheit und Eigenart einer transzendenten und alle

---

90 Diesen Text entnehme ich Eugen Biser, »Nietzsches Kritik des christlichen Gottesbegriffs und ihre theologischen Konsequenzen«; ders., *»Gott ist tot«: Nietzsches Destruktion des christlichen Bewußtseins*. Siehe gleichfalls Balduin Schwarz, *Antwort an einen Atheisten*, S. 28, 31.

91 *»Fecisti nos ad Te, Domine, et inquietum est cor nostrum donec requiescat in Te.«*

92 Sören Kierkegaard, *Die Krankheit zum Tode*, übers. und komm. v. L. Richter (Frankfurt a.M., 21986). Vgl. zu all dem die näheren Ausführungen in meinem Buch *Gott als Gottesbeweis*, Kap. 8.

andere Intelligibilität begründenden Wesenheit zu erweisen.

G) Gotteserfahrung durch Welterfahrung: Die »Mitgegebenheit Gottes« und »Kontuition« Gottes

Da es sich endlich bei der göttlichen Natur nicht um eine eingeborene Idee und bei unserer Erkenntnis derselben nicht um eine direkte Schau, wie die Ontologisten sie annahmen, sondern um eine durch Erfahrung der endlichen Welt dialektisch aus der ontischen Negation des Absoluten im Weltsein gewonnene, also durch Erfahrung von Welt vermittelte Erkenntnis der göttlichen Wesenheit handelt, muss auch dieser »normale« Ursprung der Gotteserkenntnis und die *Mitgegebenheit Gottes mit der Welt*[93] aufgewiesen werden, um die falsche Idee auszuschließen, als ginge dieses Argument von einer bloßen »eingeborenen Idee« aus.

Da es ferner nicht nur die falsche Alternative: entweder eine beseligende Schau (wie Thomas sie als eine uns auf Erden nicht geschenkte Bedingung der Gültigkeit des ontologischen Arguments ansieht) oder überhaupt keine Erkenntnis des Wesens Gottes, gibt, sondern auch eine wahre, obschon unvollständige und in mehrerer Hinsicht unvollkommene Erkenntnis objektiver, notwendiger Wesenheiten und Dinge an sich inklusive des göttlichen Wesens gibt, lässt sich aus dem ontologischen Argument auch jener Stachel entfernen, der ihm durch seinen von Brentano behaupteten Allwissenheitsanspruch und Innatismus-Apriorismus anhaftet.[94]

Wenn sich also die Behauptung rechtfertigen lässt, dass es eine zwar unvollständige und in vielfacher Weise unvollkommene, aber dennoch unbezweifelbar wahre Erkenntnis des absoluten Wesens in seiner objektiven und

93 Vgl. dazu Kateryna Fedoryka, »Certitude and Contuition. St. Bonaventure's Contributions to the Theory of Knowledge«, in: *Aletheia* VI (1993/94), S. 163–197.

94 Vgl. dazu mein *Gott als Gottesbeweis*, Kap. 9.

unerfindbaren Wesensnotwendigkeit gibt, lässt sich ein weiterer Schritt zur epistemologischen Begründung des ontologischen Gottesbeweises tun. Eine Begründung dieses Schrittes habe ich anderswo eingehend dargelegt.[95]

9. Die dritte Gruppe von Einwänden gegen das ontologische Argument: Das Wesen überhaupt keines Seienden könne reale Existenz einschließen: Der in diesem Einwand enthaltene Atheismus

Bei Kant findet sich noch eine dritte Gruppe von Einwänden, welche eigentlich nicht bloß das ontologische Argument, sondern die Sinnhaftigkeit der Gottesidee selbst in Frage stellen und, streng verfolgt, zum Atheismus führen müssten. Es geht dabei um die Relation zwischen Wesen und Existenz.

Der hier einschlägige berühmte Einwand Kants zerfällt bei näherem Zusehen in mindestens drei völlig verschiedene Kritiken am ontologischen Gottesbeweis.

A) Die Behauptung, Existenz (Sein) sei überhaupt kein Prädikat

Der erste dieser Einwände besagt, Existenz sei überhaupt kein Prädikat und könne aus diesem Grund auch nicht zum göttlichen Wesen gehören:

95 Ein langer Teil meines Buches *Gott als Gottesbeweis,* zit. ist dieser Frage gewidmet. Dort unterscheide ich viele Stufen und Arten der Vollkommenheit und Unvollkommenheit einer Erkenntnis und zeige, dass wir jene Erkenntnis der göttlichen Wesenheit, die zur Begründung des ontologischen Gottesbeweises nötig ist, besitzen und daher der Einwand Thomas von Aquins, wir müssten die Hl. Dreifaltigkeit erkennen und in der beseligenden Anschauung Gottes sein, um die Wahrheit des anselmischen Beweises zu erkennen, nicht zutrifft. Ich zeige ferner ausführlich, dass alle anderen Gottesbeweise dieselbe Einsicht in die innere Notwendigkeit der göttlichen Wesenheit voraussetzen, die im ontologischen Gottesbeweis nur als für sich allein ausreichend erkannt wird, um Gottes Existenz zu erkennen.

S e i n ist offenbar kein reales Prädikat, d.i. ein Begriff von irgendetwas, was zu dem Begriffe eines Dinges hinzukommen könnte. Es ist bloß die Position eines Dinges, oder gewisser Bestimmungen an sich selbst.[96]

96 Diese Auffassung der Existenz als reiner und absoluter Position wurde von Kant schon in der vorkritischen Periode entwickelt (insbesondre der in der aus dem Jahre 1763 stammenden Schrift *Der einzig mögliche Beweisgrund zu einer Demonstration des Daseyns Gottes*). Der auf den eben zitierten unmittelbar folgende Text aus der Kritik der reinen Vernunft enthält den zusätzlichen Gedanken, dass das Sein im Sinne von Existenz und im Sinne der Kopula des Urteils ein und dasselbe sei und dass deshalb »sein« kein Prädikat wäre:

> *Im logischen Gebrauche ist es lediglich die Copula eines Urteils. Der Satz: Gott ist allmächtig, enthält zwei Begriffe, die ihre Objekte haben: Gott und Allmacht; das Wörtchen: i s t, ist nicht noch ein Prädikat obenein, sondern nur das, was das Prädikat beziehungsweise aufs Subjekt setzt. Nehme ich nun das Subjekt (Gott) mit allen seinen Prädikaten (worunter auch die Allmacht gehört) zusammen, und sage: Gott ist, oder es ist ein Gott, so setze ich kein neues Prädikat zum Begriffe von Gott, sondern nur das Subjekt an sich selbst mit allen seinen Prädikaten, und zwar den Gegenstand in Beziehung auf meinen Begriff. Beide müssen daher genau einerlei enthalten, und es kann daher zu dem Begriffe, der bloß die Möglichkeit ausdrückt, darum, dass ich dessen Gegenstand als schlechthin gegeben (durch den Ausdruck: er ist) denke, nichts weiter hinzukommen.*

Der unmittelbare anschließende berühmte Text formuliert nun in aller Eindeutigkeit den Einwand, dass Existenz in gar keiner Weise ein Prädikat sei und deshalb weder im Begriff noch im Wesen Gottes enthalten sein könne:

> *Und so enthält das Wirkliche nichts mehr als das bloß Mögliche. Hundert wirkliche Taler enthalten nicht das mindeste mehr, als hundert mögliche ... Wenn ich also das Ding, durch welche und wieviel Prädikate ich will, (selbst in der durchgängigen Bestimmung) denke, so kommt dadurch, dass ich noch hinzusetze, dieses Ding ist, nicht das mindeste zu dem Dinge hinzu.* Kant, *Kritik der reinen Vernunft*, B 626–627; 628.

Wenn dies wahr wäre, dass Existenz in keinem Sinne dieses Wortes ein Prädikat oder ein reales Prädikat wäre, dann hätte Kant selbstverständlich recht mit seiner Behauptung, dass Existenz nicht im Wesen des göttlichen Seins enthalten sein könne. Dann wäre eindeutig der Beweis für die Existenz Gottes aus dem gött-

Doch wenn Kants obskurer Einwand in diesem ersten striktesten Sinn wahr wäre, dann wäre überhaupt jeder Beweis (auch jeder kosmologische Beweis) für die Existenz Gottes schlechtweg sinnlos. Ja, in diesem Falle wäre sogar jede Aussage, dass Gott existiert, ein ebenso sinnleerer Satz wie die Aussage, er existiere nicht. Selbst die Frage nach Gottes Existenz verlöre ihren Sinn, da auch sie noch voraussetzt, dass das Zusprechen oder Absprechen von Existenz dem Gottesbegriff etwas hinzusetzt oder etwas von ihm wegnimmt.

Wäre jedoch Existenz wirklich in keinem Sinne des Wortes ein reales Prädikat, dann würde das Hinzufügen oder Wegnehmen von Existenz in Rücksicht auf eine Sache eben nichts (keinerlei Prädikat überhaupt) hinzusetzen und wegnehmen. Diese Folge ist offenkundig falsch und wird auch von Kant selbst zurückgewiesen.[97] Dann aber ist auch die These, Existenz sei in keinem Sinne des Wortes ein Prädikat, und sie füge zum Begriff einer Sache *nichts* hinzu, falsch.

Die Verwechslung des in der Tat einzigartigen Charakters der Existenz, die »nur« alle Wesensbestimmungen eines Seienden in die Wirklichkeit versetzt und ihnen keine neue hinzufügt, mit dem angeblichen Faktum, dass sie überhaupt kein Prädikat sei, wird vielleicht leichter verständlich, wenn man bedenkt, dass Kant das »Sein« im Sinne von Existenz mit dem »sein« im Sinne der Kopula identifiziert. Nun hat wirklich die Kopula »ist« weder den Sinn von »realer Existenz« noch den Sinn eines anderen »Prädikats« einer Sache.[98] Weder die von Pfänder un-

---

lichen Wesen, als welchen wir den sogenannten ontologischen Gottesbeweis interpretieren müssen, ungültig.

97 Und zwar bereits in der Frühschrift *Der einzig mögliche Beweisgrund zu einer Demonstration des Daseyns Gottes* (1763; 1770 und 1794 in fast unveränderter und wohl von Kant gar nicht neu überarbeiteter Form in zweiter und dritter Auflage erschienen); I, 3.

98 Wie Alexander Pfänder in seiner *Logik* (Tübingen: Ambrosius Barth/M. Niemeyer, 31963); (Mariano Crespo, Hg.), *Logik*, 4. Auflage, Bd. 10, (Heidelberg: Universitätsverlag Carl Winter, 2000) zeigte und wie schon Brentano klar gesehen hatte, was einer der Grün-

terschiedene Hinbeziehungsfunktion der Kopula (die das Subjekt zum Prädikat positiv »hinzusetzend« oder »negativ abspreizend« hinbezieht) noch die Behauptungsfunktion, die der Kopula im Urteil (im Gegensatz zur Frage etc.) zukommt, bedeutet »Existenz« oder ein sonstiges Prädikat einer Sache, auch wenn sie implizit ein »Sachverhaltssein« behauptet, wie Conrad-Martius gezeigt hat.

Betrachten wir im Anschluss an Brentano zur Erläuterung dieses Sachverhalts die Bedeutung von Sätzen wie: Das absolute Nichts ist unmöglich. Soll dieser Satz etwa heißen, das absolute Nichts existiere als unmögliches? Gewiss nicht.

Nur das von Hedwig Conrad-Martius als Korrelat jedes Urteils erwiesene reine »Sachverhaltssein« wird mit der Kopula gesetzt. Aber dieses Sachverhaltssein (»dass A ist« oder »nicht ist«, oder »dass A b ist« oder »nicht b ist«, oder »dass es die Eigenschaft b hat« oder »dass es sie nicht hat«, oder »dass A in Relation zu c steht« oder nicht steht, fällt nicht mit der Bedeutung des existenzialen »ist« zusammen (es findet sich ja ebenso behauptet im »ist nicht«), noch wird es als Prädikat dem Subjekt zugeschrieben (wie aus dem als Beispiel gegebenen Satz »Das absolute Nichts ist unmöglich« ohne weiteres hervorgeht); es wird vielmehr als »reines Sachverhaltssein« dem komplexen Ganzen des Sachverhalts, dass A b ist oder nicht b ist, oder dass A existiert, oder dass nicht existiert usf. zugesprochen.

Daraus jedoch, dass Kant sieht, dass die Kopula »ist« wirklich überhaupt kein Prädikat ist, folgt mitnichten, dass das »ist« im Sinne der Existenz kein reales Prädikat sei. Das existenziale »ist« stellt im Gegenteil ein elementares, wenn auch durchaus einzigartiges Prädikat dar. Eine völ-

---

de für ihn wurde, die Adäquationstheorie der Wahrheit durch seine bekannte Evidenztheorie der Wahrheit zu ersetzen, ein schwerer Irrtum über das Wesen der Wahrheit, wie ich anderswo zeigte. Siehe Josef Seifert, *Wahrheit und Person. Vom Wesen der Seinswahrheit, Erkenntniswahrheit und Urteilswahrheit. De veritate – Über die Wahrheit* Bd. I (Frankfurt / Paris / Ebikon / Lancaster / New Brunswick: Ontos-Verlag, 2009); *Der Streit um die Wahrheit,* zit.; Kap. 1.

lig andere Bedeutung hat dasselbe Wörtchen »ist«, wenn es »existiert« oder gar wenn es »existiert wirklich« meint, wie wenn ein Fan einem verrückten Trump-Gegner, der behauptet, Präsident Trump sei nur eine boshafte Erfindung der antiamerikanischen Presse, um den guten Ruf der USA zu ruinieren, erwidert: Oh nein, Präsident Trump lebt und ist wirklich!

Dass »ist« im Sinn von »existiert« sehr wohl ein Prädikat ist, wird klar, wenn wir an Akte denken wie die Infragestellung der Fortdauer unserer Existenz nach dem Tode in Hamlets berühmtem: *to be or not to be; that is the question (Sein oder Nichtsein; das ist die Frage).* Das *to be* ist von dem *not to be* gewiss verschieden, was nicht geschehen könnte, wenn das seiende vom nicht seienden menschlichen Leben sich nicht unterscheide.

Existenz ist aber auch ein Prädikat in dem logischen Sinne, dass das Urteil: ‚X existiert«, mit dem Prädikat »existiert« etwas Entscheidendes hinzufügt, was ja Kant selbst voraussetzt, wenn er sogar im unmittelbaren Zusammenhang mit den oben zitierten Stellen[99] und in vielen anderen Passagen den synthetischen Charakter jeder Existenzaussage betont, was ja voraussetzt, dass Existenz ein Prädikat ist, weil (auch nach Kant) ein synthetischer Satz nur derjenige ist, dessen Prädikatsbegriff zum Subjektsbegriff etwas Neues hinzufügt.

B) Existenz (Sein) ist ein einzigartiges und von allen Wesensbestimmungen verschiedenes Prädikat

Doch müssen sowohl das von Kant Gesehene als auch die Gründe für die Falschheit dieser These verstanden werden.

Ein radikal verschiedener, von Kant jedoch nicht von den ersten beiden unterschiedener Einwand (innerhalb der dritten Grundgruppe von Einwänden) besagt: Existenz kann niemals zum Wesen einer Sache gehören. Vergegenwärtigen wir uns den folgenden Text:

---

99 KrV 626 ff.

> *Wenn ich also ein Ding ... denke, so kommt dadurch, dass ich hinzusetze, dieses Ding ist, nicht das mindeste zu dem Dinge hinzu. Denn sonst würde nicht eben dasselbe, sondern mehr existieren, als ich im Begriff gedacht hatte, und ich könnte nicht sagen, dass gerade der Gegenstand meines Begriffs existiere. Denke ich mir auch sogar in einem Dinge alle Realität außer einer, so kommt dadurch, dass ich sage, ein solches mangelhaftes Ding existiert, die fehlende Realität nicht hinzu, sondern es existiert gerade mit demselben Mangel behaftet, als ich es gedacht habe, sonst würde etwas anderes, als ich dachte, existieren.*[100]

Es ist gewiss wahr, dass in keinem endlichen Seienden Existenz ein Prädikat im Sinne eines Wesensattributs einer Sache ist. Und deshalb ist es auch wahr, dass »dasselbe« Wesen – ohne eine Hinzufügung oder Wegnahme seines Wesensgehaltes – einmal als existierend, dann als nichtexistierend gedacht werden kann. Zwar ist auch dies nicht schlechthin und ohne weitere Differenzierung wahr, denn das Prädikat »Existenz« hat eben jenen einzigartigen Charakter, dass es als innerlichste Aktualität eines Seienden zugleich kein neues und zugleich doch alle Prädikate eines Seienden setzt und entscheidend modifiziert: sie aus bloß möglichen zu wirklichen Attributen macht. In diesem Sinne fügt Existenz »alles« hinzu.

Dennoch hat Kant das merkwürdige außer das Wesen endlicher Seiender Fallen von Realexistenz richtig gesehen.

Hier gilt es Kant zuzugestehen, dass »Existenz« (Sein im Sinne von Existenz) gewiss nicht ein Prädikat in demselben Sinne und auf derselben Ebene ist wie andere Prädikate: Sein oder Existenz ist nicht Eigenschaft eines Baumes wie die grüne oder rote Farbe seiner Blätter, wie seine Form oder spezifischen Artmerkmale.[101] Während alle diese Bestimmungen das Wesen, das Was oder Sosein einer Sache betreffen, stellt Existenz keinerlei solches die Quiddität einer endlichen Sache mitausmachendes Merkmal dar.

---

100 I. Kant, *KrV* B 628.

101 Vgl. Josef Seifert, *Sein und Wesen*, Kap. 2.

Damit ist jedoch in keiner Weise gesagt, dass Existenz überhaupt kein reales Prädikat sei. Im Gegenteil: Existenz ist im ontologischen und im logischen Sinne ein absolut grundlegendes Prädikat, wie wir gesehen haben.

C) Existenz gehöre niemals, auch in Gott nicht, zum Wesen von etwas

Kant erhebt, wenn man die zitierten Passagen genauer betrachtet, einen dritten und grundverschiedenen Einwand gegen den ontologischen Gottesbeweis, indem er behauptet, dieses »Außerhalb des Wesens Fallen« gelte nicht nur von allen Seienden in der Welt, sondern von allen Seienden überhaupt, und damit auch von Gott. Daher könne Existenz nicht zum Wesen Gottes gehören.

Wenn nun dieses außerhalb des Wesens Fallen der Existenz tatsächlich, wie Kant (KrV B 600–602) meint, auch auf Gott anzuwenden wäre, dann wäre allerdings der ontologische Gottesbeweis nichtig und es könnte uns prinzipiell höchstens ein auf Erfahrung und aposteriorischer Anschauung beruhender Beweis über die Existenz Gottes belehren. Ja, mehr noch: dann würde Gott überhaupt nicht existieren. Denn entweder existiert Gott notwendig oder es gibt überhaupt keinen Gott.

Gerade dies ist doch das Einzigartige dieses Urphänomens der Urphänomene, der notwendigen göttlichen Wesenheit, dass in ihr, und in ihr allein, die Realexistenz zur notwendigen Wesenheit selbst gehört, und zwar dieser ebenso notwendig zugehört wie alle anderen Attribute des göttlichen Wesens. Deshalb ist es gedankenlos, die Situation, die wir bei allen anderen Dingen antreffen, auf diesen einzigartigen Fall zu übertragen und auch hier eine rein eidetische, ideale Wesensnotwendigkeit anzusetzen, die eine bloße konditionale Aussage über Realexistenz gestatten würde, wie es etwa Brentano und auch Kant tun.

Die notwendige Existenz, die hier im notwendigen göttlichen Wesen gegründet ist, ist eben nicht bloß eine notwendige *ideale* Existenz, sondern eine reale, und nicht nur eine *bedingte,* sondern eine unbedingte, die in diesem einzigen und einzigartigen göttlichen Wesen genauso wesensnotwendig begründet ist wie seine anderen Wesenseigenschaften. Die in allen anderen notwendigen Wesenheiten von der realen Existenz abgesonderte Notwendigkeit und die überall sonst von wirklicher Existenz scharf zu trennende ideale Existenz und deren Notwendigkeit greifen hier – im einzigen »Fall« Gottes – auf die reale Existenz und deren Notwendigkeit über. Es handelt sich hier bei der einzigartigen göttlichen Natur nicht bloß um die ideale notwendige Existenz, wie bei allen anderen notwendigen Wesenheiten (*Eide,* Ideen, rationes aeternae etc.), sondern um die *reale und zugleich notwendige* Existenz. Gerade diese gehört zum göttlichen Wesen und nur zu ihm.[102]

Gerade deshalb ist dieser Fall Gottes einzigartig und lässt sich nicht auf die (nur von einem analytischen Urteil her sinnvolle, von einer wesensnotwendigen Realexistenz her hingegen widersinnige) Aussage bringen: »Wenn Gott existiert, existiert er notwendig.«

Sicher ist Brentanos Formulierung wahr: »Kein nicht notwendig existierendes Wesen ist Gott«. Jedoch erschöpft diese Einsicht keineswegs, was wir über die notwendige Göttliche Existenz wissen. Vielmehr geht es hier gerade um eine absolute und unbedingt notwendige Existenz, die im notwendigen göttlichen Wesen begründet ist: Es gehört zum Wesen Gottes, dass er real und notwendig existiert. Deshalb sind wir berechtigt zu sagen: Gott existiert wirklich und wahrhaftig notwendig, weil seine (notwendige) Existenz untrennbar zu seiner Seins-Wesens-Notwendigkeit gehört.

Von der Seite der Erkenntnis her ist hier freilich vorausgesetzt, dass die Objektivität der göttlichen Wesenheit *vor* der (empirischen) Feststellung der Existenz Gottes erkannt werden kann. Genau die Realität dieser Voraussetzung aber ist uns klar gegeben, wie wir im vorigen Abschnitt dieses

102 Zur Abgrenzung *realer Existenz* von anderen Formen der Existenz vgl. mein Buch *Sein und Wesen,* zit. Kap. 2; Kap. 1.5 ff.

Kapitels erörtert haben: Das *id quo maius nihil cogitari possit* erschließt sich als eine all unserem Denken vorgegebene notwendige Wesenheit, in der notwendiges reales Sein ebenso unabdingbar und Geist-unabhängig gegründet ist wie alle übrigen Wesenseigenschaften.

Man könnte hier auf einen anlässlich einer Diskussion meines Vortrags über den ontologischen Gottesbeweis in der Innsbrucker Philosophischen Gesellschaft von Professor Kleinknecht erhobenen Einwand eingehen, der meinte, eine solche Formulierung Gottes als des *id quo maius nihil cogitari possit* – im Unterschied zur Formulierung *aliquid quo maius nihil cogitari possit* schlösse schon Existenz ein und sei deshalb keine prädikative Beschreibung, sondern als implizite Existenzaussage zu verstehen, was zu einer *petitio principii* im Argument führe. In diesem Sinne ist das *id* hier jedoch nicht als eines gemeint, dessen Existenz wir von vornherein ansetzen. Vielmehr betrachten wir zunächst nur Gott als intentionalen Gegenstand des Denkens als *aliquid quo maius nihil cogitari possit,* erkennen dann die innere absolute Notwendigkeit dieses göttlichen Wesens und *aus dieser Wesensnotwendigkeit, die reale notwendige und unbedingte Existenz (also nicht nur die mit »wenn Gott existiert, existiert er notwendig« ausgedrückte).* Erst wenn wir erkennen, dass Gott, die Urgegebenheit aller Urgegebenheiten und derjenige, der das allernotwendigste aller notwendigen Wesen besitzt, die reale und notwendige Existenz einschließt, erkennen wir die notwendige Existenz Gottes.

Diese ganze Problematik, die nur von der Unterscheidung *notwendiger* Wesenheiten, deren Objektivität *ohne Existenzvoraussetzung* erkennbar ist, und morphisch-kontingenten Wesenheiten, deren Objektivität und Realitätsbezug *nur* durch empirische Existenzfeststellung erkannt werden kann, verständlich wird, behandle ich ausführlich in meinem Buch *Gott als Gottesbeweis.*[103]

---

103 Vgl. mein *Gott als Gottesbeweis,* zit., Kap. 2, und Kap. 10. Die Seitenangaben in diesem Kapitel folgen jenen der ersten Auflage dieses Werks (1996). Zur Unterscheidung zwischen notwendi-

Mit anderen Worten: Kant hätte vollkommen recht, wenn Gott nicht Gott wäre. Denn keine Existenz von irgendetwas können wir ohne empirische Beobachtung feststellen – außer jene Gottes, der genauso notwendig real existiert wie das ebene Dreieck eine Winkelsumme von 180 Grad hat. Genau dies ist nicht der Fall, dass Gottes Existenz außer sein Wesen fallen würde.

10. Die vierte Gruppe von Einwänden: Aus dem unendlichen Wert des *aliquid quo maius nihil cogitari possit* lässt sich niemals dessen Dasein ableiten

Eine vierte Grundvoraussetzung des ontologischen Arguments ist es, dass die unendliche Vollkommenheit des göttlichen Wesens dessen notwendige und reale Existenz notwendig einschließt.

Um die Erfülltheit der vierten Voraussetzung des ontologischen Arguments festzustellen, ist es nötig, das Wesen der unendlichen Vollkommenheit und die Objektivität derselben als objektiver notwendiger Eigenschaft des göttlichen Wesens zu erkennen. Sinn und Wesen der unendlichen göttlichen Vollkommenheit erschließen sich nur, wenn wir die im klassischen Gottesbegriff festgehaltenen göttlichen Attribute als solche in ihrer unerfindbaren objektiven Notwendigkeit und Einheit erkennen und dabei den klassischen Gottesbegriff durch einen noch klareren personalistischen vervollkommnen. Nur die personale und sogar nur die unendliche sittliche Vollkommenheit der göttlichen Heiligkeit kann das Wesen dessen bilden, über den hinaus nichts Größeres existieren, ja nicht einmal etwas Größeres gedacht werden kann.[104]

---

gen und nicht-notwendigen Wesen vgl. Dietrich von Hildebrand, *Che cos'è la filosofia? /What Is Philosophy?* English-Italian (Milano: Bompiani Testi a fronte, 2001), und Josef Seifert, *Sein und Wesen,* zit. Kap. 1.

104 Professor Kleinknecht hat die Frage gestellt, ob nicht eine solche Formulierung (wie auch die des *id (quo maius nihil cogitari possit)*

Man könnte dagegen sofort mit Scheler einwenden, dass die Personalität Gottes jenseits philosophischer Erkennbarkeit stehe, während sie das A und O jedes religiösen Gottesverständnisses bilde.[105] Während wir aber Scheler darin ganz recht geben, dass der Inhalt vieler freier personaler göttlicher Entscheidungen, wie der Erlösung durch den Kreuzestod Jesu Christi, niemals a priori philosophisch eingesehen, sondern nur geoffenbart werden kann, so weichen wir ganz von Scheler durch die Behauptung ab, dass wir personale Vollkommenheit als metaphysische Bedingung und als Kern der unendlichen göttlichen Vollkommenheit auch mit den Mitteln der Vernunft und den Methoden der Philosophie, die sich nicht auf den Glauben an die göttliche Offenbarung stützt, erkennen und anerkennen können.

11. Der Ontologische Gottesbeweis als axiologischer Gottesbeweis, der den Wertrelativismus, den Atheismus und die Einwände gegen Gott aus der Realität der Übel überwindet

Der radikalste Einwand gegen den vierten Eckpfeiler des ontologischen Arguments ist in allen Formen von Wertsubjektivismus und Wertrelativismus enthalten. Jede Auffassung, der zufolge Vollkommenheit und Wert keine objektive Natur besitzen, leugnet eine wesentliche Grundlage für die These des ontologischen Arguments, dass die Vollkommenheit des göttlichen Wesens notwendig dessen reale Existenz einschließt. Das gilt nicht nur für jede Hume'sche oder Stevenson'sche Leugnung, dass Werte mehr sind als die Tatsache, dass wir auf etwas mit bestimmten Gefühlen

– im Unterschied zur Formulierung *aliquid (quo maius nihil cogitari possit)* schon Existenz einschlösse und nicht mehr als prädikative Beschreibung, sondern als implizite Existenzaussage zu verstehen sei. In diesem Sinne ist es hier jedoch nicht gemeint, sondern nur im Sinne der notwendigen Personalität der göttlichen Wesenheit. Diese ganze Problematik behandle ich ausführlich in *Gott als Gottesbeweis,* Kap. 1.

105 Vgl. Max Scheler, »Probleme der Religion«, S. 101–354.

reagieren. Es gilt vielmehr auch für jene differenziertere Anschauung Mackies, der zufolge Werte zwar einen Anspruch auf Objektivität erheben, aber denselben objektiv nie erfüllen können. Wir setzen hier die Überwindung aller Formen dieser und ähnlicher empiristischer Wertsubjektivismen voraus.[106]

Die völlige Vernichtung der vierten Grundlage des ontologischen Arguments würde sich selbstredend auch aus allen präskriptivistischen Wertvorstellungen ergeben, denen zufolge das Gute nichts anderes wäre als der Gegenstand von Befehlen oder Willensausdrücken, die von andern ein bestimmtes Verhalten fordern. Denn ausschließlich dann, wenn die Werte und vor allem die reinen schlechthinnigen Vollkommenheiten, deren Besitz absolut besser ist als ihr Nichtbesitz und die wir deshalb Gott zuschreiben können,[107] völlig unabhängig von subjektiven Akten sind und in der Natur der Sachen selbst wurzeln, kann in ihnen die Notwendigkeit des göttlichen Daseins gründen. Dies gilt zumindest dann, wenn von Vollkommenheit nicht nur als Grad der Wirklichkeit und Intelligibilität, sondern im Sinne des Wertes die Rede ist.

Auch jede Kant'sche oder andere transzendentalphilosophische und idealistische Interpretation der Werte kann höchstens rein subjektive Postulate bezüglich Gottes begründen. Denn wenn die Quelle der Wertungen im Subjekt, in seiner subjektiven Verstandesstruktur liegt, kann nur eine vom Subjekt gedachte oder geforderte Notwen-

---

106 Vgl. Mackie, *Ethics: Inventing Right and Wrong* (New York: Pinguin Books, 1977); sowie D. Hume, *Enquiry Concering the Principles of Morals*, App. 1, 3. Vgl. zur Kritik dieser Ansicht John Finnis, *Fundamental of Ethics*; ders., *Natural Law and Natural Rights*. Vgl. vor allem D. v. Hildebrand, *Ethik*, Kap. 1–3, Kap. 17–19.

107 Diese überragend wichtige Frage der *reinen Vollkommenheiten*, mit denen jede Gotteserkenntnis steht und fällt, behandle ich ausführlich in *Essere e persona*, zit., Kap. 5; in »Essere Persona Come Perfezione Pura. Il Beato Duns Scoto e una nuova metafisica personalistica«, zit., pp. 57–75, sowie in *Sein und Wesen*, Kap. 1, und *Gott als Gottesbeweis*, zit., Kap. 2, 7–9, 11.

digkeit der göttlichen Existenz, niemals seine objektiv notwendige Existenz gefolgert werden. Ja, letzten Endes folgt aus jedem Wertsubjektivismus und Wertrelativismus die Destruktion nicht bloß des ontologischen Arguments, sondern der Gottesidee selbst. Aus dem Wertsubjektivismus folgt der Agnostizismus oder Atheismus, da der unendliche Wert die innerste Dimension der göttlichen Natur ausmacht. Der Gottesbegriff wäre, wie noch deutlicher werden soll, ohne Anerkennung der Objektivität der Werte total ausgehöhlt, ja sogar der von den Übeln in der Welt ausgehende Atheismus setzt die Objektivität der Werte und der schlechthinnigen Werte der reinen Vollkommenheiten, die auch in Gott sein müssen, voraus.

Es ist in diesem Rahmen unmöglich, das große Thema der Objektivität der Werte und ihres Gründens im objektiven Wesen und Dasein der Dinge zu begründen. Das ist in anderem Rahmen geschehen und wurde von der Phänomenologie in Gestalt der realistischen Phänomenologie in einer nie dagewesenen Klarheit erreicht.[108]

Nur vom Guten aus, nur im Lichte jener Opposition zum Nichts, die das Seiende durch seinen Wert erhält, können der eigentlichste Sinn des Seins überhaupt und die Vollkommenheit Gottes erkannt werden. Wert verstehe ich hier – im Sinne der in historischer Perspektive grundlegenden Abgrenzung, die der Phänomenologe Dietrich von Hildebrand vorgenommen hat und in der er zugleich wichtige Einsichten Anselms in das Wesen des Guten fortsetzt – nicht als

108 Vgl. zur Kritik an jeder subjektivistischen Werttheorie D. von Hildebrand, *Ethik*, Kap. 7, 9; Fritz Wenisch, *Die Objektivität der Werte*, (Regensburg: Josef Habbel Verlag, 1973). Zur allgemeineren Kritik an Kants Erkenntnistheorie vgl. Dietrich von Hildebrand, *What is Philosophy?*, zit., Kap. 4–5, Walter Hoeres, *Kritik der transzendentalphilosophischen Erkenntnistheorie* (Stuttgart: Kohlhammer, 1969); J. Seifert: *Back to Things in Themselves*, zit.; *Wahrheit und Person*, zit., Kap. 2; »The Receptive Transcendence of Knowledge and the ›Fourth Cogito‹: Towards a Content-full Notion of ›Early Phenomenology‹«. *Journal of East-West-Thought* (JET). Spring Number 1, Vol. 4, March 2014, 1–26.

das bloß subjektiv Befriedigende, das relativ auf die subjektiven Neigungen oder Begierden einer Person ist. Ja, ich verstehe den Wert bzw. das Gute nicht einmal bloß im Sinne des *objektiven* Geschenkes und *Gutes für eine Person,* dessen, was objektiv in deren Interesse liegt und sich jeweils an das individuelle Personzentrum als Geschenk *für* die Person (das *für* sie gut ist) wendet, als objektives *Pro mihi* oder *Pro tibi,* eine Bedeutsamkeitsart, die Hildebrand als das *objektive Gut für die Person* bezeichnet. Vielmehr verstehe ich das Gute oder den Wert hier primär im Sinne des in sich selbst positiv Bedeutsamen, des in sich selbst Kostbaren.

Auch Nietzsches axiologischer Nihilismus – der Nihilismus einer Welt, »aus der aller Sinn und Wert herausgezogen« wurde[109] – setzt diesen Wertbegriff eines in sich selbst Guten und Wertvollen voraus.[110] Wert in diesem Sinne kennt weder sprachlich noch ontologisch ein »für« jemanden in dem Sinne, dass Gerechtigkeit nur für mich oder für Dich oder überhaupt für jemanden gut wäre, anstatt in sich selbst gut zu sein.

Ebenso ist die Würde der Person ein »absoluter« Wert in dem Sinne, dass es unsinnig wäre zu behaupten, eine Person habe nur *für jemanden* Würde. Eine »Würde«, die nur »für jemanden« bestünde, könnte nur eingebildet sein, aber wenn die Person sie besitzt, besitzt sie sie in sich

109 Nietzsche, *Aus dem Nachlaß der Achtzigerjahre*, 55, II/S. 853):
... Die Dauer, mit einem »Umsonst«, ohne Ziel und Zweck, ist der lähmendste Gedanke, namentlich noch, wenn man begreift, dass man gefoppt wird und doch ohne Macht ist, sich nicht foppen zu lassen.
Denken wir diesen Gedanken in seiner furchtbarsten Form: das Dasein, so wie es ist, ohne Sinn und Ziel, aber unvermeidlich wiederkehrend, ohne ein Finale ins Nichts: die ewige Wiederkehr.
Das ist die extremste Form des Nihilismus: das Nichts (das »Sinnlose«) ewig!

110 Dies habe ich in Josef Seifert, »Friedrich Nietzsches Verzweiflung an der Wahrheit und sein Kampf gegen die Wahrheit« in: *Rehabilitierung der Philosophie*, ed. Dietrich von Hildebrand, (Regensburg: J. Habbel, 1974), S. 197 ff., ausgeführt.

selbst bzw. besteht diese Würde nicht in einer irgendwie gearteten »Bedeutsamkeit *für* mich«, aber auch nicht »für einen anderen«, was bei dem objektiven Gut *für* die Person durchaus der Fall ist.

Der grundlegendste Sinn des Guten und des Wertes ist jedoch das »in sich selbst Gute«, das von jeder Antwort der Person und von Glücksgefühlen der Person unabhängig ist, sosehr es wahr ist, dass sich gerade die tiefste Seinsdimension des Seienden *als wertvoll* in erster Linie in Personen findet und auch an diese wendet: da das Gute von Personen erkannt und adäquat beantwortet werden soll sowie auch deren tiefste superabundante Glücksquelle ist.[111]

Eben in diesem Sinne des *in sich selbst Guten* liegt es im Wesen Gottes, die absolut unübersteigbare und unendliche Fülle aller Werte zu besitzen und in unendlicher Vollkommenheit zu verkörpern. Ein Gott, über den hinaus etwas Besseres und Vollkommeneres bestünde oder auch nur gedacht werden könnte, wäre nicht Gott.

Und auch innerhalb des in sich Wertvollen wiederum sind es an höchster Stelle erst die personalen Werte und Vollkommenheiten, die nicht nur das Faktum, sondern auch die *raison d'être* und Rechtfertigung des Seins überhaupt und damit auch den innersten Grund der Notwendigkeit der göttlichen Existenz enthüllen.

Gerade das Problem des Atheismus angesichts der Leiden und Übel in der Welt, wie es Iwan Karamasoff in einmaliger Schärfe in Dostojewskis *Brüder Karamasoff* und Satan in meinem Roman[112] aufwirft, stellt primär die Rea-

111 Vgl. dazu Dietrich von Hildebrand, *Ethik*, in: Dietrich von Hildebrand, Gesammelte Werke, Band II (Stuttgart: Kohlhammer, 1973), Kap. 1–3. Zur Klärung der sittlichen Werte vgl. besonders Dietrich von Hildebrand, Ethik, Kap. 15, 17–25; sowie ders., *Moralia*. Nachgelassenes Werk. Gesammelte Werke Band 5 (Regensburg: Josef Habbel, 1980).

112 Josef Seifert, *Gottes dritte Versuchung oder das Evangelium des Teufels*. Ein Roman aus dem Fürstentum Liechtenstein (Mainz: Patrimonium Verlag, 2018).

lität der Wertvollkommenheit Gottes, und nur infolgedessen jene seines Wirklichseins, in Frage.

Der Atheismus angesichts der furchtbaren Übel in der Welt geht von der allein in einer echten Wesenserkenntnis der göttlichen Natur begründbaren These aus, dass Gott sowohl gut als auch allmächtig sein müsse, um den Namen Gottes zu verdienen. Erst auf dem Boden dieser Wesenserkenntnis unübertreffbar-unendlicher Vollkommenheit schließt der Atheismus, dass diese Vollkommenheit nicht in Wirklichkeit existieren kann und Gott diese beiden Attribute, ohne die er nicht Gott wäre, unmöglich vereinigen könne, wie die Existenz der Übel in der Welt beweise: also gebe es keinen Gott.

Die Gutheit Gottes aber, deren tatsächliche Existenz vom »Argument des moralischen Atheismus« geleugnet wird, ist gerade jene in sich selbst ruhende Wertvollkommenheit, die wir als den Wert oder das Gute im engeren Sinne bezeichneten, ja sie besteht in erster Linie in der sittlichen und personalen Vollkommenheit der Person. Sonst – wären nur extrapersonale oder auch nur extramoralische Werte Gottes gemeint – hätte der aus der Theodizeeproblematik entspringende Atheismus keinen Sinn. Denn wenn nur intellektuelle Brillanz sowie andere extramoralische Vollkommenheiten, die ja – das sagen wir hier *per impossibile* – auch ein böser Weltwille besitzen könnte, genügten, um den unendlichen Wert Gottes als des *Aliquid quo maius nihil cogitari possit* zu begründen, dann würde dem aus der Revolte gegen die Übel in der Welt geborenen Atheismus ja sein theoretisches Fundament genommen.

Nur wenn es zum Wesen Gottes gehört, im moralischen Sinne der Gerechtigkeit und Güte unendlich gut zu sein, kann man es als einen Widerspruch zur Existenz der Leiden in der Welt ansehen, dass ein unendlich guter Gott existiert. Denn dies widerspricht nicht dem unendlichen Intellekt und Leben als solchen, sondern vielmehr, scheinbar und nach dem Urteil vieler Atheisten, der unendlichen Gerechtigkeit und sittlichen Gutheit Gottes.

Der vom Theodizeeproblem, das ihm nur im Sinne der Gottesleugnung lösbar erscheint, entzündete Atheismus erkennt ganz klar, dass es für das göttliche Wesen sowohl entscheidend ist, dass Gott unendlich gut, als auch, dass er unendlich mächtig ist. Nur deshalb kann der Atheist sagen: ein Gott, der solche Übel nicht aufhebt, ist kein Gott.

Nur unter der Voraussetzung eines personalistischen und in sittlicher Vollkommenheit gipfelnden Gottesbegriffs kann Gott Grausamkeit vorgeworfen werden, oder kann es als Unmöglichkeit behauptet werden, dass Gott angesichts des Meeres von Leiden in der Welt zu schweigen scheint. Nur wenn seine Allmacht die Macht eines freien personalen Subjekts ist und nur, wenn er im sittlichen Sinne gut sein muss, um Gott zu sein, kann ihm vorgeworfen werden, dass er seine Allmacht nicht zur Aufhebung alles Übels benutzt.

Nur das objektive Wesen dessen, was Vollkommenheit ist, und der Güter und Übel kann die Anklage gegen Gott angesichts der Übel bzw. die Gottesleugnung wegen ihnen begründen. Und nur unter der Voraussetzung, dass auf Grund des notwendigen *Wesens von Vollkommenheit* ein seinem Wesen nach vollkommener personaler Gott, *wenn* er existiert, die Übel in der Welt verhindern müsste, kann Gottes Nichtexistenz wegen der Existenz der Übel in der Welt behauptet werden.

So setzt der von den Übeln in der Welt motivierte Atheismus eine durchaus personalistische Konzeption und eine Wesenserkenntnis Gottes bzw. absoluter Vollkommenheit voraus, auch wenn er diese unendliche Vollkommenheit für ein utopisch-irreales Ideal hält. Nur von einer axiologischen und metaphysischen Wesenserkenntnis Gottes, die anerkennt, dass der Kulminationspunkt aller Vollkommenheit personale Vollkommenheit ist, und dass der Gipfel aller personalen Vollkommenheit das sittlich Gute ist, hat dieser Atheismus Sinn, indem er zu Recht behauptet, nur ein Wesen, das diese beiden durch und durch personalen Attribute (moralische Gutheit und freie Allmacht) besitzt, könne Gott sein.

Daher richten sich auch die atheistischen Einwände gegen Gott im Zusammenhang mit der Theodizeeproblematik angesichts der Übel in der Welt nicht vor allem gegen die Werte des Lebens, der Intelligenz oder Macht Gottes, sondern gegen den innersten personalen Wert Gottes, gegen seine Gerechtigkeit und noch mehr gegen den Wert der Barmherzigkeit und Liebe. Der Atheismus in diesem Sinne ist also ein Wertobjektivismus und Personalismus, der die Personwerte und sogar die mit der Freiheit untrennbar verknüpften Personwerte an jene oberste metaphysische Stelle rückt, an der sie auch objektiv stehen.

Diese vom axiologischen Atheismus gesehenen Sachverhalte rechtfertigen in keiner Weise die irrige Behauptung, die Realität vielfältiger Übel sei mit der Gutheit Gottes unvereinbar; und da Gott nicht gut sein könne, existiere er nicht; eine Theodizee, eine Verteidigung der Existenz Gottes angesichts der zahllosen und entsetzlichen Übel in der Welt sei unmöglich, wie schon Kant behauptete.[113] In Wirklichkeit ist trotz des Mysteriums, wie die Realität der Übel und des Bösen in der Welt mit der unendlichen Gutheit Gottes vereinbar ist, auch eine philosophische Theodizee möglich, der wir uns in Kapitel 15 zuwenden werden.[114]

Diesen höchsten Wert des sittlich Guten sieht Anselm auch in Gott unter dem Diktat der ewigen Wesensnotwendigkeit, dass das sittlich Gute nicht Ausfluss einer reinen Naturnotwendigkeit sein kann, sondern höchster Akt der ungezwungenen freien Liebe zum Guten sein muss.

---

113 Immanuel Kant, *Über das Mißlingen aller philosophischen Versuche in der Theodicee.* (1791) Kant weist vor allem Theodizeeversuche zurück, die die Absolutheit der Kategorien von Gut und Böse leugnen und die Dinge so darstellen, als könnte etwas, was wir als böse erkennen, gut sein in den Augen Gottes.

114 Vgl. dazu Josef Seifert, *Where was God in Auschwitz*? (Irving, TX/Gaflei, Liechtenstein/Santiago de Chile/Granada, Spain: The International Academy of Philosophy Press, Create Space, Kindle-Books, 2016). Vgl. auch meinen Roman, in dem das Theodizee-Problem im Mittelpunkt steht: *Gottes dritte Versuchung oder das Evangelium des Teufels*, zit.

Ein anderer Einwand gegen den vierten Eckpfeiler des ontologischen Arguments lautet: Lässt sich die hier vorausgesetzte Fassung von notwendiger Existenz als Vollkommenheit halten? Dies scheint eindeutig nicht der Fall zu sein. Wie schon früher erwähnt, scheinen doch Hitlers oder Stalins Konzentrationslager, Schmerzen der Insassen und Mordopfer usf. zu beweisen, dass die wirkliche Existenz keine Vollkommenheit ist, sondern vielmehr ebenso Übel wie Güter real macht.

Auch bemerkt Malcolm[115] mit Recht, dass kein König einen geeigneten Minister suchen wird, indem er seiner Beschreibung der sonstigen Vorzüge, die der zu Wählende besitzen muss, hinzufügte: außerdem muss der Mann die yenz besitzen.

Doch dürfen wir die Tatsache, dass die Existenz eines Ministers oder Bewerbers um diesen Posten, die der König bei seiner Suche nach einem Minister und den potentiellen Bewerbern um seinen Posten selbstredend voraussetzt, nicht in den Katalog seiner erwünschten Vorzüge aufgenommen wird, keineswegs als Einwand gegen die Vollkommenheit der göttlichen Existenz nehmen. Denn selbstverständlich setzt der König diese elementare Vollkommenheit der Existenz des künftigen Ministers, die die Bedingung seiner Bewerbung und seiner erhofften guten Eigenschaften ist, voraus.

Erst recht können wir die reale Existenz von Übeln wie jenen, die in Auschwitz begangen wurden, nicht zum Anlass nehmen, die göttliche Existenz nicht als Vollkommenheit zu betrachten. Denn während die reale Existenz von Auschwitz keine Vollkommenheit, sondern ein grauenhaftes Übel darstellt, ist die reale Existenz des absoluten Guten von unendlichem Wert.

Absolute Vollkommenheit schließt nun direkt alle übrigen Attribute Gottes ein, darunter auch seine höchste

115 Vgl. Norman Malcolm, »Anselm's Ontological Arguments«. Vgl. auch J. Brenton Stearns, »Anselm and the Two-Argument Hypothesis«.

Wirklichkeit und Intelligibilität.[116] Schon im ersten Kapitel des *Monologions* bekräftigt Anselm: »Und was im höchsten Sinne gut ist, ist auch im höchsten Sinne groß« (*Et quod est summe bonum, est etiam summe magnum*),[117] und fügt kurz danach hinzu: »Weil nichts im höchsten Sinne groß sein kann außer dem, was auch im höchsten Sinne gut ist.«[118]

»Größe« bedeutet hier Seinsvollkommenheit in allen drei Dimensionen: (1) der Wirklichkeit; (2) der Intelligibilität und (3) der Wertfülle, die im in sich Guten kulminiert.

Aus vielen Äußerungen Anselms geht hervor, dass er Gott personale Vollkommenheiten zuschreibt wie Weisheit, Verstehen und vor allem freies Wollen und Gerechtigkeit.

Gottes unendliche und unerfindbare Vollkommenheit enthält daher objektiv sämtliche *reinen Vollkommenheiten,* von denen wir einsehen können, dass sie zu besitzen im wertmäßigen Sinn schlechthin besser ist als irgendetwas zu besitzen, was sie nicht sind oder was mit ihnen unverträglich ist, kulminiert jedoch in den sittlichen Vollkommenheiten. Anselm sieht, ähnlich wie später Duns Scotus, Kant oder Dietrich von Hildebrand, dass die moralischen Werte ebenso wenig gemischte und wesenhaft begrenzte Vollkommenheiten sind wie die intellektuellen, obwohl Aristoteles dies behauptet, sondern innerhalb der Personwerte den allerhöchsten Rang besitzen.

Deshalb schließt Anselm in seinen verschiedenen Listen der reinen Vollkommenheiten immer wieder moralische Vollkommenheiten an eminenter Stelle ein und schreibt Gott als dem *Id quo maius nihil cogitari possit* diese höchsten Wertvollkommenheiten, insbesondere die

116 Vgl. zum folgenden die bereits zitierten Werke und insbesondere Adolf Schurr, *Die Begründung der Philosophie durch Anselm von Canterbury. Eine Erörterung des ontologischen Gottesbeweises,* S. 22 ff., 60 ff.; Engelbert Recktenwald, *Die ethische Struktur des Denkens von Anselm von Canterbury,* S. 68 ff.

117 *Monologion* I, 15, 10 f.

118 *Ebd.,* II, 15, 20 f. Größe im räumlichen Sinne schließt Anselm ausdrücklich aus in *Cur Deus homo.*

von ihm umfassend begriffene Gerechtigkeit, die er als innere Rechtheit (*Rectitudo*) des Wollens überhaupt fasst, im eminentesten Sinne zu.

Die Unvollkommenheit des Wesens vom rein ontologischen Gesichtspunkt seines Realseins aus und die Unvollkommenheit, mit der jedes kontingente Seiende sein Wesen besitzt, enthüllt sich gerade auch darin, dass das, was die kontingenten Seienden sind, unverwirklicht bleiben könnte.

Wenn wir diese ontologische Differenz[119] oder Realdistinktion zwischen Wesen und Existenz betrachten, finden wir, dass dieses Faktum, das die ganze »Nichtigkeit« des endlichen Seienden enthüllt, und sein ständiges »Bedrohtsein vom Nichts« von sich selbst her zeigt, eine ungeheure Unvollkommenheit des Wesens endlicher Seiender zur Folge hat und alle drei Aspekte von Realität, Intelligibilität und Wert betrifft.

Das Wesen ist Wesen nur im existierenden Seienden. Die notwendige Wesenheit (Idee) erfüllt und aktualisiert nicht, was das betreffende Seiende ist (denken wir an den Menschen, die Person, Freiheit, Verantwortung, Gerechtigkeit, usf.).

Diese Unvollkommenheit müssen wir uns vor Augen halten, um einzusehen, welche ungeheure Seinsschwäche, ja »Nichtigkeit« in dieser losen Verknüpfung des Wesens mit dem Sein liegt.

Von dieser Unfähigkeit des Wesens, von sich aus im Sein zu stehen, folgt aber auch eine große Unvollkommenheit in Hinsicht auf Intelligibilität. Bei allen endlichen Seienden bleibt ihre Verwirklichung in gewisser Weise radikal unverstehbar, weil Existenz aus einem unbegreiflichen und scheinbaren Zufall hinzutritt und doch das Seiende erst zu dem macht, was es ist.

119 Heidegger lehnt sich bei seiner Benutzung dieses Terminus zwar teilweise an diese Unterscheidung an, interpretiert sie jedoch in einer ganz verschiedenen Weise, die ich nicht akzeptiere. Vgl. dazu J. Seifert, »Die verschiedenen Bedeutungen von ›Sein‹«.

Ein Seiendes, das in dem, was es ist, niemals bloß möglich oder unverwirklicht sein kann, ist daher ein Seiendes, dessen Wesen unvergleichlich viel wirklicher und ontologisch viel vollkommener ist als ein endliches Wesen, dessen Wesen reine Möglichkeit bleiben könnte. Wenn »was ein Seiendes ist« in solcher Weise existiert, dass es die Möglichkeit der Unwirklichkeit ausschließt, dann ist ein solches Seiendes jedem anderen bloß möglichen und kontingenten Seienden an Wirklichkeit und an Intelligibilität unvergleichlich überlegen. – Wenn ferner der Wert eines Wesens feststeht, schließt die ontologische Seinsüberlegenheit auch eine Wertüberlegenheit ein. Wie ein Wesen, das auch nicht sein könnte, niemals seine eigene Existenz erklären kann, so kann es auch seinen Wert, den es erst durch seine Existenz real besitzt, nicht selbst erklären.

Dass die innere ontologische Wahrheit des göttlichen Wesens und nicht eine bloße subjektive Begriffskonstruktion notwendige Existenz einschließt, zeigt sich auch aus folgender Überlegung: Wenn wir nicht bloß allgemein an die Vollkommenheit der Essenz, der Existenz und ihrer letzten Einheit denken, die nur im absoluten Sein verwirklicht werden kann, sondern auch die konkreten Attribute und Vollkommenheiten der göttlichen Wesenheit betrachten, leuchtet noch viel klarer der unendliche Wert der göttlichen Existenz auf.

So gehört das Ewigsein, das in einem ewigen JETZT in immerwährender Selbigkeit und vollster Aktualität im Sein Beharren, zum Wesen der göttlichen Natur. Aber es leuchtet deutlich ein, dass dieses Ewigsein von sich selbst her und »ohne geringste Erdichtung unseres Geistes« notwendig voraussetzt, dass Gott notwendig existiert. Die Möglichkeit des Nichtseins und Nichtseinkönnens hat einen notwendigen Bezug zur Zeit, da allein in einem zeitlichen Augenblick und einleuchtender Weise objektiv in jedem Augenblick, eine Vernichtung jedes zeitlichen Seienden statthaben könnte. Daher kann nur das ewige göttliche Sein notwendig real existieren.

Vor allem verlangt die unendliche Güte und Werthaftigkeit Gottes notwendige Existenz. Denn die absolute Unendlichkeit göttlicher Vollkommenheiten, die Unendlichkeit der Erkenntnis, Freiheit, Macht, Gerechtigkeit usf., schließt ja gerade ein, dass zu diesen göttlichen Vollkommenheiten nichts als deren Steigerung »hinzugefügt« werden kann. Dieses Attribut ist aber unmöglich ohne notwendige Existenz. Denn wenn Gott auch nicht sein könnte, so könnte er ja alle Vollkommenheit verlieren und damit könnten ihm auch alle Vollkommenheiten hinzugefügt werden. Also wäre Gott auf diese Weise durchaus unvollkommen. Was sollte eine Güte sein, die unendlich sein soll und zugleich nichts werden könnte und damit auch schlechterdings keine Güte wäre? Im Falle unendlicher Vollkommenheit besteht also nicht eine rein eidetische Notwendigkeit, dass Gott sein *soll*, sondern eine reale, dass er notwendig *ist*.

Wir könnten diesen Sachverhalt auch so formulieren: in Gott fallen eidetische und reale Notwendigkeit zusammen. Ja gerade dieses Zusammenfallen realer und eidetischer Notwendigkeit macht die einzigartige Besonderheit der notwendigen göttlichen Wesenheit aus. Daher sind auch hier ideal-eidetische Wesensnotwendigkeit und reale Existenz nicht mehr zwei Welten wie überall sonst, sondern die zwei Welten des Idealen und Realen werden hier eine einzige Welt.

Die göttliche Wesensnotwendigkeit vereinigt die Wesensnotwendigkeit der unerfindbaren göttlichen Wesenheit und jene der (notwendigen) *realen Existenz*. Das Auseinandertreten dieser zwei Welten des Idealen und Realen wird hier überwunden, und wir treten endlich in eine einzige und notwendig seiende Wirklichkeit ein, in der eidetische und reale Ordnung in eins zusammenfallen. Wir sehen hier noch einmal von einer anderen Seite die bereits diskutierte Absurdität der Behauptung einer rein konditionalen Notwendigkeit der göttlichen Existenz ein, auf die Franz Brentano die Notwendigkeit der göttlichen Existenz reduzieren wollte.

Es sei auch bemerkt, dass die Heiligkeit und Anbetungswürdigkeit Gottes, also gerade sein göttlicher Charakter, wie er dem religiösen Akt und dem *Noumenon*[120] als Objekt dieser Erfahrung zugrundeliegt, notwendige Existenz voraussetzt, wie nicht nur N. Malcolm betont, sondern wie auch der Atheist Findlay (der allerdings später seinen Atheismus aufgab) in seinem »ontologischen Argument für den Atheismus« hervorhebt.[121] Auch er betont, dass ein nicht-notwendig seiendes Wesen niemals Gegenstand der Anbetung und göttlichen Verehrung sein könnte.

Doch setzt der ontologische Gottesbeweis unendliche Vollkommenheit und daher unendlich viel mehr als bloß notwendige Existenz voraus. Kann jedoch der Begriff der absoluten Vollkommenheit begründeterweise inhaltlich bestimmt gedacht werden und vor allem, kann wirklich das personale Sein als das höchste überhaupt betrachtet werden,[122] worin eine Kernthese jener Philosophie der menschlichen Person und Metaphysik Gottes besteht, die ich hier und in anderen Werken zu begründen suche?[123]

---

120 Diesen zentralen und tiefen Begriff der Religionsphilosophie von Rudolf Otto und Max Scheler habe ich versucht, von einer Reihe von Missverständnissen zu befreien. Vgl. Rudolf Otto, *Das Heilige. Über das Irrationale in der Idee des Göttlichen und sein Verhältnis zum Rationalen,* Sonderauflage (Munich: Verlag C.H. Beck, 1962); Max Scheler, »Probleme der Religion«, in: Max Scheler, *Vom Ewigen im Menschen*, 5. Aufl. (Bern und München: Francke Verlag, 1968), S. 101–354; vgl. Josef Seifert, »Transcendent Holiness as Divine Perfection: Its Importance for Understanding Theistic Religions and Interreligious Dialogue«, in: Abraham Kovács and James L. Cox, *New Trends and Recurring Issues in the Study of Religion.* (Budapest: L'Harmattan, 2014), pp. 203–230.

121 Vgl. dazu die Kritik in *Gott als Gottesbeweis,* Kap. 10.

122 Vgl. mein Buch *Essere e persona* und »Essere persona come perfezione pura: Il Beato Duns Scoto e una nuova metafisica personalistica«.

123 Dass man auch das ontologische Argument im Hinblick auf die anselmische Ethik und seine Philosophie der *Iustitia* (Gerechtigkeit) und der *Rectitudo* (innere und in sich gute Rechtheit des Wollens) interpretieren soll, haben Schurr und, ihm weitgehend folgend, Recktenwald brillant an den Quellen nachgewie-

Es erweist sich hier die enge Verwandtschaft zwischen mittelalterlicher augustinisch-anselmischer Philosophie und realistischer Phänomenologie.[124]

Der Kern des ontologischen Arguments – und dies tritt viel klarer in seiner anselmischen Fassung hervor als in der cartesischen – bezieht sich nicht bloß auf die in unserer bisherigen Analyse »desjenigen, größer als das nichts gedacht werden kann« im Vordergrund stehende Vollkommenheit realer Existenz und einleuchtender Intelligibilität des Seins, sondern auf Gottes unendliche Wertfülle. Denn nur diese irreduzible Eigenschaft des Guten und Wertvollen kann uns den eigentlichsten Kern der Unübertreffbarkeit der göttlichen Vollkommenheit erschließen.

Es ist gleichsam die intimste und wichtigste allgemeine göttliche Eigenschaft, im höchsten Sinne dieses Wortes gut und vollkommen zu sein. Deshalb wird Gott von Anselm in erster Linie als »dasjenige, über das hinaus nichts Vollkommeneres auch nur gedacht werden kann« bezeichnet.[125] Und deshalb liegt auch in dieser Wertvollkommenheit als dem Kern der göttlichen Seinsvollkommenheit, die in der sittlichen Vollkommenheit der höchsten freien Zustimmung zum höchsten Gut und zu allen sittlich relevanten Gütern kulminiert – weshalb Gott in erster Linie die Gerechtigkeit selbst, die Barmherzigkeit selbst, die Güte

---

sen. Recktenwald erblickt das Fundament der notwendigen Existenz Gottes in der axiologischen Wesensnotwendigkeit, dass das, was seiner Natur nach unendlich gut ist, eben deshalb auch real und notwendig existieren muss. Vgl. Schurr, *ebd.*, S. 22 ff., 60 ff., 101 f., 109 f., 131 f.; Engelbert Recktenwald, *Die ethische Struktur des Denkens von Anselm von Canterbury*, S. 61 ff.

124 Vgl. dazu auch Ludger Hölscher, *The Reality of the Mind*. Vgl. auch Kateryna Fedoryka, »Certitude and Contuition«. In ihrer Magisterarbeit über den Begriff der Kontuition und Erfahrung bei Bonaventura (Internationale Akademie für Philosophie im Fürstentum Liechtenstein, 1993) hat die Autorin besonders klar die engen Beziehungen zwischen Bonaventura und der realistischen Phänomenologie erwiesen.

125 Vgl. dazu Robert Spaemann, »Die Frage nach der Bedeutung des Wortes ›Gott‹«, S. 13–35.

selbst sein muss – der tiefste notwendige Grund auch für die reale Existenz Gottes. Denn Gott wäre nicht Gott, wenn er nicht das höchste Gut wäre, und er wäre auch nicht jenes höchste Gut, wenn er nicht die sittliche Gutheit in Person und die höchste Verkörperung der moralischen Gutheit wäre, die – wie Kant sagt – allein in uneingeschränktem Sinne gut genannt werden kann, da alle anderen Geistesgaben und Eigenschaften wie Intelligenz und Macht nur durch die Gutheit des Willens gut sind und sonst – wenn sie von dieser sittlichen Gutheit getrennt wären – äußerst verderblich werden könnten.

Ja, in Gott wären die moralisch wertneutralen Eigenschaften wie seine Intelligenz und Macht sogar *unendlich* schrecklich, wenn in Ihm die Allmacht und das Leben von der sittlichen Gutheit und Gerechtigkeit getrennt wären oder auch nur getrennt sein könnten. Diesem schrecklichsten aller Gedanken, einem allmächtigen bösen Wesen, setzt sich nun die höchste metaphysische Wesensnotwendigkeit der unerfindbar notwendigen göttlichen Wesenheit, entgegen.

Also ist die reale und notwendige Existenz untrennbar von der göttlichen Wesenheit nicht etwa, weil Realität als solche gut wäre, sondern vielmehr, weil die reale und notwendige Existenz *des unendlich Guten*, das im tiefsten Sinne Gottes unerfindbare Wesenheit kennzeichnet, untrennbar zur höchsten Wertvollkommenheit gehört, da das höchste Gute, das *aliquid quo melius nihil cogitari possit*, nicht es selbst wäre, wenn es nicht real existierte.

Denn ein rein gedachtes oder mögliches unendliches Gut wäre nicht nur axiologisch »*weniger* vollkommen«, sondern *unendlich* unvollkommener als ein reales. Die Realität der höchsten *Esse* erst verleiht also dem höchsten *Bonum* jene Wirklichkeit und Aktualität des Lebens und Seins, ohne die das höchste Gute nicht es selbst wäre. Und ohne diesen unendlichen Wert und ohne die Güte Gottes wäre die notwendige reale Existenz eines bösen Gottes in der Tat nicht das höchste Gut, sondern das Schrecklichste.

Die unerfindbare Wesenheit des Absoluten als der supremen Einheit der Wirklichkeit, Intelligibilität und Wert also verlangt, dass das Vollkommenste auch wirklich lebe und existiere. Diese Wertforderung des *Iustum*, des Gerechten und Guten, kann sogar als die innerste ontologische Begründung der Notwendigkeit des realen Daseins Gottes betrachtet werden. Dies leuchtet ein, wenn man erkennt, dass das Wertvollsein die innerste Seinsdimension darstellt.[126]

Ja, die unendliche Gutheit, der unendliche Wert, in dessen Licht wir die »Größe« Gottes deuten, ist so sehr das Herz des göttlichen Wesens, dass man sagen könnte, Gott besitzt alle übrigen Attribute nur, weil sie von diesem unendlichen Gutsein, über das hinaus nichts Höheres möglich und denkbar ist, verlangt werden.[127] Und geradeso liegt es im notwendigen Wesen Gottes begründet, dass er, wie Leibniz sagt, alle Perfektionen ohne Grenzen (*sans bornes*) besitzt. Deshalb gibt die reine Wertkategorie dessen, »worüber hinaus nichts Besseres gedacht werden kann«, den innerlichsten Wesenskern Gottes an. Denn Gott kann keine Eigenschaft entbehren, von der es besser wäre, sie zu besitzen. Wenn es im absoluten Sinne besser ist, Person zu sein, als keine Person zu sein, ist Gott Person.

---

126 Ja, wir können weiter gehen und sagen: *Nur weil* es besser ist, Person zu sein, weise und unendlich weise zu sein, als ein impersonales Wesen zu sein oder Grenzen der Weisheit zu haben, ist Gott Person und unendlich weise. Vgl. Kurt Flasch, »Zum Begriff der Wahrheit bei Anselm von Canterbury«; Burkhard Mojsisch (Hrsg.), *Kann Gottes Nicht-Sein gedacht werden? Die Kontroverse zwischen Anselm von Canterbury und Gaunilo von Marmoutiers*, S. 7–48, bes. S. 37. Vgl. Engelbert Recktenwald, *Die ethische Struktur des Denkens von Anselm von Canterbury*, S. 83 ff. Vgl. auch Adolf Schurr, *Die Begründung der Philosophie durch Anselm von Canterbury*. Vgl. auch Hans-Joachim Werner, »Anselm von Canterburys Dialog ›De veritate‹ und das Problem der Begründung praktischer Sätze«.

127 Wäre es besser, kontingent zu existieren als notwendig, könnte Gott nicht notwendig existieren. Wäre es besser, grausam als barmherzig zu sein, wäre er grausam.

So ist das »besser als alles zu sein, was unvollkommen oder weniger vollkommen ist als er« der tiefste Grund der inneren Wahrheit des göttlichen Wesens und der göttlichen Existenz. Und gerade diesen innersten Kern des göttlichen Wesens und Seins drückt Anselm aus, wenn er, in einer personalistischen Wende, Gott denjenigen nennt, über den hinaus nichts Größeres und Besseres sein und auch nur gedacht werden kann.

Letzten Endes, obwohl wir die Gedankengänge des ontologischen Arguments in unzählige Schlussketten fassen können, handelt es sich beim ontologischen Argument um eine einfache Einsicht in das Urphänomen aller Urphänomene, Gott.[128] So können wir alles Gesagte in die grandiose Formel zusammenfassen, in die Bonaventura das ontologische Argument gekleidet hat:

So groß ist die Wahrheit des göttlichen Seins, dass dieses mit Zustimmung gar nicht als nicht-seiend gedacht werden kann, es sei denn wegen eines Mangels seitens des Verstehenden, der nicht erkennt, was Gott ist.[129]

128 Vgl. zur Logik des ontologischen Arguments mein *Gott als Gottesbeweis,* cit. Kap. 12.

129 *Tanta est veritas divini esse, ut non possit cum assensu cogitari non esse nisi propter defectum ex parte intelligentis, qui ignorat, quid sit Deus. Bonaventura,* Sent., Lib. I, d.VIII, P. I, Art. I, Q. 2.

DRITTER TEIL

NUR EIN PERSONALER GOTT KANN DIE WELT AUS DEM NICHTS GESCHAFFEN HABEN

KAPITEL 11

Das Sein-in-der-Zeit kann nur durch das ewige Sein existieren: Es kann nur durch Gott in einem freien Akt geschaffen werden

In unserer bisherigen Untersuchung haben wir grundsätzlich zwei Schritte unternommen: Erstens haben wir festgestellt, dass das Seiende-in-der-Zeit, das nicht-notwendige und das unvollkommene Seiende, seine eigene Existenz und sein Sein weder durch sich selbst, noch durch andere zeitliche, kontingente und unvollkommene Seiende letztlich erklären kann; zweitens haben wir festgestellt, dass nur das ewige, notwendige und vollkommene Wesen den zureichenden Grund seines Seins in seinem ewigen und notwendigen Sein und Wesen selbst hat.

Nun stellen wir drittens fest, dass nur das ewige, notwendig seiende und vollkommene Wesen, weil es sich allein erklärt, auch den letzten Grund für das Sein der endlichen und zeitlichen Welt darstellen kann.

Da der zureichende Grund für das zeitliche Seiende niemals im Nichts noch in sich selbst noch in einem anderen zeitlichen Sein liegen kann, kann er nur im ewigen Sein liegen.

Im Hintergrund dieses Arguments steht die doppelte Einsicht in die notwendige Wesenheit des Seins-in-der-Zeit, das sich niemals selbst erklären kann, und des ewigen Seins, das allein sich selbst erklären kann. Von daher zeigt es sich gleichfalls als das einzige Sein, das das Sein-in-der-Zeit erklären kann.

Dasselbe können wir erkennen, wenn wir die notwendige Existenz und Vollkommenheit Gottes betrachten. Nur ein Gott, der ungeschaffen ist, nur ein Gott, der »ICH BIN DER ICH BIN« heißt und nicht nicht-sein kann, und nur ein unendlich vollkommener Gott kann die erste Ursache unseres Daseins sein.

Doch kann dieser Schritt nicht ohne weiteres, sondern nur auf dem Boden einer tieferen Reflexion über die Kontingenz der Welt und die Freiheit des ewigen Wesens gelingen. Dies soll Gegenstand des nächsten Kapitels sein, das zugleich als Fortsetzung des gegenwärtigen angesehen werden kann.

KAPITEL 12

Das endliche Seiende in seiner begrenzten Vollkommenheit kann nur durch den, über den hinaus nichts Vollkommeneres sein oder auch nur gedacht werden kann und der allein den zureichenden Grund seines Seins in sich hat, sein

Neben der Nichtnotwendigkeit der Existenz endlicher Wesen finden wir in diesen, wie wir bereits erörtert haben, auch die Nichtnotwendigkeit der spezifischen und individuellen Grenzen ihres Wesens und ihrer Natur, und, für unseren Kontext noch wichtiger, die ihres Wertes und ihrer Vollkommenheit. Wir haben festgestellt, dass in dieser Hinsicht ein doppelter Zusammenhang besteht:

1. zwischen der Beschränkung der Vollkommenheit und der Nichtnotwendigkeit der genauen Grenzen der Vollkommenheit in allen endlichen und zeitlichen Seienden;
2. zwischen Nichtnotwendigkeit des konkreten und begrenzten Wesens innerweltlicher Seiender und der Kontingenz ihrer Existenz.

Es ist nicht so, als wäre nur unsere Existenz kontingent (nicht-notwendig) und als ob die Aktualität unserer kontingenten Existenz zu unserem bereits existierenden Wesen hinzugefügt würde. Nein, was wir sind, unser Wesen, die Realität der menschlichen Natur *in uns* – und damit unsere menschliche Natur, aber auch unsere einmalige individuelle Wesenheit, unsere *haecceitas* (»Dieses-oder-Dieser-da-heit«) – ist nur durch unsere Existenz (durch unser *Esse,* unser Sein) wirklich. Daher ist unser Wesen genauso wenig unser fester Besitz wie unsere Existenz.

Unsere Existenz ist kontingent und unser Wesen, so wie es nicht als Idee, sondern real *in uns* existiert und *unser* Wesen ist, teilt diese Kontingenz der Existenz vollständig; unser Wesen ist in seiner tatsächlichen Realität von unserer Existenz abhängig, es hat Wirklichkeit und reales Sein allein durch unsere Existenz. Daher ist unser Wesen nicht weniger kontingent und *nicht-notwendig* als unsere Existenz. Wir empfangen es, das »schön menschlich Angesicht«, als Geschenk, wie unsere Existenz. Beide werden uns gleichzeitig gegeben. Mit unserem *Esse* empfangen wir auch unsere Natur, insofern sie in uns und nicht eine abstrakte zeitlose Wesenheit oder ewige göttliche Idee der haecceitas jedes Individuums ist. Diese metaphysische Tatsache kommt in einem Gedicht von Matthias Claudius wunderbar zum Ausdruck:

Ich danke Gott and freue mich …, dass ich bin, bin! und dich, schön menschlich Antlitz[130]*! habe.*

Wir haben jedoch gesehen: unser Wesen ist auch *per se* (und nicht nur durch die Vermittlung der Kontingenz unserer Existenz, von der es abhängt) sowohl begrenzt als auch kontingent (nicht-notwendig).

Wir stellten gleichfalls fest, dass kein Seiendes in der Welt ein perfektes und bestmögliches Wesen hat oder einen vollkommenen Wert besitzt. Vielmehr sind Sein und Wert aller Seienden in der Welt begrenzt.

Aus all diesen Erkenntnissen der zweifachen Kontingenz und der Unerklärtheit des Daseins unseres und der Welt doppelt kontingenten Seins aus sich selbst ergibt sich, dass nur ein unendlich vollkommenes Sein allein den letzten Grund dafür, dass es die Welt und den Menschen gibt, darstellen kann.

Doch ist auch dieser Schritt keine Selbstverständlichkeit, sondern muss sich mit vielen Fragen und Schwierigkeiten auseinandersetzen, die das Was und Wie der Wirksamkeit der Erstursache bzw. des Aktes des personalen Weltschöpfers betreffen.

---

130 »Antlitz« steht hier auch für unser ganzes menschliches Wesen.

KAPITEL 13

Nur durch einen freien göttlichen Schöpfungsakt kann der ewige, notwendige und vollkommene Gott die Welt und uns Menschen aus dem Nichts geschaffen haben

Dieses Kapitel gilt direkt dem Kernthema dieses Buches und möchte zeigen: Ein kontingentes Seiendes, dessen Existenz und begrenztes Wesen sich nicht aus ihm selbst erklären lässt, kann in seinem Anfang nur durch ein notwendig seiendes, allmächtiges, freies und vollkommenes Sein aus dem Nichts geschaffen und kann auch nur durch dasselbe göttliche Wesen kraft einer *creatio continua* im Sein erhalten werden.

Aus den Erkenntnissen, die wir schon dargelegt haben, dass nämlich kein nicht-notwendiges und unvollkommenes Seiendes in sich den zureichenden Grund seiner Existenz besitzt und dass nur ein notwendig und vollkommenes Sein den Grund seines Daseins in sich selbst haben kann, folgt – als ein ganz neuer, dritter Schritt, der eine Reihe neuer ewiger Wahrheiten einschließt – dass ausschließlich ein in sich notwendiges und vollkommenes Sein den ersten und letzten Grund aller Seienden in der Welt in sich enthalten kann. Denn alle Seienden, die auch nicht sein könnten, können weder ihr eigenes Sein noch das anderer kontingenter Seiender, auch wenn sie dessen Sekundärursachen sind, wie die Eltern, deren geschlechtliche Vereinigung und die daraus folgende Zeugung und Empfängnis Ursachen des Lebens ihrer Kinder sind, *letztlich* erklären.

Der notwendig seiende, ewige und unendlich vollkommene Gott kann uns aus dem Nichts nur hervorbringen, wenn wir nicht eine Emanation Gottes sind. Ein notwendiges und ewiges Hervorgehen aus dem ewigen, notwendigen und vollkommenen Sein Gottes, aus Seiner Natur, könnte nie unsere Kontingenz erklären. Nur wenn Gott unser freier Schöpfer ist, der uns kraft eines freien *Fiat* aus dem Nichts ins Dasein gerufen hat, ist Er die Erste und absolute Ursache unseres endlichen und begrenzten Seins.

Nur aus einer ungezwungenen und frei gewählten Schöpfungstat, die nicht mit Notwendigkeit aus dem ewigen Wesen und auch nicht notwendig aus dem freien Willen Gottes, sofern dieser ewig das Gute will, fließt, kann das unendlich vollkommene Wesen das begrenzte Seiende der Welt schaffen und jedem endlichen Seienden seine ganz bestimmten und nicht notwendigen Grenzen setzen. Nur ein freier Schöpfungsakt kann erklären, warum unser Leben nicht länger oder kürzer, unsere Erkenntnis nicht größer oder kleiner ist, als Er uns in einem freien Beschluss bestimmt hat. Nur ein unendlich vollkommener, ewiger und notwendig seiender, personaler Gott kann die Pascalschen Fragen nach dem Warum unserer Grenzen beantworten. Nur Er kann erklären, warum wir nicht einen der unendlich vielen kleineren oder größeren Räume füllen, nur Er kann erklären, warum gerade diese Zeit unserem Leben bestimmt ist und wir nicht zu einer der unendlich vielen anderen Zeiten des Früher oder Später leben. Nur Er kann das Maß unseres Verstandes bemessen haben und erklären. Und auch all dies nur durch Seinen frei gewählten personalen Schöpfungsakt, nicht durch einen ewigen und notwendigen Zeugungsakt.

Dieses unendlich vollkommene Wesen, das allein auch ewig und notwendig ist und sein kann, kann dem Endlichen nur deshalb kontingentes Sein schenken und nichtnotwendige Grenzen setzen, weil es frei ist. Das haben wir bereits aus verschiedenen Gründen gesehen, denen wir noch einen weiteren hinzufügen:

Wir erkennen die Freiheit des göttlichen Wesens nicht nur aus den vorher genannten Gründen, sondern auch daraus, dass wir den göttlichen Schöpfer als unendlich vollkommenes Wesen erkannt haben und dass der freie Wille eine reine Vollkommenheit ist und Gott alle reinen Vollkommenheiten in ihrer Unendlichkeit besitzen muss; ein unfreier Gott stünde unter dem Menschen, der kraft seiner Freiheit größer als Gott wäre, und wäre daher kein Gott.

Nicht die Freiheit als solche, als Vermögen der Person, ist jedoch im eigentlichen Sinne groß und wertvoll, ja wenn sie missbraucht wird, verwandelt sie sich in das furchtbarste Übel. Doch wenn sie zum Guten gebraucht wird, ist sie Träger höchster Werte, die ein unfreies Wesen nicht besitzen könnte, weil die Freiheit der Person notwendige Bedingung der höchsten, sittlichen Werte der Person ist. Und daher wäre ein freier und guter Mensch größer und höher als ein unfreier oder gar als ein böser Gott.

Aber während ein freier, unendlich guter Gott notwendig und doch zugleich ungezwungen und frei das Gute wählt und nie das Böse wählen kann, kann der freie Mensch oder Engel auch »gewillt sein, ein Bösewicht zu werden«, wie Shakespeares Richard III in seinem ersten Monolog sagt. Wir haben gesehen, dass nur die Freiheit zum Guten zur Vollkommenheit der Freiheit gehört, während die Freiheit zum Bösen nur Teil der unvollkommenen Freiheit von Menschen und Engeln ist, solange sie noch nicht ihre höchste Vollkommenheit erreicht haben und unveränderlich und zugleich frei im Guten verankert sind und solange der gute Wille noch nicht ihr ganzes Sein durchdrungen hat.

Doch genügt es nicht, um die Freiheit des göttlichen Schöpfers zu erkennen, jene Freiheit zum Guten zu erkennen, die das Wesen der Vollkommenheit ausmacht und mit der Gott notwendig und zugleich frei alles Gute will, die aber der Mensch und Engel auch in einer perversen Abkehr vom Sinn und Wert der Freiheit zum Bösen gebrauchen kann.

Denn auf Grund der unendlichen Gutheit der göttlichen Freiheit kann Gott seine Freiheit nicht vom Guten abkehren, und zwar nicht, weil seine Freiheit begrenzt wäre, wie Satan in meinem Roman[131] behauptet, sondern weil Gott

131 Josef Seifert, *Gottes dritte Versuchung oder das Evangelium des Teufels.*

unendlich frei allein das Gute wählt und seine Freiheit allein vollkommen ist.

Doch erklärt diese göttliche Freiheit die Schöpfung nicht. Denn die Schöpfung ist frei von Gott gewählt; er hätte es auch unterlassen können, die Welt und alle einzelnen Pflanzen, Tiere, Menschen und Engel zu schaffen.

Daher müssen wir etwas ganz Neues über die göttliche Freiheit und ihre Vollkommenheit erkennen, nämlich, dass sie die freie Wahl hat, vieles Gute zu wählen, das sie nicht notwendig wählen muss.

Denn auch ein Gott, der keine freie Wahl hätte, welche der unendlich vielen möglichen Menschen er schaffen will und welche nicht, wäre unvollkommen frei. Denn er würde jene Dimension der Freiheit nicht besitzen und nicht urbildlich besitzen, die wir im Künstler, im Handwerker, im Dichter, in jedem frei schaffenden Menschen kennen und deren Werke wir bewundern. Denn eine Freiheit, die unzertrennlicher Teil der notwendig auf das Gute gerichteten göttlichen Freiheit ist, könnte unmöglich die Schöpfung kontingenter Seiender erklären. Sie würden genauso notwendig existieren wie Gott das Gute will und nicht das Böse wollen kann.

Nur das notwendige und vollkommene Sein, das einzige, das aus sich (*a se*) ist, kann uns erschaffen haben. Denn wenn dieses notwendige und ewige Sein aus seinem notwendigen und ewigen Sein und Wesen oder auch aus seinem ewigen freien Willen zum Guten heraus handelte, müssten auch seine Wirkungen ewig und notwendig sein (wie Christen dies von den innergöttlichen Ursachen der Vaterschaft und Zeugung des Sohnes und dem Hervorgang des Heiligen Geistes aus Vater und Sohn glauben). Die Welt ist jedoch kontingent und zeitlich. Wie also kann ein notwendiges und ewiges Sein ein nicht-notwendiges und zeitliches Sein hervorbringen?

Der Vorsokratiker Parmenides, einer der tiefsten Metaphysiker aller Zeiten, sah dies als so schwierig, ja unmöglich an, dass er die Wirklichkeit der Welt, der vielen zeitlichen Seienden, einfach leugnete: es gibt *nur* Gott, nur das ewige, notwendige und ungewordene »Es IST«. Die Welt ist unmöglich, muss daher Illusion sein.

Wie können wir also dieses Rätsel lösen? Ein einziger Weg zu einer wahren Antwort existiert: Das ewige, notwendige Sein muss Person und frei sein, und zwar auch die Wahl zur Schöpfung eines nicht notwendig gewollten Guten haben. Nur wenn dieses notwendig seiende Wesen Person und frei ist, und auch nur wenn es eine freie Wahl dazwischen zu schaffen oder nicht zu schaffen besitzt, kann aus Ihm eine nicht-notwendige Welt hervorgehen; denn andernfalls, wäre die Welt notwendig aus einem ewig und notwendig seienden Gott oder einfach aus seiner substantiellen Gutheit hervorgegangen, müsste sie selbst notwendig und ewig existieren, was offenkundig falsch ist und schon widerlegt wurde.

Wie aber ist die Freiheit des Schöpfungsaktes eine Erklärung der Kontingenz der Welt? Es gibt eine evidente Entsprechung zwischen Freiheit und Ungezwungenheit der freien Ursache und ihrer freien Entschlüsse einerseits, und gleichsam der analogen Kontingenz nicht-notwendiger Existenz andererseits. Auch dies, dass ausschließlich ein freier Schöpfungsakt die Ursache kontingenter Seiender, d.h. Seiender, die auch nicht sein könnten, sein kann, vermögen wir mit Gewissheit einzusehen.

Versuchen wir, tiefer in das Mysterium dieses freien Aktes göttlicher Schöpfung einzudringen.

KAPITEL 14

Eine Realistische metaphysische Phänomenologie des freien Schöpfungsaktes aus dem Nichts

1. Was heißt überhaupt »aus dem Nichts Schaffen«?

Schon zu Beginn des ersten Kapitels haben wir gefragt, was »das Nichts« ist, das der Existenz der Welt vorausgegangen ist. Wir haben gesehen, dass dies weder das in sich unmögliche »absolute« Nichts sein kann, in dem es weder Gott noch Welt gäbe, noch ein bloß relatives »hyperbolisches Nichts« wie der sterbliche Mensch. Es ist vielmehr das absolute Nichtsein aller endlicher Seiender oder das absolute Nichtsein eines bestimmten Seienden, das dessen Sein vorhergegangen ist.

Nun stellen wir die ganz neue Frage: Was bedeutet dies »aus dem Nichts Schaffen?«

Sicher kann es nicht meinen, dass das Nichts eine Materialursache, eine Art Stoff ist, aus dem etwas gemacht würde. Dies anzunehmen wird normalerweise jedem, der das Nichts als radikales Nichtsein von etwas Bestimmtem oder der ganzen Welt versteht, als absurd erscheinen.

Noch viel weniger kann das »aus dem Nichts« die Ursache bedeuten, aus der die Welt hervorgeht, sodass es berechtigt wäre, den Satz »de nihilo nihil fit« (aus dem Nichts wird nichts) umzukehren: »*De nihilo omne ens fit*« (»aus dem Nichts wird alles Seiende«), ein Satz, der wohl jedem denkenden Menschen außer vereinzelten und gewaltsamen Denkern, die das Nichts als Ursache oder Quelle des Seins auffassen, absurd erscheinen muss.[132] Hier gilt eindeutig die absolut evidente und notwendige Wahrheit: *Ex*

132 Außer vielleicht Hegel, der in seiner »Logik« annimmt, dass in einer Art metaphysischen Transposition der Logik das Werden vom Nichts zum Sein und das Vergehen vom Sein zum Nichts übergeht, oder Dawkins und anderen neuen Atheisten, die so etwas

nihilo nihil fit (»aus Nichts wird nichts«). Das Nichts kann niemals die Ursache von etwas sein.

Die Leugnung dieses Satzes seitens Dawkins' und vieler anderer neuer Atheisten, sowie seitens Hegels, so wir seine komplizierten Aussagen über das Thema als Leugnung dieses Satzes buchstäblich verstehen sollen, ist ebenso absurd wie dieser Sachverhalt evident ist. Auch der materialistische Atheist Lukrez, der an die Ewigkeit der Atome und Urstoffe, aus denen seiner Meinung nach alles besteht, glaubt, formuliert diese evidente Wahrheit in seinem Lehrgedicht, *De rerum natura:*

> *Also: Nichts entsteht aus dem Nichts. Dies ist nicht zu leugnen.*[133]

Daher ist sein Atheismus viel rationaler als derjenige Dawkins' und anderer neuer und alter Atheisten, die dieses rational evidente Prinzip geleugnet haben.[134]

Das »aus dem Nichts« kann sinnvoller Weise nur dies bedeuten, dass dort, wo jetzt ein Seiendes ist, zuvor nichts war, und dass für sein Werden keinerlei seiendes Materi-

---

annehmen wie einen absoluten Zufall, durch den das Nichts das Sein der Welt sozusagen ausspucken kann.

133 Lukrez: *Über die Natur der Dinge: De Rerum Natura* (German Edition) (S. 14). Musaicum Books. Kindle-Version.

134 Der Atheismus von Lukrez ist primär vom Theodizeeproblem beherrscht. Er hält die vielen Übel in der Welt für den eigentlichen Grund, die Existenz der Götter zu leugnen, wobei er, wie Ivan Karamasoff und viele andere Atheisten die Wahrheit voraussetzt, dass ein böser Gott in sich unmöglich ist. So schreibt er:

Mitnichten, so sag' ich,
Ist dies Wesen der Welt für uns von den Göttern erschaffen;
Allzusehr ist sie doch mit gewaltigen Mängeln behaftet.

Lukrez. Lukrez: Über die Natur der Dinge: De Rerum Natura (German Edition) (S.143; vgl. ibid., 143 ff.). Musaicum Books. Kindle-Version.

Gegen diesen Atheismus wegen der Übel in der Welt habe ich ein philosophisches Buch und einen Roman geschrieben: Where was God in Auschwitz?, zit.; Gottes dritte Versuchung oder das Evangelium des Teufels, zit.

al verwendet wurde. Das, was aus dem Nichts geschaffen wird, wird eben nicht aus etwas geschaffen.

Wenn die Schöpfung der Welt aus dem Nichts ein freier Akt sein muss, wie wir gesehen haben, kann sie schon deshalb nur Akt eines personalen Wesens, einer Person, sein. Doch nicht einer begrenzten menschlichen Person oder eines Engels, sondern nur einer allmächtigen und unendlich vollkommenen Person. Denn jede Person begrenzter Vollkommenheit und begrenzter Macht ist kontingent und bedarf selbst eines Schöpfers.

Ferner kann der Akt der Schöpfung aus dem Nichts nur ein Akt einer rein geistigen Person sein. Denn wie soll eine Person mit ihren Händen oder anderen Körperteilen etwas aus dem Nichts schaffen. Schon der bloße Gedanke daran zeigt die Absurdität dieser Vorstellung. Niemand kann mit den Händen ins Nichts greifen und etwas daraus schaffen.

Daher kann nur ein reiner Geist angesichts des Nichts innerlich-geistig sprechen: »Es werde die Welt« oder »Es werde Licht« und die Wirkung hervorbringen: »Und es ward die Welt« oder »Und es ward Licht«.

Es genügt jedoch nicht, dass das Wesen, das die Macht hat, das Seiende aus dem Nichts ins Dasein zu rufen, rein geistig ist, wie ein Engel. Denn da dieser selbst ins Nichts fiele ohne die *creatio continua*, ist es klar, dass er keine Macht haben kann, ein Seiendes aus dem Nichts zu erschaffen.

Bei tieferer Betrachtung leuchtet dies ein, dass kein endlicher Geist, der auch nicht sein könnte, etwas aus dem Nichts schaffen kann, sondern nur ein unendliches und allmächtiges Geistwesen, dessen Wille die einmalige Kraft besitzt, etwas aus dem Nichtsein ins Dasein zu rufen.

Die einzige menschliche und angelische Analogie zum göttlichen Schöpfungsakt ist ein freier Akt eines Menschen oder eines Engels, durch den das Sein eines Willensaktes, der Frucht des Fiat unseres Willens (»es werde …«), gewissermaßen aus dem Nichts ins Sein gerufen wird. Doch natürlich entspringt auch dieser Willensakt einem schon existierenden freien Willen und wird von einer Person, die schon existiert, was auch für Gottes Schaffen gilt, und vor allem einer Person, die selbst geschaffen ist, was für Gott nicht gilt, vollzogen.

Auch ist unser freier Willensakt nicht etwas außerhalb des Willens und der Person selbst. Die göttliche Schöpfung dagegen schafft Seiende, unbelebte und belebte Natur, Menschen oder Engel, die real von Gott verschieden und nicht bloß Idee, Teil oder Akt Gottes sind.

Daher ist auch dieses »Erzeugen unseres freien Aktes aus dem Nichts« nur eine schwache Analogie zur göttlichen Schöpfung aus dem Nichts, die nicht Akt eines selbst geschaffenen Wesens ist, wie der freie Akt des Menschen, und die Seiendes schafft, das nicht der Schöpfer oder Akt des Schöpfers ist.

Zu dieser Schöpfung aus dem Nichts ist ausschließlich ein allmächtiger Geist fähig.

2. Ex nihilo nihil fit – Eine absurde Erklärung der Atheisten, wie die Welt aus dem Nichts gekommen sein soll

Eine Reihe von Physikern und neuen Atheisten stellen die Behauptung auf, etwas könne ohne göttliche Schöpfung aus dem absoluten Nichts, das sie auf Grund ihres Atheismus mit dem Welt-Nichts verwechseln, gekommen sein.[135]

Um diese These zu begründen, nehmen sie Zuflucht (wie können sie anders?) zu der Behauptung: um zu erklären, dass etwas – die ganze Welt – ohne göttliche Schöpfung aus dem Nichts kommen kann, brauche man nur die Wahrheit, dass aus dem Nichts als solchem absolut kein Seiendes kommen kann, zu bestreiten.

Das Problem mit der Behauptung, dieser Satz gelte nicht, ist nur, dass sie absurd ist, weil sie einer der klarsten, mit größter Gewissheit erkennbaren und absolut unbe-

135 Vgl. etwa Lawrence M. Krauss, mit einem Nachwort von Richard Dawkins, *A Universe from Nothing: Why There is Something Rather Than Nothing*, (New York: *Simon & Schuster*, 2018).

zweifelbaren Wahrheiten widerspricht, eben dem Prinzip: *Aus dem Nichts (als solchem – von sich aus) kommt nichts (Ex nihilo nihil fit).*

So konstruieren die Atheisten eine Weltanschauung, aus der sie eine jedem Geist einleuchtende Grundwahrheit entfernt haben: Damit etwas aus dem Nichts kommt, brauche man keine Ursache, keinen Geist, keinen Gott, sondern brauche nur einfach das Axiom, aus dem Nichts als solchem könne nichts kommen, durch ein neues zu ersetzen: »Aus dem Nichts kann sehr wohl etwas kommen,« oder: »Alles Seiende kommt aus dem Nichts«. Wie aber soll das möglich sein?

Es kann einen nur in Erstaunen setzen und befremden, wie so gescheite Wissenschaftler eine so evidente und einfach erkennbare Wahrheit, die jedes Kind begreifen kann, leugnen können: *Ex Nihilo nihil fit (aus dem Nichts wird nichts).*

Zufall ist das Zauberwort, durch das man auch das Absurdeste zu erklären vermeinen kann. Sobald man diese Einsicht gewinnt und mit der Erkenntnis, dass der Existenz der Welt ihr Nichtsein vorangegangen ist, verbindet, erkennt man: Die Welt musste aus dem Nichts kommen, kann aber absolut nicht durch das ihr vorangehende Nichtsein erklärt werden oder durch Zufall aus dem Nichts entsprungen sein.

3. Wie schafft Gott aus dem Nichts? Durch sein Wort? Durch seine Erkenntnis? Durch eine freie Tat?

Wenn man sagt, Gott habe das Seiende durch sein Wort aus dem Nichts geschaffen, so kann dieses »Wort« natürlich nicht ein aus Lauten oder Buchstaben gebildetes Wort, sondern muss ein geistiges und machtvolles Wort sein, das, indem es gedacht wird und befiehlt »Werde!« oder »Sei!«, die Welt schafft. Darum bemerkt Goethes Faust, wenn er den Prolog des Johannes-Evangeliums liest (Joh 1,1): »Im Anfang war das Wort, und das Wort war bei Gott, und Gott war das Wort.« (Lutherbibel 2017) »Und alles was ist, ist aus ihm geworden«, dass weder »Wort« noch »Sinn«

genügen, um die Schöpfung der Welt zu erklären. Daher übersetzt Faust: »Im Anfang war die Tat!«

Von einer Reihe von Denkern wird behauptet, Gott erschaffe die Welt einfach durch seine Erkenntnis und sein Denken der Welt. Doch kann der göttliche Schöpfungsakt nicht im bloßen Erkennen und Denken bestehen. Denn Gott erkennt und denkt sich selbst, doch schafft er sich nicht selbst, weil dies unmöglich ist. Niemand, auch Gott nicht, kann sich selbst schaffen.

Auch notwendige Wesenheiten und ewige Wahrheiten über sie können nicht geschaffen werden, doch erkennt sie Gott und sind sie in Gott.

Ferner denkt und erkennt Gott alle möglichen Welten, nicht nur die seienden, sondern auch all jene möglichen, die nicht sind und die er nicht schaffen wird. Daher kann der Schöpfungsakt nur ein mit dem Wollen vereinter Denkakt, oder, besser gesagt, ein über das Denken hinausgehender, wenngleich mit ihm vereinter und allmächtiger, Willensakt sein.

Dass dieser göttliche Schöpfungsakt ein freier personaler Akt sein muss, leuchtet am tiefsten dort ein, wo die Kreatur, die aus dem Nichts geschaffen wird, selbst mit freiem Willen begabt ist. Denn es ist evident, dass niemals eine unfreie Ursache, die selbst keine Willensfreiheit besitzt, ein Wesen schaffen kann, das frei ist.

Ja, es könnte sogar scheinen, dass selbst Gott keinen freien Willen schaffen kann. Denn wenn das Geschöpf vollkommen vom freien Akt göttlicher Schöpfung abhängt, wie kann dann etwas in ihm sein, das nicht von Gott hervorgebracht und bestimmt wird? Muss Er dann nicht alles, was der Mensch, und was in ihm, ist, determinieren und bis ins letzte hinein bestimmen und sich unterwerfen?

Soeren Kierkegaard hat auf dieses Rätsel und natürliche Geheimnis eine außerordentlich tiefe Antwort gegeben:

> *Das Höchste, das überhaupt für ein Wesen getan werden kann, das Höchste, wozu es gebracht werden kann, ist, es frei*

zu machen. Eben dazu gehört Allmacht, um das tun zu können. Dies scheint sonderbar, da gerade Allmacht abhängig zu machen scheint. Aber wenn man Allmacht denken will, wird man sehen, dass gerade in ihr die Bestimmung liegt, sich selbst in der Äußerung der Allmacht wieder so zurücknehmen zu können, dass gerade dadurch das durch die Allmacht Gewordene unabhängig wird. ... alle endliche Macht macht abhängig; nur die Allmacht kann unabhängig machen, aus Nichts hervorbringen, was in sich Bestand hat dadurch, dass die Allmacht sich immerfort »selbst zurücknimmt« ... ohne doch das Mindeste ihrer Macht aufzugeben ... Dies ist das Unbegreifliche, dass die Allmacht nicht bloß das Imposanteste von allem hervorbringen kann, der Welt sichtbare Totalität, sondern das Gebrechlichste von allem erzeugen kann, ein gegenüber der Allmacht unabhängiges Wesen. Dass also die Allmacht, die mit ihrer gewaltigen Hand so schwer auf der Welt liegen kann, sich zugleich so leicht machen kann, dass das Gewordene Unabhängigkeit erhält.

Es ist nur eine erbärmliche und weltliche Vorstellung von der ... Macht, dass sie desto größer wird, desto mehr sie unterjochen und abhängig machen kann.[136]

So können wir zwei evidente Gründe dafür anführen, aus denen der Schöpfungsakt ein freier personaler Akt sein muss: einmal die Kontingenz aller Seienden in der Welt, sodann die Freiheit menschlicher und aller geschaffenen Personen. Beide können ausschließlich durch einen freien göttlichen Akt geschaffen werden, dessen ungeheure und unfassbare Macht bzw. Allmacht nicht den freien Willen des Menschen vernichtet oder unmöglich macht, sondern besonders angesichts der Schöpfung eines freien Wesens aufleuchtet und Bedingung und Ursache unseres freien Willens ist.

136 Soeren Kierkegaard, *Papirer* VII, I, 141 (Übers. v. Roos in: *Kierkegaard nachkonziliar* (Einsiedeln, 1967), S. 49–50.

KAPITEL 15

Wo war Gott in Auschwitz?
Kann ein unendlich guter Gott diese Welt voller Übel geschaffen haben?

Wo war Gott in Auschwitz? Noch dramatischer formuliert: Kann Gott existieren, da es Auschwitz gegeben hat?

Der Name Auschwitz steht hier nicht nur für ein einziges Vernichtungslager. Er steht für alles menschliche Leiden, alles moralisch Böse und alle Verbrechen der gesamten Menschheitsgeschichte.

Warum gleicht die Welt oft mehr der Hölle als dem Paradies? Steht der Glaube an einen guten und allmächtigen Gott nicht in klarem Widerspruch zur Realität der Übel, zu den ungezählten Tränen, Schreien und dem Gestöhn und unschuldigen Leiden der Menschheit und ist deshalb falsch?

Die Frage nach der Vereinbarkeit der Existenz Gottes mit der Wirklichkeit der Übel wurde schon im biblischen Buch Hiob leidenschaftlich gestellt, aber auch in der Moderne, in einer immer dramatischeren Tonart – zum Beispiel von Ivan Karamasow in Fjodor M. Dostojewskijs *Die Brüder Karamasow.* Viele jüdische Denker gingen so weit zu behaupten, dass man nach Auschwitz wegen der dort vorgefallenen schrecklichen Übel nicht mehr an Gott oder zumindest nicht an einen allmächtigen und guten Gott glauben könne.

So schreibt Robert McAfee Brown in seiner Einleitung zum Drama von Elie Wiesel, *The Trial of God (as it was held on February 25, 1649 in Shamgorod):*[137]

> *Als er fünfzehn Jahre alt war, befand sich Elie Wiesel in Auschwitz, einem Todeslager der Nazis. Ein Talmud-Lehrer freundete sich mit ihm an, indem er darauf bestand, dass sie, wann immer sie zusammen waren, den Talmud studieren würden …*

137 Robert McAfee Brown, Introduction to Wiesel, Elie. *The Trial of God*. Knopf Doubleday Publishing Group. Kindle-Version.

Eines Nachts brachte der Lehrer Wiesel ihn zurück in seine eigene Kaserne, und dort, mit dem Jungen als einzigem Zeugen, stellten drei große jüdische Gelehrte – Meister des Talmuds, der Halakhah und der jüdischen Rechtsprechung – Gott vor Gericht und hielten an diesem unheimlichen Ort »ein rabbinisches Gericht, um den Allmächtigen anzuklagen«. Der Prozess dauerte mehrere Nächte. Es wurden Zeugen gehört, Beweise gesammelt und Schlussfolgerungen gezogen, die schließlich in einem einstimmigen Urteil zusammengefasst wurden: Der allmächtige Gott, Schöpfer des Himmels und der Erde, wurde der Verbrechen gegen die Schöpfung und die Menschheit für schuldig befunden. …

Und dann, nach dem, was Wiesel als eine »Unendlichkeit der Stille« beschreibt, blickte der talmudische Gelehrte zum Himmel auf und sagte: »Es ist Zeit für das Abendgebet«, und die Mitglieder des Tribunals rezitierten Maariv, den Abendgottesdienst.[138]

Hans Jonas und Wiesels Lehrer und Freunde leugneten, dass Allmacht und Güte im Schöpfer vereint sein müssten, um von Gott reden zu können. Die »Gottesrichter«, von denen Wiesel erzählt, ziehen den entsetzlichen Schluss, dass der allmächtige Herr und Schöpfer böse, ja verbrecherisch ist, obwohl sie danach – widersinniger Weise – zu Ihm beten.

Jonas dagegen plädiert für einen guten, doch (freiwillig) in der physischen Welt »ohnmächtigen Gott«, an den allein man nach Auschwitz glauben könne.[139]

1. Gibt es einen Beweis gegen Gottes Existenz und Schöpfung der Welt aus der Existenz der Übel?

Eine Reihe von Atheisten haben versucht, die Existenz Gottes auf Grund der Übel mit Hilfe eines Syllogismus zu widerlegen, der auf der Erkenntnis beruht, dass Gott, wenn

---

138 Wiesel, Elie. *The Trial of God. A Play by Elie Wiesel* trans. Marion Wiesel, (New York: Schocken Books, 1979/1995), Kindle-Version, Einleitung von Robert McAfee (Übers. J.S.).

139 Hans Jonas, *Der Gottesbegriff nach Auschwitz. Eine jüdische Stimme*, 15. Aufl. (Berlin: eBook Suhrkamp Verlag, 2016).

er existiert, sowohl unendlich gut als auch allmächtig sein muss.

Sie wollen beweisen, dass Gott nicht existiert, weil ein höchstes Sein, in dem ein allmächtiger böser Wille bestünde, ebenso wenig Gott wäre wie ein guter, aber ohnmächtiger Gott. Darin stimme ich den Atheisten gegen Jonas und noch entschiedener gegen Wiesel zu.

Im Wesentlichen besagt der Atheismus-Beweis, dass jeder Theist drei Sätze für wahr halten muss, worin ich ganz ihrer Meinung bin, wie sich aus den Beweisen für die göttliche Schöpfung ergibt:

1. Ein allmächtiges Wesen existiert (Gott ist allmächtig).
2. Ein unendlich gutes Wesen existiert (Gott ist unendlich gut);
3. Übel existieren.

Das, was die Atheisten hinzufügen ist dies: der dritte Satz widerspricht zumindest einem der beiden vorhergehenden logisch. Mackie ist der Ansicht, dass diese drei Sätze auf der Grundlage des folgenden Syllogismus, der seiner Ansicht nach offensichtlich auf wahren Prämissen beruhe, widersprüchlich seien:

4. Ein gutes Wesen verhindert Übel immer, soweit es ihm möglich ist.
5. Es gibt keine Grenzen für das, was ein allmächtiges Wesen bei der Verhinderung von Übeln tun kann.
6. Daher würde ein gutes und allmächtiges Wesen alle Übel vollständig verhindern.

Wenn also Satz Nr. 3 über die Realität der Übel unbestreitbar wahr ist, müssten, falls die Sätze Nr. 4–6 wahr sind, entweder Satz Nr. 1 oder Nr. 2 oder sowohl 1 als auch 2 falsch sein. Daher existiert Gott, der, wenn es ihn gäbe, sowohl allmächtig als auch unendlich gut sein müsste, nicht.

Hinsichtlich des Fundaments dieses »Atheismus-Beweises« teile ich die Überzeugung: Nur ein zugleich unendlich guter und allmächtiger Gott und Schöpfer ist Gott.

Aber ist die logisch völlig schlüssige Argumentation (4–6) auch ein gültiger Beweis? D.h. verwendet sie nicht nur eine korrekte logische Argumentationsform, sondern beruht sie auch auf wahren Prämissen, die die Wahrheit der Konklusion beweisen?

Die vierte These, dass Gott (ein gutes Wesen) das Böse immer so weit wie möglich verhindert, ist keineswegs selbstverständlich und überdies unklar. Tatsächlich sind in diesem Satz # 4 drei ganz unterschiedliche Thesen impliziert, von denen zwei (4 A und 4 B) wahr sind, während die dritte (4 C), die dem Atheismus-Beweis zugrundeliegt, falsch ist:

4 A. Sicherlich ist der prinzipielle Wille, dass kein Übel geschehen soll, notwendig, um gut zu sein. In diesem Sinne können weder der gute endliche Mensch noch Gott Übel *wollen* und wollen sie Übel so weit wie möglich verhindern.

4 B. Sicherlich gehört zum guten Willen einer Person auch notwendigerweise der Wille, keine Übel zuzulassen, die sie verhindern kann, wenn sie nicht aus einem guten Grund zugelassen werden sollen.

Aus diesen beiden evidenten Wahrheiten leitet der Satz Nr. 4 seine ganze Plausibilität ab. Aus der *in Satz 4 implizierten* Wahrheit der beiden Sätze 4A und 4B kann man in der Tat ableiten, dass alle Übel, die Gott zulässt – oder als Strafe zufügt – nur aus einem guten Grund und um eines Wertes willen zugelassen werden können. Aber man kann weder aus einem noch aus beiden Sätzen 4A und 4B ableiten, dass der Satz 4C ebenfalls wahr ist:

4 C. Jede gute Person verhindert unter allen Umständen alle Übel, die zu verhindern sie die Macht hat.

Von einem guten Menschen ist es gewiss *nicht wahr*, dass dieser Mensch *alle Übel immer* und *um jeden Preis* verhindert, wenn dies in seiner Macht steht.

Eltern können voraussehen, dass dem ungehorsamen Kind Leid widerfahren wird, und es als Strafe oder als Mittel zur Erziehung des Kindes, oder auch einfach um der Achtung vor der Freiheit des eigenen Kindes willen zulassen, dass das Kind in seinem Ungehorsam ein Übel hervorruft, ohne das Übel dadurch zu verhindern, dass sie ihr Kind einsperren. Wir sind es oft dem Wert der Freiheit anderer Personen schuldig, diese zu respektieren, auch wenn sie ihre Freiheit eindeutig missbrauchen. Wenn daher die These, dass »eine gute Person gewillt ist, Übel *auf jede ihr mögliche Art und Weise* zu verhindern« bedeutet: »wann immer sie die Macht hat, ein Übel zu verhindern«, so trifft die vierte These *auf einen guten Menschen* nicht ausnahmslos zu.

Damit ist aber noch nicht die Frage beantwortet, ob die These (4C) von einem *allmächtigen* und *unendlich guten Gott* wahr sein müsste, dessen Existenz der Atheismus durch die Realität der Übel zu widerlegen behauptet. Denn es scheint, dass ein unendlich gutes und allmächtiges Wesen, im Unterschied zu menschlichen Eltern, absolut und immer jedes Übel verhindern kann und würde, eben weil es allmächtig ist.

Tatsächlich ist es jedoch in vielerlei Hinsicht noch schwieriger, die Behauptung, dass Gott »jedes Übel immer und unter allen Umständen verhindern muss, wenn Er gut ist« aufrechtzuerhalten, als dies von einer guten menschlichen Person zu behaupten.

Denn es mag erstens viele verborgene Gründe geben, warum eine weise und gerechte Person, die die Gesamtheit aller Seienden kennt, Übel geschehen lassen kann, deren positive Aspekte und Folgen nur sie vollständig kennt, während unsere menschliche Vernunft sie nicht erkennt. Zweitens können schon wir Menschen eine Reihe sinnvoller Gründe erkennen, die die Zulassung von Übeln rechtfertigen. Darauf werden wir ausführlich eingehen und dadurch zeigen, dass der Satz (4 C) falsch ist. Doch dürfen wir dies nicht dadurch tun, dass wir die immense Schwierigkeit, die Realität der Übel mit Gottes Existenz zu vereinbaren, durch oberflächliche oder brillante falsche Theorien aus der Welt wegdisputieren.

2. Die grauenvolle Wirklichkeit der Übel und vier gescheiterte Versuche, das durch Übel aufgeworfene immense Problem zu »zähmen«, dem Geheimnis der Vereinbarkeit der Übel mit Gott auszuweichen oder es ganz zu beseitigen

Unschuldige menschliche Leiden in ihren schrecklichsten und häufigsten Formen werden oft von moralisch bösen menschlichen Personen verursacht. Denken wir nur an die entsetzliche Tatsache, dass unzählige Kinder Opfer ungerechter Übergriffe, Morde und Grausamkeiten aller Art waren und sind und auf höchst verabscheuungswürdige Weise sexuellen Missbrauch erleiden.

Es gibt jedoch auch viele unschuldige Leiden, die nicht von Menschen verursacht werden, sondern durch Krankheit, Erdbeben, Hungersnöte und schließlich durch den Tod herbeigeführt werden. Auch leiden nicht nur Kinder unschuldig. Denken wir an die unverdienten Leiden eines gerechten Menschen wie Hiob und an die zahllosen unschuldigen Opfer von Kriegen und Gewalt. Wer kann begreifen, wie es mit Gottes Existenz vereinbar ist, von Menschen zugefügte Leiden und von Menschen begangene Gräueltaten zuzulassen? Und wer kann verstehen, wie ein guter Schöpfergott die Natur so ordnen konnte, dass sie Tod und zahllose menschliche Leiden verursacht?

Verschiedene Denker haben auf vier sehr unterschiedliche Arten versucht, entweder das gesamte Problem des Übels wegzudisputieren oder seinen Stachel auf eine Weise zu entfernen, die sich bei näherem Nachdenken als sehr unzureichend erweist:

1. Einige Relativisten erklären, dass das Übel nur eine »Existenz im Kopf« und nicht in der Wirklichkeit hat.
2. Andere, wie Augustinus und Thomas von Aquin, reduzieren die schockierende reale Existenz des Bösen, indem sie alle Übel auf eine Form des Nichtseins oder des Fehlens von Gütern reduzieren.
3. Wieder andere halten die Unmenge von Übeln mit der Existenz Gottes für vereinbar, weil die Welt in ihrer

Gesamtheit durch den Kontrast zwischen Gütern und Übeln, sowie zwischen Gut und Böse, angeblich schöner ist, als wenn es nur das Gute gäbe.

4. Eine Reihe von Philosophen, allen voran Leibniz, behaupten, dass alle Übel in der Welt zur »bestmöglichen Welt« gehören, weshalb eine Welt ohne diese Übel schlechter wäre als unsere gegenwärtige Welt.

Da die vierte Theorie die dritte enthält und nur deren Steigerung ist, werden wir im Folgenden nur die ersten beiden und die vierte behandeln.

A) Können wir das Problem des Bösen durch Relativismus beseitigen?

Die erste Art, das durch die Realität der Übel aufgeworfene Problem zu vermeiden, ist die Behauptung, weder Gut noch Böse, weder Übel noch Güter existierten unabhängig von uns. Gerade auf sie träfe die Aussage des Protagoras zu: »Der Mensch ist das Maß aller Dinge, der seienden, dass (wie) sie sind, und der nicht-seienden, dass (wie) sie nicht sind.«[140] Übel existierten nur nach den subjektiven Meinungen der Menschen, nicht in Wirklichkeit.

Diese Art und Weise, das Problem der Übel zu beseitigen, steht im Widerspruch zu der offensichtlichen Realität der Übel und zu der Tatsache, dass die Leiden und Schmerzen Unschuldiger nicht nur subjektiv als Übel vorgestellt werden, sondern sich in ihrer schrecklichen Existenz zeigen.

Selbst Denker, die im allgemeinen relativistische Ideen verteidigten, haben es nicht gewagt, die Realität und Objektivität aller Übel zu leugnen, indem sie zum Beispiel

---

140 Vgl. Platon, *Theaitetos*, S152a:

… Protagoras … sagt nämlich, der Mensch sei das Maß aller Dinge, der seienden, wie sie sind, der nichtseienden, wie sie nicht sind. Du hast dies doch gelesen?

Platon selbst setzt in den Gesetzen 716c–d dem *homo mensura* Satz des Protagoras, allerdings in einem anderen, ethischen Sinn, einen *Deus mensura* Satz (»Gott ist das Maß aller Dinge«) entgegen.

behauptet hätten, dass Auschwitz nicht wirklich schlecht gewesen, sondern nur von den Opfern der Nazis und deren Sympathisanten subjektiv so beurteilt worden sei. Hätten jedoch die Relativisten recht, gäbe es keine Übel wirklich und daher auch kein Theodizeeproblem.

Der ethische Relativismus lässt das Theodizee-Problem auch deshalb einfach verschwinden, weil er objektive Werte leugnet. Wenn jedoch Gerechtigkeit, Barmherzigkeit und Güte keine objektiven Werte wären, wie könnte man dann die Realität der Übel als Einwand gegen die Existenz Gottes benützen? Die relativistische »Lösung« ist total inadäquat: Übel bestehen eindeutig objektiv, sowohl in ihrer Natur als Übel, als auch in ihrer realen Existenz. Dasselbe ist vom Guten wahr.[141]

B) Sind Übel nur ein Mangel des Seins und Guten (eine privatio boni)?

Ist Schmerz nur die Abwesenheit eines Gutes? Welches Gutes? Der Lust? Sicherlich nicht; ein Schmerz im Trigeminus-Nerv z.B. kann so schlimm sein, dass er einen Menschen in den Selbstmord treibt. Könnte ein bloßer Mangel an Lustgefühlen im Zahn dies bewirken?

Die Theorie, dass das Übel überhaupt kein Wesen und keine Realität hat, sondern ein bloßer Mangel ist, kollidiert radikal mit all unserer Erfahrung. Wenn ein Arzt zu seinem schrecklich leidenden Patienten sagt: »Dein Schmerz existiert überhaupt nicht, nur deine Lust und Deine Freuden, die Du jetzt nicht fühlst, haben existiert«, würde dieser Patient dann nicht wütend auf seinen Arzt werden? Ist es nicht offensichtlich, dass Schmerz und Krankheit genauso real sind wie Lust und Gesundheit?

---

141 Zu einer ausführlichen Widerlegung des allgemeinen und des Wertrelativismus vgl. Dietrich von Hildebrand, *Ethik,* in: Dietrich von Hildebrand, *Gesammelte Werke,* Band II (Stuttgart: Kohlhammer, 1973), Kap. 9. Vgl. auch Josef Seifert: *Der Widersinn des Relativismus: Befreiung von seiner Diktatur*. (Mainz: Patrimonium-Verlag, 2016), *Der Streit um die Wahrheit,* zit.

Ist nicht das moralische Übel der Folterung und Ermordung von Häftlingen ebenso real wie Maximilian Kolbes edles Opfer des eigenen Lebens? Eine freie böse Tat ist niemals etwas nur Erlittenes, wie der Mangel an Sehvermögen; schon deshalb fällt die Bosheit menschlicher Handlungen nicht unter die Kategorie der *privatio*.

Führen wir uns ferner den Unterschied zwischen einem realen und einem bloß fiktiven, einem nur eingebildeten oder einem möglichen Übel vor Augen! Die heftigen Schmerzen, die Don Quijote erleidet, wenn er im unsterblichen Roman von Cervantes mehrmals zusammengeschlagen wird, sind nicht wirklich; sie kommen in keiner realen Person in der realen Welt vor; sie existieren nicht. Niemand fühlt diese Schmerzen wirklich. Dasselbe gilt für mögliche Schmerzen. Kein Mensch auf der Welt leidet unter möglichen Schmerzen. Aber wirklicher Schmerz existiert offensichtlich. Dasselbe ist von der bodenlosen Bosheit Jagos in Shakespeares und Verdis *Othello* wahr. Weder seine Bosheit und teuflischen Sünden noch die schrecklichen und tragischen Folgen derselben existieren wirklich.

Wenn sie aber existieren, ist die Realität von Übeln wie Leiden, Verzweiflung und vor allem jedes moralisch Bösen so groß, dass diese Übel alles Gute in einem Seienden überschatten und in gewissem Sinne eine größere Negativität als alles Gute in ihnen bewirken können, so sehr, dass ein moralisch böser Teufel oder Mensch (zumindest wenn er ewig im Bösen verharrt) eben nicht mehr überwiegend gut, sondern böse ist.

Es ist überraschend, dass die Hauptvertreter der privatio-Theorie des Übels christliche Philosophen waren, die glauben, dass es in der Hölle ewige moralisch böse Flüche und Hassausbrüche gegen Gott und unbeschreiblich schreckliche Leiden gibt. Aber wenn es die Hölle gibt, wird es dann nicht nur auf dieser Welt, sondern auch nach deren Ende eine eschatologische Realität der schrecklichsten Übel geben, auch wenn diese ganz in eine siegreiche Ordnung der Wahrheit, Gerechtigkeit und Liebe eingebunden und der eschatologischen Siegesmacht des Guten ganz unterworfen und in das am Ende ohnmächtige Reich der Finsternis verbannt sein werden?[142]

i) Verzweiflung und eine Realität des Bösen, die sich nicht auf das Fehlen des Guten reduzieren lässt

Der verzweifelte Mensch erlebt auf schrecklich drastische Weise das Ausmaß der immensen Realität der Übel. Ein ewig verdammter und verzweifelter Mensch will verzweifelt nicht sein, und nicht das Selbst sein, das er ist. So zeigt uns die Verzweiflung deutlich, dass das Übel sehr real und nicht nur eine Abwesenheit von Sein und Gutheit ist. Hass ist nicht einfach der Mangel an Liebe, Schmerz nicht der Mangel an Lust.

Wenn das Übel nur die Abwesenheit eines Guten wäre, wäre alles unvergleichlich mehr gut als schlecht, solange es existiert. Aber dies ist offenkundig nicht der Fall:

Ja, das Übel kann es wünschenswert machen, dass ein menschliches Leben ende, anstatt weiter zu dauern. Wer von uns will aus freien Stücken weiterleben, wenn er ewig von unerträglichen Schmerzen und Leiden aller Art gequält wird? Wie kann ein solches Übel nur das Fehlen eines Gutes sein?

Noch ein Argument für gläubige Juden und Christen gegen die *privatio-Theorie:* Angesichts der moralischen Bosheit der gesamten Menschheit, so sagt uns die Schrift, wollte Gott die ganze Menschheit durch die Sintflut auslöschen. Hätte er das getan, wenn alles und das einzige, was in den Menschen reales Sein hatte, gut war? Gott, wie die Bibel uns berichtet, führte diesen Plan weitgehend aus, indem er nur eine Handvoll Menschen auf Noahs Arche rettete und am Leben ließ.

Also zumindest, wenn moralische Übel von der göttlichen Gerechtigkeit losgelöst betrachtet werden, wäre

142 Josef Seifert, »Salvezza e condanna come problemi filosofici: riflessione sul Gorgia di Platone«, *Revista Teologica di Lugano* III, 2 (1998), 265–289.

es sogar besser, die Menschen, die sie begehen, würden gar nicht leben oder wären nie geboren. Das könnte nicht wahr sein, wenn die Übel nur ein Fehlen des Guten wären.

ii) Ist es wahr, dass jedes Seiende entweder Gott oder von Gott geschaffen ist und dass das Böse deshalb nicht wirklich existiert?

Die These, dass alles, was Sein hat, entweder Gott ist oder von ihm erschaffen wurde und daher gut ist, ist vielleicht der stärkste Grund für die *privatio-Theorie* des Bösen. Aber ist diese These wahr? Gibt es nicht viele Artefakte und Werke, Maschinen und Kunstwerke, die Substanzen sind, und noch mehr Akzidentien, wie freie Akte und Handlungen, die von Menschen, und nicht von Gott hervorgebracht wurden? Wenn Gott der Schöpfer all der Irrtümer, hässlichen und gemeinen Werke und Taten wäre, die vom Menschen verursacht sind, wäre er überhaupt nicht Gott.

Sicherlich, Menschen können ihre Werke weder aus dem Nichts erschaffen, noch sie im Sein erhalten. Auch existiert kein Mensch durch sich selbst, noch können andere Menschen seine letzte Ursache sein. Aber wenn ein Mensch und bestimmte Bedingungen einmal existieren, kann er viele Dinge herstellen und verändern und eine Fülle von Akten vollziehen und die Welt beeinflussen.

Indem Gott uns frei geschaffen hat, hat er uns zu einem wahren Abbild seiner selbst gemacht, dessen freies FIAT uns aus dem Nichts ins Sein ruft. Somit ist auch der Inhalt der freien Handlungen nicht direkt von Gott geschaffen, sondern Gott gibt uns die Macht, sie kraft eines eigenen freien *Fiats* ins Leben zu rufen oder sie zu unterlassen.

Aristoteles nennt den Menschen, der den freien Willen besitzt, den »Herrn über das Sein und Nichtsein seiner Handlungen«.[143]

---

143 *Eudemische Ethik*, II.vi.8–9; 1223 a 3 ff. Siehe auch Aristoteles, *Nikomachische Ethik*, III; und *Magna Moralia*, 87 b 31 ff., insbesondere 89 b 6 ff.

Dies gilt auch für die vielen Dinge, die wir machen, schaffen oder bewirken können. Sie existieren durch uns, und sie können gut oder schlecht sein.

iii) Viele Einsichten, die in der Privatio-theorie des Übels enthalten sind

Obwohl die *Privatiotheorie* also irrt, wenn sie den Übeln jedes Sein abspricht, sind viele wichtige Einsichten in dieser Doktrin enthalten:

1. Das Übel ist in der Tat *oft* auf ein »auffälliges Fehlen von etwas Gutem« zurückzuführen. Blindheit ist das Fehlen des Sehvermögens, Taubheit das Unvermögen des Hörens in einem Wesen, das zum Sehen und Hören bestimmt ist. Allerdings ist das Erleiden der Blindheit oder Taubheit keineswegs auf das Fehlen der Sehkraft oder des Gehörs reduzierbar, wie Beethovens *Heiligenstädter Testament* erschütternd belegt.
2. Selbst Übel, die *nicht* in der Beraubung eines Gutes *bestehen*, implizieren immer einen Mangel des »angemessenen Gutes«. Im Hass fehlt uns auch die Liebe, in der Verzweiflung die Hoffnung.
3. Böses, das nur in Personen zu finden ist, existiert zwar wirklich und ist nicht nur ein Mangel des Guten, aber es »schmarotzt« dennoch von Gütern. Jedes Böse setzt notwendigerweise etwas Gutes voraus und ist »parasitär« im Verhältnis zu Gütern, aber es gibt viele Arten, in denen das Übel ein Gut voraussetzt. Mangel ist nur einer von ihnen:

A. Das sittlich Böse besteht in einem unangemessenen Verhältnis zwischen einem *Akt* des Verstandes und des Willens und einer Wahrheit oder einem Gut *auf der Objektseite des Akts*. Das Übel eines Mangels an höherer Intelligenz ist nicht das schlimmste Übel. Das teuflische und luziferische Übel geht von einer Person aus, die im Besitz der höchsten Fähigkeiten ist, die je ein Geschöpf besessen hat. Das Böse besteht nicht in einer Beraubung eines Guten, sondern in einem freien und bewussten Angriff gegen es oder sich Abwenden von ihm.[144]

B. Auch das Übel des *Missbrauchs* einer guten Fähigkeit gegen ihren eigentlichen Sinn und Zweck setzt deren Gutheit voraus, unterscheidet sich jedoch von einer *privatio boni.*

C. Jedes Übel setzt Werte in seinem Subjekt voraus und ist umso größer, je höher der Wert des Subjekts ist: *corruptio optimi pessima*. Das Übel der Verderbtheit einer Person setzt deren Wert voraus usw.

D. Eine Substanz als solche kann nicht böse oder unwertig sein. (Wir erkennen allerdings den Wert jeder Substanz in der Welt nicht a priori, sondern nur aus der Beobachtung der Ordnung und Vollkommenheit der Natur. Dass eine Substanz als solche nie unwertig sein kann, gilt nur in einer von Gott geschaffenen Welt. Stellen wir uns einen Moment vor, dass ein dämonisch böser Gott oder ein böser »Weltwille« der Schöpfer der Welt wäre[145]. Hier findet unsere Vorstellungskraft für böse Erfindungen keine Grenzen: Man stelle sich vor, alle Wesen wären wie die Kreaturen der schlimmsten Horrorfilme. Man stelle sich vor, alle Tier wie auch alle Menschen wären Monster, blutsaugende Vampire und noch unvorstellbar grausamere und bösere Kreaturen. Alle Pflanzen und Tiere würden die Menschen schon bei der Geburt vernichten, menschliche Arme würden aus unserem Kopf wachsen, und der gesamte menschliche Körper wäre noch schrecklicher und teuflischer entstellt, als Hieronymus Bosch sich die Höllenwesen vorgestellt hat. In einer solchen Welt gäbe es böse Wesen, böse Erfindungen

144 Zur These, dass Übel als solches eine *privatio* ist, siehe Patrick Lee, »Evil as such as a Privation«, 2007, *American Philosophical Quarterly*, vol. 81, No. 3, pp. 469–488. Zur Widerlegung dieser These siehe John F. Crosby, »Doubts about the Privation Theory of Evil That Will Not Go Away: Response to Patrick Lee«, *American Catholic Philosophical Quarterly*, vol. 81 (2007), No. 3, 489–505.

145 Ein solcher Glaube fand seinen stärksten künstlerischen Ausdruck in der Arie »Credo in un Dio crudel« von Jago in Giuseppe Verdis *Othello*.

eines dämonischen Schöpfers, gerade so wie es tatsächlich üble Bücher, Filme und hässliche »Kunstwerke« gibt.

E. Je realer das Böse ist, desto mehr ist es aber dem Sein im tiefsten Sinne und dem Grund des Seins entgegengesetzt. Denn gerade der Wert, das Gute, ist die tiefste Dimension des Seins. Das Übel, je mehr es wirklich in der Welt existiert, ist deshalb in gewissem Sinne ein noch tieferes Nichtsein als die bloße Abwesenheit des Seins, da es nicht sein *sollte* und keine »*Seinsberechtigung*« besitzt.[146]

F. Es kann kein absolutes, kein unendliches Böses geben.[147]

G. Das Böse kann seinen Ursprung und seine Ursache nicht in Gott haben, sondern hat seinen letzten Ursprung im Missbrauch des freien Willens durch eine Kreatur. Diese Einsicht gründet einerseits im Wesen Gottes als *id quo maius nihil cogitari possit* und andererseits auf der Einsicht, dass ein unendlich guter Gott nichts Böses tun oder verursachen kann.

H. Die Übel können aus all diesen Gründen am Anfang der Schöpfung nicht existiert haben. Die Schöpfung ist gut.

I. Es gibt kein Übel, das nicht für das Gute benutzt werden kann. Ein guter Gott würde kein Übel zulassen, das nicht irgendwie – meist auf für uns unverständliche Weise – in einen Plan des Guten integriert werden könnte (Göttliche Vorsehung).

J. Das Böse wird am Ende nicht triumphieren, sondern dem Guten unterworfen sein.

So sind in der These, dass das Übel ein Mangel des Seins und des Guten ist, sehr viele Einsichten enthalten, auch wenn ihre Grundaussage, streng genommen, falsch ist.[148]

---

146 Cf. Josef Seifert, »Die verschiedenen Bedeutungen von ›Sein‹ – Dietrich von Hildebrand als Metaphysiker und Martin Heideggers Vorwurf der Seinsvergessenheit«, zit.

147 Siehe Augustinus, *Confessiones*, VII, 6 [CCL 27 S. 96/21] *Corpus Augustinianum Gissense* a C. Mayer editum].

148 Viele dieser Einsichten finden sich auch in Antonio Rosminis *Theodicy: Essays on Divine Providence*. Translated with some omissions from the Milan Edition of 1845, (New York, Bombay and

C) Leben wir in der »bestmöglichen Welt«? Die Argumentation von Leibniz

Leibniz argumentiert: Wenn Gott die Welt regiert und erschafft, muss dieser letzte zureichende Grund für alles nicht nur ein guter, sondern der bestmögliche Grund und muss daher die Welt die bestmögliche sein.

Die Frage nach dem, was als Grund *ausreicht,* ist sehr stark von der Struktur des Universums abhängig. Wenn *per impossibile* blinde Naturkräfte die absolute Quelle von allem wären, würde sehr wenig (nur irgendeine blinde Wirkursache, die von keinem Zweck, Prinzip oder Gesetz geregelt würde, wie die Evolutionstheorie dies annimmt) als *zureichender Grund* für die Existenz des Universums ausreichen. Wenn aber ein allwissendes und unendlich gutes Wesen existiert und Schöpfer des Universums ist, ist ein *überaus guter* Grund als Bedingung dafür verlangt, dass etwas Übles zugelassen wird, wie schon Aristoteles sagt.

Leibniz argumentiert sehr plausibel: Welch eine Anmaßung zu behaupten, dass wir sehen könnten, auf welche Weise das Universum als Ganzes besser hätte sein können, ohne Gott zu beleidigen und die Unendlichkeit seiner Güte, Weisheit und Macht zu bestreiten!

Übel gibt es sozusagen nur auf einer ersten Ebene; wenn wir uns auf die Metaebene der Welt als Ganzes begeben, sind keine Übel denkbar. Daher hat Gott die bestmögliche Welt geschaffen; wir erleben sie nur nicht als solche, weil wir nicht das Ganze sehen können.

i) Die Probleme mit dieser These sind jedoch viele:

1. Die Idee der »bestmöglichen Welt« birgt einen Widerspruch in sich, weil die Verwirklichung des absoluten Maximums innerhalb einer notwendigerweise endlichen Welt wesensunmöglich ist. Etwas zu sein, worüber hinaus *ein Größeres und Besseres* unmöglich und undenkbar ist, ist nur eine göttliche Vollkommenheit. Nur

Calcutta/London: Longmans, Green & Co./Paternoster Row: 1912).

innerhalb streng definierter Grenzen ist es möglich, die »beste Lösung« eines Problems zu haben oder den bestmöglichen Zug auf dem Schachbrett zu machen. Aber sobald wir an die endlichen Verkörperungen *reiner* Vollkommenheiten denken, ist kein »*absolutes Maximum*« innerhalb eines notwendigerweise *endlichen* Wesens möglich. Das *absolut Bestmögliche* zu sein ist daher niemals eine Vollkommenheit der Welt, sondern eine ausschließlich göttliche Vollkommenheit.

Da es keine von einem endlichen Gut ausgehende moralische Notwendigkeit gibt, das Allerbeste zu tun, was man tun kann, ist eine Einschränkung der Schönheit eines Werkes oder des Wertes eines Geschenks überhaupt kein guter Grund, einem Geber Vorwürfe zu machen. Wer würde es wagen, ein Geschenk, das uns in Liebe gegeben wurde, abzulehnen, weil ein noch größeres Geschenk *hätte* gemacht werden *können*? Genauso wenig ist es ein Vorwurf gegen Gott zu sagen, dass die Welt, soweit sie in seiner Schöpfung entspringt, wunderbar und gut ist, dass aber seine Allmacht Zahl und Maß ihrer Vollkommenheit bestimmt hat, ohne dass Gott unfähig gewesen wäre, noch Besseres zu schaffen.

2. Diese Welt ist ein solches Tal der Tränen und der moralischen Perversionen, dass sie sicherlich nicht die »bestmögliche Welt« und nicht einmal ein Paradies ist.[149]
3. Alle freien Wesen tragen eine große Mitverantwortung für den Zustand der Welt. Wenn Gott keine Marionetten, sondern freie Menschen und Engel erschaffen hat, widerspricht die These von der »bestmöglichen Welt« der Rolle, die diese Personen haben, um diese Welt zu einer guten zu machen.

---

149 Angesichts dieser Erfahrungen, und erschüttert durch die ungeheure Zahl der Übel, die 1775 durch das große Erdbeben in Lissabon hervorgerufen wurden, verhöhnte Voltaire in seinem Roman *Candide* Leibniz' These von der bestmöglichen Welt (des »metaphysischen Optimismus«) und führte stattdessen die These der »schlechtestmöglichen Welt« ein.

In einer Welt der Personen macht die Realität jedes moralischen Übels es falsch zu behaupten, dass wir in der »bestmöglichen Welt« leben. Wenn die Welt trotz unserer Sünden die bestmögliche bliebe oder gar durch sie zur bestmöglichen würde, käme man zu einem absurden Dilemma:

(A) Entweder wäre das moralisch Böse absolut notwendig, um die bestmögliche Welt zu realisieren, und Gott wäre vom Bösen abhängig, um das Bestmögliche zu schaffen;

(B) Oder die Welt wäre »die bestmögliche«, ganz unabhängig davon, ob wir gut oder böse wären, ob wir alle wie Mutter Theresa oder wie Hitler und Stalin handeln, Dummes oder Kluges, Wahres oder Falsches denken oder schreiben würden.

Die erste Option (A) würde implizieren, dass vor den von uns verwirklichten moralischen Übeln nur geringere Güter existieren konnten, als nachdem wir Böses getan haben. Dies würde dem Bösen eine metaphysische Macht und eine Notwendigkeit verleihen, die offensichtlich nicht zum Bösen gehören kann. Nach der bestmöglichen Welttheorie würde, wie Leibniz behauptet, die Welt aufhören, die bestmögliche zu sein, wenn auch nur etwas von allem Bösen, das in ihr begangen wird, fehlen würde:

> *Wenn also das kleinste Übel* [129], *das sich in der Welt ereignet, in ihr fehlen würde, dann wäre es nicht mehr diese Welt, die, nichts ausgelassen und alles berücksichtigt, von dem Schöpfer, der sie gewählt hat, als die beste befunden wurde.*[150]

Gott würde durch den Mund des »Propheten Leibniz« sagen: »Wenn ihr wollt, dass diese Welt die bestmögliche sei, begeht alle Sünden und Verbrechen, die zum Himmel schreien, so wie ihr sie jetzt begeht! Gehorcht meinem Willen und meinen Geboten nicht! Denn wenn Ihr das tä-

150 Leibniz, *Theodizee. Aufsätze über die Güte Gottes, die Freiheit des Menschen und den Ursprung des Bösen*, C.J. Gerhardt (Hildesheim: G. Olms, 1965), in 7 Bänden, Bd. VI, S. 21–471, 128–129.

tet, wäre die Welt als Ganzes schlimmer dran, als sie jetzt mit dem Ozean Eurer bösen Taten ist! Wenn ich vorhergesehen hätte, dass Ihr mir gehorchen würdet, dann wärt Ihr nicht Teil der bestmöglichen Welt gewesen, und ich hätte Euch nicht erschaffen, weil ich, Eure Sünden von Ewigkeit her kennend, wusste, dass die Welt als Ganzes ohne Eure Sünden schlimmer wäre! Welch seltsame Worte würde Gott durch den Mund eines »Leibnizäischen Propheten« zu uns sprechen! Wie würde sich doch die Stimme dieses Propheten von der der alten Propheten unterscheiden!

In der zweiten Alternative (B) behauptet man, dass, gleich wie groß die Menge moralischer Übel in der Welt ist, der Wert des Ganzen nicht im geringsten geschmälert wird.

Das Gegenteil ist jedoch offensichtlich: Jede böse Tat macht die Welt weniger als die »bestmögliche Welt«. Wäre es anders, wäre es für den Wert der Welt als Ganzes irrelevant, ob einige oder gar alle geschaffenen Personen zu bösartigen Teufeln würden, indem sie sich weigerten, das Gute zu wählen und heilig zu werden. Doch dies widerspricht schlichtweg allen Einsichten. Eine Welt, in der Gerechtigkeit und Nächstenliebe herrschen, wäre sicherlich eine bessere Welt als unsere Welt, in der Sünde, Geiz, Streit und moralische Übel in Fülle vorhanden sind.

So ignoriert Leibniz den Beitrag endlicher Personen durch den guten Gebrauch ihres freien Willens zu einer besseren Qualität der Welt als ganzer.

4. Die These von der »bestmöglichen Welt« verneint ferner auch die göttliche Wahlfreiheit in der Schöpfung und frei gewährten Gnaden, die nicht aus Notwendigkeit erfolgen. Gott schuldet uns weder unser Dasein noch frei gegebene Gaben.
5. Wenn Gott notwendigerweise die beste aller möglichen Welten erschaffen müsste, würde ein eiskaltes Bestmögliche-Welt-Kalkül bestimmen, ob ein Übel geschieht oder ein Gut gewährt wird. Es wäre sinnlos, für die glückliche Rückkehr des Ehepartners aus einem Krieg oder dafür zu beten, dass einem ein Kind ge-

schenkt wird usw., denn die Welt wäre einfach so wie sie ist; nichts könnte geschehen, was nicht Teil des notwendigen Ganzen der bestmöglichen Welt wäre.

Das Gebet »libera nos de malo« (befreie uns vom Bösen) hätte keinen Sinn, weil alle Übel ein unverzichtbarer Bestandteil der »bestmöglichen Welt« wären.

Und es hätte noch weniger Sinn, Gott für irgendein Geschenk zu danken, denn die logische Maschinerie der bestmöglichen Welt hätte diese Gabe sozusagen ausgespuckt. Bittgebete und Dankgebete verlören ihre metaphysische Grundlage.

Ja, wenn ein Mensch, der weder dankbar ist noch Gott um Gutes bittet, dankbar wäre oder demütig Güter erbäte, wäre die Welt als Ganzes schlimmer, als sie es mit seiner bösen Haltung der Undankbarkeit und des Stolzes ist. Die erstaunliche Schlussfolgerung: Würde der Welt das kleinste wie das größte Übel fehlen, wäre die Welt als Ganzes schlechter.

Dieser Konsequenz versucht Leibniz auszuweichen. Gott, der von Ewigkeit her alle menschlichen freien Handlungen und alle Gebete, die an ihn gerichtet werden, kennt, würde sie in seiner Weisheit einberechnen und als Teile der bestmöglichen Welt wollen.

Auch wenn alle Güter, die Gott uns gibt, notwendiger Teil der bestmöglichen Welt sind, und Er nicht umhin konnte, sie zu geben, schulden wir Ihm nach Leibniz Dank für seine Gaben, obwohl Er sie, als Teil der bestmöglichen Welt, uns nicht hätte vorenthalten können.

Trotz ihrer Brillanz und ihres Einfallsreichtums untergräbt diese Lehre von Leibniz die Ethik und eine vernünftige Metaphysik. Es gäbe letztlich nichts, was sein sollte, aber nicht ist.

6. Diese These verwechselt ferner den schöpferischen mit dem freien gebietenden und dem bloß zulassenden Willen Gottes: »Alles, was tatsächlich geschieht, ist das, wovon Gott wirklich will, dass es geschieht«. Das trifft auf den Willen Gottes zu, der das Böse zulässt, aber dieses

Böse hört nicht auf, dem wahren Willen Gottes zu widersprechen, der das Gute und unsere Heiligung ist.

Diese Verwechslung des heiligen und wahren Willens Gottes (*haec est voluntas Dei: sanctificatio vestra)* mit dem zulassenden, gegen den niemand handeln kann, ist eine weitere verheerende anti-personalistische Konsequenz von Leibniz' Sichtweise.

ii) Gibt es Irgendetwas »Bestmögliches« auf der Welt?

Aus der Kritik an der Leibniz'schen-These folgt nicht, dass jeder Sinn des »Bestmöglichen« aus der Welt verbannt werden soll. Im menschlichen Bereich kann man das wahre und vollständige Geschenk des Selbst in der reinen Liebe ein Geschenk nennen, zu dem es kein größeres seitens einer menschlichen Person gibt.

Religiös und viel absoluter gesprochen erlaubt dem Christen die Selbsthingabe des Gottmenschen für uns zu sagen, dass »dies wirklich das größte denkbare Geschenk« ist und es ein Größeres nicht geben kann. Aber gerade dieses Geschenk ist dem christlichen Glauben nach »frei gegeben«.[151]

3. Wenn jedoch die Übel wirklich existieren, wie lässt sich ihre Realität mit der Existenz Gottes vereinbaren?

Wenn alle Versuche, die Realität des Bösen zu leugnen oder zu verharmlosen, scheitern, stellt sich die Frage, wie die Realität der Übel mit der Existenz Gottes vereinbar ist, noch viel drängender als wenn eine der genannten Theorien stimmte.

---

151 Ohne den freien und unentgeltlichen Charakter des Geschenks der Erlösung zu leugnen, entwickelt doch Anselm von Canterbury in seinem *Cur deus homo?* eine Art »vorleibnizisches« Argument dafür, dass die Erlösung des Menschen angesichts der Unendlichkeit der Güte Gottes notwendig ist. Siehe z.B. ebd., Buch I, Capitulum XXV: *Quod ex necessitate per Christum salvetur homo.* Anselm von Canterbury (Aosta*), S. Anselmi Opera Omnia,* zit., Band 2, S. 94 ff., insbesondere ebd., S. 96.

Denn gerade auf dem Boden der schrecklichen Realität der Übel in der Welt fußen die atheistischen Einwände gegen die Existenz Gottes.

Wir stehen hier zweifellos nicht vor einem bloßen Problem, sondern vor einem tiefen Geheimnis und vor einem von der menschlichen Vernunft nicht vollständig lösbaren Rätsel.[152] Dennoch ist eine philosophische Antwort, soweit sie menschlicher Vernunft zugänglich ist, von größter Bedeutung auch für Menschen, die aus ihrem religiösen Glauben heraus eine viel umfassendere Antwort zu haben meinen.[153]

Eine erste philosophische Antwort auf dieses immense Problem ist diese: Wenn Gott und die Realität der Übel mit Evidenz erkannt werden, müssen sie miteinander vereinbar sein, auch wenn wir nicht begreifen können, wie.

Die Unbegreiflichkeit und sogar die *scheinbare Unvereinbarkeit* der Realität der Übel mit Gott ist keine Widerlegung der Existenz Gottes. Denn während die Argumente für die Existenz Gottes auf Prämissen beruhen, die einleuchtend und unzweifelhaft sind, haben wir keine vergleichbaren Beweise, ja überhaupt keine Beweise dafür, dass *es eine absolute Unvereinbarkeit zwischen der Existenz Gottes und der Realität der Übel gibt.* Es ist vielmehr nur zutiefst *unverständlich, wie sie miteinander vereinbar sind.* Aber *nicht zu wissen,* wie etwas vereinbar sein kann, ist etwas ganz anderes als *zu wissen, dass es unvereinbar ist.*

Ja, da diese beiden Wahrheiten evident sind, *müssen* sie auch miteinander kompatibel sein, denn es kann nichts Wahres geben, was einen Widerspruch zu etwas anderem

152 Vgl. Gabriel Marcel, *Das Geheimnis des Seins* (2 Bde). Wien 1952; John Henry Cardinal Newman, *Parochial and Plain Sermons,* in: Newman, *Predigten,* Deutsche Gesamtausgabe, Bd. 4 (Stuttgart, 1961), S. 319. Zur Unterscheidung zwischen Aporien (natürlichen Geheimnissen), (scheinbaren) Antinomien und logischen Paradoxen vgl. Josef Seifert: *Überwindung des Skandals der reinen Vernunft. Die Widerspruchsfreiheit der Wirklichkeit – trotz Kant* (Freiburg/München: Karl Alber, 2001).

153 Siehe Antonio Rosmini-Serbati, *Theodicy,* zit. S. 4.

Wahren in sich schließt. Wenn Schwierigkeiten vorliegen, zwei mit Gewissheit erkannte Wahrheiten miteinander in Einklang zu bringen, könnten wir uns auf das Prinzip von John Henry Cardinal Newman berufen: »10.000 Schwierigkeiten rechtfertigen nicht einen einzigen Zweifel« (an etwas zweifellos Gewissem). Auch Descartes hat Ähnliches formuliert.[154]

4. Gute Gründe für die Zulassung von Übeln

Abgesehen von vielen Gründen für das Zulassen von Übeln, die jenseits dessen liegen, was wir mit rationalem Wissen allein verstehen können, gibt es aber auch unserem Verständnis gegebene Gründe dafür, dass Gott Übel zulässt. So müssen wir uns nicht mit dem Eingeständnis unseres Nichtbegreifens begnügen.

A) Das hohe Gut des freien Willens in Verbindung mit der Wahl zwischen Gut und Böse

Da ist zunächst einmal das hohe Gut des freien Willens. Die Freiheit ernst zu nehmen und zu respektieren trägt einen Wert in sich, der allein ausreichen würde, um das Auftreten des Bösen in der Welt zu rechtfertigen, denn nur durch freie Handlungen können moralische Werte, die höchsten Werte, die Mensch und Engel besitzen können, verwirklicht werden.

B) Der Wert freier menschlicher Entscheidungen für das Gute in dem »Halbdunkel« dieser Welt

Es gibt ferner erhabene Werte, die mit der irdischen Situation der freien Wahl kontingenter Personen zwischen Gut und Böse in einem »Halbdunkel« verbunden sind: insbesondere das Verdienst moralisch guter Taten, die in einer solchen Situation vollbracht werden, in der wir Böses tun könnten und dennoch Gutes tun.

---

154 René Descartes, *Principia philosophiae*, in: *Oeuvres de Descartes*, publiées par Charles Adam et Paul Tannery (Paris: Librairie Philosophique J. Vrin, 1982), Vol. VIII–1, Teil I, 41–42, ebd., S. 235–236.

Dieser hohe Wert aber birgt, wenn die Entscheidungsfreiheit, selbst wenn sie missbraucht wird, ernst genommen wird, die Gefahr des moralisch Bösen und vieler anderer möglicher intellektueller und moralischer Übel des Irrtums und verschiedener Formen der sittlichen Wertblindheit[155]. Alle diese Übel gehen letztlich auf den Missbrauch des Willens zurück.

Dass die freie Wahl für das Gute von so erhabenem Wert ist und fast zwangsläufig die reale Möglichkeit des Bösen impliziert, kann erklären, warum Gott das Risiko eingegangen ist, endliche freie Personen zu schaffen.[156]

C) Mysteriöse Gerechtigkeit?

Vielleicht sind die moralischen Werte, die in einer solchen Situation des Halbdunkels und der Wahlfreiheit geboren werden, sogar notwendig, damit ein erschaffener Geist sein letztes Ziel im Einklang mit der Gerechtigkeit erreichen kann. Andernfalls wäre Gott vielleicht ungerecht, wenn er den endlichen Geist sofort in eine ewige Schau des Guten versetzen würde.[157] *Ta kalá chalepá* (das Schöne ist schwer), sagen die Griechen. Vielleicht muss deshalb das Schönste gegen Gefahren und Versuchungen mühevoll errungen werden.

---

155 Vgl. Dietrich von Hildebrand, *Sittlichkeit und ethische Werterkenntnis. Eine Untersuchung über ethische Strukturprobleme*, 3., durchgesehene Auflage (Vallendar-Schönstatt: Patris Verlag, 1982).

156 Siehe Cornelio Fabro, *L'uomo e il rischio di Dio* (Roma: Editrice Studium, 1967).

157 Aus christlicher Sicht kann dieses Argument, dass die göttliche Gerechtigkeit vor dem Eingehen einer Seele in den Himmel eine Prüfung auf Erden erfordert, angesichts der Tatsache, dass auch Säuglinge, zumindest getaufte Säuglinge, in den Himmel kommen werden, nur auf die Menschheit als solche und unter normalen Umständen zutreffen, aber nicht auf jeden individuellen Menschen.

D) Der Wert der Macht des freien menschlichen Willens, ausserhalb seiner selbst zu wirken

Es gibt zwei Vollkommenheiten des menschlichen Willens: die Freiheit der inneren Antwort, eines freien »Ja« oder »Nein«, und die Freiheit, Sachverhalte in der Welt zu verwirklichen.[158]

Ein hoher Wert, der mit der menschlichen Freiheit verbunden ist, gründet darin, dass wir nicht nur innerlich freie Antworten geben, sondern auch Werke vielerlei Art hervorbringen und viele Sachverhalte verwirklichen können: Wir können Städte bauen, uns um Arme kümmern, andere unterrichten, Forschungsergebnisse publizieren usw.

Aber diese Macht des freien Willens, die zum Guten gegeben wird, kann zur Verwirklichung von Übeln eingesetzt werden: nicht nur des Übels des bösen Willens als solchen, sondern auch des Missbrauchs der Macht dieses Willens über andere und über Zustände in der Welt, wie die Opfer von Verbrechen oder Kriegen sie erleiden.

Die Freiheit ernst zu nehmen, birgt nicht nur die Gefahr des moralischen Übels, sondern auch die des unschuldigen Leidens, der Verführung und vieler weiterer Übel in sich. Wir wollen nicht wie Marionetten gegängelt werden, nicht sofort eingeschläfert oder gar gelähmt werden, wenn wir eine böse Tat begehen wollen. Und dies ist nicht nur ein subjektiver Wunsch unsererseits, der sich einer solchen Versklavung widersetzen würde. Vielmehr verlangen dies die Würde und Ernsthaftigkeit der Kreatur und der Wert ihres freien Willens.

158 Siehe Thomas von Aquin, *Summa Theologica,* Prima Secundae, Qu. 1, ar, 1, RA 2. In ähnlicher Weise drückt sich Augustinus in *De libero arbitrio,* 3, 7 aus. Siehe auch Augustinus, *Retractationes* 1, 9, 3; und ebd., 1, 22, 4: xxii, wo er diese seine Lehre über die Freiheit mit seinem Widerstand gegen den Pelagianismus in Einklang bringt [CCL 57 S. 66/71] *Corpus Augustinianum Gissense* a C. Mayer editum]. Siehe auch Dietrich von Hildebrand, *Ethik,* 2. edn (Chicago: Franciscan Herald Press, 1978), Kap. 20–22.

Eine große Schwierigkeit bleibt bestehen: Könnte ein allwissender und allmächtiger Gott nicht ausschließlich Menschen erschaffen, von denen er voraussieht, dass sie das Gute wollen? Könnte eine solch paradiesische Welt nicht die gleiche Perfektion und heroische Qualität der Liebe enthalten wie unsere? Es scheint, dass dies nicht geleugnet werden kann. Andernfalls würde Gott unbedingt den Teufel oder böse Personen brauchen, um größere Güter in der Welt zu schaffen. Aber das erscheint absurd und würde zur Behauptung führen, dass das Böse für ein größeres Gut *notwendig sei.*[159]

Der Teufel ist nicht notwendig, damit Gott ein gewisses Maß an Gutem schafft. Es scheint ebenso offensichtlich, dass eine Welt des Paradieses, die nur mit guten Menschen gefüllt wäre, viel besser und von höherer Güte wäre als diese Welt, die so schlecht ist, dass Gott nach der Bibel sogar bedauerte, sie geschaffen zu haben.

Deshalb bleibt es nach wie vor rätselhaft, warum Gott unter unendlich vielen möglichen Geschöpfen nicht rein gute (wie gute Engel) oder solche Geschöpfe gewählt hat, die in einem Paradies ebenso gut wären wie auf einer unvollkommenen und zerrissenen Erde. Außerdem: Führen die Leiden und Übel in der Welt nur zu heroischen und edlen Taten als Antwort auf sie, anstatt viel häufiger zu unzähligen weiteren bösen Gedanken, Haltungen und Taten?

C.S. Lewis, Ricaby, Antonio Rosmini oder Warren behaupten, dass es unsinnig oder unmöglich sei, eine Welt von frei handelnden Personen zu schaffen, die frei von Übeln wäre. Aber könnte Gott nicht eine Welt erschaffen, in der das Paradies Bestand hätte? Könnte er nicht nur jene Geschöpfe erschaffen, von denen er voraussieht, dass sie gut sind und bleiben? Angesichts seines Vorherwissens und seiner Macht ist dies sicher möglich. Daher müssen wir andere Gründe suchen, aus denen er dies nicht tut.

159 Würde man dies jedoch leugnen, hätte man sicherlich einen sehr guten Grund dafür, dass Gott Böses zulässt. Warren und andere leugnen aus solchen Gründen die Wahrheit des obigen Satzes 5.

E) Göttliche Souveränität des Schöpfers

Gott würde sich in einer Weise, die Seiner göttlichen Herrschaft widerspricht, von den Geschöpfen abhängig machen, wenn Er sich enthielte, eine endliche Person zu erschaffen, weil diese Person sich zum Bösen wenden würde. Dieser Grund für das Zulassen von Übeln in der Welt liegt, wie ich meine, in einer geheimnisvollen Unbedingtheit des schöpferischen göttlichen Willens. Gottes schöpferischer Wille ist ein unfehlbares und in diesem Sinne absolutes *Fiat*. Dieser schöpferische Wille hat einen guten Zweck, und das genügt, um seinen hohen Wert zu begründen. Ja wenn Gott seinen schöpferischen Akt zurückzöge, weil er den Missbrauch des freien Willens seiner Kreatur vorhersieht, wäre dies eine falsche Schwäche Gottes.

Gott erschafft, wen Er will, und die geschaffene Person findet sich selbst existent, ob sie will oder nicht. Allein in diesem Sinne, glaube ich als Christ, muss die (äußerst schwer zu verstehende) Aussage des Römerbriefs des Apostels interpretiert werden, in der es heißt, dass Gott wie ein Töpfer einige Gefäße der Erlösung und andere Gefäße seines Zorns herstellt. Es ist nicht so, dass Gott den Übeltäter zwingt, Böses zu tun, und ihn dann wegen einer Prädestination zum Bösen bestraft (was einen schrecklichen Widerspruch zu Gottes Güte und Gerechtigkeit bedeuten würde).

Vielmehr kann die authentische Bedeutung dieses schwierigen Textes nur darin bestehen, dass der böse Mensch nicht zum Schöpfer-Gott sagen darf: Warum hast du mich gemacht, obwohl Du meine Sünde und Verdammnis vorausgesehen hast? Die Kreatur hat absolut kein Recht, eine solche Abhängigkeit des Willens des Schöpfers von ihrer Sünde zu verlangen. In dieser Souveränität des Schöpferwillens Gottes liegt eine besondere Dimension des *tremendum* Gottes.[160]

---

160 Vgl. Rudolf Otto, *Das Heilige. Über das Irrationale in der Idee des Göttlichen und sein Verhältnis zum Rationalen*, Sonderauflage (München: Verlag C.H. Beck, 1962).

F) Verlangt auch die Gerechtigkeit, dass Gott sich nicht der Erschaffung von Menschen enthält, weil er voraussieht, dass sie sich zum Bösen wenden werden?

Anselm von Canterbury fügt diesem einen überraschenden Grund hinzu: Würde Gott diejenigen, die er als Sünder vorhergesehen hat, nicht erschaffen, *weil* sie sündigen werden, würde er sie sozusagen im gleichen Nichts belassen, in dem unendlich viele andere mögliche Personen, die gut gewesen wären, ohne ihre Schuld sind. Eine Person *allein wegen* ihrer vorhergesehenen Sünde nicht zu erschaffen, wäre also eine Art »Belohnung« für ihre Sünde. Der Zustand, in dem sich ebenfalls unendlich viele unschuldige Personen befinden, kann nicht die gerechte Strafe oder die gerechte Antwort auf eine vorhergesehene zukünftige Sünde sein. Gerechtigkeit im Lohnen und Strafen stünde im Widerspruch dazu, einen Übeltäter für seine vorhergesehene Sünde zu belohnen, indem man ihm die verdiente Strafe ersparen würde.

G) Aus den Übeln können von Gott mehr Güter gezogen werden, als vor diesen Übeln existierten

Ein weiterer entscheidender Grund dafür, dass Gott Übel zulässt, liegt in seiner Fähigkeit, Übel zu nutzen, um daraus größere Güter zu ziehen als diejenigen, die vorher existierten. Dies ist eine besondere Manifestation der Güte und Allmacht Gottes:

a) Gott *kann* in seiner Vorsehung alle Übel, die Er zulässt, durch noch höhere Güter »beantworten«, als sie vor der Existenz des Bösen bestanden. Nehmen Sie die Verfolgung des Sokrates und jene von Märtyrern als Beispiel. Ihr Edelmut und ihre Tapferkeit, ihr Leben für die Gerechtigkeit, für Gott oder für andere Menschen hinzugeben, übertrifft alles Gute, das vorher existierte.

   Moralische Tugend als Antwort auf Leiden ist ein weit höheres moralisches Gut als das Gut, schmerzfrei zu bleiben. Die heroische moralische Güte der Märtyrer ist ein weit höheres Gut als alle außermoralischen Güter, die es vorher gab.

Diese moralischen Werte überwiegen sogar, auf der positiven Seite der Skala, alle moralischen Übel, die zum Märtyrertod führten, auf der negativen Seite. Das moralisch Gute überwiegt das *moralisch Böse* und ist stärker ist als dieses. Das Gute ist mehr gut als das Böse böse ist.

b) Es gibt viele andere moralische Werte, die das Übel des Bösen (der Sünde) voraussetzen und zum Teil selbst körperliches und geistiges Leiden beinhalten: Reue, Buße, Bekehrung. Einige dieser moralischen Tugenden, wie die Reue, setzen Übel in uns selbst voraus, andere, wie das Verzeihen, in anderen.

Diejenigen Werte, die das Böse *nur* in der Objekt-Person voraussetzen (wie Verzeihen), können wiederum von verschiedener Art sein:

Die erste Art sind Vollkommenheiten, die nicht notwendigerweise das Böse voraussetzen, sondern sich dem Bösen sozusagen nur zuwenden, wenn es existiert. Dazu gehören Liebe und zahlreiche andere, die als solche nicht moralische Schuld voraussetzen, doch neue Früchte tragen, wenn sie mit dem Schuldigen konfrontiert werden.

Andere moralische Vollkommenheiten setzen Übel voraus, und sie existieren nur als Antwort auf das Böse, wie die Verzeihung.

5. Die vielen Formen, ein Übel zu wollen, die niemals guten Personen und am allerwenigsten Gott zugeschrieben werden können

An diesem Punkt müssen wir auch versuchen, eine Antwort auf die zuvor angesprochene Schwierigkeit zu finden, dass Gott anscheinend mit dem Bösen mitwirkt oder es sogar erschafft. Sobald die Realität des Übels nicht mehr wegdiskutiert werden kann und darf, muss die Frage beantwortet werden, in welchem Sinne die Realität des

Bösen mit Gottes Willen als Ursache allen Seins vereinbar ist.[161]

A) Moralisch böse Taten begehen

Keine moralisch unendlich gute Person kann jemals moralisch böse Taten wollen oder ausführen; das gilt hinsichtlich jener moralisch relevanten Übel, die direkt zu wollen an sich und für jedes Subjekt moralisch schlecht ist, auch für Gott: wie die Absicht, Verleumdungen zu verbreiten oder Ungerechtigkeiten zu begehen.

B) Mit dem Bösen kooperieren und ihm helfen

Anders als die Ausführung moralisch böser Taten, als deren Ursache und direkter Täter, sind Formen der Kooperation mit ihnen, indem man ihre Ausführung erleichtert oder absichtlich unterstützt. Ein Beispiel dafür wäre die Übergabe von Mordwaffen an einen Mörder oder von Abtreibungsinstrumenten an einen Arzt, der damit eine ungeborene Person tötet. Ähnlich wie im Fall der Verübung moralisch böser und ungerechter Taten ist jede Hilfe zu einer moralisch bösen Tat mit der moralischen Güte und Gerechtigkeit einer Person und vor allem mit der wesenhaften göttlichen Güte unvereinbar.

C) Böses befehlen oder (moralisch gesprochen) erlauben

Auch das moralische Erlauben, geschweige denn Befehlen böser Handlungen widerspricht der Güte eines jeden Menschen und erst recht der Güte Gottes.

D) Dem Bösen zustimmen oder sich über das Böse freuen

Ebenso kann die Handlung, mit dem Bösen einverstanden zu sein, es zu billigen, zu loben, zu belohnen oder sich darüber zu freuen, dass es getan wurde, oder sogar das Fehlen

161 Thomas von Aquin, *Summa Theologica*, I, q. 19 a. 4; ad 5 arg. 2.

eines klaren Neins dazu, niemals die Antwort einer guten Person auf moralisch böse Taten sein und ist daher vor allem mit Gottes Güte unvereinbar.

E) Unschuldiges Leiden verursachen

Wenn wir von Leid als »Prüfung der Tugenden« absehen, gilt: Unschuldige Leiden per se können nicht von Gott verursacht oder gewollt, sondern nur zugelassen werden. Da es sich bei unschuldigen Leiden um ein Hauptproblem der Theodizee handelt, müssen wir wenigstens kurz Rosminis Behauptung prüfen, dass es keine unschuldigen Leiden gibt.

6. Gibt es keine unschuldigen Leiden? Vier Arten unschuldigen menschlichen Leidens

Rosmini bringt zwei Argumente für seine These vor, dass es keine unschuldigen Leiden gibt:

1. Jeder von uns ist ein Sünder und die kleinste Sünde verdient alle Leiden der Welt und kann durch diese nicht gesühnt werden.
2. Da Gott unser Schöpfer ist, haben wir absolut keine Rechte ihm gegenüber und er kann mit uns tun, was Er will. Deshalb ist jeder Gedanke, dass wir ungerecht leiden, ohne jedes Fundament.[162]

A) Absolut unschuldige Leiden

Das zweite Argument Rosminis stellt Gott, statt als Gerechtigkeit und Liebe selbst, wie einen absoluten metaphysischen Tyrann hin, was aus Rosminis Mund sehr sonderbar anmutet. Denn er ist ein glühender Vertreter des Naturrechts und jeder ethische und Rechtspositivismus, dem zufolge Gott alle Inhalte nach Belieben gut oder gerecht machen könnte, ist ihm fremd.

Was die Behauptung Rosminis[163] betrifft, es gäbe gar keine unschuldigen Leiden, so weisen wir auf die zahllosen unschuldigen Kinder hin, die vor oder nach ihrer Geburt

---

162 Antonio Rosmini, *Theodicy*, zit., Kapitel V, VI und IX.

163 Antonio Rosmini, *Theodicy: Essays on Divine Providence*, zit.

die schrecklichsten Verstümmelungen, Mord im Mutterleib und Misshandlungen aller Art erleiden, obwohl keines von ihnen auch nur die geringste Sünde begangen hat.[164] Milliarden von Menschen leiden in dieser Form unschuldig.[165]

Auch wenn Rosmini mit der Aussage, alle Menschen seien Sünder, nur an die »Erbsünde« dächte, die nach dem christlichen Glauben auch alle unschuldigen Kinder hatten, so glaubt Rosmini doch, dass Christus und seine Mutter nie die geringste Sünde begangen haben und von aller Erbschuld frei waren; und doch hat kein Mensch mehr gelitten als sie. Somit gibt es unbestreitbar völlig unschuldiges menschliches Leiden sowohl im Licht der reinen Vernunft als auch im Licht des Glaubens. (Schließlich feiert die katholische Kirche sogar ein »Fest der unschuldigen Kinder«, die in Bethlehem ermordet wurden)

B) Es gibt viele rechtlich und moralisch gesehen unschuldige Leiden von zu Unrecht bestraften Personen

»Unschuldig« sind ferner Menschen, die Strafen für ein Verbrechen erleiden, das sie nie begangen haben. In diesem Sinne erzählt das alttestamentliche Buch *Daniel*, dass Susanna wegen bösartiger Lügen und Verleumdungen zweier alter Männer zum Tode verurteilt wurde. Obwohl sie des erlogenen Ehebruchs, dessen sie angeklagt ist, völlig unschuldig ist, wird sie zum Tod verurteilt. Vor diesem Leiden rettet der Prophet Daniel sie, aber unzählige andere unschuldig verurteilte Menschen erleiden Strafe oder den Tod. Diese Art von unschuldig zum Tod Verurteilten wird auch vom wahren Fall des ungerecht zum Tod verurteil-

164 Die katholische Kirche feiert sogar das Fest der »Heiligen Unschuldigen Kinder«.

165 Das *Buch Hiob in der* Bibel beschreibt unaussprechliche Leiden des gerechtesten Menschen, und Gott weist am Ende des Buches *Hiob* alle Erklärungen von Hiobs Freunden zurück, dass die unbeschreiblich schrecklichen Übel, die dieser erlitten hat, eine verdiente Strafe für seine Sünden seien.

ten Walter McMillian im autobiographischen Bestseller-Roman und exzellenten Film »Just Mercy« vom Harvard-Anwalt Bryan Stevenson, der Walter vor der Todesstrafe rettete, beschrieben.

»Unschuldig« meint hier nicht jene Personen, die niemals die geringste Sünde begangen haben, sondern diejenigen, die eines Verbrechens unschuldig sind, dessen sie zu Unrecht angeklagt sind und für das sie bestraft werden. In diesem Sinne leiden Antigone in Sophokles' gleichnamigem Stück, Cordelia in Shakespeares *König Lear* und unzählige Helden und Märtyrer unschuldig.

C) Unschuldige Opfer von Verbrechen und Unfällen

In einem dritten Sinn könnte man einfach Opfer von Verbrechen, unverschuldeten Unfällen oder Naturkatastrophen unschuldig nennen. So ist Abel das unschuldige Opfer des von Kain begangenen Brudermordes und waren Millionen von Juden, Zigeunern, Armeniern, Schwarzen, Russen und Chinesen, die ihrer Rasse, Klasse, Stammesidentität oder Nationalität wegen in Konzentrationslagern, dem Gulag oder Hungers starben, unschuldige Opfer der Nazi- und kommunistischen Verbrechen oder der vielen schaurigen Genozide in aller Welt.

D) Relativ unschuldige Leiden im Sinne eines Missverhältnisses zwischen Schuld und erlittenem Leid

In diesem vierten Sinn beziehen sich »unschuldige Leiden« einfach auf ein Missverhältnis zwischen den Leiden, die ein Mensch erfährt, und seinen edlen Eigenschaften. Wenn von zwei Nachbarn der eine ein edler Mensch ist, der seiner Frau und seiner Kinder beraubt und von schrecklichen Unfällen und Krankheiten heimgesucht wird, während sein Nachbar ein durch und durch böser Mensch ist, dem jedoch keiner dieser Schicksalsschläge widerfährt, können wir sagen, dass der erste (wie etwa Hiob) solches Unglück nicht verdient hat und deshalb unschuldig leidet.

Wenn dagegen ein König Nebukadnezar oder ein Hitler oder Stalin von schmerzhaften Krankheiten heimgesucht werden, handelt es sich nicht um unschuldige Leiden.

Die von unschuldigen Leiden aller dieser vier Kategorien aufgeworfene Frage, wie sich ihre Zulassung mit Gottes Güte und Allmacht vereinbaren lässt, verlangt eine Antwort und diese kann nicht in der Leugnung unschuldiger Leiden bestehen.

7. Möglicherweise gute freie Akte, die Übel zum Gegenstand haben

A) Übel zulassen (es geschehen lassen)

Das Zulassen von Übeln kann aus vielen guten Gründen erfolgen und unterscheidet sich wesentlich von dem Böses Tun und der Mitwirkung mit dem Bösen. Es ist ein »nicht Eingreifen« und »das Übel nicht mit Gewalt Aufhalten«, das in keiner Weise notwendigerweise eine Zustimmung zu dem zugelassenen Übel voraussetzt und unter Umständen um hoher Werte willen gerechtfertigt sein kann.

B) Unterstützung des Lebens und der Freiheit böser Menschen

Genauso verschieden von einer Billigung von Übeln ist der Wille, jenen, die Böses tun, trotz ihrer bösen Taten Güter (wie Freiheit, Leben, Nahrung) zu schenken. Dies unterscheidet sich wesentlich von Mitwirkung und ist moralisch mit dem Gutsein der Person, die dies tut, vereinbar. Andernfalls wäre es auch eine Mitwirkung mit dem Bösen, Diebe und Mörder zu ernähren. Aber dann würden sich alle Köche und Staaten, die Kriminelle speisen, der Mitwirkung mit ihren Verbrechen schuldig machen.

Dies wäre eine absurde Behauptung, wenn sie gegen Menschen erhoben würde, ist aber ebenso falsch, wenn sie Gott anklagt, einen Mörder am Leben zu erhalten, bedeute eine göttliche Mitwirkung mit Mord.

Das Leben und insbesondere das hohe Gut des freien Willens, können jedoch von Gott niemals um des Bösen willen, das ein Mensch frei tut, sondern *nur um des von Gott gewollten und von Ihm gebotenen Guten willen* geschaffen und *erhalten werden*.

Das Schenken oder Erhalten dieser Güter wird nicht selbst böse, weil diese Gaben auch Bösen gewährt werden, noch kann die Tatsache, dass Gott den Willen des Bösen und seine Kraft nicht vernichtet oder gewaltsam unterdrückt, wenn sie missbraucht werden, als göttliches Mitwirken mit dem Bösen interpretiert werden. Gott unterstützt den Willen mit der Absicht seines guten Gebrauchs, und seine Mitwirkung ist nur eine mit dem Guten. Die Verkehrung dieses Ziels in sein Gegenteil liegt allein in der Verantwortung dessen, der das Gut des Willens missbraucht.

Dennoch bleiben viele Rätsel bestehen um die Frage, warum einem Engel oder einer menschlichen Person, von denen Gott weiß, dass sie ihn missbrauchen werden, der freie Wille gegeben wird.

C) Das freie Zulassen unschuldigen Leidens als Test der Tugend oder für andere gute Zwecke

Für gute Zwecke (wie z.B. die Prüfung Hiobs) können auch von Gott unschuldige Leiden einer guten Person zugelassen oder sogar verursacht werden.

D) Schöpfung von Übeln, die Teil von Gütern sind (z.B. Leiden als Teil gerechter Strafen)

Diese Strafübel, da sie integraler Bestandteil der Gerechtigkeit sind, können von einem guten göttlichen Willen positiv gewollt werden, wenn auch nur im Hinblick auf die positiven Werte der Gerechtigkeit usw., zu denen diese Leiden gehören.

Um das Gesagte zu erkennen, ist es entscheidend, über die erörterten verschiedenen auf Übel bezogenen Arten des Willens hinaus noch allgemeiner die notwendigen Unterscheidungen innerhalb des Begriffs des »Willens Gottes« zu treffen.

8. Die verschiedenen Arten des »Willens Gottes«

A) Der schöpferische Wille Gottes

Wenn der göttliche Wille schafft, wirkt er unfehlbar und erreicht das, was er will, allein durch sein eigenes Wirken, am Anfang der Schöpfung absolut gesprochen und später nur unter der von Gott selbst gesetzten Bedingung, dass die geschaffenen und freien Voraussetzungen einer neuen Schöpfung (zum Beispiel die elterliche Vereinigung als Voraussetzung für die Erschaffung einer menschlichen Seele) erfüllt sind.

B) Der gebietende Wille Gottes

Dieser erfüllt nicht von sich aus, was er befiehlt, sondern verlangt die freie Mitwirkung und den Gehorsam des Geschöpfes, um erfüllt zu werden. Dieser befehlende und auch der zu höheren, nicht verpflichtenden Tugenden »einladende Wille« entspringt direkt dem heiligen Willen Gottes und ist deshalb dem schöpferischen Willen als solchem axiologisch überlegen, da er auf die höchsten geschaffenen Werte abzielt, die ohne freie Mitwirkung geschaffener Personen nicht möglich sind und eine Ähnlichkeit (*similitudo)* zur Heiligkeit Gottes einschließen, die weit über die Gottähnlichkeit des Abbildes, die auch Satan besitzt, hinausgeht.

C) Der zulassende Wille Gottes

Dieser verursacht weder das, was »nach Gottes Willen« geschieht, wie der schöpferische Wille, noch fordert er es wie der befehlende Wille Gottes. Er *lässt* nur zu oder *toleriert frei,* was er zulässt. Diese Unterscheidung ist von entscheidender Bedeutung und es wäre im höchsten Maß falsch zu behaupten, wie Hegel und einige seiner Anhänger es tun, dass dieser Wille der *wahre Wille Gottes* sei oder dass Gott *die Übel,* die er lediglich zulässt (die der nicht gewaltsam verhindert), positiv *wolle.*

D) Der göttliche Wille als »Vorsehungswille«

Der göttliche Vorsehungswille, *insofern er die geschaffene Freiheit berücksichtigt,* ist wiederum ganz anders als der Vorsehungswille Gottes in der Natur, d.h. außerhalb des Bereichs der freien Geschöpfe. Er will in beiden Fällen gute Ziele und die Mittel, die diesen dienen, aber er tut dies auf sehr unterschiedliche Weise:

In der providentiellen Benutzung des *guten* freien Willens der Menschen erreicht Gott seine guten Ziele, indem er auch die Mittel zum Erreichen der Ziele bejaht oder sogar gebietet.

Im Vorsehungswillen, der sich eines moralisch bösen Willens und der durch ihn verursachten Übel bedient, werden diese Übel im krassen Gegensatz dazu nicht selbst positiv von Gott gewollt, sondern nur von Ihm zugelassen. Daher beinhaltet ihr Gebrauch durch die Vorsehung eine ganz andere Art des »Wollens«, das keinen Schatten der Billigung oder Rechtfertigung dieser Übel durch den Vorsehungswillen Gottes einschließt.

Wenn zum Beispiel der Vorsehungswille Gottes das unermessliche Böse der Nazis, die unschuldige Menschen ermordeten, dazu benutzt hat, das heroische Opfer eines Maximilian Kolbe für seine Mitmenschen Wirklichkeit werden zu lassen, dann will Gott diese Naziverbrechen in keiner Weise positiv oder bejahend. Er lässt sie vielmehr nur geschehen, missbilligt und verabscheut sie aber zugleich und bestraft danach ihre reuelosen Täter. Nichtsdestotrotz kann Gott diese bösen Absichten und bösen Taten in einen Vorsehungsplan einfügen, der ein großes Gut hervorbringt. Christen glauben, dass all das schreckliche Böse und Unrecht, der Verrat und die Grausamkeiten, die gegen Jesus Christus begangen wurden, von Gott benutzt wurden, um die Erlösung der ganzen Welt herbeizuführen. Dies impliziert jedoch in keiner Weise eine moralische

Rechtfertigung, Billigung oder Erlaubnis, die den Übeltätern gewährt worden wäre, ihre bösen Taten auszuführen.

Jede Leugnung dieser äußerst wichtigen Wahrheit führt zu einer hoffnungslosen ethischen Verwirrung und stellt Gott als einen grundsätzlich bösen, ja sogar dämonischen Geist hin.

9. Der Irrtum über »das größte Übel« als Teilgrund des »axiologischen Atheismus«

Aristoteles betrachtet das Glück, das er in erster Linie im Sinne einer Vervollkommnung des Intellekts durch *dianoetische* (intellektuelle) *Tugenden* interpretiert, als höchstes Gut gegenüber dem Übel, kein höheres Glück zu erreichen und unwissend zu bleiben.

Sokrates, Platon, Plotin und andere erkennen sittlichen Werte den höchsten Wertrang zu und erkennen moralische Übel als die größten, so sehr, dass tugendhafte Menschen, die von schweren Übeln des Leidens heimgesucht werden, nicht für weniger glücklich zu halten wären als tugendhafte Menschen, die nicht leiden.

Auch bei den Kirchenvätern und im Mittelalter wurde *die Sünde* häufig als *das* Hauptübel in der Welt betrachtet und als ein weitaus größeres Übel als Unglück und Leid, wobei das Leiden mehr oder weniger als natürliche und angemessene Folge der Sünde akzeptiert und nicht als Einwand gegen Gottes Existenz betrachtet wurde.

Bei Descartes[166] stellt das intellektuelle Übel des Irrtums das Hauptproblem für seine geniale Theodizee dar.[167]

Von Voltaire bis zum Denken des 20. Jahrhunderts[168] wird dagegen das *Leiden,* insbesondere das unschuldig erlittene Leiden, weithin als dasjenige Übel angesehen, das den Theismus am meisten herausfordert.

---

166 René Descartes, *Meditationes de Prima Philosophia*, zit., IV.

167 Dieses Problem spielt eine prominente Rolle bei C. S. Lewis, *The Problem of Pain*. Siehe auch C. S. Lewis, *The Abolition of Man* (New York: The Macmillan co., 1947, 7. Aufl., 1970).

168 Denken wir an Fjodor M. Dostojewski, Camus, Sartre usw.

Um die Legitimität dieser Gewichtsverschiebung der diversen Arten von Übeln zu prüfen, treffen wir die Unterscheidung zwischen moralischen Übeln und Leiden. Diese beiden Übel hängen zutiefst zusammen, haben jedoch eine radikal verschiedene Beziehung zu Gott und Mensch. Daher beeinflusst die Frage, welches dieser Übel im Vordergrund steht, die Theodizee-Frage zutiefst.

10. Übel des (physischen oder psychischen) Leidens im Vergleich mit dem moralischen Übel und deren grundverschiedenes Verhältnis zu Gott

I. ÜBEL DES LEIDENS (physisch oder psychisch)	II. MORALISCHES ÜBEL
1. Die Existenz von Leiden und ihr Charakter als Übel sind offensichtlich und werden von kaum jemandem geleugnet.	1. Die Existenz und der objektive Unwert des moralisch Schlechten und Bösen ist klar gegeben, aber viel weniger offensichtlich, zumindest wird das moralische Übel nicht so allgemein anerkannt wie das Übel des Leidens, insbesondere nicht von den Personen, die Täter des moralisch Bösen und nicht dessen Opfer sind.
2. Das erste Problem der Leiden in ihrer Beziehung zu Gott ist dieses: Kann Gott sie verursachen, wenn die leidende Person unschuldig ist? Schon bei Platon lautet die richtige Antwort auf diese Frage: Nein. (Bei Leiden, die den Charakter einer Strafe oder Prüfung haben, ist die Situation anders, wie wir sehen werden.) Unschuldige Leiden	2. Das erste Problem, das sich aus moralischen Übeln ergibt, ist hingegen: Kann Gott Menschen oder Engel durch sein Vorherwissen oder durch irgendein ewiges Dekret dazu vorherbestimmen, Böses zu tun (und danach mit der ewigen Verdammnis bestrafen), während er andere dazu vorherbestimmt, gut zu sein (und sie allein durch diese göttliche

zu verursachen und die Absicht, Leiden zuzufügen, ohne einen unmittelbaren guten Zweck zu verfolgen, würde jedenfalls der unendlichen göttlichen Güte widersprechen.[169]	Vorherbestimmung das ewige Heil erlangen)? Die Antwort ist klar: Gott kann absolut kein moralisches Übel tun, verursachen oder fordern. Wenn er moralisch Böses täte, würde er aufhören, Gott zu sein, indem er das wichtigste göttliche Attribut verlöre: unendliche Güte und Heiligkeit; er wäre niedriger als jedes moralisch gute Geschöpf. Wenn Gott die Ursache des moralisch Bösen in den Menschen wäre, würde ihre Schuld nicht mehr existieren. Darüber hinaus würde Gott in eine dämonische oder überdämonische Ursache aller Unmoral verwandelt werden. Dies ist schon in der Antike der Hauptgrund für die Ablehnung der fast durchwegs unmoralischen griechischen Götter seitens Xenophanes, Platon und anderer Philosophen.
3. Das zweite Problem der Theodizee angesichts der Leiden ist dieses: Wie kann Gott unschuldige Leiden zulassen? Bei diesem Problem geht es nicht nur darum, wie der in sich bestehende Unwert des Leidens, sondern auch darum,	3. Das zweite Problem, das sich aus dem moralischen Übel ergibt, ist dieses: Wie kann Gott zulassen, dass moralische Übel geschehen? Dieses Geheimnis ist größer, als dass Gott Schmerz und Leid zulässt, und zwar aus drei Gründen:

169 Die Antwort auf die Frage, ob die Güte Gottes es zulässt, dass Gott das unschuldige Leiden eines Tobias nicht nur zulässt, sondern um des Guten seiner Prüfung und der Läuterung seiner moralisch guten Haltung willen positiv will, bleibt hier offen.

<table>
<tr>
<td>wie das objektive Übel für den leidenden Menschen, ein Übel, das sich in erster Linie gegen das Glück des Menschen und anderer leidender Geschöpfe richtet, gerechtfertigt und von Gott zugelassen werden kann.

Das Problem der Leiden ist das eines anthropozentrisch ausgerichteten oder, wenn man auch Tiere einbezieht, kosmozentrischen Übels. Darüber hinaus stellt es die Güte, Liebe und Barmherzigkeit Gottes in Frage: Das Problem ist, wie verträgt sich das Zulassen von unschuldigen Leiden mit Gottes Barmherzigkeit (Liebe) und Güte gegenüber den Geschöpfen? Wenn das Leiden Unschuldige trifft, stellt es neben der Güte und Barmherzigkeit auch die Gerechtigkeit Gottes in Frage.

Wir werden sehen, dass dieses ganze Problem nur dann richtig gesehen werden kann, wenn man es im Lichte der moralischen Übel betrachtet.</td>
<td>A. Moralische Übel sind unvergleichlich größere Übel. Verglichen mit ihnen ist Leiden nur in einem analogen Sinn ein Übel. Beide Übel zu nennen, ist fast eine Äquivokation. (Im Deutschen werden ja zwei Wörter verwendet, um diese beiden Arten von Übeln zu bezeichnen: das Übel und das Böse.)

B. Das moralisch Böse ist untrennbar mit dem freien Willen endlicher Wesen verbunden und wirft damit die Frage auf, ob der Gott-Schöpfer einen bösen freien Willen und dessen Kausalität aufrechterhält: so dass es unausweichlich scheinen könnte, als ob Gott mit dem moralisch Bösen mitwirkte und es unterstützte. Dass Gott dem Verbrecher den freien Willen lässt und ihn erhält, wäre, so mag jemand denken, wie wenn ein Mensch einem Verbrecher Waffen und alles andere, was er braucht, um seine schrecklichen Verbrechen auszuführen, reichte.

C. Moralisches Übel richtet sich in erster Linie gegen Gott selbst: Es ist eine Beleidigung Gottes und richtet sich gegen den ersten Zweck der Schöpfung: die Verherrlichung Gottes. Unrecht/Sünde stellt eine Beleidigung der Güte Gottes dar.</td>
</tr>
</table>

	D. Deshalb ist das Problem des Bösen ganz anders als das Problem des Leidens. Das Übel der Sünde ist nicht ein anthropozentrisch, sondern ein theozentrisch gerichtetes Übel. Es stellt nicht die Barmherzigkeit Gottes gegenüber den Geschöpfen in Frage, und Gott erscheint durch die Zulassung des moralisch Bösen nicht grausam. Denn es wird durch das moralische Böse ja in erster Linie Gottes Heiligkeit und Souveränität beleidigt. Gott erscheint im Verhältnis zu moralischen Übeln auf geheimnisvolle Weise geduldig und nachsichtig und scheint denen, die ihn beleidigen, dazu noch seinen göttlichen Beistand als Schöpfer zu gewähren.[170] Die Frage ist hier nicht, ob Gott grausam oder böse ist. Vielmehr ist hier die Frage: Wie ist es möglich, dass Gott so geduldig ist und dass er einem Menschen oder Engel, der gegen ihn sündigt, nicht sofort mit Leid, Tod oder Vernichtung bestraft?

Im Lichte der Unterscheidung zwischen den beiden Arten von Problemen, die durch Leiden und die durch moralische Übel aufgeworfen werden, können wir nun versuchen, auf

170 Das tiefste Geheimnis dieser Art ist Gegenstand des christlichen Glaubens: Gott gibt denen Kraft und Leben, die Ihn, den eingeborenen Sohn Gottes, kreuzigen.

die immensen Schwierigkeiten zu antworten, die die Realität der Übel für die Anerkennung eines personalen Gottes und einer göttlichen Schöpfung der Welt und des Menschen mit sich bringt.

Wenn ein Mensch die Macht hätte, Auschwitz zu schließen, würde man es ihm als Verbrechen anrechnen, wenn er dies unterließe. Wenn der allmächtige Gott Auschwitz nicht verhindert, können wir hingegen nicht ausschließen, dass Er gute Gründe hat, die seine Zulassung schrecklicher Übel gut macht: neben den genannten Werten gerechter Strafe und Sühne, Prüfung, Respekt vor der Freiheit, selbst wenn sie missbraucht wird, gibt es noch viele andere positive Werte, die aus Übeln erwachsen oder mit ihnen verbunden sein können.

Aus diesem Grund impliziert jeder Atheismus, der *jeden möglichen Grund im Himmel und auf Erden,* jeden natürlichen oder übernatürlichen Grund dafür ausschließt, dass Gott gerechter und guter Weise Übel zulässt, einen ungeheuren Rationalismus und einen gewaltigen Hochmut. Die Position von Ivan Karamasow, der *jeden möglichen guten Grund* ausschließt, aus dem heraus Gott unschuldiges Leiden zulassen könnte, beinhaltet bei genauerem Hinsehen eine enorme Hybris, vor allem wenn wir nicht nur das anthropozentrische Problem des Leidens betrachten, sondern auch das theozentrische Übel der Sünde und das Mysterium, nicht einzugreifen, um unzählige moralische Übel und Beleidigungen Gottes zu verhindern.

Freilich besteht hier ein gewisses Paradox. Denn wir müssen zugeben, dass in gewisser Hinsicht die Schwierigkeit, dass eine *allmächtige* und *unendlich* gute Person zulässt, dass Übel geschehen, weitaus größer ist als die Schwierigkeit, dass gute, aber begrenzte menschliche Personen Übel oder Böses zulassen, weil sie es z.B. nur unter Gefahr größerer Übel tun können.

11. Mit Leiden und Schmerz verbundene Werte im Verhältnis zu moralischen Übeln und Werten

Wie bereits erwähnt, wird das Problem des Übels in der gegenwärtigen Debatte fast ausschließlich auf das Problem des Leidens reduziert. Das tiefste Geheimnis, dass Gott Übel zulässt, liegt jedoch darin, dass er *moralische Übel* zulässt. Alle anderen Übel resultieren letztlich aus moralischen Übeln. Viele positive Bedeutungen des Leidens können nur im Lichte moralischer Übel gesehen werden:

A) Bestrafung und Sühne (Reinigung)

Die erste tiefe Bedeutung des Leidens in Bezug auf das moralische Übel liegt in der Art und Weise, wie die Übel des Leidens, die gegen das eudämonologische Gut des Menschen gerichtet sind, von demjenigen, der eine unmoralische Handlung begangen hat, gemäß der Gerechtigkeit verdient werden und eine gerechte Strafe darstellen. Diese Beziehung zwischen unsittlicher Handlung und Leiden als Strafe unterscheidet sich in vielfacher Weise von einer rein zufälligen Beziehung von Leiden nach einer bösen Tat oder einem Verbrechen. Erstens setzt sie eine Person voraus, die die Strafe verhängt. Sie setzt darüber hinaus voraus, dass diese Person die Autorität hat zu strafen; sie setzt ferner voraus, dass das Motiv und der Grund, einer Person Leiden zuzufügen, gerade die Erwägung einer angemessenen und gerechten Antwort auf die Schuld dessen, der die Tat begangen hat und – im Falle seiner Offenheit dafür – eine Korrektur um des objektiven Wohles des Übeltäters willen sind.

Aus diesem letzten Grund unterscheidet sich die Strafe nicht nur von zufällig auf die Tat folgenden Leiden, so wohlverdient sie auch sein mögen, sondern auch von der *Antwort* der Rache und Vergeltung, und zwar aus mindestens drei Gründen:

1. Ein Racheakt wird oft von dem Opfer eines Unrechts oder seinen Freunden und Verwandten ausgeführt und zielt darauf ab, das erlittene Unrecht zu ver-

gelten, indem dem Übeltäter und seiner Familie ein gleiches oder größeres Unrecht zugefügt wird. Der Rächer gibt in keiner Weise die gebührende Antwort auf die Übeltat: Er hat weder die Gerechtigkeit im Sinn, will er doch oft gerade dem andern etwas Übles oder ein neues Unrecht tun, noch will er das tun, was objektiv gut in sich und für den Bestraften ist. Die reine Strafe dagegen fügt dem andern kein Unrecht, sondern ein verdientes Strafübel zu, weil er sie verdient und oft auch, damit er, wenn er die Strafe als angemessen erkennt und auf sich nimmt, sein Unrecht sühnen kann.

2. Die Rache ist nicht durch die Berücksichtigung des angemessenen Verhältnisses zwischen Verbrechen, Strafe und Gerechtigkeit motiviert, sondern oft durch den Wunsch, Vergeltung zu üben, indem dem Übeltäter, seinen Familienangehörigen oder Nahestehenden ein weiteres Unrecht zugefügt wird, ohne jede Rücksicht auf Gerechtigkeit und ohne den Willen, dass die bestrafte Person für ihr Verbrechen oder ihre böse Tat Sühne leistet und womöglich vom Unrecht geheilt und von dessen Auswirkungen auf die Seele gereinigt wird.
3. Strafe kann nur dem Schuldigen selbst zugemessen werden; man kann nie dessen Kinder oder Frau strafen. Rache wird hingegen oft an unschuldigen Personen geübt, in der Hoffnung, dass der Übeltäter dadurch, dass man ihm oder seinen Angehörigen Tod oder Leid zufügt, auch leidet, so wie man selbst gelitten hat. So beabsichtigt der Rachefeldzug weder den Wert der Gerechtigkeit noch den, den anderen Menschen zu korrigieren und ihm eine Gelegenheit zur Sühne und Reinigung zu geben.
4. Außerdem wird in der Rache einer anderen Person das Übel des Leidens oder des Todes zugefügt, ohne die Schuld der anderen Person zu untersuchen.

5. Zudem wird es von einer Person ausgeführt, die keine richterliche Autorität hat. In all diesen und anderen Aspekten unterscheidet sich Strafe wesentlich von Rache.[171]

Wenn die böse Handlung die Rechte anderer Personen oder das öffentliche Gut verletzt hat, haben die staatlich ernannten Gerichte sowie ihre entsprechenden Beauftragten das Recht und die Pflicht, ein Urteil zu fällen und eine dem Verbrechen angemessene Strafe zu verhängen. Eine Strafe ist eine angemessene Reaktion auf eine Person, die objektiv und wissentlich einer anderen Person Schaden zugefügt, ihre Güter und Rechte oder andere moralisch relevante Güter verletzt oder eine Sünde begangen hat.

Der irdische Richter hat keine Autorität, geschweige denn die höchste Autorität, um eine Strafe für die unmoralische Handlung als solche, für die Sünde, zu verhängen. Um einen Menschen für seine Sünden zu strafen, hat Gott allein die Autorität, denn ein solches Urteil zu fällen erfordert, wie Kant gesehen hat, Allwissenheit, Allmacht und vollkommene Heiligkeit. So erfordert das Wesen der Strafe letztlich einen heiligen, allwissenden und allmächtigen Richter, der das Maß der Schuld kennt, jedes Hindernis für die Vollstreckung der Gerechtigkeit beseitigen kann und im Namen der Gerechtigkeit, die er verkörpert, handelt.[172]

Eine Strafe ist in erster Linie dazu bestimmt, den Wert des gerechten Verhältnisses zwischen der sittlich bösen Tat und dem dem Sünder dafür zugefügten Leid zu verwirklichen. Dieser Wert der Gerechtigkeit ist unabhängig davon,

---

171 Vgl. Platon, *Gorgias; Kriton;* Dietrich von Hildebrand, »Zum Wesen der Strafe«, in: Dietrich von Hildebrand, *Die Menschheit am Scheideweg,* hrsg. v. Karla Mertens (Regensburg: Habbel, 1955), pp. 517–533.

172 Josef Seifert, *Conocimiento de Dios por las vías de la razón y del amor.* (Madrid: Encuentro, 2013), Kapitel 5, II, Las pruebas morales por la existencia de Dios.

ob der bestrafte Mensch die Strafe akzeptiert oder sich gegen sie auflehnt.

Aber es gibt noch andere Werte im Zusammenhang mit Bestrafung (oder mit Leiden, die von einem Übeltäter frei gewählt wurden), wie Sühne und Reinigung durch das Leiden der Strafe. Diese Werte erfordern die Buße, die freie Mitwirkung und die Annahme einer gerechten Bestrafung durch die Person, die ein Verbrechen begangen hat und moralisch schuldig ist.

Platon[173] hat in seiner Behandlung der zeitlichen Bestrafung und Reinigung und der ewigen Bestrafung, die der unheilbar bösen Seele nach dem Tod zuteilwird, tiefdringende Dinge geschrieben. Und die heilige Katharina von Genua hat in ihrer *Abhandlung über das Fegefeuer* Gedanken von höchster religiöser und theologischer Tiefe über Gerechtigkeit und Liebe dargelegt.

Es besteht eine bemerkenswerte Ähnlichkeit zwischen der im platonischen Dialog *Gorgias* entwickelten Auffassung des Sokrates, dass »die ungestrafte Ungerechtigkeit das größte aller Übel ist«, und der *Abhandlung über das Fegefeuer* der heiligen Katharina von Genua. Daher scheint es angebracht, einige dieser Gedanken Katharinas kurz vorzustellen. Deren tiefen philosophischen Gehalt können wir auch dann einsehen, wenn wir ihren religiösen Glauben in Klammern setzen:

> *Die göttliche Essenz ist von solcher Reinheit, dass die Seele, die die geringste Unvollkommenheit in sich trägt, sich in tausend Höllen stürzen würde, anstatt sich mit diesem Fleck in der Gegenwart der göttlichen Majestät wiederzufinden.*
>
> *Die Seele, die sieht, dass das Fegefeuer gerade zum Zweck der Entfernung der Befleckung ihrer Seele geschaffen worden ist, wirft sich selbst hinein und scheint es als großes Erbarmen zu empfinden, dass ihr dies gestattet wird.*[174]

---

173 Siehe Platon, *Kriton*, 39 c–d; *Staat*, 9.854 c ff., 12.940 c ff.; *Gorgias*, 472 c ff., 480 e ff.; 523 b ff.

174 Ebd., Kap. VIII, S. 135.

Sobald wir das primäre und theozentrisch ausgerichtete Übel der Sünde erkennen, erkennen wir, dass dieses unvergleichlich größere, gegen Gott gerichtete Übel Leiden verdient, die sich gegen uns oder unser Glück richten und damit in einer unmittelbar erlebten und offensichtlichen, wenn auch geheimnisvollen Weise angemessene Antworten auf unsere Sünde darstellen.

Weit davon entfernt, nur eine Art Rache der Menschen oder Gottes zu sein, folgt gerechte Bestrafung einer objektiven Ordnung der Gerechtigkeit und des angemessenen Verhältnisses zwischen Schuld und Strafe. Sie dient gleichzeitig dazu, dem willigen Bestraften zu helfen Sühne zu leisten und seine Seele zu reinigen.

Sobald wir diese Ordnung zwischen moralischem Übel, Sünde und Leiden erkennen, verstehen wir auch zwei grundlegende Bedeutungen und Werte des Leidens. Der erste Wert des Leidens als gerechte Strafe ist einfach Gerechtigkeit, die das Leiden einer Strafe zu einer angemessenen Antwort auf Sünde oder Verbrechen macht, unabhängig davon, wie der Sünder oder Verbrecher darauf reagiert und ob er es akzeptiert oder nicht.

Die zweite Bedeutung des Leidens hängt davon ab, ob der Strafe Erleidende diese Beziehung versteht und ob er die gebührende Strafe frei annimmt. Wenn er sie akzeptiert, nimmt sie eine Bedeutung der Sühne für ein Verbrechen oder eine Sünde an, einen Wert, den Dostojewski in »*Schuld und Sühne*« großartig beschreibt. Eng verbunden mit der Sühne selbst ist auch eine reinigende Wirkung von Leiden, die als gerechte Strafe akzeptiert oder als Buße gewählt werden.

Da das Bewusstsein der gerechten Bestrafung heute weitgehend verschwunden ist, wird dieser Aspekt der Bedeutung des Leidens oft völlig übersehen. Die meisten modernen atheistischen Angriffe auf Gott wegen des Übels starren ausschließlich auf das Problem des Leidens und übersehen den Aspekt des moralisch Bösen völlig. Folglich übersehen sie völlig den Schlüssel zum Verständnis des

Problems der Leiden, den nur das moralische Böse und die Ordnung der Gerechtigkeit und einer Liebe, die die Heilung und Korrektur der Seelen beabsichtigt, bieten können. So bietet das Erfassen der Natur des moralisch Bösen und seiner Anti-Gott-Zentriertheit den Schlüssel zum Verständnis des Sinnes von Leiden.

B) Leiden als notwendige Folge einer moralischen Unordnung

Manches Leiden ist ein notwendiges Ergebnis einer moralischen Unordnung, eine Beziehung zwischen dem moralisch Bösen und Leiden, die nicht auf Bestrafung reduziert werden kann. Das Leiden ist ebenfalls eine Folge eines gequälten Gewissens, einer inneren Unordnung. Viele Leiden sind eine notwendige Folge der Sünde vor einer ausdrücklichen Bestrafung. Augustinus' Wort soll hier in Erinnerung gerufen werden: *»Denn du hast es befohlen, und so ist es: dass jeder ungeordnete Geist eine Strafe für sich selbst werde.«*[175] Die innere Disharmonie des Gewissens manifestiert dies auf einzigartige Weise. In diesem Phänomen begegnen wir einem besonderen Wert der Gerechtigkeit, aber auch einer notwendigen Beziehung zwischen Verletzung des ersten (Verherrlichung Gottes) Zwecks und der dadurch bedingten Beeinträchtigung oder des Verlustes des zweiten Zwecks der Schöpfung (des Glücks der Geschöpfe). Die Qualen des Gewissens und das Unglück, die auf moralisch böse Taten folgen, sind eine konkrete Manifestation dieser Beziehung.

175 *»iussisti enim et sic est, ut poena sua sibi sit omnis inordinatus animus«* (Übers. J.S.); Augustinus, *Conf.*, 1, 19. [CCL 27 S. 11/15] *Corpus Augustinianum Gissense* a C. Mayer editum].

C) Leiden als Drohungen und Ermahnungen gegen das Begehen moralischer Übel und gegen menschliche Hybris

Ein weiterer Sinn des Leidens, der sich ebenfalls nur vor dem Hintergrund moralischer Übel offenbart, ist der von Androhungen, Ermahnungen usw.[176]

Leiden sind ein einzigartiges Mittel, um den leidenden Menschen zum Ernst seines Lebens zu bewegen, die Größe der von ihm begangenen moralischen Übel einzusehen, seine Kontingenz und Geschöpflichkeit zu erfahren und vor allem zur Erkenntnis der Gefahr des Hochmuts zu gelangen. Die griechischen Tragödien *Ödipus Rex* von Sophokles und viele andere sind voll von diesem Thema: dass die Götter den Menschen schreckliche Leiden schicken, um sie von ihrem Hochmut zu heilen. Oft wecken Krankheit, Leiden und vor allem der nahende Tod den Menschen in dieser Hinsicht auf, wie C. S. Lewis beobachtet, der den Schmerz als Lautsprecher der Stimme Gottes bezeichnet. Oft kann Leiden auch moralische Übel verhindern, die ein vom Leiden unberührter Mensch begehen würde.

D) Leiden als Prüfung und Erprobung der wahren Tugend (Hiob)

Eine weitere tiefe Bedeutung des Leidens liegt in den Prüfungen und Drangsalen, durch die unser übergeordnetes Engagement für das moralisch Gute, anstatt unserer eigenen Befriedigung und unserem Glück den Vorrang einzuräumen, auf die Probe gestellt wird. Dies ist der Fall von Hiob, dessen Tugend ungeheuer schwer auf die Probe gestellt wird und der dadurch, dass er in seiner Antwort auf sein Leiden nichts Unrechtes tut, denkt oder will, die Wahrheit seiner Tugenden beweist und diese vertieft. Auch dieser Sinn und Wert des Leidens kann nur verstanden werden, wenn der Vorrang moralischer Unwerte vor unserem Schmerz und Leid verstanden wird.

176 Siehe C. S. Lewis, *The Problem of Pain* (1958), S. 93–95.

E) Die Wahl, Annahme oder Zufügung von Leiden als Busse und Sühne für die Sünde und als Taten der Liebe

Im Lichte dieser Ordnung, in der moralische Werte alle außermoralischen Werte einschließlich des Glücks überragen, zeigt sich, dass nicht nur deren Annehmen und geduldiges Ertragen, sondern sogar ein ausdrücklicher Wunsch nach Leiden, um diese zur Sühne für eigene Sünden oder auch für andere Menschen aufzuopfern, von erhabenem Wert sein können. Die Verpflichtung, weder sich selbst noch anderen unschuldiges Leid zuzufügen, ist *nicht absolut*, weshalb dieser Sinn des Leidens durchaus einen guten Grund dafür darstellen kann, dass auch ein guter Mensch oder Gott berechtigterweise sich selbst oder Anderen unschuldige Leiden zufügen kann, nicht um dieser Leiden willen, sondern weil höhere Werte mit diesen verbunden sind.[177]

Leiden, die Gott um anderer Werte willen zulässt, nimmt Hiob in Demut und Geduld an, anstatt sich gegen Gott aufzulehnen oder gar gegen Gott zu fluchen, wie seine Frau ihm rät.[178]

Denken wir auch an die Prüfungen durch Feuer und Wasser, die Tamino und Pamina in Mozarts Zauberflöte durchschreiten müssen, um ihre eheliche Vereinigung zu erringen, und wo es weder ihnen noch dem Hörer von Mozarts himmlischer Musik, die sie während ihres Gangs durch Feuer und Wasser singen, in den Sinn kommt, den Priester »Zarastro« dafür zu beschuldigen, dass er sie absichtlich dieser Prüfung unterwirft. Der hohe Wert einer durch Leid geprüften und geläuterten Liebe rechtfertigt diese Schmerzen voll und ganz.

---

177 Das moralisch Böse hingegen kann niemals von Gott gewollt sein.

178 Tobias im Alten Testament bleibt ein Paradebeispiel und Modell für diese Haltung. Siehe Søren Kierkegaard: Søren Kierkegaard: »The Lord has given it; the Lord has taken it. Blessed be the Lord's name.« *Edifying Discourses* (London/Glasgow, 1958), S. 78–94.

Denken wir auch daran, wie viele Menschen oft selbst Leiden und Schmerzen um viel geringerer Güter willen als moralischer Vollkommenheit oder Läuterung der Liebe auf sich nehmen: um ihrer Schönheit, ihres Erfolgs im Boxen oder Fußball, um des Goldes willen, das sie auf beschwerlichen Wegen suchen, oder aus Stolz (um Stärke und Mut gegen die Angst zu zeigen, oder Tapferkeit im Leiden von Schmerzen zu beweisen, wie dies bei vielen Indianerstämmen üblich war), oder um als Film-Schauspieler Entbehrungen, Verletzungen und Risiken um ihres Erfolges willen auf sich zu nehmen.

Die erwähnten hohen moralischen oder religiösen Werte, die in der Weise, wie eine Person unschuldige Leiden erduldet, gründen und im christlichen Verständnis in der freien gottmenschlichen Aufsichnahme der absolut unschuldigen Leiden der Passion Christi gipfeln, erweisen sich gewiss als der tiefste Grund, unschuldiges Leiden zuzulassen. Für den Christen muss jede Anklage, die wegen der Zulassung unschuldigen Leidens gegen Gott erhoben wird, verstummen, da er glaubt, dass Gott die unschuldigsten aller Leiden freiwillig um unseretwillen erlitten hat und dass aus ihnen die höchsten Güter für die ganze Menschheit und die höchste Verherrlichung Gottes erwachsen sind.

Auch der Atheist, der diese letzte Bedeutung des unschuldigen Leidens verkennt, kann deren Realität durch keine Einsicht ausschließen. Ja, er kann verstehen, dass die Anklage gegen Gott wegen seiner Zulassung dieses unschuldigsten aller unschuldigen Leiden die undankbarste und verkehrteste Antwort auf diese unschuldigen Leiden wäre. Wenn er glaubt, dass jeder Mensch, der unschuldige Leiden geduldig und aus Liebe trägt, sie mit diesen höchsten Werten vereinen und durch Teilnahme an diesen fruchtbar zu machen vermag, wird seine Anklage Gottes wegen unschuldiger Leiden verstummen und sich in Gotteslob um der durch diese ermöglichten Werte willen verwandeln.

Anders als in den meisten Fällen von Prozessen, denen man passiv unterworfen ist, ist man bei Opfern und beim

Aufsichnehmen unverdienter Schmerzen frei in der Wahl oder in der Verwendung von Leiden zur Verwirklichung höherer Güter wie moralischer und religiöser Werte. Wir finden dies in der Askese, vor allem im religiös motivierten Willen, mit Christus zu leiden, bei Mystikern und Heiligen wie Franziskus und Klara, Theresia von Avila, Joseph von Cupertino, Petrus von Alcantara und anderen großen Büßern.

Der Zweck der freien Annahme von Leiden ist auch der Wille, den einzigartigen und letzten Wert der Verherrlichung Gottes zu verwirklichen. Dieser Sinn des Leidens, einschließlich des unschuldigen Leidens, kann nur verstanden werden, wenn die wahre Hierarchie der Werte und Güter sowie die sinnvolle Beziehung zwischen moralischen Werten und Leiden gesehen wird. Um zu verstehen, warum Leiden im Dienste höherer Güter von Gott zugelassen werden können, muss man die unvergleichliche Überlegenheit moralischer Werte über den Wert unserer Lust und unseres Glücks über alle außermoralischen Güter anerkennen.

12. Schlussbemerkung

Es war uns im Rahmen dieses Kapitels nicht möglich, auf weitere Fragen der Theodizee, wie die Existenz und das Reich des Irrtums, die (immer unschuldigen) Leiden der Tiere oder die Existenz des Hässlichen in der Natur und in menschlichen Werken, einzugehen.[179]

Doch soll das Gesagte zur vollen Widerlegung des gescheiterten »Atheismus-Beweises aus den Übeln« und zur Erkenntnis des Wertes der göttlichen Schöpfung der Welt und des Menschen sowie der sogar noch mit den äußersten Übeln verknüpften und durch sie ermöglichten Güter genügen.

179 Auf das Problem des Irrtums für die Theodizee sowie auf jenes der Hässlichkeit bin ich ausführlich in Josef Seifert, *Where was God in Auschwitz?*, zit. eingegangen.

VIERTER TEIL

GÖTTLICHE SCHÖPFUNG ODER EVOLUTION?

KAPITEL 16

Gibt es – neben der »reinen göttlichen Schöpfung aus dem Nichts« – eine »göttliche Schöpfung aus etwas« und »eine göttliche Schöpfung aus dem Nichts in etwas«?

Wenn das Buch *Genesis* uns berichtet, Gott habe den Leib des Menschen aus Erde geformt, spricht es von einer göttlichen Schöpfung, die nicht unmittelbar aus dem Nichts erfolgt ist, sondern aus einem bereits vorhergehenden und von Gott aus dem Nichts erschaffenen Stoff.

Neben der göttlichen Schöpfung aus dem Nichts gäbe es demnach also auch eine göttliche Schöpfung aus Etwas, das Gott schon zuvor aus dem Nichts geschaffen hat.

Es ist diese Art der göttlichen Schöpfung aus etwas, aus dem Chaos, nicht aus dem Nichts, die Platon im *Timaios* ausführlich erörtert hat und die, in anderer Gestalt, im Mittelpunkt der heutigen Debatte über Schöpfung steht, allerdings seitens der Anhänger der theistischen Evolutionstheorie Darwin'scher Prägung in einer Weise, die ganz von dem biblischen Bericht ebenso wie von der platonischen (Halb-) Schöpfungslehre abweicht.

Die »theistische Evolutionstheorie in der Nachfolge Darwins« ersetzt nämlich die göttliche Schöpfung aus etwas, die dieselbe Macht und ein gleich gewaltiges freies Eingreifen des allmächtigen göttlichen Geistes »in einem Augenblick« erheischt wie die Schöpfung aus dem Nichts, durch die Idee der geistlosen und planlosen Evolution (die ohne intelligenten Plan des Schöpfers und in allmählichen Schritten fortschreiten würde).

Sie erkennt ferner nicht ausdrücklich an, dass alle Gegebenheiten, sei es der Staub oder Adams Rippe, aus denen Gott etwas schafft, selbst von ihm aus dem Nichts geschaffen worden sind, sodass Er letzten Endes in Wahrheit *alles*

Sichtbare und Unsichtbare aus dem Nichts geschaffen hat und im Sein erhält.

Dass es neben der göttlichen Schöpfung aus dem Nichts, die wir rein philosophisch aus den dargelegten Gründen mit Gewissheit einsehen können, und neben der Wirkkraft der Zweitursachen (der Geschöpfe), deren Wirkkraft wir empirisch erkennen können, auch eine direkte göttliche Schöpfung aus etwas gibt, können wir nicht rein philosophisch einsehen. Doch da die Bibel und Platon davon sprechen, können wir das Wesen eines solchen direkten göttlichen Schaffens aus etwas verstehen. In diesem direkten göttlichen Schaffen geht es darum, eine völlig andere Materie, die Erde oder die Rippe Adams, durch einen freien und unmittelbar wirkenden göttlichen Akt so radikal umzuformen, dass der Schöpfungsakt fast dem Schaffen aus dem Nichts gleichkommt.

Dieser Akt direkter göttlicher Schöpfung aus etwas besteht in einer radikalen Umgestaltung und Neuformung des Staubs in den Leib eines Mannes oder dessen Rippe in den von der Rippe radikal verschiedenen Leib einer Frau. Dieser Schöpfungsakt schafft einerseits nicht direkt aus dem Nichts, aber ist andererseits radikal von dem Hervorbringen durch das Medium der Sekundärursachen verschieden.

Ein Entstehen aus Zweitursachen erfolgt aus dem Weiterwirken des Schöpfungsaktes durch die Wirkkräfte der Geschöpfe hindurch. Dass es die Fortpflanzungs-, die Wachstums- und Vermehrungsfähigkeit, sowie die Verwandlung der Nährstoffe in körpereigene Gewebe und der Flüssigkeiten in Körperflüssigkeiten (den Metabolismus) gibt, ist eine offenkundige Wahrheit unserer Erfahrung. Jedes uns bekannte Lebewesen entsteht in den verschiedenen Formen der Fortpflanzung aus ihm vorhergehenden Lebewesen und zeugt sich, sobald es einmal lebt, in gewissem Sinne selbst aus einem winzigen Anfang, meist aus zwei winzigen, mit einander verschmolzenen Zellen, durch Zellteilung, Wachstum und Metabolismus. Kant beschreibt das

Wunder dieser Phänomene des Lebens im Unterschied zu allen Formen mechanischer Kausalität und menschlicher Werke in einer ungeheuer eindrucksvollen und phänomenologischen Form.[180]

Diese Art der Entstehung der Lebewesen aus anderen ist ihr Hervorgehen aus Zweitursachen. Man kann dieses nicht nur einer ersten Schöpfung aller sichtbaren und unsichtbaren Dinge aus dem Nichts, sondern auch der direkten Schöpfung Gottes »aus etwas«, wie sie im Bericht der *Genesis* von der Schöpfung des Leibes Adams aus Staub und des Leibes Evas aus der Rippe des Mannes berichtet wird, gegenüberstellen.

Denn die göttliche Schöpfung aus etwas unterscheidet sich ihrer Idee nach, als direkter schöpferischer Eingriff Gottes, von den ungezählten Formen des Entstehens von Lebewesen aus etwas, die wir den Zweitursachen, den Samen, der Verschmelzung von Ei- und Samenzellen, und den übrigen Elementen der biologischen Fortpflanzung, dem Genom usf. zuschreiben können.

Es gibt in der Welt eine echte Kausalordnung der Zweitursachen, in der die Geschöpfe aus ihren von Gott geschaffenen Samen, Genen und Wirkkräften nicht nur Veränderungen in der unbelebten Natur bewirken können, wie die Biber Dämme bauen, die Bienen aus den ihnen angeborenen Neigungen und Instinkten heraus Waben aus Wachs anfertigen mit dem Ziel, den Honig darin zu speichern, den sie als Nahrungsmittel benötigen, oder Spinnen ihre genial konstruierten und zweckdienlichen Netze weben, wobei diese Zwecke objektiv bestehen, aber von den Tieren nicht begriffen werden.

Nein, in der wunderbaren Ordnung der Natur ist den Lebewesen auch eine viel größere kausale Kraft verliehen: Es ist ihnen gegeben, neuen Individuen Leben weitergeben und sich dadurch »vermehren« zu können.

---

180 Immanuel Kant, *Kritik der Urtheilskraft* (1790), § 64, V 371–372.

Es geht hier sozusagen um eine Fortwirkung der Schöpfung durch das Medium der Zweitursachen, also keineswegs in demselben Sinne um eine göttliche Schöpfung aus etwas, die die biblischen Texte über die Schöpfung Adams und Evas nahelegen.

Zu Gottes Schöpfung »aus etwas« gibt es ungezählte menschliche Analogien: die Erzeugung von Kunststoffen, das Machen und Herstellen von Schriften, von handwerklich erzeugten Gegenständen, oder das Erbauen von Tempeln, Synagogen, Moscheen oder Kirchen, von Häusern oder Palästen, oder die Schöpfung von Kunstwerken, die alle »aus etwas bereits Bestehendem« hervorgebracht werden.

Die Schöpfung von etwas Neuem aus bereits existierender Materie ist also die einzige Art der Schöpfung, die der Mensch, in einer mit der »göttlichen Schöpfung aus Etwas« ganz unvergleichlich geringeren Form, kennt und in tausendfältiger Weise praktiziert: als Handwerker, Koch, Architekt, Maler, Schriftsteller, Komponist, Redner, usf.

Nun stellt sich die Frage, ob es überhaupt ein göttliches Schaffen gibt, das nicht aus dem Nichts, sondern aus etwas schafft oder ob die göttliche *Schöpfungstat* selbst immer unmittelbar aus dem Nichts erfolgt und jedes Entstehen aus etwas nur in das Reich der Zweitursachen fällt, dabei aber ganz von der Schöpfung aus dem Nichts abhängt, ohne die keine einzige innerweltliche Ursache existieren oder wirken kann.

Nun können wir rein philosophisch nur die göttliche Schöpfung aus dem Nichts, nicht die »aus etwas« beweisen. Es wäre dennoch vermessen zu behaupten, Gott könne nicht auch in der Weise schaffen, dass er eine schon von ihm geschaffene Materie nimmt und sie in etwas Neues verwandelt und dass er nicht etwa aus dem Staub den ersten männlichen Leib und aus Adams Rippe den ersten weiblichen Leib formen kann, wie die Bibel lehrt.

Und gerade das göttliche Urbild einer solchen uns allen aus der Kunst, dem Handwerk, der Architektur, dem

Maschinenbau usf. bekannten Schöpfung aus etwas nach einem intelligenten Plan wird von der Evolutionslehre Darwin«scher und Neodarwin'scher Prägung geleugnet: die Entstehung aller Lebewesen aus unbelebter Materie oder aus ihnen vorhergehenden Lebewesen sei, ganz entgegen allem menschlichen Schaffen aus etwas, ohne Plan erfolgt. Darum werden alle Schöpfungslehren ebenso wie die diesen verwandten Lehren vom »intelligent Design«, von den Anhängern der Neodarwinistischen Evolutionstheorie verworfen.

Das Leben selbst und alle Arten der Lebewesen seien nicht, wie die Bibel uns berichtet, von Gott geschaffen worden. Gott hätte ihre Leiber weder aus dem Nichts geschaffen noch aus einem schon zuvor geschaffenen Material oder Genen geformt, sondern sie hätten sich aus vorhergehender unbelebter Materie in einer chemischen Evolution, oder aus niedrigeren Spezies lebendiger Wesen durch das entwickelt, was man »biologische Evolution« nennt oder einfach mit dem magischen Wort »Evolution« bezeichnet, ein Wort, das viele unklare Begriffe ausdrückt und vermischt. Hinter dem scheinbar wissenschaftlichen Terminus steht bei näherem Zusehen eigentlich eine »pure Magie ohne Zauberer oder Hexe«, also eine jede Zauberwirkung weit übertreffende Transformation, die aber nicht nur ohne freies göttliches Eingreifen, sondern überhaupt ohne schöpferischen Plan und ohne schöpferisches Handeln erfolgt.

Im Rahmen der kritischen Untersuchung der Evolutionstheorie im nächsten Kapitel werden wir begründen, wie schon im Titel dieses Buches gesagt, dass die Person, und damit auch die menschliche Geistseele in ihrer unwiederholbaren geistigen Individualität, die die menschliche Person zur Erkenntnis der Wahrheit, zur Gotteserkenntnis und zur freien Wahl zwischen Gut und Böse befähigt, nur unmittelbar von Gott *ex nihilo* (aus dem Nichts) geschaffen werden kann. Hinsichtlich seiner Seele wird daher *jeder Mensch unmittelbar von Gott aus dem Nichts geschaffen, nicht aus etwas anderem, etwa aus Lehm oder anderen Stoffen, oder aus immateriellen Substanzen (Seelen).*

Aus den empirischen Beobachtungen kausaler Prozesse in Fortpflanzung und Zeugung, embryonaler Entwicklung, die nur die biologische Ebene des menschlichen Leibes erklären, kann daher niemals geschlossen werden, dass die freie und intelligente Person, die menschliche Geistseele, durch jene selben physisch-biologischen Ursachen erklärbar ist, durch die ihr Leib gebildet wird. Das Gegenteil ist der Fall. Die Seele muss unmittelbar von Gott aus dem Nichts geschaffen werden.

Eine Schöpfung aus dem Nichts entzieht sich unserem Erfahrungshorizont. Man könnte höchstens sagen, dass ein freier Akt des Menschen als solcher eine Analogie der göttlichen Schöpfung aus dem Nichts ist, ein reines Fiat, durch das ein Akt geboren wird, der nicht bestanden hat und auch nicht aus Materie gemacht wird. Doch, so hilfreich diese Analogie zur göttlichen Schöpfung aus dem Nichts auch sein mag, sie ist doch weit davon entfernt, uns eine unmittelbare Erfahrung der göttlichen Schöpfung aus dem Nichts zu geben.

Derselbe Mangel unmittelbarer Gegebenheit haftet an der dritten Form göttlicher Schöpfung. Diese dritte Form göttlicher Schöpfung – neben der »*reinen Schöpfung aus dem Nichts*« und der »*göttlichen Schöpfung aus etwas*« – ist die »*göttliche Schöpfung aus dem Nichts in Etwas*«. Das klarste Beispiel dieser Art der Schöpfung ist die Schöpfung der menschlichen Seele, die dem Leib von Gott »eingehaucht«, d.h. unmittelbar aus dem Nichts, aber vereint mit dem Leib des Embryos, der seinerseits in dem Leib der Frau entsteht, erfolgt.

Da die menschliche Seele aber den Leib beseelt und »*in ihm*« in einer nicht physischen Weise präsent ist und dem Leib »eingehaucht« wird, können wir von einer »göttlichen Schöpfung aus dem Nichts *in etwas*« (nämlich im menschlichen Leib) sprechen.

Da die Seele unsichtbar ist, kann die Notwendigkeit ihrer unmittelbaren Schöpfung durch Gott nur in metaphysischen Einsichten mit Gewissheit erkannt werden, nicht durch naturwissenschaftliche Beobachtungen und Methoden. Denn der Ursprung der Seele und ihr Wesen fällt jenseits aller Erreichbarkeit durch Sinneswahrnehmung, naturwissenschaftliche Experimente, Beobachtungen oder sonstige Methoden der empirischen Erkenntnis.

Wir werden sehen, dass man diese Art der Schöpfung »aus dem Nichts in Etwas« anerkennen muss, wenn man einerseits einsieht, dass die menschliche personale und geistige Seele nicht aus irgendeiner Sekundärursache stammen kann und andererseits nicht annimmt, Gott habe alle menschlichen Seelen getrennt vom Leib geschaffen und sie träten nur aus einer vorgeburtlichen Existenz in den Leib ein, wie Platon und andere annahmen.

Gegen diese Annahme der Seelenwanderung, die der christliche Glaube, der jedem Menschen nur ein einziges Leben zuspricht, verwirft, kann man rein philosophisch nur durch Konvenienzbeweise argumentieren, sie aber nicht rein philosophisch streng widerlegen, ebenso wenig wie die Lehre des Origenes, alle menschlichen Seelen seien ursprünglich Engel gewesen, die nur später, meist aus Strafe für als Engel begangene Sünden, in einen menschlichen Leib gefallen bzw. durch ihre Verbindung mit ihm erniedrigt worden seien.[181]

Rein philosophisch können wir hingegen die absolute Unmöglichkeit einer naturalistischen Erklärung des Ent-

181 Origines glaubt, es gäbe neben den bestraften Engeln (den meisten Menschen) andere »Engel der Liebe«, die in einer Art Vorbereitung oder Nachahmung Christi aus reiner Liebe Mensch geworden wären, um den anderen menschgewordenen Engeln beizustehen, ihren ursprünglichen Zustand wiederzuerlangen.

Platon redet im Timaios nur im Falle der menschlichen Seele von ihrer unmittelbaren Schöpfung, für alle materielle und sichtbare Schöpfung spricht er von einer göttlichen Schöpfung »aus etwas«, d.h. von der Formung der chaotischen Materie durch den Demiurgen.

stehens des Menschen, und damit auch der menschlichen Person und ihrer Seele, durch Evolution erkennen. Wir sehen klar ein, dass die geistige unsichtbare, substantielle menschliche Seele nur durch eine unmittelbare göttliche Schöpfung aus dem Nichts möglich ist.

Die infolge der Unklarheit des Evolutionsbegriffs, die im nächsten Kapitel eingehend analysiert werden soll, unklare sogenannte »Evolutionstheorie«, die weitgehend an Schulen und im öffentlichen Bewusstsein an die Stelle der Schöpfungslehre tritt oder, in Form der sogenannten »theistischen«, von Gott gesteuerten Evolution, auch von Christen verschiedener Bekenntnisse und Päpsten seit Pius XII, wenngleich in sehr begrenzter und vorsichtiger Form, angenommen wurde, wollen wir im Folgenden sowohl in ihrer atheistischen als auch in ihrer theistischen Form einer kritischen philosophischen Untersuchung unterziehen.

KAPITEL 17

Schöpfung oder Evolution? Bye-bye Darwin

Wer also ein Freund der Vernunft und Erkenntnis ist, der muss notwendig in einem denkenden Wesen die letzte Ursache suchen, alle Ursachen aber, welche in Dingen liegen, die von anderen in Bewegung gesetzt werden und wiederum andere mit Notwendigkeit in Bewegung setzen, erst in zweiter Linie als Ursachen verfolgen.

Platon, Timaios S 46 c-e.

Wer daher durch so viel Glanz der Geschöpfe nicht erleuchtet wird, ist blind; wer von so viel Geschrei nicht geweckt wird, ist taub; wer angesichts all dieser Werke Gott nicht lobt, ist stumm; wer aus so vielen Beweisen das erste Prinzip nicht erkennt, ist dumm.

Bonaventura.[182]

Ich bin davon überzeugt, dass die Evolutionstheorie, besonders das Ausmaß, in dem sie angewendet wird, als einer der größten Witze in die Geschichtsbücher der Zukunft eingehen wird. Die Nachwelt wird sich wundern, wie eine so schwache und dubiose Hypothese so unglaublich leichtgläubig akzeptiert werden konnte.

Malcolm Muggeridge[183]

---

182 Bonaventura, *Itinerarium mentis in Deum*, I, 15, *Doctoris Seraphici S. Bonaventurae Opera omnia*, edita studio et cura PP. Collegii a S. Bonaventura, ad Claras Aquas, vol. 5, S. 299.

183 Malcolm Muggeridge, well-known British journalist and philosopher – *Pascal Lectures*, University of Waterloo, Ontario, Canada The End of Christendom Paperback, 1980.

Wissenschaft oder Scheinwissenschaft

Ich möchte der folgenden Untersuchung und deren Einteilung in drei Hauptproblemkreise einige allgemeinere Bemerkungen vorausschicken.

Sehr oft finden wir unter Wissenschaftlern, auch soliden, die Tendenz, in ihren Theorien weit über das, was sie von ihrer Wissenschaft her wissen, hinauszugehen. So bestehen neben wissenschaftlichen Erkenntnissen eine Menge eingebildeter Erkenntnisse, falscher Meinungen und Theorien. Diese werden häufig als Wissenschaft ausgegeben. Schon Sokrates geißelt in seiner Verteidigungsrede *(Apologie)* diese Gefahr der *dóxa*, der auf purem Schein beruhenden falschen Theorien und Meinungen von Politikern, Dichtern und Handwerkern, die zwar vieles verstehen, aber sich noch viel mehr einbilden, erkannt zu haben, was sie in Wirklichkeit nicht wissen.

So sind auch die Köpfe der heutigen, in ihrem Fachgebiet unglaublich kenntnisreichen und fortschrittlichen Naturwissenschaftler, sobald sie aufhören, ihr Gegenstandsgebiet mit den ihrer Wissenschaft eigenen und angemessenen Methoden zu untersuchen, im höchsten Maß anfällig für Theorien und Ansichten, die keineswegs das Ergebnis wissenschaftlicher Erkenntnis sind, die sich aber mit dem Ansehen der Wissenschaft schmücken, sodass viele Menschen meinen, diese Theorien seien das Resultat solider Wissenschaft, insbesondere wenn Naturwissenschaftler sie mehrheitlich für wahr oder gar für bewiesen halten und ihre Kritiker beschimpfen, als wären sie Dummköpfe und Ignoranten, wie etwa Dawkins dies tut.

Da ferner in der heutigen Welt eine Art Naturwissenschaftsfetischismus herrscht, werden selbst die törichtesten philosophischen Theorien, sobald sie von angesehenen und verdienstvollen Naturwissenschaftlern, oder gar deren Mehrheit, vertreten werden oder den Anschein der Wissenschaftlichkeit besitzen, blind geglaubt, auch wenn sie nichts mit dem Ergebnis echter Wissenschaft zu tun haben.

Eine der verbreitetsten und gefährlichsten Formen einer solchen verworrenen und von Irrtümern durchsetzten philosophischen Meinung (δόξα) von Naturwissenschaftlern ist die Evolutionstheorie, die den Platz des Menschen im Kosmos, sein Wesen und seinen Ursprung, sowie jenen alles Lebendigen zutiefst zu verdunkeln droht, aber keineswegs das Ergebnis von Wissenschaft, sondern vielmehr ein profanes Dogma einer »Wissenschaftsreligion« ist.[184]

Die erwähnte Bemerkung des Sokrates über die *Doxa*, die Scheinwahrheiten, die in Wirklichkeit Irrtümer sind, die in vielen Künsten und Wissenschaften über den Rand von deren solidem Wissen und deren Kunst hinauswuchern, gilt keineswegs nur für die damalige Zeit. Sie gilt heute für die Hirntoddefinition ebenso wie für die Evolutionstheorie und viele andere Meinungen.

Es ist eine sehr unliebsame und unter zahlreichen Menschen unbeliebte Aufgabe der Philosophie, sagt Sokrates, Menschen, die vieles wissen, klarzumachen, dass sie sich einbilden, noch viel mehr zu wissen, als was sie tatsächlich wissen.

Diese Aufgabe, eine der ältesten und delikatesten der Philosophie, möchte ich in diesem Kapitel zu einem kleinen Teil in Angriff nehmen.

Was kann aber ein in den Naturwissenschaften nicht sonderlich gebildeter Philosoph über eine Theorie, die dem Hirn eines bedeutenden Biologen entsprungen ist, sagen, ohne Scharlatanerie zu betreiben? Ich antworte: Vieles, weil schon der Begriff der »Evolution« und mehr als die Hälfte der Evolutionstheorie philosophischer Natur sind.

Die Evolutionstheorie betrifft sowohl die Natur der Wirklichkeit als solcher, die Natur und Potenzialitäten

184 Vgl. Prof. Maciej Giertych, eminenter Naturwissenschaftler und Dendrologe, Vorwort zu Gerard J. Keane, *Creation Rediscovered. Evolution and the Importance of the Origins Debate,* (Rockford, Ill.: Tan Books, 1999), S. X, wo er von der Evolutionstheorie sagt: »These ideas have become dogma, yet they have no footing in natural sciences. They stem from materialistic philosophies.«

der Materie, des Lebens und der Seele als auch die Natur und den Ursprung des Lebens aus der unbelebten Natur (chemische Evolution) sowie den Ursprung der Arten der lebendigen Wesen und kulminiert zu guter Letzt in einer Hypothese über den Ursprung des Menschen. All diese Fragen sind viel mehr philosophische als naturwissenschaftliche.

In manchen ihrer Formen, die ich im Folgenden nicht behandeln möchte, hat die Evolutionstheorie noch viel weitergehende spekulative philosophische Wurzeln, etwa in der Philosophie Hegels, und enthält Vorhersagen für die Zukunft einer posthumanen Evolution. Oft verbindet sie sich ferner mit den Ideen eines »Transhumanismus« als über den Menschen hinausgehender Stufen der Evolution in Form eines »Übermenschen« oder »Transmenschen«, ja es gibt sogar materialistisch-religiöse Vorstellungen pantheistischer Art, die meinen, die Höherentwicklung ende am höchsten Punkt Omega des Evolutionsprozesses erst in einer Selbstentfaltung des absoluten Geistes oder in der Verwirklichung Gottes und des Gottmenschen. Solche Ideen der »Über-Evolution« haben natürlich noch weniger mit Naturwissenschaft oder Erkenntnis zu tun, als die Darwin'sche Evolutionstheorie, die sich von solchen freischwebenden und in sich unmöglichen Konstrukten wie dem Endziel der Evolution, dem Punkt Omega, der mit dem Göttlichen zusammenfalle, relativ fernhält.[185]

---

185 Alma von Stockhausen aber vertritt in einem interessanten und lehrreichen Artikel die These, dass Darwin die Evolutionstheorie weit über sein Fachgebiet hinaus in Bereiche spekulativer Metaphysik und futuristischer Vorstellungen hinein gedacht habe und daher ohne Hegel nicht denkbar sei. Vgl. Alma von Stockhausen, »›Ohne Hegel kein Darwin‹: Die philosophisch-theologischen Voraussetzungen und Konsequenzen der Evolutionstheorie«, in: Albrecht Graf von Brandenstein-Zeppelin, Alma von Stockhausen (Hrsg.), *Naturphilosophische Gegenüberstellung von Evolutionstheorie und Schöpfungstheologie*, Bd. I, (2009), *Evolutionstheorie im Lichte heutiger Wissenschaften*, (Weilheim-Bierbronnen: Gustav-Siewerth-Akademie, 2009), S. 9–57. Der Satz „ohne Hegel kein

Da die philosophischen Hintergründe und Formen der transbiologischen Evolutionstheorie, wie die evolutionäre Psychologie und Erkenntnistheorie, sowie die soziale Evolutionstheorie, der Transhumanismus, die pantheistisch-metaphysische Evolutionstheorie Hegels oder Teilhard de Chardins u.a. ein riesiges Gebiet weiterer philosophischer Probleme auftun, deren Behandlung nicht unbedingt für die im Folgenden gebotene grundsätzliche Kritik der Evolutionstheorie erforderlich ist, behalte ich ihre Diskussion einem künftigen Werk vor. Ich denke, dass die elementare Kritik der unvermeidlichen Elemente und Grundformen der Evolutionstheorie und ihrer philosophischen Ansprüche und Voraussetzungen eine Basis für die sicher erforderliche detaillierte Kritik dieser verschiedenen »Überevolutionstheorien« bilden kann, deren Behandlung den Rahmen der vorliegenden Untersuchung sprengen würde.[186]

Ein naheliegendes Missverständnis der folgenden Untersuchung, die sich fast ausschließlich mit der scheinwissenschaftlichen Evolutionstheorie beschäftigt, gilt es hier auszuschließen. Es könnte so scheinen, als wollte ich den Wert der Naturwissenschaften, ihrer Methoden und ihrer Forschungsergebnisse geringachten, ja als wollte ich ihnen

---

Darwin" stammt schon von Nietzsche: *Fröhliche Wissenschaft,* 1882/1887 5. Buch, »Wir Furchtlosen« 598.

186 Vgl. Dietrich von Hildebrands Analyse von Teilhard de Chardins »unerhörter Mischung von Wissenschaft und Phantasie« (Peter Heberer) in Dietrich von Hildebrand, *Das trojanische Pferd in der Stadt Gottes,* (Regensburg: Josef Habbel, 1968), S. 339–375; 342. Eine Reihe von bemerkenswerten Beiträgen von Bergund Fuchs, Lutz Sperling, Ermanni Pavesi, u.a. zu einer solche Ausweitung der Diskussion der Evolutionstheorie und ihrer Rolle bei Friedrich Nietzsche, Karl Marx, Sigmund Freud, C. G. Jung und anderen finden sich in dem erwähnten Band Albrecht Graf von Brandenstein-Zeppelin, Alma von Stockhausen (Hrsg.), *Naturphilosophische Gegenüberstellung von Evolutionstheorie und Schöpfungstheologie,* S. 9–57, sowie in Albrecht Graf von Brandenstein-Zeppelin, Alma von Stockhausen (Hrsg.), *Evolution Theory and the Sciences: A Critical Examination,* (Weilheim-Bierbronnen: Gustav-Siewerth-Akademie, 2011).

ihre wichtigsten Forschungsbereiche und Aufgaben streitig machen und diese in das Reich der Philosophie versetzen. In diesem Reich hätten Naturwissenschaftler als solche nichts zu suchen, vor allem dann nicht, wenn sie mit einer erbärmlichen Philosophie aufwarten und diese als naturwissenschaftliche und solide bewiesene Theorie verkaufen möchten. In all dem bewiese ich eine überhebliche Haltung und Verachtung der Naturwissenschaften, für die ich überhaupt kein legitimes Forschungsgebiet mehr übrigließe.

Diese Interpretation der vorliegenden Untersuchung würde jedoch deren Inhalt und meine Absicht arg missdeuten. Den Naturwissenschaften bietet sich ein ungeheures Forschungsgebiet dar, über das die Philosophie so gut wie nichts sagen kann.[187]

Neben den absolut notwendigen und höchst intelligiblen Wesenheiten und Prinzipien, die einen Hauptteil der den Wissenschaften der Mathematik und Philosophie eigenen Forschungsgebiete bilden, gibt es ein ungeheures Reich von Gegebenheiten und Naturen, die, so sinnvoll sie auch sind, keineswegs apriorischer mathematischer oder philosophischer Erkenntnis zugänglich sind. Dazu gehören die Elemente, die atomaren, molekularen, elektrischen, chemischen und magnetischen Eigenschaften und Energien der unbelebten Natur; die Zellen und konkreten Gewebe, Strukturen und Eigenschaften sämtlicher Pflanzen- und Tierarten sowie des menschlichen Leibes und seiner Organe und Systeme (wie Blutkreislauf und Atmung) samt deren Funktionen und Beschaffenheiten.

Der Philosoph, der meinen wollte, er könnte die Fragen der empirischen Biologie und Chemie, der Anatomie oder inneren Medizin, der Krankheitsursachen, Impfstoffe oder Heilungsmethoden dadurch lösen, dass er in einer *epoché* die reinen Wesen all dieser Dinge vor sich bekäme und über sie philosophische Wesensanalysen durchführte, wäre

187 Vgl. Josef Seifert, *Discours des Méthodes*, zit.; ders., *Back to Things in Themselves*, zit. Vgl. besonders Dietrich von Hildebrand, *What is Philosophy?*, zit., Kap. 4.

genauso ein Narr wie ein Mensch, der die Gesetze der Zahlen durch eine empirische Untersuchung der Mengen von Gegenständen durchführen wollte, um zu sehen, ob nicht nur 5x5 Ochsen, sondern auch 5x5 Amöben 25 Tiere und 10x1000 Marmorblöcke 10.000 Steinblöcke sind.

Denn in den der Naturwissenschaft zugeordneten Wirklichkeitsbereichen können uns nur wiederholte Beobachtungen, Experimente, mikroskopische Untersuchungen, chemische Analysen, medizinische Tests oder das Studium paläontologischer Befunde die Natur erschließen. Warum? Eben weil diese Wesen wunderbare Erfindungen des Schöpfers sind und einer göttlichen Erfindungskraft, nicht unveränderlichen, ewigen Wesensgesetzen, wie denen der Logik, entspringen. Daher können sie nur durch Wissenschaften erkannt werden, die auf dem Boden wiederholter Beobachtung der Fakten stehen und einem strengen Regiment naturwissenschaftlicher Methodik unterworfen sind.

Die Evolutionstheorie hat die heutige Zivilisation und den Schulunterricht an fast allen Schulen der Welt (mit Ausnahme weniger Länder, etwa der Türkei, an deren Schulen das Lehren der Evolutionstheorie seit neuestem sogar verboten ist) mehr geprägt und das Bewusstsein der Wahrheit der göttlichen Schöpfung und der Bestimmung des Menschen weitergehender zerstört als nahezu jede andere pseudowissenschaftliche Theorie. Deshalb ist, insbesondere im Kontext des Themas der göttlichen Schöpfung, ihre Untersuchung eine der wichtigsten Aufgaben der Gegenwartsphilosophie, auch wenn diese von den wenigsten Philosophen ernsthaft in Angriff genommen wird.

Die Evolutionstheorie ist ein seltsames Gemisch aus relativ wenigen und lückenhaften naturgeschichtlichen Erkenntnissen und buchstäblich »wilden« Annahmen, von denen viele rein empirisch widerlegt worden sind, unfundierten philosophischen Konstruktionen und quasi-religiösen Glaubensinhalten.

Durch dieses brüchige Gemisch hat die Evolutionstheorie die einzig rationale Lehre über den Ursprung des

Menschen, die Schöpfungslehre, und damit auch die Lehre von der Gottebenbildlichkeit und wahren Personalität des Menschen, aus unzähligen jungen und vielen alten Geistern vertrieben.

Auch dort, wo sie sich bei manchen Autoren als »theistische Evolutionstheorie« unbeholfen mit einer Schöpfungslehre zu verbinden trachtet, führt sie meist zu einer Verunsicherung, widerspruchsvollen Mischung von Elementen und einer Verdunkelung einer klaren Erkenntnis des Menschen und seines Ursprungs.

Das Gesagte gilt nur von jenen Formen »theistischer Evolutionstheorien«, die sich weitestgehend an Darwin und seine sowie spätere Ideen einer synthetischen Evolutionstheorie über die Ursachen der Evolution anlehnen, nicht von einer ganz anderen »theistischen Evolutionslehre«, die auf der augustinischen Lehre von den »rationes seminales«, den Samen-Plänen, und einigen antiken Philosophien aufbaut und heute nur vereinzelt vertreten wird.[188]

Da die Evolutionstheorie ein so verworrenes Gemisch aus naturwissenschaftlichen Fakten, Hypothesen und philosophischen und quasi-religiösen Gedankenfetzen ist, sollten wir von Anfang an verschiedene Verwirrungen aufklären und verschiedene Dinge scharf unterscheiden.

Ich möchte zunächst (1) die Vieldeutigkeit und Verworrenheit des Inhalts des Evolutionsbegriffs untersuchen, und mich danach der entscheidenden Frage zuwenden, ob (2) das über die Realität und Ausdehnung der Evolution und (3) über deren Ursachen Behauptete rein philosophisch gesprochen[189] wahr sein könnte oder ob vieles davon wahrscheinlich und eine Menge davon ganz gewiss falsch ist.

---

188 Vgl. The Enzyklika Papst Pius XII, *Humani Generis,* und Johannes Paul II Botschaft über Darwin an die Päpstliche Akademie der Wissenschaften; vgl. auch Alister McGrath, *Why God won't go away: Engaging with the New Atheism* (London: Speckpublishing, 2011).

189 Also unter Absehung der Lehren der jüdischen und islamischen Religion, der Bibel oder Dogmen der katholischen Kirche.

Nach der Untersuchung dieser drei Aspekte der Evolutionstheorie werde ich eine scharfe Kritik an der Makroevolutionstheorie, insbesondere wenn sie in breitestem Umfang behauptet wird, und eine vernichtende Kritik an der wesenhaft materialistischen universalen Evolutionstheorie üben. Auch die Hauptvarianten der »theistischen Evolutionstheorie«, die sich weder von Darwin noch von einem Materialismus deutlich abgrenzen, sind von dieser Kritik mitbetroffen.

Zu Ende dieses Kapitels werde ich noch die Evolutionsideologie, die an sich von der Evolutionstheorie unterschieden ist, behandeln.

Ich bin mir dabei wohl bewusst, dass ich voraussichtlich für meine scharfe Kritik und Widerlegung der Evolutionstheorie, an der unbegreiflicherweise Legionen von Wissenschaftlern hängen, als wäre die Zustimmung zu ihr für den Ruf eines Wissenschaftlers oder Philosophen »heilsnotwendig«, ebenso sehr verunglimpft werde wie Sokrates, wobei ich hoffe, nicht, wie er, ob der Erfüllung dieser Pflicht des Kampfes gegen die Evolutions-Doxa mein Leben lassen zu müssen.

I. Was bedeutet »Evolution«? Die verwirrende Vieldeutigkeit dieses Terminus

1. Allgemeine Charakteristiken des sich als »Evolution« vorgestellten Prozesses

Zunächst ist es, entgegen allem Anschein und der Selbstverständlichkeit, mit der der Terminus »Evolution« verwendet wird, keineswegs klar, was überhaupt »Evolution« bedeutet. Der Gedanke der Evolution setzt ganz allgemein gesprochen eine Reihe von Momenten voraus:

(1) Man kann die Annahme einer »Höherentwicklung«, im Gegensatz zu einer Devolution, d.h. zu degenerativen Entwicklungen, als Grundannahme der Evolutionstheorie

bezeichnen. Dieses Moment kommt bereits im Titel der ersten fünf Auflagen des Hauptwerks Darwins klar zum Ausdruck: *On the Origin of Species by Means of Natural Selection, or the Preservation of Favoured Races in the Struggle for Life.*[190] Dabei werden allerdings zwei total verschiedene und mitnichten verbundene Dinge zusammengemengt: eine Höherentwicklung und eine größere Chance im Überlebenskampf. In dem letzteren gewinnen nämlich verhältnismäßig simple Pflanzen und Tiere, wie die schier unsterblichen Quallen oder der Riesenschwamm, ein Tier mit dem offiziellen Namen »Anoxycalyx joubini«, das bis zu zwei Meter groß wird, die Tiefen der antarktischen Gewässer bewohnt und bis zu 10.000 Jahre alt werden kann. Seine Zugehörigkeit zu den »fittest« Darwins kann sich dabei gar nicht mit dem Bodenbakterium Bacillus subtilis messen, das – als individuelles Tier – nach der Schätzung einiger Biologen bis zu 250 Millionen Jahre überlebt.[191]

In der Idee einer Höherentwicklung setzt man jedoch nicht die bloße »Tüchtigkeit im Überlebenskampf«, obwohl Darwins Buchtitel dies nahelegt, sondern eine Stufenordnung von Lebewesen hinsichtlich ihres Wertes oder ihrer Vollkommenheit voraus, infolge deren manche »höher«, andere »niedriger« sind und als solche erkannt werden. Schon die ganze Grundidee der Evolution, dass diese eine Entwicklung vom Anfang des Lebens in einem einzelligen

---

190 Charles Darwin, *On the Origin of Species by Means of Natural Selection, or the Preservation of Favoured Races in the Struggle for Life*, First Edition (London: Charles John Murray, Albemarle Street, 1859). Auch Ernst Mayr hält dieses erste allgemeine Element der Evolutionstheorie fest, etwa in *Das ist Evolution.* Mit einem Vorwort von Jared Diamond (München: Bertelsmann, 2003, Goldmann Taschenbuch 2005), S. 28, wo er es als *Anagenese* bezeichnet, versucht jedoch an anderen Stellen, dieses Grundelement der Evolutionstheorie zu bestreiten.

191 Die im Folgenden dargelegten ernsthaften Zweifel an diesen Altersbestimmungen der Lebewesen wegen der logisch fehlerhaften Anwendung der Methoden zur Bestimmung des Alters der Erde und der Lebewesen treffen natürlich auch das astronomische Alter der genannten Lebewesen.

Organismus bis zum Menschen darstelle, ist untrennbar vom Gedanken der Höherentwicklung, auch wenn einige bedeutende Biologen dies in Frage stellen.[192]

Gewöhnlich wendet man den Begriff »höhere Lebewesen« nur auf Tiere oder den Menschen an, aber er kennt auch auf Pflanzen eine legitime Anwendung, wenn er einzellige Pflanzen dem Wunderwerk eines kalifornischen Mammutbaums (Sequoiadendron giganteum), einer Zypresse, einer Rose, Lilie oder Orchidee gegenüberstellt.

Es bedürfte einer eingehenden Analyse, um herauszuarbeiten, was in diesem Kontext die Kriterien für die »Höhe« eines Lebewesens sind:

a) Meint man damit differenziertere und komplexere physiologische Strukturen von Geweben, Organen oder Körpersystemen wie dem Blutkreislauf oder dem Nervensystem? Mit »höheren Tieren« meint man dann wohl Tiere, die nicht Einzeller oder einfache Arten mehrzelliger Lebewesen sind, sondern in ihrer äußeren Gestalt und ihrem inneren organischen Aufbau eine durchstrukturiertere Körperbildung, komplexere Organe und ausgeprägtere Blutkreislauf- und Nervensysteme sowie Gehirne besitzen

192 Ernst Mayr etwa versucht, obwohl seine eigene Idee des Verlaufs der Evolution einem extremen Konzept der Höherentwicklung folgt, jeden Wertbegriff und jeden Gedanken einer *Höher*entwicklung aus dem Evolutionsbegriff herauszuhalten und unterscheidet Evolution nach oben, neutrale auf der gleichen Ebene, und nach unten, die andere Biologen als Devolution Evolution gegenüberstellen. Doch widerspricht Mayr sich darin, als ein entschiedener Vertreter der Meinung, am Anfang der Geschichte des Lebens, die er vor 3,8 Milliarden Jahren ansetzt, stünden die Prokaryonten (primitive Bakterien), die für eine Milliarde von Jahren die einzigen Lebewesen gewesen seien, dann erst hätten sich, wie er selbst formuliert, höhere Lebewesen (Eukaryonten) gebildet. Ernst Mayr, *Das ist Evolution,* zit., S. 66. Die gesamte Evolution sei aus einem einzigen Lebewesen hervorgegangen und reiche bis zum Menschen. Markanter kann eine Höherentwicklung nicht behauptet werden außer wenn man bestreitet, dass der Mensch ein höheres und wertvolleres Lebewesen ist als eine Bakterie oder Amöbe.

und komplexeren Merkmalskatalogen der einzelnen Gattungen und Arten unterstehen.

b) Man kann aber auch den Grad der vermuteten Erlebnisfähigkeit zum Hauptkriterium der »Höhe« eines Tieres erklären. Dann würden »höhere Tiere« etwa schärfere Sinne besitzen, vor allem jene, die Aristoteles als höchste Sinne betrachtete: den Gesichtssinn und das Gehör.

c) In wichtigerer Weise wird jedoch die Höhe eines Tieres dadurch bestimmt, dass es feinere, anpassungsfähigere Instinkte besitzt und komplexerer tierischer Gedächtnis- und Intelligenzleistungen fähig ist. Dabei sind noch adaptive, arbeitende, instinktive, räumliche, soziale und andere Arten der Intelligenz zu unterscheiden. Instinktive und adaptive Intelligenz können auch »autistische« Tiere besitzen, die so gut wie keiner näheren Beziehung zum Menschen fähig sind.

d) Ein neuer und sehr verschiedener Maßstab der Höhe eines Tieres, manchmal als soziale Intelligenz bezeichnet, ist daher der Grad der Kommunikationsfähigkeit eines Tieres mit dem Menschen und damit einer engen Lebensgemeinschaft des Tieres mit ihm, indem sich ein Tier in Menschen einfühlen, diese in gewisser Weise »verstehen« und ihnen gehorchen kann, wie Haustiere. Diesem Kriterium zufolge sind vielleicht Hunde und Pferde die höchsten Tiere und innerhalb von ihnen sind ferner die edelsten Rassen dem Benehmen, der Bewegung und dem Aussehen nach, wenn wir auch ästhetische Aspekte in den Adel und die Höhe eines Tieres einfließen lassen und arabische Hengste und Stuten oder feine, dem Menschen zugeordnete Hunderassen wie Border Collies, Shelties oder Papillons, als höhere und edlere Tiere betrachten als Schweine oder als psychisch primitivere Hunde, die kaum in eine engere Beziehung zu Menschen treten wie, neben Haustieren, Reitpferde oder Kamele.

Dabei ist diese Eigenschaft, die zumal bei Reittieren zu einem einmaligen gemeinsamen Agieren von Mensch und Tier führen, keineswegs immer in jenen Tieren zu finden, die objektiv physiologisch und »psychisch« dem Menschen am »ähnlichsten« sind, wie die Menschenaffen, die aber selten in eine engere Gemeinschaft mit Menschen treten und den Menschen mehr nachäffen als ihm verbunden sind.

Auch andere Tiere entsprechen diesem Kriterium der »Höhe« gewisser Tiere, so etwa der Esel des Propheten Bileam (Balaam), der mitten auf dem Weg stoppte, weil er den Engel sah, der den beiden in den Weg trat, als Bileam auf dem Weg war, die Israeliten zu verfluchen. Schließlich endete alles damit, dass der Prophet Israel segnete anstatt es zu verfluchen (*Numeri* 22–24), wozu der Esel ein gehöriges Teil beigetragen hat.

Auch in großen Werken der Weltliteratur wird oft die dem Menschen überlegene, in den Instinkten des Tieres gleichsam verkörperte Weisheit hervorgehoben (man denke an die entzückende Beschreibung des Esels Sancho Panzas, und dessen enger Beziehung zu seinem Herrn, in Cervantes' *Don Quijote* oder an Juan Ramón Jiménez' *Platero und Ich*).

Die letztgenannten Eigenschaften erlauben auch eine größere Dressierbarkeit und Erziehbarkeit, die manche Hunderassen zu einem strikten Gehorsam oder zur Führung Blinder befähigen. Man könnte dieses Kriterium zu den höchsten Wertmaßstäben zählen, die die Höhe eines Tieres ausmachen.

e) In anderer Hinsicht ist jedoch das tiefste Merkmal höherer Tiere der Grad, in dem sie eine, wenn auch nur ungeheuer entfernte, Ähnlichkeit mit Menschen besitzen. In dieser Hinsicht sind Schimpansen, Orang-Utans oder Gorillas allen übrigen Tieren überlegen und, nicht nur im Körperbau, dem Menschen entfernt ähnlich, was dazu geführt hat, Affen und Menschen in dieselbe Gattung der Hominiden oder Hominini zusammenzufassen, wobei man rein biologisch vorgeht und den Weltenunterschied zwischen Mensch als rationaler, freier Person, die eine biologisch total unerklärbare geistige Seele besitzt, und Tier übersieht.

Diese Klassifizierung geht ganz am Wesen der menschlichen Person vorbei und entspringt einer biologistischen Verirrung, die sich in der Evolutionstheorie austobt. Im Übrigen übersieht sie auch den radikalen Unterschied des vom Geist durchdrungenen und ihn ausdrückenden menschlichen Leibes vom tierischen, einen anschaulich gegebenen Unterschied, den man nicht aus dem Zählen der Knochen, Gene oder Gehirnzellen erkennt.

Den bloßen Grad der Nützlichkeit von Tieren für den Menschen, insbesondere für die Fleischindustrie, kann man nicht als Kriterium der Höhe eines Tieres gelten lassen, sondern er betrifft einen ganz anderen und relativ äußeren, wenngleich unentbehrlichen Gesichtspunkt, um den Wert eines Tieres für den Menschen zu bestimmen, wie die Nützlichkeit der Kühe, Schafe oder Ziegen. Die reine Nützlichkeit eines Tieres, die ein gültiges Kriterium für dessen indirekten Wert darstellt, ist kein gültiger Maßstab für die *Höhe* eines Tieres, die in einem inneren ontologischen Wert des Tieres besteht.

Allerdings gibt es raffinierte Formen der Nützlichkeit eines Tieres für den Menschen, die ein oder mehrere andere Kriterien für den hohen Rang eines Tieres in der »*Hierarchie der Tiere*« einschließen, wie etwa jene Nützlichkeit, die bestimmte Hunderassen instand setzt, als Blindenhunde Sehbehinderte zu behüten, zu betreuen und zu leiten. In all diesen Hinsichten kann man höhere Tiere von niedrigeren wie Motten unterscheiden.

(2) Evolution setzt zweitens die Behauptung voraus, die Entstehung niedrigerer Lebewesen sei der Entstehung höherer Lebewesen vorhergegangen. Nimmt man eine solche zeitliche Entwicklung von primitiveren zu höheren Tieren an, kann man fragen: Bedeutet Evolution einfach, dass naturgeschichtlich gesehen höhere Tiere und der Mensch später auftreten als einzellige Amöben?

Wohl kaum! Die Meinung, die höheren Tiere seien erst viel später aufgetaucht, eine Meinung, über deren Richtigkeit man durchaus Zweifel haben darf, könnte durchaus mit einer Schöpfungstheologie in Einklang gebracht werden, wobei sie allerdings dem wörtlichen Sinn des biblischen Schöpfungsberichts im Buch *Genesis* widerspräche.

Dennoch wäre von einem rein philosophischen Gesichtspunkt aus die Meinung, was das Buch *Genesis* Tage nennt, seien Jahrmillionen oder Milliarden Jahre gewesen, vereinbar mit zeitlich auseinanderliegenden und bis ins letzte Detail geplanten und gewollten Wirkungen des göttlichen Schöpfungsaktes.

Aus diesen Gründen läge in dem *Nacheinander* der Tiere nach den Pflanzen und der höheren nach den niedrigeren Tieren keinerlei Beweis der Evolutionstheorie Darwin'scher Prägung.

Überdies widerspricht die Annahme, Tiere hätten erst Milliarden von Jahren nach den Pflanzen die Weltbühne der Natur betreten, nicht nur der Bibel, sondern auch naturwissenschaftlicher Erkenntnis.

Denn diese Zeitvorstellungen abstrahieren völlig von der vielfältigen gegenseitigen Abhängigkeit zwischen Tieren und Pflanzen und sind daher rein empirisch unhaltbar, wenn man nicht ohne jeden Beweis behaupten möchte, früher hätte eine radikal andere Beziehung zwischen pflanzlicher Befruchtung und Tieren, wie Bienen, bestanden, als jene, die wir heute beobachten.[193]

(3) Der Evolutionsbegriff enthält ein drittes Element, das ihn erst eindeutig von der Schöpfungslehre unterscheidet, eines über das *Nacheinander* hinausgehenden *Auseinander*.

---

193 Vgl. Maciej Giertych, *Evolution, Devolution, Science.* On the basis of a conference in the European Parliament on October 11th, 2006 on the teaching of the theory of evolution in European schools related by Maciej Giertych (Brüssel: Wydawnictwo Giertych, 2006), wo der Autor diese naturwissenschaftlich gesehen gänzliche Ungereimtheit der Zeitvorstellungen der Evolutionisten hervorhebt. Wenige Tage lang könnten die Pflanzen gut ohne Tiere ausgekommen sein, aber keinesfalls Jahre oder Jahrmillionen.

Gerade in diesem Punkt erst unterscheidet sich die Evolutionstheorie von der klassischen Schöpfungslehre, der zufolge jede neue Art der Lebewesen sich nicht aus den vorhergehenden entwickelt hat, sondern direkt von Gott geschaffen worden ist.

(4) Auch mit den genannten Momenten ist der Evolutionsbegriff keineswegs erschöpft. Denn nicht jede Entwicklung einer Art aus einer anderen ist Evolution, sondern diese schließt einen Kontrast zu degenerativen Entwicklungen und sogar zu Artveränderungen auf derselben Stufe ein, wie oben erwähnt. Evolution ist eine Anagenese, eine Aufwärtsentwicklung. Evolution wäre also eine Abstammung höherer Arten aus niedrigeren.[194]

Zweifellos meint man also mit »Evolution« dies: eine *Höherentwicklung*, wobei jeweils höhere Tiere oder Pflanzen sich *aus* Tieren oder Pflanzen einer niedrigeren Art entwickelt hätten.[195]

Dieses vierte Element des Evolutionsbegriffs ist ein wesentliches, oder sogar *das entscheidende* Element der Darwin'schen Evolutionstheorie, ein Element, das natürlich auf der fragwürdigen Hypothese aufbaut, dass die höheren Tiere nicht gleichzeitig mit den niedrigeren entstanden bzw. geschaffen worden sein können.

Ein entscheidendes Problem hinsichtlich dieses Elements des Evolutionsbegriffs und der Evolutionstheorie betrifft den zweiten Aspekt, unter dem wir die Evolutionstheorie betrachten werden, nämlich den ihres vermeinten Umfangs.

Dabei ist es – angesichts der Tatsache, dass man nirgends den Evolutionsvorgang selbst beobachten kann – klar, dass die Behauptung Dawkins' und vieler anderer Evolutionisten, Evolution sei ein Faktum und nicht Gegenstand einer Theorie, verkehrt ist. Die Evolutionstheorie ist sogar eine

194 Vgl. dazu Maciej Giertych, *Evolution, Devolution, Science*, zit.

195 Wir haben bereits auf den Widerspruch von Ernst Mayrs Leugnung, dass Evolution irgendetwas mit »Höherentwicklung« zu tun habe, hingewiesen.

»*bloße* Theorie«, die selbst in ihren »milderen Formen« keinerlei Fakten als Beweise anführen kann, wie wir sehen werden, und in ihrem universalen Anspruch einer Erklärung des Ursprungs der Arten eine eindeutig falsche Theorie ist, die einer großen Zahl von Fakten direkt widerspricht und überdies auf einer Reihe von Fehlschlüssen aufbaut.

(5) Ein fünftes allgemeinstes Moment des Evolutionsbegriffs ist ein zeitlich-historisches, das schon im Begriff der »Entwicklung«, aber noch mehr in den Schätzungen der Evolutionstheoretiker der ungeheuren Zeitläufe, innerhalb deren sich die »Evolution« abgespielt haben soll, eingeschlossen ist. Wenn alle primitiveren und höheren Lebewesen im Abstand weniger Tage entstanden oder geschaffen worden wären, könnte man selbst in dem Falle, dass höhere Lebewesen aus niedrigeren hervorgingen, von Evolution nicht reden, sondern müsste eine intelligente Schöpfung annehmen.

(Dabei liefern die ungeheuren Zeiträume, die die Evolutionstheorie postuliert, auch nicht den minimalsten Beitrag dafür, den Spuk des Entstehens und der Fortpflanzung äußerst verschiedener und intelligent geformter Arten von Lebewesen ohne intelligenten Plan zu erklären. Denn in ungeheuren Zeiträumen könnte per Zufall nicht nur, jeweils in Milliarden Jahren Abstand, eine größere Anzahl sinnvoller Gebilde, sondern auch, und tausend Mal mehr, eine größere Zahl sinnloser Formen entstehen, sodass die Entstehung eines kohärenten Ganzen aus zufälligen Mutationen, schon als solche schier undenkbar, mit jeder Verlängerung der Zeiträume noch unwahrscheinlicher würde.)

2. Wesentlich verschiedene Evolutionsbegriffe im Rahmen dieser Grund-Momente

Versuchen wir, von diesem allgemeinen Verständnis aus, den Evolutionsbegriff besser zu verstehen, ergeben sich noch einmal ganz verschiedene mögliche Begriffe von »Evolution«.

A) Der einer Theismus-Atheismus-Kontroverse gegenüber neutrale Evolutionsbegriff

Wir können unter dem Begriff Evolution jede Form transspezifischer Entwicklungen innerhalb der Pflanzen- und Tierwelt verstehen, in der aus einer bestimmten Art lebendiger Wesen eine andere und höhere entstünde, gleichgültig, was die Ursachen dieser Höherentwicklung wären (materielle Ursachen oder Gott).

Die Idee einer solchen artenübergreifenden Aufwärtsentwicklung ist ganz allgemein gesprochen nicht notwendig die Frucht einer materialistischen und atheistischen Philosophie wie bei Lukrez, Haeckel oder Dawkins, solange sie auch schöpfungstheologischen Erklärungen gegenüber offen ist und außerdem nichts Bestimmtes über Natur, Umfang, Zeiträume und Ursachen einer solchen Höherentwicklung behauptet.

B) Immanentistischer und atheistisch-materialistischer Evolutionsbegriff

Der immanentistische Evolutionsbegriff entspringt letztlich einem atheistischen und materialistischen Bild der Wirklichkeit, wird jedoch paradoxerweise von vielen Formen der theistischen Evolutionstheorie übernommen. Darwin und die meisten Evolutionisten nach ihm meinen mit der Evolution hinsichtlich ihrer Natur einen kontinuierlichen und allmählichen Prozess ohne Sprünge,[196] hinsichtlich ihres Umfangs einen umfassenden, und hinsichtlich ihrer Ursachen einen immanenten Prozess einer rein naturalistisch erklärbaren Höherentwicklung des Lebens und seiner Arten bis hin zum Menschen.

Nach dieser Meinung könnten wir unsere Vorfahren im zoologischen Garten besuchen (wenn auch nicht die Ältesten, falls diese Amöben waren, die man nicht im Zoo findet, weil sie allzu klein sind und die man besser mithilfe einer Lupe nach einigen Tagen in etwas Heu und Wasser

196 Ernst Mayr, *Das ist Evolution*, zit., S. 116.

beobachten kann, was ich als Kind häufig tat, ohne zu ahnen, dass ich dabei nach der Meinung mancher Darwinisten meine Urahnen sah). Wenn man eine chemische oder nukleare Evolution anorganischer Materie in lebendige Wesen annimmt, wären Amöben oder *Prokaryonten*, die viele für die Urlebewesen halten, natürlich nur sehr junge Vorfahren, denen ältere vorhergegangen wären, sodass wir in Dankbarkeit einiger lebloser Substanzen als unserer wirklich ersten Vorfahren gedenken müssten und von »Ururgroßmütterchen Ursuppe« oder »Ururgroßväterchen Urknall« reden müssten.

Dieser Evolutionsbegriff hat nichts mit Naturwissenschaft zu tun, sondern ist rein metaphysischer und pseudoreligiöser Art.

C) Der mit konkreterem Inhalt erfüllte Darwin'sche Evolutionsbegriff und die angeblichen Gesetze der Evolution

Mit einem dritten Evolutionsbegriff nimmt man in diesen eine Reihe weiterer Momente auf, die die Besonderheiten des Darwin'schen, Neodarwin'schen oder des synthetischen Evolutionsbegriffs[197] ausmachen. Ohne mir im mindesten ein Urteil über die rein naturwissenschaftlichen Beobachtungen, von denen diese Theorien ausgehen, zu erlauben, möchte ich betonen, dass neuere Evolutionstheorien wie die synthetische ebenso weitgehend philosophisch sind wie die Darwinistische und philosophisch gesehen auch nichts wesentlich Neues bieten, weil sie immer noch die genetischen und molekularbiologischen Verschiedenheiten der Arten auf dieselben erwähnten »Prinzipien« Darwins zurückführen und daher von all unseren Argumenten gegen diese gleichermaßen betroffen sind.

197 Die sogenannte »synthetische Theorie der Evolution«, die insbesondere der Zoologe Ernst Mayr begründete, versucht, die Darwinistische Evolutionslehre, moderne Molekularbiologie und Genetik zu einer einheitlichen Wissenschaft der biologischen Vielfalt zusammenzufügen. Vgl. Ernst Mayr, *Das ist Evolution,* zit.

D) Der monströse, theistische Evolutionsbegriff

Der *theistischen Evolutionstheorie* liegt ein anderer Begriff von Evolution zugrunde. Sie unterscheidet sich von der atheistischen Evolutionstheorie nicht nur hinsichtlich der Auffassung der letzten Ursache der Evolution (Gott), sondern auch hinsichtlich ihres Inhalts. Innerhalb einer theistischen Evolutionstheorie gibt es noch einmal radikal verschiedene Formen.

Die theistische Evolutionstheorie in allen ihren Formen enthält zwei Vorteile, welche die atheistische vermissen lässt: (a) eine widerspruchsfreie Anerkennung der Zielgerichtetheit und Sinnhaftigkeit in der Natur, und (b) die intelligente göttliche Ursache als deren letzte Quelle.

Desungeachtet nimmt sie in ihrer sich an Darwin anbiedernden Gestalt gemeinhin so viele Elemente des atheistischen Evolutionismus in sich auf, dass sie von diesem kaum zu unterscheiden und zugleich noch widerspruchsvoller ist.

Zwar leugnet sie nicht, dass alles Lebendige nur durch eine intelligente göttliche Ursache entstehen konnte, sondern bemerkt dies sogar oft ausdrücklich. Dennoch behält auch der theistische Evolutionsbegriff die wesentlichen Momente des Darwinischen bei, was sowohl hinsichtlich der Radikalität des Umfangs der behaupteten »Evolution« als auch hinsichtlich ihrer Ursachen zu einem widerspruchsvollen Konstrukt führt, weil der Inhalt und die Ursachenlehre der Darwin'schen Evolutionstheorie zu einem theistischen Weltbild überhaupt nicht passen, wie auch Dawkins zum Ausdruck gebracht hat.

Die starke Anlehnung dieser Theorie an die atheistische wird noch deutlicher hervortreten, wenn wir den Gegensatz dieser Lehre zur augustinischen von den *rationes seminales* betrachten werden.

E) Vorläufige Erwägungen über die Frage, ob die theistische der atheistischen Evolutionstheorie an Rationalität überlegen ist und die Evidenz, dass hinter jedem Entstehen zweckmässiger und wertvoller Dinge ein personaler Geist stehen muss.

Obwohl die Idee einer von Gottes Schöpfergeist gesteuerten Evolution einerseits der Idee eines atheistischen und materialistischen Evolutionismus turmhoch überlegen ist, solange sie nicht das Leben und die menschliche Seele durch eine gottgelenkte »Evolution« aus der unbelebten Materie erklären möchte, stellt sie andererseits eine noch viel törichtere Idee dar. Denn für den Atheisten ist, um die Entstehung des Lebens und seiner Arten zu erklären, die Evolutionstheorie oder eine ähnliche Theorie die einzig mögliche, obgleich absurde, Erklärung des Ursprungs des Lebens und seiner Arten. Denn wie sollen sich sonst alle Arten der Lebewesen in einer Welt ohne Gott und ohne intelligenten Plan entwickelt haben?

Hingegen ist die Idee eines theistischen Evolutionismus, die Idee, dass eine göttliche Person, die ein höchst sinnvolles Gebilde zu schaffen die Macht hat, statt diese geistgelenkte Macht zu gebrauchen, Jahrmillionen darauf wartet, bis planlose Mutationen oder der Sieg der stärkeren gegen die schwächeren Exemplare einer Spezies nach Millionen oder Milliarden von Jahren zum Entstehen neuer sinnvoller Formen und neuer Wesen und Gestalten führen, schlechthin Unsinn.

Dabei ist es nicht einmal nötig, auf die unendliche Unwahrscheinlichkeit eines solchen Ursprungs einer einzigen Sinngestalt und erst recht der ungeheuren Vielfalt sinnvoller Formen und Wesen in der Natur hinzuweisen.

Man könnte eine theistische Evolutionstheorie selbst unter Ausklammerung dieser Riesenschwierigkeiten eine Beleidigung einer göttlichen Person (oder der göttlichen Personen) und ihrer Intelligenz und Schöpfungsmacht nennen, genauso wie eine ähnliche Theorie über menschliches Schaffen absurd und beleidigend für Menschen wäre.

Man stelle sich einen Michelangelo vor, der mit Hilfe seiner Mitarbeiter in wenigen Jahren die Kuppel und Fassade von St. Peter in Rom bauen und die sixtinische Kapelle ausmalen kann und der statt dessen Jahrmillionen untätig herumsitzen und warten würde, bis aus einem unüberschaubaren Wust sinnloser Gebilde, die per Zufall aus der Natur entstünden, die von ihm intendierten Kunstwerke, ebenfalls per Zufall, entstünden. Oder man stelle sich vor, er habe Affen täglich in Farbtöpfe gesetzt und Trillionen von Jahren über die Wände der sixtinischen Kapelle gejagt, bis daraus seine Fresken entstanden wären. Ein solcher, dem »Gott einer theistischen Evolution« exakt entsprechender »darwinistischer Michelangelo« der Architektur, Malerei und Bildhauerkunst wäre offensichtlich der reinste Trottel, der für sein künstlerisches Schaffen die erfolgloseste und dümmste denkbare Methode verwenden würde. Man hätte ihn sofort als Wahnsinnigen höchsten Grades, für dessen Irrsinn es nicht einmal einen wissenschaftlichen Ausdruck gibt, weil eine so schwere Geisteskrankheit noch nie vorgekommen ist, in eine psychiatrische Klinik überwiesen.

Dasselbe würde mit einem Schachmeister passieren, der, anstatt die besten und schlauesten Züge auf dem Schachbrett auszuführen, darauf warten wollte, bis Winde, Unwetter, Explosionen und Erdbeben die Figuren seiner Farbe auf die günstigsten Felder des Schachbretts bewegen würden.

Wenn eine solche Erklärung der Entstehung sinnvoller Formen durch Zufälle, Explosionen, tierische Kämpfe und andere geistlose Ursachen statt ihrer Erklärung durch die Kunst und Tätigkeit eines menschlichen Schöpfers von Kunstwerken oder intelligenten Schachspielers eine Beleidigung von deren Intelligenz und ein Hohn auf deren Genie wäre, und ihre Würde als Personen missachtete, um wieviel mehr widerspricht es der Weisheit und Macht des Weltschöpfers, diesem die dümmste denkbare und für ihn total unnötige Methode der Schöpfung der Welt zuzutrauen, die außerdem vollkommen aussichtslos wäre!

Darwin selbst hat dies in einem luziden Augenblick im Kapitel VI von *On the Origin of Species by Means of Natural Selection, or the Preservation of Favoured Races in the Struggle for Life* unter der Überschrift »Organs of Extreme Perfection and Complication« so formuliert:

> *Die Annahme, dass das Auge mit all seinen unnachahmlichen Einrichtungen, die Scharfstellung den verschiedenen Entfernungen anzupassen, wechselnde Lichtmengen zuzulassen und sphärische wie chromatische Abweichungen zu korrigieren, durch die natürliche Auslese entstanden sei, erscheint, wie ich frei bekenne, in höchstem Maße absurd.* [198]

Denn niemals könnten geistlose Ursachen und zufällige Mutationen so ein Meisterwerk intelligenten Designs wie ein menschliches Auge und seine »irreduzible Komplexität«, geschweige denn das Wunderwerk eines ganzen menschlichen Leibes und seiner Organe oder auch eines Tierkörpers, oder gar das Wunder des auf das feinste Zusammenwirken aller seiner Kräfte und lebenden und unbelebten Teile abgestimmten Kosmos hervorbringen.

F) Die (wohl fälschlich) Augustinus zugeschriebene Evolutionstheorie von den rationes seminales

Im Gegensatz zu einer darwinistischen oder neodarwinistischen Evolutionstheorie, sei es auch in ihrer »theistischen Variante«, gibt es gewisse, an Augustinus anknüpfende (doch vermutlich nie von ihm behauptete) Formen einer theistischen Evolutionslehre, auf die wir im Rahmen der Erörterung der Ursachen der Evolution zurückkommen werden, die jedoch nahezu vollkommen ohne Einfluss geblieben sind, obwohl heute vereinzelt eine ähnliche Variante der einen Schöpfer anerkennenden Evolutionstheorie vertreten wird.

198 Vgl. dazu den exzellenten Artikel von Henrik Ullrich, Niko Winkler & Reinhard Junker, »Zankapfel Auge: Ein Paradebeispiel für ›Intelligent Design‹ in der Kritik«, *Studium Integrale Journal* 13. Jahrgang / Heft 1 – Mai 2006, S. 3–14.

II. Umfassendheit oder Einschränkung des Umfangs der »Evolution«: Drei und mehr Evolutionstheorien

Wenden wir uns nun dem zweiten Problemkreis der Evolutionstheorie zu: den Stufen der Radikalität des *Umfangs* evolutionärer Entwicklungen. Dabei sind prinzipiell verschiedene Auffassungen zu unterscheiden, die solche trans-spezifischen Entwicklungen betreffen:

1. Mikroevolution:

Da ist erstens das Phänomen einer sogenannten *Mikroevolution,* die nur geringfügige Veränderungen innerhalb einer bestimmten Pflanzen- oder Tierart einschließt. Solche Entwicklungen können auch künstlich hervorgerufen werden, wie wenn aus wilden Rosen verschiedene Teerosenarten gezüchtet werden. Die Unterarten im Pflanzenreich entsprechen auch Rassen von Tieren.

Das Entstehen neuer Rassen und Unterarten durch genetische Mutationen und Vererbung innerhalb der prinzipiell selben Gattung von Tieren, die man noch unter den Begriff der Mikroevolution fassen könnte, ist wenigstens innerhalb bestimmter Grenzen (etwa von Collie zu Shelty) unbestreitbar möglich, wenn sie auch meistenteils nicht ohne Einwirkung menschlicher Planung und Intelligenz seitens Genetikern oder Züchtern geschieht. Eine Evolution vom Chihuahua zu einem Bernhardiner, gar nicht zu reden von der Verwandlung einer Amöbe in einen Löwen oder eines Flohs in einen Elefanten, fiele hingegen eindeutig schon in den Bereich der Makroevolution. – Schon allein die Züchtung neuer Rassen erweist die Möglichkeit die Existenz mikroevolutionärer trans-spezifischer Entwicklungen innerhalb bestimmter Arten lebendiger Wesen.

Solche neuen Unterarten könnten auch in der Natur ohne Mitwirkung des Menschen durch Paarung verschiedener Arten von Lebewesen und deren Fortpflanzung auftreten.

Dabei müssen innerhalb der Mikroevolution aufwärtsstrebende und im eigentlichen Sinne evolutive von degenerativen und von neutralen Entwicklungen unterschieden werden. Daneben gibt es einen weiteren Unterschied zwischen wirklichen und vermeintlichen sowie zwischen gesamthaften und nur zweckmäßig bedingten partiellen »Höherentwicklungen«, die zu ganz bestimmten, vom Menschen erwünschten Eigenschaften führen.

2. Erfüllt die »Mikroevolution« die Elemente der »Evolutionsidee«?

Die Mikroevolution, wie sie in der Entwicklung oder Züchtung neuer Pflanzen oder Tierrassen »beweisbar« ist und auch in der Natur vorkommen kann, stellt nur scheinbar ein echtes »Faktum der Evolution« dar. Und dies aus drei Gründen:

1. Menschengelenkte Züchtung oder genetische Manipulation, die die Quelle der meisten mikroevolutiven Änderungen sind, sind keine Naturereignisse, sondern stellen eine intelligent geplante Nutzung der Erbgesetze und unseres genetischen Wissens zu einem konkreten Zweck dar, etwa der Züchtung stärkerer oder schnellerer Pferderassen oder gegenüber Insekten oder anderen Schädlingen resistenterer Kartoffeln oder Getreidesorten. Niemand wird das Ergebnis einer intelligenten Züchtung einer neuen Pferderasse oder Getreidesorte für etwas halten, das geradesogut ohne intelligente Einwirkung des Menschen stattfände.
2. Zweitens stellt diese »Mikroevolution«, sei sie ein natürlicher Vorgang, sei sie menschengelenkt, genetisch gesprochen eher eine Verminderung als eine Höherentwicklung der genetischen Substanz dar. Die künstlich um gewisser Vorteile willen gezüchteten Pferderassen oder Teerosen erfahren, als Hybride, durch die Isolierung von Populationen und Vermehrung gewisser Eigenschaften und Gene eine Reduzierung ihres ursprünglichen Genpools.

Indem man qualitative Verbesserungen der Arten zu erreichen sucht, etwa stärkere, schönere oder krankheitsresistentere Pferde züchten, bewirkt man eine relativ einseitige und zweckbestimmte »Höherentwicklung« in bestimmter Absicht (wie der Zucht stärkerer oder schnellerer Pferde), keine genetische Höherentwicklung. Ja, meist bedeutet das Ergebnis einen Genverlust und kein für Evolution im eigentlichen Sinn ausschlaggebendes Wachstum an Differenzierung und Ordnung.[199]

3. Überdies bewirkt Züchtung meist keinen Übergang zu einer neuen Art, sondern nur zu neuen Akzidentien derselben Art.[200]

3. Partielle Makroevolution

Die »Mikroevolution« unterscheidet sich von der partiellen Makroevolution, die viel weitergeht, jedoch auf Veränderungen *innerhalb* der Grundarten der Lebewesen (Pflanzen und Tiere) beschränkt ist (also *nicht* vom Toten zum Lebenden oder von Pflanze zu Tier oder Tier zu Mensch).[201]

---

199 Diese von dem eminenten polnischen Wissenschaftler Maciej Giertych betonte Unterscheidung wird von ihm etwa in seinem Vorwort zu Gerard J. Keane, *Creation Rediscovered. Evolution and the Importance of the Origins Debate,* (Rockford, Ill.: Tan Books, 1999), S. X ff., durch den gewöhnlich bei Züchtung eintretenden Verlust an Genen (»reduction of the gene pool« und »genetic drift«) erklärt.

200 Vgl. Den hervorragenden Aufsatz von Maciej Giertych, »Race Formation vs. Evolution«, in: Albrecht Graf von Brandenstein-Zeppelin, Alma von Stockhausen (Hrsg.), *Evolution Theory and the* Sciences: *A Critical Examination*, zit., S. 355–369.

201 Nur diese zweite Art der Evolutionstheorie, die auf der direkten Schöpfung der menschlichen Seele durch Gott besteht und das Entstehen von menschlichen Personen durch die Evolution absolut ausschließt, wird in einigen neueren kirchlichen Dokumenten, wie Papst Pius XII *Humani generis,* und in der erwähnten *Botschaft von Papst Johannes Paul II. an die Mitglieder der Päpstlichen Akademie der Wissenschaften anläßlich ihrer Vollversammlung (22. Oktober 1996)*manchmal positiv oder zumindest »offen« behandelt. Diese Kirchendokumente betrachten eine begrenzte »Makroevolution« zumindest als eine möglicherweise korrekte moderne Lesart des Buches *Genesis,* aber natürlich nur unter der Voraussetzung, dass

Unter den Begriff der partiellen Makroevolution fällt ein weites Spektrum angenommener artenübergreifender Veränderungen: von der Annahme der Evolution von Wölfen zu Hunden angefangen bis hin zur Abstammung aller Tiere aus einem einzelligen *Urtier, z.B. einem Prokaryonten oder einer Amöbe.*

Innerhalb dieser Theorie gibt es daher sehr viele Grade der Radikalität, je nachdem ob transspezifische Entwicklungen als universales Entwicklungsgesetz der Grundarten des Lebendigen gelten und etwa ein Entstehen aller Pflanzenarten aus einer ersten Fadenalge oder aller Tiere aus einem ersten Urtier angenommen wird, so dass etwa Floh und Elefant die gleichen Vorfahren hätten, oder ob eine Makroevolution nur *innerhalb* bestimmter Pflanzen- und Tiergattungen angenommen wird.

Nehmen wir die Annahme, sämtliche Tierarten hätten sich aus einem einzigen bestimmten Ursprung, etwa aus Amöben, durch Evolution entwickelt.

Das Maximum, das eine solche Theorie in Bezug auf evolutionäre Ansprüche, die nicht philosophisch absolut unmöglich, wenngleich ebenfalls bizarr und absurd sind, zulässt, ist, dass alle Tiere, von Amöben bis zu Elefanten und sogar bis zum menschlichen Körper, durch evolutionäre Prozesse aus einem ersten einzelligen Tier entstanden wären. Analog dazu hätten sich Pflanzen aller Arten aus

---

die Schöpfung des ersten Lebewesens und die »Gesetze der Natur«, auf die Darwin und Dawkins sich dort berufen, wo sie ihre Lehre von der Zufälligkeit der Mutationen vergessen, sowie die Fähigkeit der Anpassung und die unglaublich intelligenten genetischen Gesetze, selbst von Gott wären. Statt die Nichtnotwendigkeit solcher »Naturgesetze« und daher die Notwendigkeit, dass sie von einem freien göttlichen Schöpfer geschaffen worden sein müssten, einzusehen, nehmen Darwin, Dawkins und andere Evolutionisten die evident falsche und widersprüchliche Meinung an, einerseits seien diese Gesetze von absoluter Notwendigkeit und trügen in sich selbst ihren zureichenden Grund. Dies haben wir schon widerlegt und als falsch erkannt. Andererseits erfolge die Evolution auf Grund zufälliger, ungeplanter Mutation und den absolut planlosen Wirkungen der Auslese der Stärkeren.

einer ersten einzelligen Pflanze (etwa einer Azetabularia oder Fadenalge) entwickelt.

Die partielle Evolutionstheorie würde nicht den Ursprung des Lebens selbst oder den der menschlichen Person und der menschlichen Geistseele, und nicht einmal den Ursprung der Seele der Tiere durch die Evolution erklären.

Obwohl die meisten mittelalterlichen Philosophen, mit Thomas von Aquin an der Spitze, die aristotelische Erkenntnis weiterentwickelt haben, dass alles Lebendige inklusive der Pflanzen und Tiere, die unsichtbare Wirklichkeit einer Seele voraussetzt und nicht aus der toten Materie hergestellt werden kann, ging diese Erkenntnis in der Neuzeit sogar vielen Verteidigern der menschlichen Seele, wie René Descartes, verloren. Sie führten eine rein materialistische und mechanistische Philosophie der Pflanzen und Tiere ein, welche das staunenswerte Phänomen des Lebens und insbesondere des tierischen Lebens in einem radikalen Reduktionismus leugnete.[202]

Umso erfreulicher ist es daher, dass im 20. Jahrhundert erneut das *mirandum* der Tiere und ihres Bewusstseins, das ohne Tierseele unmöglich wäre, in den Blick vieler Biologen und Philosophen gerückt ist.[203]

---

202 René Descartes, *Meditationen* (mit sämtl. Einwänden und Erwiderungen), Phil. Bibliothek (Hamburg-Darmstadt: F. Meiner, 1965); *Principia philosophiae*, zit. Zur Kritik dieses Aspekts der cartesischen Philosophie vgl. Josef Seifert, *Das Leib-Seele Problem und die gegenwärtige philosophische Diskussion. Eine kritisch-systematische Analyse* (Darmstadt: Wissenschaftliche Buchgesellschaft, [2]1989).

203 Unter diesen stechen Namen der Biologen und zugleich Philosophen wie Hans Driesch, Adolf Portmann und Ludwig von Bertalanffy hervor. Letzterer war auch ein Kritiker des reduktionistischen Evolutionsmodells des Neodarwinismus', das er mit vollstem Recht in seinen bedeutenden Werken *Theoretische Biologie* (1932) und *Das biologische Weltbild* (1949) als vage, mangelhaft verifizierbar und dogmatisch charakterisierte. Vgl. auch Hedwig Conrad-Martius, *Die Seele der Pflanze*. In Conrad-Martius, Schriften zur Philosophie (ed.) Eberhard Avé-Lallement, Bd. 1 A (München: Kösel, 1963), pp. 276–362. Zu Pflanzen- und Tierseelen vgl. auch Josef Seifert, *Leib und Seele*, zit., ders., *What is Life? On the*

Nach einer weniger radikalen partiellen Evolutionstheorie würden evolutionäre Prozesse nur innerhalb einer bestimmten allgemeinen Art von Pflanzen- oder Tiergattungen angenommen. Nehmen wir etwa an, die Evolution begänne nicht mit *einem einzigen ersten Urtier*, sondern es gäbe jeweils verschiedene *Urtiere* für jede Grundgattung von Tieren, etwa einen ersten Vogel, *Archaeopteryx* genannt. Die »Evolution« wäre dann nur als Erklärung für die Herkunft der unzähligen Vogelgattungen und Vogelarten (von Kolibri bis Adler) aus dem *Urvogel* gedacht.

Noch eingeschränkter wäre eine Theorie von Trans-Spezies-Transformationen, die nur zu Veränderungen innerhalb einer bestimmten untergeordneten Art führen würden (z.B. die »Evolution« der Finken, die, wie Darwin sie beschrieben hat, auf den Galapagos Inseln eine verschiedene Schnabelform entwickelt hätten).

In ähnlicher Weise wären etwa nicht alle Säugetiere von Maus bis Elefant oder Wal aus einem einzigen »Ursäugetier« entstanden, sondern jede Gattung von Säugetieren, etwa Katzen, kämen aus einem je verschiedenen Urtier der jeweiligen Gattung.

Dieser zweiten und begrenzteren partiellen Evolution würde nicht nur eine erste Schöpfung pflanzlichen und tie-

---

Originality, Irreducibility and Value of Life. Value Inquiry Book Series (VIBS), ed. by Robert Ginsberg, vol 51/Central European Value Studies (CEVS), ed. by H. G. Callaway (Amsterdam: Rodopi, 1997).

Dieses Erwachen für die Tierseele findet sich nicht nur in rein wissenschaftlichen philosophischen, biologischen und theologischen Werken, sondern auch in anschaulicher und allgemein zugänglicher Weise in dem philosophisch und theologisch gut untermauerten literarischen Werk des »Tiertheologen« und, wie Günter Nenning ihn nannte, »Tierbischofs« Laun, der neben tiefschürfenden theologischen Aufsätzen über eschatologische Fragen über Tiere einen ansprechenden literarischen Text vorgelegt hat, in dem er auch eine populäre Widerlegung der Erklärung des evolutionistisch und materialistisch gedachten Ursprungs des Lebens und der Tierseelen bietet: Andreas Laun, *Gott liebt auch die Tiere* (Heiligenkreuz, Be-Be Verlag, 2019).

rischen Lebens, sondern auch eine göttliche Schöpfung der jeweiligen allgemeinen Gattungen vorausgehen.

4. Eine dritte und radikal unterschiedliche Form der uneingeschränkten Evolutionstheorie und ihre »theistische Form«

Eine dritte und radikal unterschiedliche Form der Evolutionstheorie hinsichtlich ihres Umfangs, die viel weitergeht als die der artübergreifenden Höherentwicklungen innerhalb des Tier- und Pflanzenreichs gemäß den grundverschiedenen Stufen der partiellen Evolutionstheorie, besagt, dass diese Entwicklungen sich nicht nur auf das ganze Reich der Pflanzen und der Tiere bis hin zur Entstehung des menschlichen Leibes erstrecken, sondern auch von der unbelebten Materie zum Leben, und innerhalb des Lebens vom primitivsten Lebewesen bis hin zum Menschen reichen. Sie alle seien durch transspezifische Entwicklungen aus dem jeweiligen Vorgängerglied in der Kette der Evolution entstanden.

Diese der Ausdehnung nach radikalste Evolutionstheorie setzt eine streng materialistische Auffassung des Lebens voraus. Sie leugnet, dass es in lebenden Organismen etwas wesentlich und grundlegend Neues gibt, das weder aus einer Konstellation von Molekülen noch als Wirkung materieller Vorgänge erklärt werden kann. Diese Theorie, die mit Naturwissenschaft absolut nichts zu tun hat, bietet ferner eine reduktionistische Darstellung des menschlichen personalen Lebens und erkennt keine grundlegende unüberbrückbare Unterscheidung zwischen menschlichen Personen und Tieren an.

Folglich wird auch eine entscheidende Rolle Gottes als Schöpfer des Lebens und der menschlichen Seele verneint, die streng beweisbar sind.

Eine »universale theistische Evolutionstheorie« im Stil Teilhard de Chardins reduziert Gottes Rolle auf eine »deistische« »Steuerung des evolutionären Prozesses«.

Dieser theistische Evolutionismus, obwohl er eine nichtmaterielle erste Ursache (Gott) zugibt, ist dennoch materialistisch, insofern er keine Seele und kein Lebensprinzip anerkennt, das auf materielle Ursachen im Wesentlichen irreduzibel und durch sie unerklärlich ist.

So behauptet diese radikale Evolutionstheorie, sei sie atheistisch, was sie ihrer Natur nach ist, oder hybrid theistisch, dass alles irdische Leben auf die Materie reduziert werden kann und dass selbst wenn es Entelechien, Lebensprinzipien und einen menschlichen »Geist« gäbe, der nicht einfach auf die Materie reduzierbar wäre, diese scheinbar »geistigen« Entelechien oder dieser »Geist« dennoch Epiphänomene oder emergente Eigenschaften der Materie seien und in einem evolutionären oder emergenten Prozess aus der Materie entspringen. Nach dieser Theorie wäre und könnte also alles Leben nichts anderes sein als ein Epiphänomen der Materie, wenn es nicht einfach identisch mit ihr ist. Keine göttliche Schöpfung wäre nötig, um aus dem Leblosen Leben zu schaffen. Nach derselben Theorie braucht auch in einer von Tieren bevölkerten Erde kein Gott die menschliche Seele, den menschlichen Geist, zu erschaffen.[204]

Nach dieser Auffassung, wenn sie theistisch interpretiert wird, lässt die göttliche Kreativität diese nur scheinbar lebenden Geschöpfe als höchste Naturphänomene aus der toten Materie entstehen.

Eine theistische Evolutionstheorie dieser Sorte ist insofern nicht radikal materialistisch, als sie eine letztlich geistige göttliche Ursache der Evolution annimmt, sie ist jedoch radikal materialistisch, insofern sie Seele und Geist in ihrem Wesensunterschied von der Materie nicht anerkennt und eine umfassende Evolution vom Molekül bis zum Menschen annimmt.

Auch in der theistischen, eigentlich deistischen Evolutionstheorie, werden zwei Momente des Evolutionismus beibehalten:

---

204 Die unerschöpflich vielen Schattierungen des Materialismus habe ich eingehend in Josef Seifert, *Leib und Seele. Ein Beitrag zur philosophischen Anthropologie* (Salzburg: A. Pustet, 1973) und *Das Leib-Seele Problem und die gegenwärtige philosophische Diskussion. Eine kritisch-systematische Analyse,* zit. analysiert.

(i) Die Idee einer ununterbrochenen Kausalreihe, die, wenn auch durch göttliche Erstursächlichkeit, in immanenter Entwicklung (d.h. ohne neues Eingreifen des Schöpfers) vom Nichtlebendigen (vielleicht dem »Big Bang«) bis zu den höchsten Formen des Lebendigen führt, und

(ii) die Meinung, dass es zwischen Lebendem and Totem, aber auch innerhalb des Lebendigen (Pflanzen, Tiere, Menschen) keine so prinzipiellen and wesenhaften Unterschiede gibt, dass nicht »Evolutionstechniken« diese Unterschiede durch eine immanente kausale Entwicklung überbrücken könnten. Weder das erste Auftreten pflanzlichen Lebens noch die Entstehung der Tiere noch jene des Menschen verlangen nach dieser Theorie eine unmittelbare göttliche Schöpfung.

In Wirklichkeit kann auch eine gottgelenkte Evolution niemals die Existenz der Seele erklären, worauf wir gleich noch zurückkommen werden, und ist es wesensunmöglich und daher auch für Gott unmöglich, aus der Materie Geist zu schaffen. Dies ist genauso unmöglich wie die Zahl 3 zu einer geraden zu machen.

Teilhard de Chardin geht soweit, dass er sogar Christus als Evolutionsprodukt: »le Christique«, erklären wollte. Hat man einmal die Unmöglichkeit, den Ursprung der menschlichen Seele durch Evolution zu erklären, eingesehen, so liegt erst recht die schlechthinnige Absurdität einer »Evolution Gottes« aus der Materie auf der Hand.

III. Evolutionstheorien hinsichtlich der Frage nach den Ursachen artübergreifender Höherentwicklungen

Mit dem Vergleich der angeblichen augustinischen mit der darwinistischen Evolutionstheorie haben wir bereits den dritten and total verschiedenen Aspekt der Evolutionstheorie berührt, die Frage nach den Ursachen, durch die diese angeblichen evolutionären Entwicklungen bewirkt worden seien.

Die Biologie kann nur zu Theorien primär philosophischen Charakters Zuflucht nehmen, wenn es an die Behauptung von Makro-Evolution geht.

Daher fällt die Frage nach den Ursachen der (angeblichen) Evolution hinsichtlich ihrer Möglichkeit oder Unmöglichkeit in das Reich der Metaphysik und philosophischen Anthropologie und Philosophie des Lebens, die nachzuweisen vermögen, dass bestimmte Arten der Makro-, präbiologischen und universalen Evolution sowie bestimmte Ursachen derselben, welche von einer Mehrheit der Evolutionstheoretiker behauptet werden, absolut unfähig sind, die ihnen zugeschriebenen Wirkungen hervorzubringen. Deshalb bedeutet ihre Annahme keine naturwissenschaftliche Erkenntnis, sondern einen philosophischen Irrtum, dessen Schwere verschieden ist:

1. Atheistisch-materialistische Auffassung der Ursachen der Evolution

A) Darwinistisch-Haeckel'sche Evolutionstheorie

In ihrer orthodoxen Darwin'schen und vor allem Haeckel'schen Version ist die Evolutionstheorie eine naturalistische, philosophische und atheistische Theorie,[205] die sowohl die präbiologische (den Übergang des Nichtlebendigen zum Lebendigen) als auch die biologische Evolution (die Entwicklung aller höheren Lebewesen aus einem ersten einzelligen Lebewesen) durch die erwähnten vagen »Prinzipien« erklären möchte.

---

205 Dies hat auch der radikale Atheist Dawkins ausgesprochen:

> When John Paul II wrote a letter endorsing Darwinism, Richard Dawkins' response was simply that the pope was a hypocrite, that he could not be genuine about science and that Dawkins himself simply preferred an honest fundamentalist.

McGrath, Alister. *The Dawkins Delusion.* SPCK. Kindle-Version. Vgl. Dawkins, *The God Delusion*, S. 67.

Eine nahtlose Entwicklung aller Arten lebendiger Wesen aus einander und zuerst aus der nicht-lebendigen Natur, die auf einem krassen Materialismus beruht, lässt sich jedoch niemals durch Naturwissenschaft beweisen, worauf wir im Rahmen unserer Kritik der Evolutionstheorie eingehen werden.

Die Anerkennung von drei Faktoren fehlt hier vollständig:

(1) die Sinnhaftigkeit und Teleologie in der Natur selbst,
(2) das Leben und die Intelligenz der Ursache alles Lebendigen (Gott), und
(3) die Lebensprinzipien und Seele, ohne die das Lebendige niemals erklärbar ist.

Phillip E. Johnson bietet eine Reihe guter Gründe dafür, dass das Fehlen dieser Elemente untrennbar zum hier von uns behandelten Typus von »Evolutionstheorie« gehört.

Was sind die Ursachen oder »Prinzipien« der Evolution nach Darwin?

Darwins Evolutionstheorie fußt auf *vier* Prinzipien:

1. *Prinzip der Variation* [= zufällige Mutation]

Dieses Prinzip besagt, dass sich die Individuen innerhalb einer Population in ihren Eigenschaften unterscheiden. Dafür seien zufällige und ungeplante Mutationen verantwortlich, die angeblich die Entstehung und Entwicklung des Lebens beherrschen. Dabei ist der Zufallsbegriff vage und werden die schon von Aristoteles durchgeführten Abgrenzungen sinnvoller von absurden Begriffen des Zufalls (etwa als total ursache- und grundloses Geschehen) nicht beachtet.[206] Nicht viel klarer ist der Begriff der Notwen-

---

206 Aristoteles, *Physik* II, iv–vi. Aristoteles unterscheidet:

Zufall als ein ungeplantes Ereignis, dem aber zwei unabhängige Pläne vorausgehen, wie wenn zwei Freunde, von denen jeder einen Grund hat, auf den Markt zu gehen, sich dort »zufällig« treffen.

Zufall als Konsequenz eines ungeplanten Ereignisses, das aber auch geplant worden wäre, weil es dem Wunsch wenigs-

digkeit dieses Prozesses, der eine Art *notwendiges Naturgesetz der Höherentwicklung* und die Notwendigkeit von dessen Teilmomenten postuliert,[207] von dem der Darwinismus nicht sieht, dass ein solches »Gesetz«, wenn es bestünde, erstens dem postulierten Prinzip zufälliger Mutationen widerspräche und zweitens selbst eine Erklärung seines Ursprungs verlangen und keine liefern würde.

---

tens eines Menschen entspricht, wie wenn ein Gläubiger seinen Schuldner beim Einkaufen trifft. Damit dies Zufall sei, ist außerdem vorausgesetzt, dass wenigstens einer, womöglich aber beide Personen nur selten auf den Markt gehen.

Wir könnten hier noch den weiteren Begriff von Zufall hinzufügen, den Karl Valentin mit Lisl Karlstadt in einer köstlichen Kurzkomödie *Der Zufall* heftig diskutiert: Zufall als Konsequenz des Zusammentreffens zweier ungeplanter Ereignisse, wie eines Gesprächs über Radfahrer in einer Hauptstraße und des Vorbeifahrens eines Radfahrers. Valentin nennt dies Zufall. Lisl Karlstadt argumentiert intelligenter: Damit dies ein Zufall sei, ist vorausgesetzt, dass auf dieser Straße selten Radfahrer vorbeikommen, während in Wirklichkeit jeden Augenblick einer vorbeifährt. Zufall wäre es nur gewesen, wenn Valentin und sein Bekannter von Flugzeugen gesprochen hätten und gerade in dem Augenblick ein (damals extrem seltenes) Flugzeug über der Straße geflogen wäre.

Zufall als Ereignisse, deren Ursache wir nicht kennen wie beim Werfen von Würfeln.

Zufall als Ergebnis des Begegnens zweier unabhängiger Kausalreihen, die sich an einem bestimmten Punkt schneiden, wie bei vielen Unfällen.

Zufall im Sinne eines total unverursachten und grundlosen Ereignisses, das dem Kausalitätsprinzip und dem Prinzip des zureichenden Grundes widerspricht. Aristoteles erkennt dies als absurd an und unterscheidet zwischen *tyche* und *automaton,* die hier verwechselt würden. Solche total unverursachte Ereignisse sind ganz von freien Handlungen, die nicht auf andere gemäß einem allgemeinen Naturgesetz folgen, verschieden. Vgl. Josef Seifert, *Überwindung des Skandals der reinen Vernunft. Die Widerspruchsfreiheit der Wirklichkeit – trotz Kant* (Heidelberg: Universitätsverlag C. Winter, 2001); ders.

207 Vgl. Jacques Monod, *Chance and Necessity,* Vintage Bogl. joks (New York: Random House, 1971).

2. *Prinzip der Selektion*
[= natürliche Auslese, »survival of the fittest«]

Das zweite Prinzip baut darauf auf, dass Individuen mit für ihre Umwelt besser geeigneten Eigenschaften bessere Überlebens- und Fortpflanzungschancen haben. Damit wird ein sogenanntes »Gesetz« eingeführt, das den Prozess der Entwicklung von der Amöbe bis zum Menschen erklären soll: die natürliche Auslese bzw. das Überleben der Stärksten.

Dieses »Prinzip« dehnt triviale Tatsachen, wie dass in einem Zweikampf normalerweise das stärkere Tier siegt, oder dass ein Schaf mit einem dicken Fell einen eisigen Winter leichter überlebt als eines mit dünner Wolle, sosehr aus, wie es in keiner Weise durch solche Tatsachen gerechtfertigt ist und erhebt diese offenkundige Tatsache zum wichtigsten Teil der Ursache aller Höherentwicklungen, etwa in dem Sinne, dass wenn die jeweils beiden stärksten Flöhe bzw. die Überlebenden der gefährlichsten Flohauseinandersetzungen einige Millionen Jahre lang kämpfen und sich die letzte Flohgeneration der stärksten Flöhe nach Verschwinden aller minderwertigen und schwächeren Flöhe umarmen, über einige Zwischenstufen hinweg Löwen oder Elefanten aus ihnen werden.

Man mag eine solche Reflexion für ein unberechtigtes Lächerlichmachen der Evolutionstheorie halten. Aber macht sich nicht vielmehr die Evolutionstheorie selbst lächerlich, indem sie genau diese und ungezählte ähnliche unausgesprochene Konsequenzen hat und annimmt, die ungeheure, übermenschliche Intelligenz eines personalen Schöpfers sei nicht nötig, um die unglaublich weise und erfindungsreich geordnete Natur und die Vielfalt der Arten und deren Merkmale zu erklären? Dazu genügten vielmehr die natürliche Auslese und zufällige Mutationen, also zwei absolut intelligenz- und geistlose Ursachen, die in Wirklichkeit keine einzige neue Art erklären können.

Man könnte eine solche Theorie von lauter unintelligenten Ursachen, die die Werke göttlicher Schöpfung erklären sollen, einen törichten und frechen Aufstand gegen den göttlichen Schöpfer nennen, ohne dessen »Genie aller Genies« nicht eine einzige Zelle, geschweige denn ein einziger Floh oder Elefant und erst recht nicht der Kosmos möglich sind.

3. *Prinzip der Heritabilität* [= vererbbare Eigenschaften)

Gemäß dem dritten »Prinzip« ist zumindest ein Teil dieser Variationen erblich und wird an die Nachkommen weitergegeben. – So sollen eine Verallgemeinerung der bekannten Erbgesetze und drei Regeln, die Mendel entdeckt hat, sowie später entdeckter Erbgesetze[208] so aufgewertet werden, als wären sie universale Naturerklärungen und letzte Ursachen der Genesis alles Lebendigen, die selbst keines intelligenten Schöpfers bedürften, sondern ihn ersetzen könnten, während sie in Wirklichkeit Teil der bewundernswerten Naturordnung darstellen, die nur in einem den menschlichen Geist unendlich überragenden Schöpfergeist ihre letzte Ursache und Erklärung finden können.

Überdies erklären diese Erbgesetze, rein naturwissenschaftlich gesprochen, nur Mikroänderungen des Genotyps und Phänotyps einer bestimmten Art und absolut keine Änderungen von Amöbe bis Giraffe.

4. *Adaptation* [= Anpassung]

Laut dem vierten Prinzip findet überdies eine genverändernde Anpassung der Lebewesen an die Umwelt statt, deren Wirkungen vererblich sind.[209]

---

208 Zu Gregor Mendels »Entdeckungen dreier Vererbungsregeln« vgl. Gregor Mendel, »Versuche über Pflanzenhybriden. Verhandlungen des Naturforschenden Vereines in Brünn«. Bd. IV. 1866. S. 3–47. Beispiele für eine nicht-mendelsche Vererbung sind die Genkopplung, die extrachromosomale Vererbung, die nichtzufällige Segregation von Chromosomen und der Meiotic Drive. Vgl. Terrence W. Lyttle, »Segregation distorters«, *Annual Review of Genetics* 25: 511–557 (1991); ders.: Cheaters sometimes prosper: distortion of mendelian segregation by meiotic drive, *Trends in Genetics* 9: 205–210 (1993).

B) Darwinistische Kausaltheorie der Evolution als Pure Magie ohne Magier

Der (Neo-)Darwinismus verwendet den Ausdruck »Evolution« wie eine Art magische Zauberformel, die sich selbst erklärt und die keinen Zaubermeister verlangt, der diesen Vorgang der »Höherentwicklung« aller Arten von Lebewesen aus einem Urtier bis zum Menschen bewirken würde. Die neodarwinistische und die synthetische Evolutionstheorie nimmt Zauberkunststücke der tollsten Art an, ohne dass es einen Zauberer gäbe. Es gehört zu ihr die Ablehnung eines »intelligenten Plans«.

Zu allem Überdruss lassen die Anhänger der darwinistischen Evolutionstheorie auch noch diejenigen, die die einzig rationale Erklärung der Vielfalt der Arten, nämlich einen intelligenten Plan und die Tat des Schöpfers, annehmen, lächerlich erscheinen.

---

209 Die von Ernst Mayr aufgestellte Behauptung in *Das ist Evolution*, zit., S. 120: »Eine Vererbung erworbener Eigenschaften gibt es nicht«, ist seit Erscheinen seines Buches von anderen Forschern widerlegt oder zumindest in Frage gestellt worden, wodurch Lamarcks Annahme einer Vererbbarkeit erworbener Eigenschaften und evolutionstheoretischen Ansichten (seine – im Unterschied zu Darwin – teleologische Evolutionstheorie war jener Darwins lange vorhergegangen) teilweise bestätigt wurden. Erstens: Gemäß Lamarck erfolgen Veränderungen zielgerichtet. Körperorgane entwickeln sich Schritt für Schritt auf ein höheres Niveau, und jeder Schritt bedeutet eine bessere Anpassung an die Umwelt.

Die Epigenetik sieht etwas anderes. Das Epigenom steuert vor allem die Zusammenarbeit der Zellen innerhalb eines Organs, nicht die Entwicklung eines Organs und den Erwerb einer neuen Funktion. Nur wenige epigenetische Markierungen werden an die nächste Generation vererbt – und die stellen keinen sichtbaren neuen Entwicklungsschritt dar.

Zweitens: Lamarcks Veränderungen werden an alle folgenden Generationen weitergegeben. Epigenetische Markierungen hingegen werden zwar bei Pflanzen stabil vererbt, aber wohl nicht bei Säugetieren. Spätestens in der dritten Generation ist das Epigenom wieder in seinem ursprünglichen Zustand – die Veränderungen sind kurzlebig und können nicht als Beweismittel für einen angeblichen evolutionären Fortschritt dienen.

Man mag einwenden, das Flohbeispiel rede nur von individuellen Flohkämpfen und dem Überleben der stärksten Individuen, aber Evolution spiele sich »nicht auf der Ebene von Individuen und damit des Phänotyps ab, sondern auf der Ebene von ganzen Populationen und des Genotyps, also der Genetik«.[210] Dazu möchte ich bemerken:

Erstens spielt sich der Existenzkampf immer auf der Ebene der Individuen ab, da Spezies bekanntlich nicht leben oder kämpfen.

Zweitens war gerade von der ganzen Population von Flöhen die Rede.

Drittens macht der beiläufige Hinweis darauf, dass sich Evolution auf der Ebene der Genetik abspiele, die geistlosen Ursachen, die die Evolutionstheorie für die Evolution anführt, nicht im mindesten intelligenter und geistvoller und erklärt daher nicht im mindesten besser den Ursprung der Evolution oder der Formung ganz neuer Spezies-Pläne und Genome.

Die von Haeckel und Darwin entwickelte und bis heute herrschende Evolutionstheorie besteht nämlich nicht nur aus der Meinung, es gäbe einen nahtlosen Übergang in der Entwicklung der Arten des Lebendigen aus einander, sondern ist auch durch eine Reihe von Theorien pseudophilosophischer und ideologischer Natur gekennzeichnet, die die Ursachenfrage betreffen und dringend eine kritische Analyse erfordern.

2. Theistische »pseudo-augustinische« Evolutionstheorie, die mit der Schöpfungslehre vereinbar wäre: Evolution durch »Intelligent Design« und Schöpfung?

Die Notwendigkeit, die Artenentwicklung als solche von der darwinistischen Theorie ihrer Ursachen zu trennen ergibt sich besonders, wenn wir die augustinische Lehre von den »*rationes seminales*« als möglicherweise angemessene und anti-darwinistische Theorie über den Ursprung der

210 Rhonheimer, a.a.O. 9.

Arten in Betracht ziehen, um die neodarwinistische Theorie zu ersetzen und zugleich dem Fortschritt der modernen Genetik besser zu entsprechen.

Augustinus spricht an mindestens sieben verschiedenen Stellen in drei Werken, vor allem in seiner *Genesis ad litteram*, von den sogenannten »*rationes seminales*».

Es ist nicht einfach herauszufinden, was er mit diesem Begriff meint, aber eine der Bedeutungen scheint eine sehr anspruchsvolle und tiefgreifende Theorie über die Herkunft neuer Arten aus bestehenden zu implizieren.

(a) Einige interpretieren diese Lehre nur als Versuch, die biblische Lehre von der göttlichen Schöpfung aus dem Nichts »in einem einzigen Augenblick« mit dem Bericht des Sechs-Tagewerks zu vereinbaren. Dann hätte Gott in einem einzigen Augenblick alle sichtbaren Geschöpfe der Erde »in Samen, die ihre Wesensformen enthalten würden« *(rationes seminales)* geschaffen. Erst danach hätte er diese Schöpfung in der Zeit der 6 Tage physische Wirklichkeit werden lassen.

(b) Andere Autoren interpretieren diese Lehre in dem Sinn, dass nach Augustinus die in den Samen und »rationes seminales« nur *in potentia* präsenten Tier- und Pflanzenarten erst viel später (in langen Zeiträumen, die nur symbolisch als »ein Tag« bezeichnet würden) in der wirklichen Welt als aktuell existierende Lebewesen entstanden seien, in einer äußerst intelligenten Planung des Schöpfers. Nur diese letztere Auffassung (b) könnte als eine Art von Evolutionstheorie gedeutet werden.

Die erste (a) hat nichts damit zu tun, sondern wäre eine reine Variante der Schöpfungslehre, welche die biblischen Aussagen, Gott habe alle sichtbaren und unsichtbaren Geschöpfe »in einem Augenblick» geschaffen, mit dem gleichfalls biblischen Bericht über das 6-Tagewerk, die Schöpfung in 6 Tagen, vereinbaren wollte.

Von unserem Thema aus will ich daher hier nur die zweite Interpretation in Betracht ziehen.

Denn nur sie kann man als eine intelligente Evolutionstheorie, allerdings einer ganz anderen Art als die darwinistische oder neodarwinistische, bezeichnen. Während sich Augustinus nach dieser zweiten Deutung eine sehr umfassende artenübergreifende Entwicklung ausgedacht und in diesem Sinne einen gottgeschaffenen »evolutionären« Ursprung von Arten vertreten hätte, hätte er eine tiefgreifende metaphysische Theorie der Ursachen einer solchen Evolution entwickelt, die den tatsächlich oder virtuell »atheistischen« und jedenfalls geistlosen »Evolutionsprinzipien«, die schon der antike atheistische Evolutionist Lukrez, Darwin und die Neodarwinisten, aber auch viele Anhänger der theistischen Evolutionstheorie postulieren, völlig entgegengesetzt wäre.

Deshalb muss man die »evolutionäre« Idee einer artenübergreifenden Entwicklung oder »Evolution«, durch die bestimmte Arten in neue Arten verwandelt werden, vollständig von der anderen Idee trennen: dass jene »Gesetze« oder »Prinzipien«, die Darwin als Ursachen der Evolution angenommen hat, ausreichende Prinzipien der Erklärung des Ursprungs der Arten seien. Hinsichtlich der Ursachen der Evolution ist Augustins Lehre jener Darwins radikal entgegengesetzt. Anstelle des Zufalls stünde in dieser Deutung extrem detaillierte intelligente Planung (also im höchsten Sinn »intelligent Design«). Anstelle von Ursachen der Entwicklung unglaublich komplexer Formen neuer Arten aus dazu absolut unzureichenden Prinzipien einer »zufälligen Mutation« oder der natürlichen Auslese, die auch nicht den Schatten einer Erklärung des Entstehens neuer Arten liefern, hätten wir hier eine unendlich komplexe »genetische Steuerung« einer solchen »Evolution« durch einen wirkmächtigen göttlichen Plan vor uns, in dem die Lebewesen durch ihre Evolution nur, mit zeitlicher Verzögerung, göttliche Befehle ausführen würden.

So wie aus der zur Puppe erstarrten Raupe nach einem vorherbestimmten Plan Schmetterlinge entschlüpfen, so würden auch alle höheren Arten aus niedrigeren »ausschlüpfen« nach von vornherein in den sinnvollen Plänen der »rationes seminales« angelegter Weise. Es ist klar, dass sich diese Theorie, die vermutlich Augustinus nie vertreten hat, radikal von der Darwin'schen und Neodarwin'schen unterscheiden würde, indem weder der Zufall noch das Überleben der stärksten Exemplare, sondern ein unglaublich komplexer und intelligenter Plan, der in den Samen und Genomen der Lebewesen sozusagen von Gott geschrieben worden wäre, der Höherentwicklung der Arten zugrundeläge.[211]

Wenn wir jedoch als Ursprung der Arten eine »göttlich organisierte Evolution« nach dem Konzept, das manche dem hl. Augustinus zuschreiben, annehmen, sollte dies nicht mehr »Evolution« genannt werden – ein Begriff, der zu sehr mit den völlig unzureichenden darwinistischen Prinzipien liiert ist.

Vielmehr hätten dann lebende Organismen nicht nur die erstaunliche Fähigkeit, sich von einem Samen in einen Senfbaum auszuwachsen oder sich von der befruchteten Eizelle aus zu entwickeln und später fortzupflanzen und etwa den wunderbaren Plan des menschlichen Leibes in der Verschmelzung zweier Zellen zu speichern und danach auszuführen. Lebewesen hätten vielmehr zusätzlich die Fähigkeit, allmählich neue sinnvolle und bleibende Arten, die eine Gestalt und einen dauernden Spezies-Plan besitzen, hervorzubringen.

Neben der Annahme eines Plans und einer Idee sowie der Intelligenz, ihn zu verstehen, würde eine adäquate Sicht auf die Transformation von Arten auch die Anerkennung der freien göttlichen Entscheidung erfordern, die notwendig ist, um kontingente Organismen, die solchen Plänen entsprechen, und die »Samenpläne selbst« zu schaffen.

Die pseudo-augustinische Evolutionstheorie würde sagen, dass Gott vom Beginn der Schöpfung an *rationes seminales* (Samen-Pläne) in die Materie eingeführt hat (in Samen keimende »Ideen« oder »Pläne«), in Richtung verschiedener Formen, die erst später in der Natur entwickelt wurden.

211 Francis S. Collins, *The Language of God.*

Dies lässt scheinbar den Raum für ein zentrales Element der Evolutionstheorie offen: dass es eine gewisse Entwicklung einer Art aus einer anderen gibt (Speziation). Gleichzeitig ist diese Idee bei Augustinus völlig getrennt von äußerlichen und als Erklärung des Entstehens der Arten ungeeigneten Begriffen wie »natürliche Auslese«, »Überleben des Stärkeren«. Eine Evolutionstheorie dieses Zuschnitts ersetzt die Darwin'schen Prinzipien der Evolution durch eine Idee, die der der Entelechie bei Aristoteles ähnelt. Es würde sich dabei um ein inneres aktives Prinzip handeln, das die extrem intelligent ausgedachten Formen in Potenz enthalten würde, die sich aus den Samen teleologisch entfalten würde. Eine *ratio seminalis* (ein Samenplan), könnte nie aus Zufall, sondern nur aus einem höchsten Intellekt stammen. So wäre in einer solchen »augustinischen Evolutionstheorie« eine geniale schöpferische Idee von Gott »in die Materie eingefügt«. Nur diese geniale göttliche Idee wäre die Ursache für die evolutionäre Entwicklung (Transspezies-Transformationen).

Dies entspricht der Naturphilosophie von Hedwig Conrad-Martius in vielen ihrer Werke. Es scheint auch eine Idee zu sein, die dem modernen Wissen der Genetik und der anspruchsvollen Natur der genetischen Rede von rund 3 Milliarden Basenpaaren des menschlichen Genoms und anderer Genome viel näher steht, als die Darwinische geistlose Erklärung. So würde diese Theorie den lebenden Organismus und seine Kraft, neue und höhere Arten hervorzubringen, in einer völlig sinn- und zielgerichteten Weise erklären und dabei keineswegs die Notwendigkeit eines Lebensprinzips oder einer Seele ausschließen, um das Leben zu erklären. Die tatsächliche Durchführung dieses Plans wäre eine Aktivität, die sich nicht auf die Sprache des genetischen Codes reduzieren lässt, der auch auf einem Computer gespeichert werden kann, ohne dass dieser den Plan ausführen könnte, weil er nicht lebt und keine Seele hat, die den Plan ausführen könnte. So erklärt eine derartige von Augustinus inspirierte Theorie der Speziation die Höherentwicklung von Arten nicht als Produkt zufälliger Mutationen, sondern als

Frucht höchst intelligenter göttlicher Pläne, die in Form von Samenplänen, Entelechien und Seelen verschiedener Art der Materie eingeschaffen wurden.

Die zielgerichtete Höherentwicklung der Arten der Lebewesen wird hier als aktives Werk eines meisterhaften, genialen Geistes anstatt als ein Produkt von Zufall und Notwendigkeit oder Prinzipien ohne jegliche Erklärungskraft wie »natürliche Auslese« oder »Überleben des Stärkeren« verstanden. Im begrenzten und möglicherweise akzeptablen Sinn der Evolutionstheorie innerhalb derselben grundlegenden Art von Wesen (Pflanzen oder Tieren) scheint dies die einzig akzeptable Form einer »Evolution« zu sein, die mit der Einsicht vereinbar ist, dass Materie nicht die erste Ursache des Seins sein kann und dass das Entstehen eines sinnvoll geordneten und zweckgerichteten Ganzen notwendig einen Geist, eine Person, als Ursache verlangt. So erfordert die Ablehnung des Evolutionismus auch ein radikales Überdenken dessen, was eine angemessene Darstellung evolutionärer Prozesse sein könnte, da diese nicht das Werk materieller Explosionen sein können, blinder Kräfte ohne jegliche Intelligenz, sondern das Werk höchster Vernunft sein müssten, falls es Evolution gäbe. Augustins Lehre über die *Rationes seminales inseritae materiae* (sinnvolle, in die Materie eingesenkte Pläne) gibt einen Hinweis auf ein vollständiges Umdenken über die Ursachen der Evolution und befreit sie von der sinnlosen Art und Weise, wie sie heute zumeist interpretiert wird.

Oft klingt Augustinus so, als ob er mit diesen *rationes* in erster Linie nicht in die Materie eingesenkte Pläne, sondern, in einem christlich umgestalteten Platonismus, göttliche schöpferische Ideen und Prinzipien meinte, die in Gott existieren, lange bevor die Dinge existieren, die ihnen entsprechen.

Ähnliche Gedankengänge existieren in unzähligen Variationen in den Werken der meisten nicht-materialistischen antiken und mittelalterlichen Philosophen, die erkannten, dass Sinn- und Zweckhaftigkeit in der Natur nur das Produkt von göttlicher Intelligenz sein kann. Ähnliche Ideen fehlen keineswegs bei vorchristlichen Philosophen und finden sich zum Beispiel in der (halb-)Schöpfungs-Metaphysik Platons im *Timaios* wieder, die Giovanni Reale in jüngster Zeit als wesentlichen Bestandteil der platonischen Philosophie und Kosmologie erwiesen hat, die keineswegs als ein bloßer Mythos gemeint war, wie ihn die meisten philosophiehistorischen Wissenschaftler interpretiert hatten, bevor Reale starke Argumente für seine Neuinterpretation des platonischen Demiurgs als unentbehrlichen zentralen Teil der platonischen Metaphysik lieferte, eine Interpretation, durch die Reale auch die Tübinger Schule entscheidend beeinflusste.[212]

3. Theistische Evolutionstheorie à la Darwin: eine philosophische und wissenschaftliche Monstrosität

Daneben gibt es die theistische Evolutionstheorie, die mehr oder weniger sämtliche Elemente des atheistischen und materialistischen Evolutionismus übernimmt, nur annimmt, dass dieser Prozess in nicht näher bestimmter Weise Gott als Finalursache und erste Wirkursache voraussetzt. Während diese Theorie nicht materialistisch ist, insofern sie einen lebendigen göttlichen Geist als Ursache der Evolution zulässt, ist sie jedoch, wenigstens was die Ontologie innerweltlicher Wesen angeht, materialistisch, insofern sie davon ausgeht, dass sich aus der Materie von ihrer eigenen Natur aus Leben und Geist entwickeln können.

212 Giovanni Reale, *Verso una nuova interpretazione di Platone*, 20e Aufl. (Milano: Jaca Book, 1997); *Zu einer neuen Interpretation Platons. Eine Auslegung der Metaphysik der großen Dialoge im Lichte der »ungeschriebenen Lehren«*, übers. v. L. Hölscher, mit einer Einleitung von H. Krämer, hrsg. und mit einem Nachwort von J. Seifert (Paderborn: Schöningh, 1993).

IV. KRITIK DER EVOLUTIONSTHEORIE

I. Allgemeine Kritik der Darwinistischen, Neodarwinistischen und synthetischen Evolutionstheorien

1. Schlichtes common-sense-wissenschaftliches Sinngesetz hebt das Tor zum Darwinismus aus den Angeln: Vernünftiges und Sinnvolles in der kontingenten Welt kann nur von einer Person kommen, deren Vernunft allein zureichender Grund der Sinnfülle und Zweckmäßigkeit der Welt ist

Das Prinzip, das diesen Bemerkungen zugrunde liegt und die Entstehung der Evolutionstheorie darwin'schen und neodarwin'schen Einschlags total ausgeschlossen hätte, wenn Darwin ein wenig Philosoph gewesen wäre oder auch nur ein bisschen ernsthaft nachgedacht hätte, ist ein tausendfältig empirisch bestätigtes metaphysisches Gesetz, das jeder Historiker, Paläontologe oder Kriminalbeamte, ja jeder Mensch überhaupt beachtet: ein sinnvolles und zweckmäßig angefertigtes Gebilde wie ein Kunstwerk, ein Brief oder eine Maschine oder auch der Plan eines raffinierten Verbrechens kann nur von einem intelligenten Urheber stammen. Wenn er ein Zeugnis eines Gedankens wie einen Brief oder eine intelligent ausgedachte Maschine wie eine Uhr oder ein Auto findet, wird kein intelligenter Mensch annehmen, diese Erzeugnisse könnten durch Zufälle entstanden sein. Auch ein Kriminalbeamter, der dies von einem Plan eines Banküberfalls, der ihm in die Hände fiele, annähme, würde sofort entlassen.

Und soll der Naturwissenschaftler, über dessen Intelligenz und Scharfsinn wir alle staunen, auf einmal der einzige sein, der nicht nur dieses Gesetz nicht versteht, sondern auch noch alle, die es annehmen, wie unwissende Idioten abstempelt, deren Lehren in den Schulen nicht einmal diskutiert werden dürfen, obwohl der Commonsense der Menschheit und die Bücher, die zahllose Menschen für göttlichen Ursprungs halten, mit diesem Prinzip total in Einklang lehrt, dass Gott die Welt, alles Sichtbare und alles Unsichtbare, geschaffen habe?

Ist es denn überhaupt rational begreiflich, dass ausgerechnet die Naturwissenschaftler, die auf Schritt und Tritt erstaunliche Zweckhaftigkeit jedes Lebewesens und jedes seiner Organe finden, welche eine sinnhafte und zielgerichtete Schöpfung der Natur durch die höchste, übermenschliche Intelligenz, die offensichtlich zu ihrer Schöpfung nötig ist, millionenfach belegt, einem Mann zujubelt, der behauptet, die jedes menschliche Kunstwerk millionenhaft übertreffende Intelligenz, die sich in jeder Zelle, jeder Rose und in jeder Maus manifestiert, existiere gar nicht? All dies sei nur Werk des Zufalls oder des Überlebens des Stärkeren und ähnlicher, absolut geistloser Prozesse. Ja, die Vertreter der Schöpfungslehre oder eines intelligenten Plans am Ursprung des Lebens (Intelligent Design) müsse man vom Schulzimmer verbannen und sie hätten gar kein Recht, eine unbestreitbare Erkenntnis der Wissenschaft zu leugnen oder auch nur in Frage zu stellen.

Ist die Annahme, auch nur ein einziger törichter Aufsatz eines Atheisten sei aus Zufall im Garten eines Professors aus Schlamm und Winden entstanden, nicht für jeden auch nur minimal denkenden Menschen ein Auswuchs der ärgerlichsten Dummheit?

(Ein italienischer atheistischer Professor und Verteidiger der Evolutionstheorie, der mir seinen Aufsatz geschenkt hatte, schwieg nur auf meine Frage hin, wie er mich nennen würde, wenn ich seinen Aufsatz für ein Ergebnis von Schlamm, Sturm und Regen in seinem Garten anstatt für das Werk eines intelligenten menschlichen Wesens hielte. Darauf beantwortete ich meine eigene Frage und sagte ihm, er würde gewiss einen Menschen, der seinen Aufsatz für das Produkt zufälliger Wettereinflüsse erklären wollte, für einen Idioten halten. Ich fügte die Frage hinzu, wie wir jenen Menschen nennen sollten, der meinte, die ganze Natur und der Autor dieses intelligenten Aufsatzes sei selbst nur Produkt des Zufalls und planloser physischer Ereignisse. Auch auf diese Frage schwieg der Professor, während seine Freunde lachten.)

Doch bei der Frage des Entstehens der Welt und der Arten des Lebendigen geht es ja überdies nicht um irgendein isoliertes Sinn-Ereignis wie jenen Aufsatz. Besitzt nicht jede Zelle und jedes Blatt, jeder Fisch und Vogel, und erst recht der menschliche Leib, eine derart sinnvolle Ganzheit und innere Einheit, dass eine Welt, die aus einer Explosion wie dem Big Bang und darauf folgenden Zufällen entstanden wäre, bestenfalls nach Trillionen von Jahren unzähliger sinnloser Produkte, in denen nur Unsinn zustande gekommen wäre, das physische Modell einer einzigen Zelle hervorgebracht haben könnte, aber niemals den Kosmos als geordnetes Ganzes?

Würde Zufall der Ursprung der ganzen unbelebten und belebten Natur sein, könnte man unter Billionen sinnloser Produkte des Zufalls diese einsame Zelle, die außerdem gar nicht leben würde, nicht einmal bemerken.[213] Erst recht ließe sich die genial konstruierte irreduzible Komplexität des menschlichen Auges, welche die gleichzeitige Präsenz unzähliger Teile und Elemente enthält, so nicht erklären, ganz abgesehen von der mit jedem menschlichen Kunstwerk unvergleichlichen Ordnung und Schönheit, die auf das Universum als Ganzes und auf alle seine Teile ausgegossen ist.

Der berühmte britische Denker, Journalist auf dem höchsten Niveau und Satiriker Malcolm Muggeridge be-

---

213 Vgl. dazu Lee M. Spetner, *Not by Chance. Shattering the Modern Theory of Evolution.* (Brooklyn 1997): derselbe Autor, »The Myth of the Natural Origin of Life«, in: Albrecht Graf von Brandenstein-Zeppelin, Alma von Stockhausen (Hrsg.), *Evolution Theory and the* Sciences: A Critical Examination, zit., S. 285–294, S. 294.

merkte einmal, die Wissenschaftler, die darüber nachdächten, müssten doch endlich einmal herausfinden, dass die Evolutionstheorie, die alle Arten der Lebewesen aus Darwins Evolutionstheorie erklären will, nichts als ein Witz ihres Erfinders war, über den bald weltweites Gelächter ausbrechen werde. Doch anstatt, dass die ganze Welt davon widerhallen würde, ist leider von diesem Gelächter noch keine Spur zu hören, geschweige denn dass die ganze Welt davon dröhnen würde.

Dieses Phänomen einer fast universal akzeptierten planlosen »Evolution« als Ursprung der Arten erscheint mir rätselhaft – wie ein von einer übermenschlichen Kraft auf die Menschen geworfener Wahnsinn oder Zauber, der in ihnen das Lachen über diese Theorie erstickt.

Wie man berechnet hat, dass ein schreibmaschineschreibender Affe erst nach Trillionen von Jahren und nach einem unüberschaubaren Wust sinnloser Buchstabenfolgen eine einzige Zeile eines Goethegedichtes oder den Satz, der über dem Eingangstor der Hölle in Dantes *Divina Commedia* steht, »Ihr, die Ihr hier eintretet, lasst alle Hoffnung fahren!«, zufällig tippen würde, so müsste erst recht eine aus Zufall entstandene Welt ein so gigantischer Wust sinnloser Gebilde sein, dass niemand darin einen winzigen Sinnfetzen, der sich zufällig ergeben hätte, wenn die Welt wirklich ein Produkt geistloser Ursachen und Zufälle wäre, auch nur bemerken könnte, erschlagen von der unendlichen Fülle des Unsinns.

Eine Welt quadrillionenhaften Unsinns mit einer isolierten Zeile Sinn aber widerspricht aller Erfahrung der Welt. Nein, die Natur ist ein von A bis Z sinnvoll geordnetes Wunderwerk, das sich niemals durch die angeblichen und nichts erklärenden »Evolutionsgesetze« oder gar durch Zufälle erklären lässt, sondern einen im höchsten Maß intelligenten Schöpfer verlangt.

2. Zufällige Mutationen, Anpassung und »natürliche Auslese« ohne *Intelligent Design* und ohne allweisen und allmächtigen Schöpfer sind eine schlechthin absurde Erklärung des Ursprungs des Lebens und seiner Arten

Zahlreiche Argumente können für die Ablehnung der Evolution im Sinne von Darwin und Neodarwinismus vorgebracht werden. Viele von ihnen beziehen sich auf die völligen Unplausibilitäten, durch die auch eine moderatere Theorie einer partiellen Evolution belastet ist. Andere empirische Schwierigkeiten gelten insbesondere nur für das Konzept einer »gedankenlosen« Evolution, die nicht von einem göttlichen Geist geleitet wird.

Noch ein Punkt: Die Anpassungsfähigkeit der Lebewesen selbst erfordert eine Erklärung. Wie kommt es, dass alle Lebewesen sich in bestimmten, und manche Lebewesen in besonderen, Bedingungen an die Umgebung anpassen? Setzt nicht dieses Merkmal der Lebewesen gerade einen intelligenten Ursprung derselben voraus, der sich auch aus unzähligen anderen Eigenschaften der Lebewesen beweisen lässt?

Dass der bloße Zufall, der aus einer Welt, die von den Gesetzen der Chemie und Physik beherrscht wird (die im Übrigen selbst in einer Welt, die von keinem intelligenten Wesen geschaffen ist, völlig unerklärlich bleiben), zur Entstehung von Leben führen soll, erscheint rein philosophisch eine zu absurde Annahme, um ernstgenommen zu werden. Aber wir werden diese Theorie zufälliger Mutationen als Ursprung des Lebens und seiner Arten dennoch ernstnehmen müssen, weil sie von vielen Wissenschaftlern ernstgenommen wird, obwohl sie als Erklärung des Ursprungs des Lebens und seiner Arten so *absolut versagt,* dass es eine intellektuelle Schande ist, sich überhaupt mit ihr befassen zu müssen. Jay Roth drückt die Unerklärlichkeit des Bios-Lebens durch tote Materie und durch Zufälle (d.h. ohne intelligenten Plan/Intelligent Design) sehr gut aus:

Betrachtet man nur ein einziges Protein, zum Beispiel die Glykogenphosphorylase, so zeigt dieses eine so immense

Komplexität, dass es den Verstand völlig perplex macht: Betrachtet man die Prozesse der Proteinsynthese, der DNA-Replikation und -Reparatur und Hunderte von ebenso komplizierten Prozessen, so bleibt einem ein Gefühl der Ehrfurcht.

Ich habe molekulare, biologische und chemische Ideen über den Ursprung des Lebens sorgfältig studiert und alle Bücher und Papiere gelesen, die ich finden konnte. Ich habe noch nie eine Erklärung gefunden, die für mich zufriedenstellend war. Das grundlegende Problem ist die ursprüngliche Vorlage (sei es DNA oder RNA), die notwendig gewesen wäre, um das erste lebende System zu initiieren, das dann eine biologische Evolution durchlaufen könnte. Selbst auf das Nötigste reduziert, muss diese Vorlage sehr komplex gewesen sein. … wie einige berechnet haben, [stehen] die Chancen einer solchen DNA oder RNA Bildung durch Zufall auf etwa 1 zu 10^{300} oder möglicherweise einer viel größeren Zahl …[214]

Selbst eine solche zufällige Produktion eines Proteins würde noch nicht erklären, dass daraus eine lebendige Zelle wird. Das Phänomen des Lebens und der dafür nötigen vegetativen »Seele der Pflanze«[215] würde durch eine solche zufällige Entstehung eines Proteins mitnichten erklärt werden. Aber hier geht es erst um die an absolute Unmöglichkeit grenzende Unwahrscheinlichkeit, durch Zufallsereignisse im physisch leblosen Universum auch nur zu einem einzigen Protein zu gelangen. Ähnliche Ideen werden von Henry Margenau geäußert.

Der britische Astronom Fred Hoyle ist weithin bekannt für die Aussage, dass der Glaube, die erste Zelle sei zufällig entstanden, noch verrückter als der Glaube ist, dass ein Tornado, der durch einen Schrottplatz voller Flugzeugteile fährt, eine Boeing 747 produzieren könnte.

214 »The Piling of Coincidence on Coincidence«, in Henry Margenau and Roy Abraham Varghese (eds.), *Cosmos, Bios, Theos: Scientists Reflect on Science, God, and the Origins of the Universe, Life, and Homo sapiens* (La Salle, Ill.: Open Court, 1992).

215 Hedwig Conrad-Martius, *Die Seele der Pflanze*, zit., pp. 276–362.

Wenn schon die simpelsten Zeilen auf einem Blatt Papier oder ein paar an einem Grab gefundene Gegenstände dem Archäologen beweisen, dass hier intelligente menschliche Wesen und nicht Zufälle am Werk waren, und niemand annimmt, dass ein Aufsatz eines atheistischen Professors, so unlogisch er auch sein mag, nur ein Zufallsprodukt von Regen, Schlamm und Wind in seinem Garten sein kann, um wieviel mehr beweisen ihren höchst intelligenten Urheber die ungeheuer komplexe Welt, die phantastische »Sprache der Gene«, in denen der ganze Bau- und Entwicklungsplan unseres Leibes »vorgezeichnet« ist. Jetzt wenn man erst an die Seele und die Lebenskraft denkt, welche diesen Plan des Genoms erst in die Tat umsetzt, an den Blutkreislauf und die kunstvoll angeordneten Adern, Lungen, oder die ganzen übrigen Wunder der Schöpfung, die wohl mehr als ein alter Rechen oder ein obskures und skurriles Buch die Spuren des Geistes, der sie schuf, tragen, was soll man von dem Verstand eines Naturwissenschaftlers halten, der annimmt, all das könnte durch Zufall entstanden sein?

Der Biologe Jakob von Uexküll, einer der größten aller Zeiten, der neben seiner Begründung der fundamentalen Bedeutung ihrer Umwelt, um Lebewesen zu verstehen, bewiesen hat, dass der methodische Atheismus und Materialismus absolut keine Vorbedingung objektiver Wissenschaft sind, hat all dies durch ein Gedankenexperiment veranschaulicht.

Er ließ nicht nur die überwältigende Finalität innerhalb eines Lebewesens selbst, sondern auch die von ihm als Grundproblem der Biologie entdeckte Sinnfülle und Zweckhaftigkeit im Verhältnis eines Organismus zu seiner Umwelt durch ein einprägsames Bild aufleuchten, das ich frei wiedergebe und weiterentwickle und in dem er die schlechthinnige Absurdität eines atheistischen Evolutionismus verdeutlicht.[216]

216 Dieses Bild habe ich ähnlicher Form in meinem Buch *Erkenntnis des Vollkommenen. Wege der Vernunft zu Gott* (Bonn: Lepanto Verlag, 2010), wiedergegeben und in einigen Aufsätzen verwendet.

Man nehme einmal an, so sagt er, aus Zufall erhitze sich ein metallhaltiger Stein und erzeuge Eisen, das sich zufällig zu einem größeren Klumpen absondert. Zufällig werden Steine so lange auf das Metall geschleudert, dass verschiedene Metallbearbeitungen und Blech- und Eisenwaren entstehen wie Autorahmen und Schrauben. Aus anderen Zufällen formen sich aus diesem Metall der Motor und alle Teile eines Autos. Wieder andere Zufälle führen dazu, dass die Schrauben sich selbst an der richtigen Stelle anschrauben und alle Teile des Autos befestigt werden, dass sich von selbst aus Ölvorkommen unter der Erde Benzin bildet und dass dieses von selbst ins richtige Land, in dem sich das Auto per Zufall geformt hat, sowie in dessen Tank fließt. Wieder aus einem anderen Zufall werden Felgen und Gummireifen aus anderen Materialien gefertigt und schrauben sich per Zufall an der richtigen Stelle an den Wagen, nachdem sie sich von selbst von der Erde gehoben und mit Luft aufgepumpt haben – all dies geschieht ohne Mechaniker, ohne Fabrik, ohne Vernunft, rein zufällig; aus Zufall wiederum entsteht ein genau passender Schlüssel und steckt sich ins Zündschloss. Dieser aus Trilliarden möglichen allein passende Schlüssel dreht sich nun, wieder zufällig, im Schloss, wobei gleichzeitig zufällig ein harter Gegenstand auf das Gaspedal drückt, ein anderer die Gangschaltung betätigt und das Auto auf diese Weise zu fahren beginnt.

Und dann, da all dies aus purem Zufall eingetreten ist, was nötig ist, damit ein Auto sich fortbewegen kann, siehe da, da befindet sich auf einmal noch zufällig draußen eine Straße, anstatt dass da Löcher oder Seen die Fahrt des Autos hindern. Die Straße in der Umwelt des Autos, wie sie für die Fortbewegung eines Autos ideal geeignet ist, ja ohne die das Auto wertlos wäre und ohne die es sich ebenfalls nicht sinnvoll fortbewegen könnte, wenigstens nicht ohne anzustoßen oder in einen Abgrund zu stürzen, ist wiederum nur aus purem Zufall vorhanden, ohne Straßenbaufirma, ohne Geist, ohne Plan, ohne Person, die das Auto abgestimmt und seine geeignete Umgebung, nämlich Straßen, geschaffen hätte.

Auf dieser Straße fährt nun unser Volkswagen, dreht sich auch richtig zufällig an jeder Kurve, sodass er nicht verunglückt. All das tritt zufällig ein. Schließlich nach einigen zufällig das Lenkrad richtig bewegenden Steinen, die zufällig durch das Fenster geworfen werden und dadurch richtig genommenen Kurven verunglückt das Auto, geht in Flammen auf und zerbricht in tausend verbogene Stücke. Ist dies das Ende? Mitnichten! Denn da bilden sich beim ersten Unfall dieses Autos, das gelegentlich von der Autostraße abkam, oder womöglich schon zuvor, ebenso zufällig wie alles bisher Geschehene aus seinen Trümmern lauter kleine Autos, die zufällig weiterfahren – und dies alles geschieht nicht etwa einmal in Billionen von Jahren zufällig, nachdem Billiarden mal Trillionen von sinnlosen Gebilden oder Autofragmenten die Umwelt verschandelten und das Auto fahruntüchtig machten. Nein, all diese Zufälle treten regelmäßig ein, in derselben Welt, tagtäglich, ohne Zutun eines vernunftbegabten Wesens.

Das alles anzunehmen, also zu glauben, dass all dies einem puren »Zufall« ohne schöpferischen Geist entspringen könnte, fügt von Uexküll hinzu, ist absurd. Aber es ist viel weniger absurd, sagt er, als den inneren Aufbau auch nur der kleinsten einzelligen Amöbe sowie deren Fortpflanzung und ungeheuer differenzierten Umweltbedingungen, im Vergleich mit denen eine Autobahn und ein Auto ganz primitiv sind, durch Zufall erklären zu wollen. Denn ein einziges Molekül eines organischen Lebewesens, geschweige denn die Konstruktion der ganzen Amöbe, ihr Aufbau, ihre Zellstruktur, ihre lebendige Entwicklung und ihre Fortpflanzung, sind milliardenfach komplexer und sinnhafter als der Volkswagen und deshalb ist es unvergleichlich unmöglicher, sie durch geistlosen Zufall zu erklären, zumal das Wunder des Lebens in ihnen ist, ohne das aller Bauplan, der auch auf einem Computer gespeichert werden könnte oder in einer toten Zelle vorhanden ist, niemals verwirklicht würde.

Anstatt einer simplen Autobahn als Umweltbedingung für die Fahrt des Volkswagens sind es hier ungezählte Umweltbedingungen der Temperatur, der Nahrung, der Luft, des Wassers, der Elemente usf., ohne die eine Amöbe nicht überleben könnte. Um beim Vergleich mit dem Entstehen der Straße als geeigneter Umwelt des Autos zu bleiben, wäre hier der Bau nicht einer, sondern tausender Straßen nötig, damit die Amöbe sich in ihrer Umwelt bewegen kann.

Wenn es daher absurd ist anzunehmen, primitivste und nichtssagende Darwin'sche »Prinzipien« wie Zufälle, Anpassung an die Umwelt, Mutationen usf. hätten Volkswagen aus den bestehenden Elementen gebildet, um wieviel absurder ist es, die Entstehung der Amöbe aus solchen Ursachen anzunehmen. Denn der Ursprung eines solchen Wunders an Sinnbezügen wie die Amöbe als ein lebendiges Wesen es ist, verlangt gewiss noch viel mehr nach einer vernunftbegabten Wirkursache als ein Auto. Um wieviel mehr aber gilt dies für die ungezählten Arten komplexer Tierorganismen oder gar für den Menschen!

Das, worin das Leben einer Unzahl von Lebewesen sich äußert, ist noch tausendmal wunderbarer als wenn die Idee des Volkswagens so in Blech und Gummibäume eingesenkt worden wäre, dass diese Rohstoffe aus sich heraus das Auto bauen und bewegen könnten.

Für das aus Zufall viel weniger erklärliche Entstehen des Wunders eines Lebewesens als das geschilderte zufällige Entstehen eines Volkswagens hat die Philosophin Hedwig Conrad-Martius einen anderen sehr tiefen Vergleich entwickelt, der zeigt, um wieviel unbegreiflicher das Entstehen eines ungleich höheren und dynamisch sich entfaltenden Sinnes in einem Lebewesen als das Entstehen eines Autos oder einer anderen zweckhaften Struktur in einem mechanischen Gebilde oder in der toten Natur oder sogar irgendeinem menschlichen Kunstwerk ist.

Sie vergleicht die Ursache des Wachstums und der Bewegung des Lebewesens mit einem Künstler, dem es gelungen wäre, ein Meisterwerk oder eine Stadt bzw. ihren Plan so vollkommen in Farben, Pinsel, Hammer, Meißel und Steine einzusenken, dass dieser sich von innen selbst auszeugende sinnvolle Plan sich von selbst verwirklichen, der Pinsel von sich aus Fresken malen, Hammer und Meißel aus eigenem Antrieb Statuen und Gebäude gestalten würden, und auf diese Weise all die Wunderwerke einer mittelalterlichen Stadt wie San Gimignano oder Florenz, mit ihren Kirchen und Türmen, mit ihren Bildern, Statuen und Fresken, die ohne menschliches Zutun entstünden und sich dann sogar fortpflanzen würden, hervorbrächten.

Wenn also sogar das Wunderwerk einer einzigen Amöbe, die nur einen winzigen und unbedeutenden Teil der Schöpfung ausmacht, weil sie das Wunder des Lebens besitzt, durch Zufälle und materielle, ungeistige Ursachen viel unerklärbarer ist als die absurde geschilderte Entstehung eines Volkswagens oder einer Stadt, so verlangt das ungeheure und viel wunderbarere All *aller* Dinge und Lebewesen der Welt in ihrer Ordnung – in der wir Steine und Elemente aller Art, das Sternenmeer am Himmel, die ganze Fülle der Pflanzen, der Tiere und ihrer Instinkte und den Menschen sowie ihre millionenfältige Zuordnung und ökologische Abhängigkeit erleben – noch viel mehr einen inkommensurabel höheren Geist als Ursprung als eine bloße einzige Amöbe. Diese ganze Welt, dieser geordnete Kosmos, ist ohne ein unvergleichlich höheres denkendes Wesen, das wir Gott nennen, undenkbar und hätte keine zureichende Ursache.

Darauf verweist schon Platon, ja er findet im 4. Jahrhundert vor Christus die Leugnung einer göttlichen Ursache des Kosmos nicht nur töricht, sondern so verbrecherisch, dass er für Atheismus auch noch in seinem milderen Spätwerk, den *Gesetzen*, die Todesstrafe fordert, was ich hier nicht verteidigen möchte, was aber zeigt, für wie tief einsichtig Platon die Existenz eines göttlichen Weltschöpfers und für wie verderblich er dessen Leugnung gehalten haben muss.[217]

217 Vgl. Platon, *Nomoi*, X. Buch, 907 ff. Platon nimmt dabei im *Timaios* und anderswo nicht eine Schöpfung aus dem Nichts an, sondern eine Schöpfung der geordneten Ganzheit des Kosmos aus dem Chaos. Vgl. dazu die bedeutende Darstellung des Semikreationismus bei Platon in Giovanni Reale, *Verso una nuova interpretazio-*

Das Argument aus der Sinnfülle der Welt hat den Vorteil, dass es nicht, wie wir in den ersten drei Teilen des vorliegenden Buches getan haben, vom zwar notwendigeren, aber ärmeren abstrakten Wesen der endlichen, bewegten, zeitlichen oder nicht-notwendig existierenden Welt ausgeht, bei deren Betrachtung man von der unendlich sinnreichen konkreten Beschaffenheit der Welt abstrahiert, sondern von der konkreten Schöpfung in ihrer ganzen Ordnung und Schönheit. Sein Ausgangspunkt ist der physikalische Aufbau der Welt und des Kosmos, der Wert der Lebewesen, das Wunderwerk eines menschlichen Auges, die sinnvolle Hingeordnetheit der Organe lebender Wesen auf ihre Zwecke, die komplexen und erstaunlichen inneren Ordnungen und Systeme der Organismen (wie das Atmungssystem, Verdauungssystem, der Blutkreislauf, das Nervensystem) und deren Bezogenheit auf ihre Umwelt.

Auch das »anthropische Prinzip«, das moderne Astronomen annehmen und das darauf hinweist, wie unendlich unwahrscheinlich es war, dass in der Welt gerade jene unglaublich schwer erklärbaren Bedingungen herrschten, die Leben und Menschen erst ermöglichten, oder die Herrlichkeit und Schönheit der Natur und des menschlichen Leibes können eigentlich nur von einem Wahnsinnigen als Zufallsprodukt angesehen werden.

Dieses Argument ist auch aus einem weiteren Grund mehr als ein bloßer Beweis aus abstrakten Eigenschaften jedes innerweltlichen Seienden: es geht von der natürlichen »*Offenbarung*« Gottes und seiner Herrlichkeit durch die Schöpfung aus. Seinen Höhepunkt erreicht diese natürliche Offenbarung Gottes im Menschen, in der geschaffenen Person und der inneren Stimme ihres Gewissens, in der sich nach Kardinal Newman Gott in einer direkteren

---

ne di Platone, 20e Aufl. (Milano: Jaca Book, 1997); Giovanni Reale, *Zu einer neuen Interpretation Platons. Eine Auslegung der Metaphysik der großen Dialoge im Lichte der »ungeschriebenen Lehren«,* übers. v. L. Hölscher, mit einer Einleitung von H. Krämer, hrsg. und mit einem Nachwort von J. Seifert (Paderborn: Schöningh, 1993).

Weise als in der ganzen Natur als Herr und gerechter Richter offenbart.

In diesem teleologischen und dem moralischen Gottesbeweis aus der Sinnhaftigkeit der Welt und aus dem Gewissen wird Gott als Ursache des Kosmos und der Menschen hinsichtlich ihrer erfahrbaren und nicht-notwendigen Eigenschaften und Sinnfülle betrachtet. Die festgestellte Existenz dieses Sinnes bildet den Ausgangspunkt und wir schließen auf den Urheber desselben.

Dabei setzt dieses Argument auch die Erkenntnis voraus, dass diese kontingente (nicht notwendig existierende) Welt sich unmöglich durch sich selbst erklären und dass sie außerdem nicht durch ein unintelligentes und geistloses Wesen erschaffen worden sein kann. Es beruht einerseits auf der evidenten Wahrheit des Prinzips vom zureichenden Grund und des Kausalprinzips, dass jede Veränderung und jedes kontingente Seiende einer angemessenen und zureichenden Wirkursache bedürfen, durch deren Kraft die Veränderung und die kontingent Seienden hervorgebracht werden.

Andererseits beruht der teleologische Gottesbeweis auf dem von Aristoteles und Thomas von Aquin formulierten Prinzip: Wo immer wir in einem Wesen, das selbst keine Vernunft besitzt oder dessen Vernunft als Erklärung für diese Sinn- und Zweckbezüge nicht in Frage kommt, Sinn und Zwecke sowie Mittel finden, die auf deren Realisierung hingeordnet sind, haben wir auf ein intelligentes Wesen, von dem dieser Sinn und diese Zweckhaftigkeit abhängen, als Ursache zu schließen.[218]

---

218 *Siehe Thomas von Aquin, Summa theologica, Ia, qu. 2, art. 1–3:*

Der fünfte Weg wird von der [zweckvollen] Leitung der Dinge genommen. (a) Wir sehen nämlich, dass einige [Dinge], die des Denkens entbehren, nämlich die natürlichen Körper[dinge], wegen eines Zieles [Zweckes] tätig sind: was daraus deutlich wird, dass sie immer oder meistens auf dieselbe Weise tätig sind, um das zu erreichen, was [jeweils] das Beste ist. Daraus ist offenbar, dass sie nicht aus Zufall, sondern aus [zweckvoller] Absicht zu ihrem Ziel gelangen. (b) Diejenigen [Dinge] aber, die kein Denken haben, streben nicht zu ihrem Ziel, außer

Doch weit darüber hinaus: In der überwältigenden inhaltlichen Fülle und Sinnhaftigkeit des Kosmos offenbart sich ein aller menschlichen Intelligenz und Weisheit unsagbar überlegener Geist, die göttliche Weisheit.

Jakob Johann von Uexküll macht auch die ausgezeichnete Bemerkung, dass, wenn die intelligentesten Wissenschaftler, die alle Naturgesetze studieren und künstlich die Bedingungen schaffen würden, unter denen sie glauben, dass das Leben aus leblosen Materialien entsteht, jemals darin erfolgreich wären, sie nicht beweisen würden, dass der Zufall Leben produzieren kann, sondern nur, dass die höchste irdische Intelligenz nach jahrelangem Studium in der Lage war, eine einfache Lebensform zu schaffen.

Eine vollkommenere Widerlegung jenes Evolutionismus, der die Entstehung des Lebens aus toter Materie erklären möchte, müsste tiefer in das intelligible Wesen des Lebens eindringen und zeigen, dass selbst wenn die erstaunlichsten und komplexesten materiellen Strukturen durch die Evolution erklärt werden könnten, dies nichts mit der Erklärung von Leben zu tun haben würde, das auf sie irreduzibel ist.

Wie man mit dieser Theorie, die lediglich auf den geistlosen Prinzipien des Zufalls, der natürlichen Auslese, des Überlebens des Stärkeren usf. basiert, zum Beispiel, erklären will, dass die bloßen Zufallsereignisse, die angeblich zu dem unglaublichen »Wunder« des Lebens führten, plötzlich einen völlig funktionierenden männlichen Leib – nach unzähligen Pannen, die Darwin selbst als Folge seiner Theorie vorausgesagt hatte, deren unzählige paläontologische Spuren die Geschichte aber freundlicherweise vernichtet hat – gebildet haben, bleibt ein absolutes Geheimnis Darwins. Wie aber erst will der damit hoffnungslos überforderte Darwin erklä-

---

weil sie geleitet sind von einem Denkenden und vernünftig Erkennenden, wie der Pfeil vom Bogenschützen geleitet wird.

Der Text fügt lapidar die Anwendung der Einsicht in die Wahrheit dieses Prinzips auf seinen fünften Gottesbeweis hinzu:

(c) Also gibt es etwas vernünftig Erkennendes, von dem alle Naturdinge auf ein Ziel hin geordnet werden. Und dies nennen wir Gott.

ren, dass zu Lebzeiten des ersten Mannes ein zweites Mal und zugleich mit dem Mann eine ebenso unwahrscheinliche Zufallsproduktion zur Entstehung einer menschlichen Frau geführt haben soll, ohne die der eben und zufällig generierte Mann überhaupt nicht von Nutzen für die Fortpflanzung des Menschengeschlechts gewesen wäre, das mit dem Tod des ersten Menschen schon ausgestorben wäre?

Wenn Wissenschaftler und Mathematiker wie Jay Roth argumentiert haben, dass eine Zufallsbildung eines einzelnen Proteins mathematisch gesehen nur eine Chance von 1 zu 10^{300} hat, welche Chance hat dann die Zufallsproduktion einer Zelle, eines Organs oder eines ganzen Adams? Eine Zahl, die sich niemand vorstellen oder aufschreiben kann! Aber was wird dann die Chance der gleichzeitigen Zufallsproduktion eines Menschen sein, der sich so sehr von Adam unterscheidet und wunderbar schön und bedeutungsvoll ist wie Eva? Wie erklärt die Evolutionstheorie, dass sowohl Mann als auch Frau, wenn sie aus einer Kette von Zufallsereignissen hervorgegangen sind, so gut zusammenpassen und gleichzeitig, während der Lebenszeit und der Periode der Fruchtbarkeit des anderen, entstanden sein müssen, um das Menschengeschlecht zu gründen? Die mathematische Unwahrscheinlichkeit dafür ist so groß, dass nur ein Verrückter auch nur für eine Sekunde ernsthaft glauben kann, dass so etwas passieren würde. Schon diese bloßen rein materiell-mathematischen Überlegungen führen zu Absurditäten für eine atheistische Evolutionstheorie, die es unbegreiflich machen, dass Generationen von intelligenten Menschen eine so abstruse Theorie, die absolut Null rationale Gründe vorweisen kann, glauben konnten, anstatt, wie Malcolm Muggeridge sagte, in schallendes Gelächter über den Witz der Evolutionstheorie ausgebrochen zu sein.

Offensichtlich ist diese Kritik nicht gegen eine »Intelligent Design-Version« augustinischen Musters der Evolution gültig, die an dieser Stelle noch nicht unser Thema ist. Aber jemand könnte einwenden, dass unsere Überlegungen nicht einmal die atheistische und materialistische Theorie der Evolution widerlegen. Sie wären nur gültig, könnte man behaupten, wenn die Natur völlig chaotisch wäre; aber da sie von Gesetzen dominiert wird, können diese Gesetze zur Produktion neuer Arten nach nicht-zufälligen Prinzipien führen.

Doch vergisst dieser Einwand gegen unser Argument, dass sich der erwähnte Grad der Unwahrscheinlichkeit genau auf eine von den Naturgesetzen dominierte Welt bezieht. Die Theorie vergisst einen anderen wichtigen Umstand: Wenn es so enorm organisierte Gesetze und Regeln gibt, die viel komplizierter sind als die eines Schachspiels, sind sie selbst, da sie kontingent (nicht notwendig) sind, keine endgültige Erklärung, sondern brauchen eine. Anstatt zu erklären, wie Zufallsproduktionen, aus bloßen Prinzipien der natürlichen Auslese durch Überleben des Stärkeren angeblich höhere Arten von Lebewesen hervorbringen können, benötigen sie selbst einen ausreichenden Grund, der erklärt, warum sie überhaupt existieren (als Prinzipien der Ordnung statt des totalen Chaos). Die Naturgesetze selbst lassen sich nicht mit dem Begriff des »Zufalls« erklären. Aber wenn ihr Ursprung in einem intelligenten Naturschöpfer liegt, handeln wir nicht mehr von einer Evolution im Sinne des Darwinismus und der oben skizzierten ersten Evolutionstheorie, sondern mit einem allmählichen Ursprung von Arten durch einen intelligent gestalteten Plan, der nach einer riesigen Fülle von Gesetzen, die die Natur und Arten und Prozesse der Evolution, ja sogar das Chaos beherrschen, funktioniert. Denn diese Naturgesetze sind selbst kontingent und sinnvoll und erheischen daher einen intelligenten Schöpfer des Universums (immer unter der Annahme, dass evolutionäre Übergänge von Arten zu Arten tatsächlich stattfinden).

3. Die Logik sagt »Nein, nein, nein, nein!« zu Darwin: Innere Widersprüche und drei logische Fehlschlüsse an der Wurzel der Evolutionstheorie

A) Verstoss gegen das Widerspruchsprinzip

Eines von vier absolut grundlegenden Prinzipien der Logik, das Widerspruchsprinzip, lehrt uns, dass keine Theorie wahr sein kann, insofern sie innere Widersprüche enthält, da es unmöglich ist, dass zwei kontradiktorische Urteile (<S ist P> und <S ist nicht P>) beide, im selben Sinn (und im Falle zeitlicher Sachverhalte zur selben Zeit) wahr sind. Ich möchte hier nur zwei Widersprüche in der Evolutionstheorie hervorheben:

1. Der Darwinistische Evolutionsbegriff ist ein anti-teleologischer und zugleich teleologischer – also widersprüchlicher – Begriff.

Der Darwin'sche Evolutionsbegriff nimmt letztlich eine Entstehung des Lebendigen aus zufälligen Mutationen, ohne Zweckhaftigkeit, ohne Schöpfer und ohne Designer an.[219]

Zugleich setzt jedoch die vom Evolutionismus postulierte zielstrebige Richtung »nach oben« und jedes von seinen Vertretern beschriebene Lebewesen, eine vernünftige Zielrichtung, also Zweckhaftigkeit, voraus.

Wenn neuere Verteidiger der Evolutionstheorie einwenden, die Rede vom »blinden« Zufall sei schlicht nicht mehr up-to-date, da auch die Evolutionstheorie immanente teleologische Abläufe kenne, so beweist sich nur wieder deren Widersprüchlichkeit, weil dieselben Autoren, die nun die Zielstrebigkeit der Natur hervorheben, sie an anderer Stelle leugnen.

219 Mayr (*ibid.*, 109-110; 336) etwa leugnet jegliche Zielgerichtetheit der Evolution und verwirft die Idee der sogenannten »Orthogenese« auf ein höheres Ziel hin und hält diese für widerlegt. In scharfem Kontrast dazu steht seine leidenschaftlich vertretene Meinung, der Mensch stehe an der Spitze der Evolution (*ibid.*, S. 285 ff.), was ohne Ziel- und Zweckgerichtetheit der Evolution grundlos wäre.

Derselbe Widerspruch tritt auch in der häufigen und in der Biologie unvermeidlichen Bezugnahme auf die Teleologie der Natur (kann man doch kein Organ eines Lebewesens verstehen und beschreiben, ohne seinen Zweck zu nennen) und der dieser widersprechenden Leugnung jedes intelligenten Designs und Urhebers der Natur zutage. Ziele und ein Wozu[220] nimmt man unvermeidlicher Weise im angeblichen Prozess der Evolution selbst sowie in den einzelnen biologischen Vorgängen und Organfunktionen an. Auch wenn etwa Ernst Mayr dies bestreitet, finden sich doch in seinen Büchern zahlreiche Aussagen, welche die offensichtliche Zielgerichtetheit der Lebewesen aussagen. Woher aber soll die unermessliche Zahl zweckbestimmter und sinnvoller Arten und Organfunktionen herkommen, wenn es keinen Schöpfer oder Designer gibt? Von »immanenter Zweckhaftigkeit« und »Selbstorganisation« zu sprechen, ist ein leerer Wortschall, wenn man die einzige Ursache von sinnhafter teleologischer Entwicklung und Ordnung der Natur aufgegeben hat: einen alle menschliche Intelligenz und Macht überragenden intelligenten Schöpfer und Planer des Universums.

2. Ein ähnlicher Widerspruch besteht zwischen der Anerkennung allgemeiner Arten von Lebewesen einerseits und dem Nominalismus und der Leugnung, dass es bestimmte allgemeine Arten und Typen gäbe, andererseits.[221] Mayr behauptet, die Typen und Wesen der Lebewesen seien eine

220 Unter den Philosophen und Kritikern des Evolutionismus ragen auch Hengstenberg und Robert Spaemann hervor: Robert Spaemann und Reinhard Löw, *Die Frage Wozu? Geschichte und Wiederentdeckung des teleologischen Denkens* (München, 1981); Hans-Eduard Hengstenberg, *Evolution und Schöpfung. Eine Antwort auf den Evolutionismus Teilhard de Chardins* (Salzburger Studien v.ur Philosophie Bd. 3), (München: Verlag Anton Pustet 1963). Dem Versuch Hengstenbergs, in einer komplizierten Terminologie den Evolutionismus zu bekämpfen, aber die Evolution als solche zu verteidigen, als gleichzeitig auf zwei verschiedenen Ebenen verlaufende Kausalitäten, kann ich nicht zustimmen.

221 Ausdrücklich wird der Essentialismus Aristoteles' und Platons als Hindernis der Evolutionstheorie bezeichnet. Vgl. Ernst Mayr, *Das ist Evolution*, zit., S. 99–102.

Erfindung der platonischen und aristotelischen Philosophie und in der Wirklichkeit gebe es nur eine total flüssige und immer dynamisch wechselnde Kombination von Eigenschaften der Individuen einer jeweiligen »Population«, die nun den Begriff der Naturen und Typen ersetzen solle.[222]

Andererseits ist schon eine »Population«, mit der Evolutionisten die Begriffe der Gattung, Art und Natur ersetzen möchten, ohne zugrundeliegende Arten unmöglich. Denn Individuen müssen bei aller individuellen Verschiedenheit untereinander von einer gemeinsamen Art sein, um sie als Population von X (z.B. von Eseln) zu bezeichnen. Auch sind die Bücher der Evolutionisten voll von ungezählten Beschreibungen allgemeiner Artmerkmale, ohne die Zoologie, Botanik und Biologie überhaupt völlig unmöglich wären.

Dabei geht die Behauptung, dass es keine allgemeinen Arten gäbe, so offenkundig und tausendfältig an den Tatsachen vorbei, dass man über den absurden Widerspruch zwischen dieser Behauptung und der Wirklichkeit im Werk eines hochintelligenten und umfassend kenntnisreichen Wissenschaftlers nur staunen kann. Derselbe Mayr, der allgemeine Arten und Artmerkmale durch total flüssige individuelle Merkmalskataloge ersetzt wissen möchte, bietet eingehende Hinweise auf die Millionen von Arten von Lebewesen und ihre Elemente und Merkmale an.

Dieser logische Widerspruch beweist ebenfalls die Falschheit der Theorie, die ihn enthält.

B) Der Fehlschluss post hoc-propter hoc

Der argumentative Übergang von einem möglicherweise durch paläontologische Befunde demonstrierten »nach« zu einem »aus« ist nicht im Geringsten durch das »nach« hinreichend begründet. Wenn z.B. Gott erst den Affen und dann den Menschen erschaffen hat, tritt der Mensch zwar *nach dem Affen auf der Erde auf,* hat sich aber keineswegs deshalb aus dem Affen entwickelt. Man kann in der Selbst-

222 Vgl. Ernst Mayr, *Das ist Evolution,* zit., S. 104 ff.

verständlichkeit, mit der Darwin und seine Jünger aus dem *Nach* ein *Aus* ableiten, ein erstklassiges Beispiel des fundamentalen logischen Fehlschlusses sehen, ein *post hoc* (»nach X«) mit einem *propter hoc* (»wegen X«) zu verwechseln. Seit Aristoteles' Traktat über die logischen Fehlschlüsse, und schon vor ihm, ist dieser Fehlschluss als solcher erkannt und gebrandmarkt worden und wird in jedem Logikbuch, das von materiallogischen Fehlschlüssen[223] handelt, als logisch nicht-schlüssiges Argument aufgezählt.

Selbst wenn daher paläontologische Funde bewiesen (was sie nicht tun), dass die höheren Lebewesen erst Millionen Jahre *nach* den primitiveren entstanden sind, würde dies absolut keinen Beweis für die Evolution darstellen. Wenn etwa Darwin bewiesen hätte, dass der mitunter mit offenem Mund schwimmende und Insekten fressende Bär, den es auch heute gibt, und von dem Darwin »sich vorstellen« konnte, er habe sich von einem Landtier in ein schwimmendes Säugetier, nämlich den Wal, hineinentwickelt, schon vor dem Wal existiert hätte, wäre damit doch absolut Null Beweis für die groteske Annahme einer Evolution des Wals aus dem Bären gegeben, auch wenn die Evolutionstheoretiker ständig solche Fakten des *post hoc (*nach X) als Belege für die Evolutionstheorie und ein *propter hoc* (wegen X) anführen.

Dabei scheint es Darwin gar nicht gestört zu haben, dass derselbe Insekten-fressende und schwimmende Bär mit weit aufgerissenem Maul auch heute herumschwimmt und dieselben Mücken und Insekten frisst. Es scheint ihn ebenso wenig irritiert zu haben, dass er nicht die geringste Erklärung dafür bot, weshalb nur einige Bären sich von drei zu dreißig Meter Länge ausgewachsen hätten – vielleicht weil sie von ihrem Habitat her mehr gefordert waren als die

223 In diesen wird nicht, wie in vielen anderen Fehlschlüssen, gegen die Regeln der formalen Logik verstoßen, sondern gegen logische Konsequenzen, die man aus bestimmten inhaltlichen Aussagen (nicht) ziehen darf. Vgl. Alexander Pfänder, »Die Lehre von den Schlüssen«, in: Alexander Pfänder (Mariano Crespo, Hg.), *Logik*, 4. Auflage, zit., S. 246–354.

überlebenden Bären, die nicht gewachsen sind? – und andere nicht. (Im Übrigen, selbst wenn einige Bären sich zu Walen entwickelt hätten, wäre dies ja keine Höherentwicklung im Sinne des Evolutionsbegriffs, weil der Wal ja kein höheres Tier ist als der Bär.)

Derselbe logische Fehlschluss post hoc-propter hoc gilt natürlich auch für die heute als Vorfahren des Wals für wahrscheinlicher[224] gehaltenen Säugetiere mit einem komplizierten lateinischen Namen: *Ambulocetus natans (ein schwimmender gehender Wal)*. Wenn der Wal *nach* diesem Tier erschienen und dies glasklar bewiesen wäre, hätte man damit nicht den geringsten Beweis für die Entstehung des (30 m langen) Wals aus diesem (ca. 3 m langen*) Tier* geliefert. Dies zu implizieren, stellt einen krassen logischen Fehler der Art von *post hoc-propter hoc-Fehlschlüssen* dar, von denen die Evolutionstheorie nur so wimmelt und die auch im alltäglichen Leben ungezählte Male vorkommen.

C) Der logische Fehlschluss: »*similis illi – ergo ex illo vel ex eisdem proavis amborum*« (B ist A ähnlich: also stammt B von A oder gemeinsamen Vorfahren ab)

Dasselbe gilt natürlich auch, wenn man aus gewissen dürftigen Ähnlichkeiten zwischen diesem Tier und dem Wal oder gar den minimalen Ähnlichkeiten zwischen dem schwimmenden Bären und dem Wal schließen wollte, dieser hätte sich *aus jenem entwickelt*.

Diese Annahme bleibt eine reine spekulative Theorie ohne auch nur den täuschenden Schein beanspruchen zu dürfen, einen gültigen Beweis darzustellen. Sie beruht auf einem gegenüber dem *post hoc propter hoc* Fehlschluss zusätzlichen logischen Fehlschluss, den man als: »jenem ähnlich, ergo aus jenem oder aus gemeinsamen Vorfahren beider« »*similis illi – ergo ex illo vel ex eisdem proavis amborum*« bezeichnen kann. Er verbindet sich in der Evoluti-

224 Als der schon von Darwin (wegen des allgemeinen Gelächters über sein Beispiel aus seinem Hauptwerk weggelassene) »Bär zu Wal«.

onstheorie mit dem *post hoc-propter hoc* Fehlschluss. Man kann ihn so kennzeichnen:

A ist B ähnlich, [und geht B vorher]: deshalb B aus A oder aus gemeinsamen Vorfahren.[225]

Dabei wird aus einer Ähnlichkeit zwischen A und B plus dem Vorhergehen eines A auf ein *propter hoc* geschlossen, etwa in dem Stil: A ist B ähnlich und hat vor ihm existiert; also stammt B von A oder stammen beide von einem gemeinsamen Vorfahren C ab. Das ist ein klarer Trugschluss.

Denn Ähnlichkeiten zwischen zwei Lebewesen, die zu verschiedenen Zeiten gelebt haben, können auf ganz andere Gründe zurückgehen als auf Abstammung des späteren von dem früheren: etwa auf denselben Schöpfer, der Probleme der Bewegung von Lebewesen mithilfe ihrer Beine die einzig vernünftige Methode von Gelenken schuf, die in einer Unzahl von Arten ähnlich sind. Welcher Beweis der Abstammung soll darin liegen? Der Grund für diese Ähnlichkeiten kann, außer derselben vernünftigen Lösung auf

225 In einer grotesken Form findet sich dieser Fehlschluss bei Haeckel und anderen Anhängern der Evolutionstheorie, die glauben, aus der Ähnlichkeit menschlicher Embryonen mit jenen verschiedenen Tierarten einen »Beweis« für die Wahrheit der Evolutionstheorie gefunden zu haben. In geradezu lächerlicher Weise verfällt Ernst Mayr diesem krassen logischen Fehlschluss in dem Kapitel 2 »Welche Belege sprechen für die Evolution auf der Erde?« seines Buches *Das ist Evolution*. Dort glaubt Mayr, aus zahlreichen mehr oder minder ähnlichen Versteinerungen und aus Vergleichen von Embryonen von Tieren und Menschen eine »überwältigende Fülle von Belegen« für die Evolution gefunden zu haben (a.a.O., S. 30). Ja, er druckt zu diesem Zweck sogar noch einmal die Abbildungen von Haeckel (1850) als Beweise ab, wobei er noch offen zugibt, dass Haeckel für diese von ihm als Beweise der Evolution gelieferten Vergleichsbildchen zwischen menschlichen und tierischen Embryonen anstelle der Abbildungen menschlicher Embryonen solche von Hundeembryonen verwendet hat. (a.a.O., 48). Aber auch daraus, dass, wie Mayr behauptet, ein Hundeembryo einem menschlichen ebenso ähnlich sei wie der Hund dem Menschen unähnlich ist, folgt nur durch diesen krassen logischen Fehlschluss *similis illo – ergo ex illo* ein »Beweis« für die Evolution.

Grund der Gesetze der Physik und Technik auch darin liegen, dass der Schöpfer einfach gewisse Ähnlichkeiten unter seinen Geschöpfen wollte, so wie etwa alle Werke Mozarts, Beethovens, Michelangelos und Leonardo da Vincis bedeutende Ähnlichkeiten unter einander aufweisen, ohne dass sich eines aus dem andern entwickelt hätte.

Ein krasser Fall dieses logischen Fehlschlusses liegt allen drei Argumenten für die Abstammung des Menschen aus Affen zugrunde, die Ernst Mayr zusammenfassend als Gründe dafür anführt, aus denen kein gebildeter Mensch heute noch an der Abstammung des Menschen von Tieren zweifeln kann. Ja aus diesen »überwältigenden Beweisen«, wie dieser zur Überschwänglichkeit neigende Autor sagt, folge, dass eine Infragestellung der evolutionären Abstammung des Menschen »sinnlos« sei. (Mayr, *ibid.*, S. 288 f.)

(1) Der erste derartige »überwältigende Beweis« bestünde darin, dass der Körperbau des Menschen bis ins Kleinste mit dem des afrikanischen Menschenaffen übereinstimme, inklusive des Aufbaus des Gehirns, das sich nur quantitativ von dem des Schimpansen unterscheide.

Welcher »Beweis« für eine Abstammung des Menschen aus Menschenaffen soll darin liegen? Wie erwähnt, kann diese Ähnlichkeit ganz andere Gründe haben, wie die Schöpfung durch denselben Gott, der Mensch und Schimpansen viele Ähnlichkeiten physischer Art verliehen hat, vielleicht gerade um zu offenbaren, dass der Mensch *nicht* vom Affen abstammt, da er sich trotz seiner (übrigens begrenzten) physischen Ähnlichkeiten von ihm durch eine Welt unterscheidet, was nicht rein biologisch erklärbar ist, sondern uns die Existenz der Geistseele des Menschen beweist. Überdies drückt sich dieser überwältigende Unterschied auch im menschlichen Gesicht aus und offenbart sich auch in seiner Gestalt, aufrechtem Gang, Haut und menschlichen Stimme und nur ein Formenblinder kann die fundamentalen Unähnlichkeiten zwischen Menschen und Schimpansen übersehen.

Also wo bleibt der überwältigende Beweis? Er ist ein Nichts.

Diese Ähnlichkeit rein physiologischer Art, die mit einer radikalen Unähnlichkeit des menschlichen Wesens, Erkennens, Forschens, künstlerischen Schaffens, Philosophie, Geschichtsschreibung usf. usf. einhergeht, ist eher gerade ein Gegenbeweis der Abstammung des Menschen aus dem Schimpansen oder gemeinsamen Vorfahren. Denn wie sonst sollte man erklären, dass zwei so ähnliche Wesen sich einander in den genannten Eigenschaften so radikal unähnlich sind?

(2) Der zweite »überwältigende Beweis« ist, wie der logische Fehlschluss des ersten, den er bekräftigen soll, dasselbe Nichts: nämlich Fossilienfunde, die die unter (1) genannten Ähnlichkeiten belegen sollen.[226] Wenn aber die tatsächlich beobachtbaren Ähnlichkeiten zwischen Schimpansen und Menschen null Beweis sind, so erst recht Fossilienfunde, die dieselben Ähnlichkeiten zeigen.

(3) Der dritte »überwältigende Beweis« ist genauso klar ein Fall des logischen Fehlschlusses: »jenem ähnlich, ergo aus jenem oder aus gemeinsamen Vorfahren beider« »*similis illi – ergo ex illo vel ex eisdem proavis amborum*». Dabei geht es um die Erkenntnis, dass »die Moleküle im Menschenleib denen der Schimpansen ähnlicher sind als vergleichbare Moleküle aller anderen Lebewesen«. (Mayr, zit., S. 288). Dieser dritte angebliche Beweis der Abstammung des Menschen vom Affen ist noch jämmerlicher als die ersten beiden. Denn Ähnlichkeiten auf der Mikroebene sind noch weniger bedeutsam als jene unter (1) genannten, die gleichfalls, anstatt »überwältigende«, gar keine Beweise sind. Wenn Menschen und Bakterien Gene (Basenpaare) gemeinsam haben, warum in aller Welt soll das ein Beweis sein, dass Menschen von Bakterien abstammen oder dass es einen gemeinsamen Ursprung aller Lebewesen in Bakterien gibt. Eine krassere Form eines *non sequitur* lässt sich kaum denken.

226 Wobei überdies kein einziger Fossilienfund aus der Zeit stammt, »in der das eigentliche Aufspaltungsereignis stattgefunden hat« (*ibid.*, S. 288).

Ergo: Der Wert aller drei »überwältigenden Beweise« ist derselbe: Null. Sie stellen Schulbeispiele der erwähnten logischen Fehlschlüsse dar.

D) Der gigantische logische Fehlschluss der *Petitio principii*, des Zirkelschlusses, an der Wurzel der Evolutionstheorie

Die Logik hat schon seit ihrem Ursprung in der Antike eine lange Reihe logischer Fehlschlüsse identifiziert und gewarnt, dass wenn auch nur ein einziger sich in einen Gedankengang oder Schluss einschleicht, dieser eine logische Fehler ein ganzes Gewebe von Beweisen und Argumenten zusammenbrechen lässt. Wir haben bereits zwei dieser logischen Fehlschlüsse der Evolutionstheorie nachgewiesen und kritisiert.

Ein weiterer, besonders verbreiteter und gefährlicher logischer Fehlschluss wird als *petitio principii (auch Zirkelschluss genannt)* bezeichnet. Damit ist eine fehlerhafte Beweisführung gemeint, in der das, was es zu beweisen gilt, bereits von Anfang an vorausgesetzt wird. Wir haben gesehen, dass der (unberechtigte) Vorwurf einer *petitio principii* gegen den ontologischen Gottesbeweis erhoben wird und haben gezeigt, dass er keinerlei Kraft gegen das recht verstandene ontologische Argument besitzt, weil dieses in keiner Weise das zu Beweisende schon voraussetzt.

Hingegen möchte ich hier den starken Verdacht äußern, dessen wissenschaftliche Prüfung ich Physikern, Biochemikern, Geologen und Wissenschaftshistorikern unter den Kritikern der Evolutionstheorie anempfehlen möchte, dass die Evolutionstheorie und ihre angeblichen empirischen Beweise auf einer gigantischen *petitio principii* beruhen. Anstatt zu beweisen, dass der biblische Schöpfungsbericht des Sechs-Tagewerks nicht stimmt, setzt man dies von Anfang an voraus auf Grund einer materialistischen oder (wenigstens methodologisch) atheistischen Philosophie, die erst nach ihrer Annahme empirische Bestätigungen und Beweise für die Evolutionstheorie sucht.

Anstatt ferner die Möglichkeit einer rein naturalistischen Erklärung des Ursprungs des Lebens und der Arten zu beweisen (was ganz und gar unmöglich ist, wie wir gesehen haben), gehen Darwin und noch eindeutiger Haeckel von dieser zweifachen – materialistischen und atheistischen – Annahme aus und suchen diese erst nachträglich zu beweisen, wobei ihre Behauptungen keinerlei eigene evidente Grundlagen haben, sondern nur logische Folgen der von ihnen vorausgesetzten Theorie sind. Wenn man davon ausgeht, dass die Basissätze der Evolutionstheorie (etwa die rein materialistisch und atheistisch-naturalistische Entstehung des Weltalls und des Lebens als Spätwirkung eines »Urknalls«, das Auftreten höherer Säugetiere Milliarden von Jahren später als dasjenige niedrigerer Lebewesen, und ein Prozess der Höherentwicklung von Lebewesen aus Ursachen, die keinerlei intelligenten Plan oder Schöpfer einschließen) stimmen, ist es geradezu logisch zwingend, dem logischen Fehlschluss der *petitio principii* zu verfallen, wenn man aus diesen Annahmen die Entstehung des Lebens und seiner Arten erklären will.

Wenn man nämlich meint, das Leben sei von selbst, als Fernwirkung eines Urknalls, aus unbelebter Materie entstanden und die verschiedenen Pflanzen- und Tierarten durch zufällige Mutationen und ganz primitive, nicht-intelligente Gesetze aus einander, dann muss man alle möglichen logischen Konsequenzen ziehen, die man nicht beweisen kann, ja nicht einmal zu beweisen sucht, sondern nur aus den vorausgesetzten Prämissen ableitet. Wenn man z.B. annimmt, die Welt sei nicht in sechs Tagen geschaffen worden, ja habe sich überhaupt, ganz ohne göttliche Schöpfung, von selbst entwickelt, muss man natürlich Milliarden von Jahren zwischen dem Urknall und dem ersten primitivsten einzelligen Lebewesen, und zwischen diesem und den höchsten Lebewesen annehmen, da sich evidenterweise aus einer Riesenexplosion des »Urknalls« nicht in einem Tag eine lebendige Zelle, und aus einer Bakterie oder einer Amöbe nicht an einem Tag ein Elefant entwickeln kann.

In Wirklichkeit reicht die ganze Ewigkeit nicht aus, um auch nur das Entstehen einer einzigen Zelle aus unbelebter Natur zu erklären, aber wenn man schon die dem Evolutions-Paradigma zugrundeliegende naturalistisch zu erklärende Entstehung der Welt und des Lebens in einem puren, unbeweisbaren und irrationalen, weil philosophisch widerlegbaren, Glauben angenommen hat, muss man natürlich Milliarden von Jahren annehmen, die die Entstehung des Lebens und die Evolution der Arten gebraucht haben müssen.

Auch die scheinbar präzisen und wissenschaftlichen Methoden der Messung des Alters der Erde gründen in einer *petitio principii.* Sowohl die Atomuhr als auch die molekularbiologische Uhr, als auch die »Schichtentheorie-Uhr« zeigen nämlich das Alter der Erde und des Lebens nur dann an, wenn man die gleiche Ausgangssituation, etwa den Urknall (dessen Annahme seinerseits auf einem Zirkelschluss beruht) annimmt und umwälzende Ereignisse wie eine weltweite Flut ausschließt. Denn wenn die Ausgangssituation eine göttliche Weltschöpfung ist, die vor etwa 6000 Jahren stattgefunden hätte (wie viele Kreationisten glauben, die 2007 um 27 Millionen Dollar ein Schöpfungsmuseum, nur wenige Kreuzungen vom Internationalen Flughafen von Cincinnati entfernt, errichtet haben), würden alle diese Weltuhren ein völlig anderes Ergebnis zeitigen, denn die Ergebnisse aller Berechnungssysteme des Erdalters hängen strictissime von dem angenommenen Anfangsereignis und Anfangszustand der Welt ab.

Da die paläoontologischen Funde keinerlei Evidenz für diese Millionen Jahre oder für die Zwischenglieder bieten, die, anstatt ausnahmslos zu existieren, wie Darwin annahm, ausnahmslos fehlen, muss man Theorien und Methoden der Messung des Alters der paläoontologischen Funde entwickeln, die das immense Alter der Erde, das Verschwinden der missing links und die Evolution erklären sollen, ohne einzusehen, dass dieselben Maßstäbe und Kriterien, die man anwendet, um ein so sagenhaftes Alter der Erde zu beweisen, nicht beweisen, sondern vielmehr voraussetzen, dass die Beschaffenheit der Erde, die Schichten der Gesteine usw. und alle ihre Eigenschaften *nicht* das Werk eines personalen göttlichen Schöpfers oder die Folgen einer weltweiten Flut sind. Denn ohne diese vorausgesetzte Prämisse, die das zu Beweisende bereits zum Ausgangspunkt nimmt und es hernach aus seiner Voraussetzung beweisen möchte, was ebenso unmöglich ist, wie dass sich Münchhausen an seinem eigenen Haarschopf selbst aus dem Wasser zieht, können alle empirischen Tatsachen geradesogut durch eine göttliche Schöpfung erklärt werden.

In dem Anfang der Welt in einer göttlichen Schöpfung reichen jahrtausendelange Entwicklungen, um die Phänomene zu erklären, die eine Atomuhr und mikrobiologische Uhr messen. Daher braucht niemand wegen der Messungen der »Weltalteruhren« rein naturalistische Ursachen der Welt und ein Alter der Erde anzunehmen, das vollkommen vom biblischen Schöpfungsbericht abweicht.

Angesichts der erwiesenen Absurdität der atheistischen Evolutionstheorie und der logischen Fehlschlüsse der »Beweise« der Evolution sowie angesichts aller paläontologischen Funde ist der biblische Schöpfungsbericht die weitaus rationalste Erklärung des Ursprungs der Erde und der Arten der Lebewesen. Die »missing links« passen perfekt zum Schöpfungsbericht, während sie die Evolutionstheorie mehr als in Frage stellen, nämlich zumindest auf dem Boden des Comonsenses widerlegen. Das enge Verhältnis und die vielfältige Abhängigkeit pflanzlichen und tierischen Lebens passen nicht zur Evolutionstheorie und deren Annahme von Milliarden Jahre Verzögerung der Entstehung der Tiere nach den Pflanzen; sowohl diese biologischen Fakten als auch die philosophischen Beweise der göttlichen Schöpfung aus dem Nichts passen hingegen perfekt zum Schöpfungsbericht der Bibel; während die Evolutionstheorie in ihrer theistischen Version Gott aus einem souveränen Schöpfer zu einer lächerlichen Figur macht, die es zufälligen Mutationen und natürlicher Auslese anvertraut, nach Jahrmillionen ein bisschen Sinn hervorzubringen, während in Wirklichkeit Sekunde für Sekunde höchst sinnvolle Werke und Lebewesen entstehen, passt die tatsächliche geordnete Sinnfülle des Kosmos und jedes Lebewesens perfekt zur göttlichen Schöpfung aus dem Nichts.

E) Der Zirkelschluss in der Berechnung des Alters der Welt und des Lebens

Von der umgekehrten *Voraussetzung* der naturalistischen Erklärung des Lebens und seiner Arten aus, in der man die Behauptung aufstellt, das Wunderwerk des ganzen Kosmos, aller Gestirne und Milchstraßen, aller Sonnensysteme und Sternbilder, der Anfang und die Entwicklung des Lebens könnten, statt das Werk eines göttlichen Geistes, das Zufallsprodukt eines Big Bang, einer imaginären geistlosen und riesigen Explosion und nachfolgenden Evolution sein, muss man natürlich meinen, Gesteinsschichten und der gegenwärtige Zustand radioaktiver Zerfallserscheinungen könnten nur die Folgen von Milliarden von Jahren Erd- und Evolutionsgeschichte sein.[227]

Dabei fällt man jedoch einem Zirkelschluss zum Opfer. Einen derartigen Zirkelschluss haben eminente Wissenschaftler für Messungen durch die »Atomuhr« aufgewiesen. So hat Jean de Pontcharra, ein Spezialist für »Solid State

---

227 Dass solche Schichtenbildung das Werk weniger Augenblicke sein kann, bewiesen die Folgen des Kraterausbruchs auf Mount St. Helen in Washington State, nach dem ein ganzer See durch die stürzenden Gesteinsmassen aus seinem Ort weggepresst wurde und sich in kürzester Zeit Schichten der Art bildeten, von denen man angenommen hatte, ihr Formung könnte nur in einem Zeitraum von Millionen Jahren erfolgen. Vgl. Giertych, *Evolution, Devolution, Science*, zit., S. 63:

> We have here horizontal strata, as in the Grand Canyon of Colorado. Were it not for the fact that we know that the dam took about 36 hours to form, we would be dating the strata for millions of years.

Der französische Experte über Hydraulik Guy Berthault konnte die Wiederholbarkeit solcher Segmentierungen innert kürzester Zeit auch in seinem Labor beweisen. Vgl. Giertych, *Evolution, Devolution, Science*, zit., S. 11–12.

Physics« und »High Energy Physics«, gezeigt, dass die verbreitete Meinung, dass radio-Datierungsmethoden, die auf radioaktiven Zerfallserscheinungen basieren, zuverlässige Altersbestimmungen erlauben, auf einer Fülle von Voraussetzungen über die Anfangsbedingungen des Universums beruhen, die alles andere als bewiesen sind. Also ist die Anwendung dieser Methoden auf die Bestimmung des Alters der Erde ein Zirkelschluss, in dem das zu Beweisende bereits vorausgesetzt wird.[228]

Auf diese Weise muss man im Rahmen einer naturalistischen Kosmologie, wenn man einen Big Bang, eine Ur-Explosion, als Ursprung des Kosmos annimmt, alle möglichen weiteren Annahmen über die gigantischen Zeiträume der Formung des Universums machen.

Wenn hingegen von keiner Intelligenz gelenkte Ursachen zur Entstehung höherer Lebewesen aus niedrigeren führen sollen, dann kann dieser Prozess ganz sicher nicht in einem Tag stattfinden, ebenso wie ein Affe, der auf einer Schreibmaschine tippt, frühestens nach Trillionen von Jahren eine einzige vernünftige Zeile durch Zufall zustande brächte.

Hat hingegen Gott die Sterne und Körper des Weltraums geschaffen, kann er sie natürlich in einem Augenblick jeden an seinen Ort gesetzt haben und sind all die von der vorausgesetzten materialistischen Kosmologie aus gezogenen Schlüsse ohne die mindeste Beweiskraft.

---

228 Pontcharra schreibt etwa:

> … all chronometers based on natural or artificial nuclear disintegration need a calibration. This calibration supposes a great number of basic assumptions concerning initial conditions. The choice of these initial conditions affects the results.
>
> These assumptions are not demonstrated but supposed to be true.

Jean de Pontcharra, »Are Radio-Active Dating Methods Reliable ?«, in: Albrecht Graf von *Brandenstein*-Zeppelin, Alma von Stockhausen (Hrs.), *Evolution Theory and the* Sciences: A Critical Examination, zit., S. 271–284, S. 271–272.

Pontcharra illustrates this by a critical examination of the most popular of these methods: potassium/argon. He points out 4 such and undemonstrated initial assumptions: *ibid.,* S. 273.

Dies gilt sogar für das scheinbar zwingende Beweisstück des immensen Zeitraums, an dessen Anfang der Kosmos entstanden wäre: Die Lichtstrahlen, die uns von Milliarden von Lichtjahren entfernten Milchstraßen aus erreichen, bewiesen, so wird behauptet, unwiderleglich ein Milliarden von Jahren altes Universum. Doch ist dieses Argument wieder ein Zirkelschluss: Denn wenn Gott die Sterne in einem Augenblick aus dem Nichts geschaffen hat, kann Er sie den Menschen natürlich von Anfang an gezeigt haben.

Wenn man sich jedoch einmal die Schöpfungslehre, die die einzig rationale Erklärung des Ursprungs der Welt und der Lebewesen ist, aus dem Kopf geschlagen hat und diese rein metaphysische und kosmologische Annahme wie ein Dogma annimmt und als Bedingung vorurteilsloser Wissenschaft festlegt, muss man selbstverständlich eine Unzahl weiterer Annahmen machen, die einzig und allein aus dieser *petitio principii* folgen.

In Wirklichkeit ruht die empirische Wissenschaft auf philosophischen Erkenntnissen oder Annahmen. Wenn man daher die rigorosen philosophischen Beweise der Schöpfung aus dem Nichts ignoriert und einen methodischen oder metaphysischen Irrtum des Materialismus und Atheismus zur Bedingung objektiver Wissenschaft auffrisiert, baut man die empirische Wissenschaft auf Irrtümern auf und das irrige Paradigma verleitet zu zahllosen falschen Schlüssen.

Auch andere Methoden der Berechnung des gigantischen Alters des Kosmos bauen auf Voraussetzungen auf, die nicht im mindesten bewiesen sind und die das von Anfang der Argumentation an vorausgesetzte Weltbild voraussetzen. Dies gilt etwa von den »Weltuhren« aus den Ablagerungs- und Gesteinsschichten.

Es wäre nun eine Aufgabe empirischer Wissenschaft, erstens nachzuweisen bzw. den bereits von Guy Berthault erbrachten Nachweis zur Kenntnis zu nehmen, dass die Jahrmillionen Jahre, um die verschiedenen Schichten zu erklären, gar nicht notwendig sind, weil man künstlich im Labor in kürzester Zeit ähnliche Schichten erzeugen konnte, und daher von der Voraussetzung der göttlichen Schöpfung und der Sintflut her dieselben Gesteinsschichten, Zustände, Veränderungen und Entstehung der Lebewesen im Rahmen des biblischen Schöpfungsberichts und des Berichts von der Sintflut innerhalb der biblischen Zeitangaben erklären kann.

Man könnte zweitens prüfen, ob nicht die wissenschaftstheoretische Beobachtung Thomas Kuhns (die ich hier von seinem andernorts kritisierten Relativismus ganz trenne), dass man auf Grund eines Paradigmenwechsels (in diesem Fall von Schöpfung zu Big Bang und Evolution) natürlich völlig andere Erklärungen der Fakten geben und suchen wird, die Wurzel dieser *petitio principii* (dieses Zirkelschlusses) gut erklärt.[229] Sobald nämlich das zu Beweisende als Prämisse vorausgesetzt wird, liegt ein Zirkelschluss vor.

Dem möchte ich hinzufügen, dass ein solcher Paradigmenwechsel aus ganz irrationalen Gründen erfolgen kann, in deren Schatten man dann eine Unzahl von Fakten »beobachten« und erklären und dazu Methoden anwenden möchte, deren Annahme in Wirklichkeit vom vorausgesetzten »neuen Paradigma« bedingt sind.

Drittens wäre es eine Aufgabe angewandter Logik, die Evolutionstheorie genau, und nicht nur im Sinne meines Verdachts, auf die Spuren der *Petitio principii* hin zu prüfen und zu sehen, inwieweit die faktischen Inhalte der Evolutionstheorie und der sie stützenden kosmologischen Theorien und Messungen des Alters der Erde und der Lebewesen Frucht des von ihr vorausgesetzten materialistischen und evolutionistischen kosmologischen Weltbildes sind.

Es kann nicht Aufgabe eines Philosophen sein, naturwissenschaftliche und wissenschaftshistorische Forschungen und Untersuchungen durchzuführen, aus denen hervorgeht, dass die Evolutionstheorie eine Fülle von Zirkelschlüssen

229 Thomas Samuel Kuhn, *The Structure of Scientific Revolutions*. 3rd ed. (Chicago, IL: University of Chicago Press, 1996). *Die Struktur wissenschaftlicher Revolutionen* (Frankfurt a.M.: Suhrkamp, 1976/1996).

enthält und dass meine Vermutung eines vielfachen Zirkelschlusses an der Wurzel der Evolutionstheorie stimmt.

Ich sehe es nicht als meine Aufgabe, sondern als die einer sorgfältig angewandten Logik und Wissenschaftsgeschichte an, zu zeigen, wie viele angebliche wissenschaftliche Ergebnisse und Beweise der Evolutionsforschung in Wirklichkeit krasse Beispiele des logischen Fehlers der Zirkelschlüsse, bzw. der *petitio principii* sind, wie ich stark vermute.

Für den Zweck dieses Buches sind diese Forschungen nicht nötig, da wir hier nicht die Wahrheit des buchstäblichen Verständnisses der sechs Tage (sechs Mal 24 Stunden) beweisen wollen, was mit den Mitteln der Philosophie unmöglich ist. Diese Forschung ist für unsere Kritik der Evolutionstheorie auch deshalb unnötig, weil sich sowohl die Neodarwinistische als auch die theistisch-darwinistische Evolutionstheorie ganz unabhängig von den Ergebnissen weiterer empirischer, historischer und logischer Forschungen als irrig herausgestellt haben.

Diese Irrtümer kann man mit völliger Klarheit als solche erkennen und widerlegen, ohne in die mühsamen, wenngleich höchst wünschenswerten, Forschungen eintreten zu müssen, die die kosmologischen und naturhistorischen Behauptungen der Evolutionstheorie als Frucht einer vielfältigen *petitio principii*, einer Kette von Zirkelschlüssen sowie anderer logischer Fehlschlüsse, dartun würden, wie ich vermute.

4. Das Scheitern dreier angeblicher »Beweise« der Evolutionstheorie Darwins an den empirischen Befunden, die das Gegenteil der vom Darwinismus angenommenen Fakten zeigen

Die Naturwissenschaften haben keinerlei Evidenz für die Wahrheit des Dogmas der Makro-Evolution anzubieten. Alle drei von Darwin und Haeckel als empirische Beweisstücke für die Wahrheit der Evolutionstheorie angebotenen Belege sind schon an den empirischen Befunden, von denen sie ausgingen, gescheitert und haben sich durch eingehendere Analysen aus drei angeblichen naturwissenschaftlichen Beweisen *für* die Evolution in drei empirische naturwissenschaftliche Widerlegungen der Evolutionstheorie verwandelt. Diese versuchten »Beweise« beruhen auf falschen empirischen Behauptungen und überdies auf den eben dargestellten logischen Fehlschlüssen.

1. Den ersten Beweis wollte Darwin aus den paläontologischen Funden erbringen, in denen sich ja, wenn die Evolutionstheorie stimmte, die vielen Zwischenglieder zwischen allen Pflanzen- und Tierarten finden lassen müssten, die den Weg von einer Art zu einer anderen genommen und die Erde oder Gesteine mit ihren Knochenresten und Versteinerungen bevölkert haben müssten.

Als dieser »paläontologische Beweis« kläglich scheiterte, erhob Darwin ihn kurzerhand auf die Ebene einer sicheren Hoffnung und meinte, diese »missing links« würden sich nach ausgedehnteren paläontologischen Forschungen sicher finden lassen. Damit hatten er und seine Schüler bis heute Pech. Die paläontologischen Befunde widersprechen allem, was Darwin von ihnen als Bestätigung seiner Theorie erwartete. Und erst recht stellt die schier unendliche Anzahl ausgebliebener paläontologischer Funde, die Darwins Theorie hätte erwarten lassen und die notwendig gewesen wären, um seiner Theorie auch nur einen Anstrich von Glaubwürdigkeit zu verleihen, eine Art naturwissenschaftlichen Gegenbeweis gegen die Evolutionstheorie dar. Die von ihm angenommenen Zwischenglieder zwischen den Arten lassen sich nicht nur nicht überall, sondern nirgends nachweisen.[230]

2. In ähnlicher Weise wurde das hochtrabend »Biogenetisches Grundgesetz« genannte Konstrukt, das Haeckel völlig willkürlich aufgestellt hat, um die Evolutionstheorie Darwins zu beweisen, wobei er bei dessen Präsentation selbst vor groben Fälschungen der verwendeten Abbildungen nicht zurückgescheut hat (so hat er Abbildungen von Hundeemb-

230 Maciej Giertych, *Evolution, Devolution, Science,* zit., p. 36: »The only thing we know about the missing links postulated by Darwin is that they are still missing«.

ryonen als menschliche Embryonen ausgegeben), empirisch widerlegt. Dieses angebliche »Grundgesetz« besagt, dass die Ontogenese des individuellen Menschen im Mutterleib alle Stadien der Phylogenese und daher alle Formen lebendiger Wesen, aus denen er sich durch Evolution entwickelt haben soll, durchlaufe.

Die Ontogenese des menschlichen Embryos, der niemals durch Kiemen atmet noch in seiner Ontogenese sonstige Stadien tierischer Entwicklungen, die Haeckel für eine Wiederholung seiner Phylogenese erklärt hat, durchläuft, zeigt jedoch im Gegenteil, dass der Mensch von Anfang an Mensch ist. Dies hat im Detail einer der bedeutendsten Humanembryologen des vorigen Jahrhunderts bewiesen und dadurch Haeckels Behauptung, der menschliche Embryo durchlaufe alle Stadien der von der Evolutionstheorie vermeinten Ahnen des Menschen, in ihrer postulierten empirischen Basis als pure Fiktion entlarvt, zu deren Aufbau Haeckel und seine Anhänger ein Jahrhundert lang bis ins späte 20. Jahrhundert hinein nicht einmal vor kriminellen Fälschungen von Abbildungen oder »Funden« von gefälschten »Skeletten«, die bewiesenermaßen aus anderen gefundenen Knochen und späteren Skeletten »zusammengebastelt« waren und sich als solche entpuppten, zurückschreckten.[231]

Überdies bestünde ein »Beweis« für die Evolution aus dem sogenannten »Biogenetischen Grundgesetz«, selbst wenn der menschliche Embryo im Fruchtwasser durch Kiemen atmete, wie Haeckel fälschlich behauptete, in einem elementaren logischen Fehlschluss der Form »similis illo – ergo ex illo«, auf den wir bereits eingegangen sind.

3. Ein dritter, neuerer versuchter »Beweis« der Evolution aus Beobachtung von tausenden Generationen von Bakterien, die sich in kürzestem Zeitraum »höherentwickelten«,

231 Erich Blechschmidt, *Die Erhaltung der Individualität. Der Mensch – Person von Anfang an. Humanembryologische Befunde* (Weilheim-Bierbronnen: Gustav-Siewerth-Akademie, 1996), S. 14–15, 19. Vgl. auch Junker, Reinhard / Scherer, Siegfried, *EVOLUTION. Ein kritisches Lehrbuch* (Gießen: Weyel, 1998); S. 179–181.

z.B. indem sie Resistenz gegen bestimmte Impfstoffe oder Antibiotika entwickelten, schlägt gleichfalls fehl. Sicherlich stellt diese beobachtbare Entwicklung eine erstaunliche Fähigkeit dar, durch Anpassung und Mutation oder durch genetische Veränderungen neue und vererbbare Eigenschaften zu entwickeln. Manche Evolutionisten nennen das Ergebnis dieses Prozesses einer epigenetischen Entwicklung, durch den ja leider Bakterien und Viren eine Widerstandskraft oder volle Immunität gegenüber Impfstoffen entwickeln können, eine neue Unterart und sehen deren Auftreten als empirischen Beweis der Evolutionstheorie an.

In Wirklichkeit bezieht sich dieser Prozess jedoch auf ein von Evolution verschiedenes Phänomen, das Giertych scharf von der behaupteten Evolution unterscheidet.

Schließlich bleibe ich ja auch ein Mensch und werde nicht ein anderes Wesen, wenn ich eine Resistenz gegen den Corona-Virus entwickle, auch wenn ich diese Resistenz meinen Kindern vererben könnte. Dies bedeutet doch nicht, dass ich oder meine Kinder unsere menschliche Natur ändern oder Übermenschen oder Trans-Menschen würden.

Nicht nur die Natur des Menschen, sondern auch diejenige eines bestimmten Tieres ist nicht eine bloße Ansammlung von akzidentellen Eigenschaften, sodass sich, wenn eine von diesen geändert wird, eine Bakterie oder ein Löwe in ein anderes Tier verwandeln würde. Der renommierte Biologe Giertych entwickelt diese Unterscheidung klar und vollkommen einleuchtend.[232]

232 *He (Mastropaolo) mentioned also various mechanisms through which defects in nature are repaired, such as the healing of wounds, the reconstruction of tissues or organs, immunological resistance to parasites, the formation of cysts rendering foreign bodies harmless etc. The potential for repair is enormous, both on organism and population level, but this has nothing in common with the postulated evolutionary process. No new species appears …*

Frequently today it is postulated that organisms that have developed resistance to antibiotics, herbicides etc. are to be treated as proof for positive mutations. This is not the case! First of all, resistance is usually attained through recombination within the alrea-

Trotz der Widerlegung der erwähnten »Beweise« der Evolution glaubt die Mehrzahl der fast durchwegs evolutionistisch gesinnten Naturwissenschaftler dieses Dogma blind ohne jede naturwissenschaftliche Evidenz, ja sogar ohne den kleinsten Funken naturwissenschaftlicher Plausibilität,[233] und vor allem gegen alle zwingende philosophische Evidenz.

Nicht nur stimmen die empirischen Basissätze, von denen die Evolutionstheorie ausgeht, nicht, sondern in den Beweisen, die man durch sie führen möchte, liegt, selbst wenn die empirischen Fakten stimmten, eine Reihe gravierender logischer Fehler.

5. Der Mythos, dass die Methoden der Naturwissenschaften einen methodischen Atheismus-Materialismus verlangen

Nicht nur Atheisten wie Dawkins, sondern auch viele Anhänger der Schöpfungslehre, wie Martin Rhonheimer, halten es für legitim oder sogar zwingend nötig, dass die Naturwissenschaften von einer methodischen atheistischen oder materialistischen Voraussetzung ausgehen, um alle Naturphänomene ohne Sprung in eine geistige Welt zu erklären.

Man muss diese Meinung aus den folgenden Gründen als einen Mythos der Wissenschaftlichkeit bezeichnen, der schon seit mehr als einem halben Jahrhundert verbreitet wird:

A. Wie die Evolutionstheorie beweist, setzen Naturwissenschaften bestimmte philosophische Erkenntnisse

---

dy present genetic variation. And second, these adaptations, even when they are of mutagenic origin have to be treated as a form of defence of existing functions and not as the generation of a new one.

In the known examples it can be shown that the change concerns the defence of a natural function. This is not the formation of something new, but the defence of something that already exists …

Siehe *Maciej Giertych, Evolution, Devolution, Science, zit., S. 21 ff.*

233 Siehe Maciej Giertych: »Creationism, evolution: nothing has been proved.« In: *Nature*. Band 444, Nr. 7117, November 2006 ISSN 1476_4687, S. 265, doi:10.1038/444265d.

oder Irrtümer voraus, die sie nicht mit ihren Methoden begründen können.

Warum soll eine falsche philosophische Grundlage des Materialismus und Atheismus der Wissenschaftlichkeit bessere Dienste erweisen als die wahren philosophischen Fundamente?

Wieso soll ein Naturwissenschaftler, der ein wahres philosophisches Weltbild hat, ein weniger solider Wissenschaftler sein als einer, der ein falsches hat? Das Gegenteil ist der Fall. Wenn er von einem falschen Weltbild ausgeht, wird er viele Fakten missdeuten oder umdeuten, wie Haeckel und Darwin beweisen. Dies behaupten ja auch die Evolutionisten von der Schöpfungslehre und der ID-Wissenschaft, die sie für falsch halten.

B. Da es nur eine Wahrheit gibt, ist derjenige Naturwissenschaftler *ceteris paribus* wissenschaftlich in einer besseren Ausgangslage, der eine wahre Philosophie zugrunde legt als einer, der von Irrtümern ausgeht oder gar von der im Vornhinein zum Scheitern bestimmten Absicht motiviert wird, seine philosophischen Irrtümer und Vorurteile durch seine naturwissenschaftlichen Forschungen zu begründen, was unmöglich ist. Denn dadurch wird er ständig die Grenzen seiner Wissenschaft überschreiten, empirische Fakten, die zu seinen Irrtümern nicht passen, abstreiten oder ganz willkürlich umdeuten und Wissenschaft mit einem Sammelsurium von Elementen verwechseln, das aus vielen empirischen Erkenntnissen und noch viel mehr falschen pseudo-philosophischen Konstrukten besteht.

II. Kritik der partiellen Makroevolution inklusive einer Darwin nahestehenden Variante der theistischen begrenzten Makroevolution

Eine partielle Evolutionstheorie ist zwar von den Behauptungen absoluter Unmöglichkeiten der universalen Evolutionstheorie, deren unbezweifelbar erkennbare Irrigkeit wir beweisen werden, frei, aber bleibt nichtsdestotrotz eine mehr als fragwürdige Theorie, deren dogmatische Behauptung seitens zahlloser Wissenschaftler ganz den Prinzipien vorsichtiger empirischer Wissenschaft, die zudem nie mehr als Wahrscheinlichkeit erreichen kann, widerspricht. Denn auch die partielle Makroevolution ist im Licht empirischer Evidenzen und philosophischer Erkenntnisse praktisch mit Gewissheit als falsch erkennbar, selbst wenn sie die Notwendigkeit einer Schöpfung des Lebens als solchen und insbesondere des menschlichen Lebens und der menschlichen Seele sowie die Unzurückführbarkeit des menschlichen Geistes auf die Materie zugibt.

Warum? Hier ein paar Gründe für dieses Urteil:

1. Die Missing links

Auch die partielle Evolutionstheorie hat durch die durchgehend »fehlenden Mittelglieder« (missing links) zwischen verschiedenen Arten einen tödlichen Schlag erlitten, den sie nicht zur Kenntnis nimmt. Darwin hat gesagt, wenn es auch nur einen einzigen Fall von wirklichen missing links zwischen zwei Arten gäbe, wäre die Evolutionstheorie widerlegt.

Nun gibt es aber ausschließlich fehlende Zwischenglieder zwischen Gattungen und Arten von Lebewesen, abgesehen davon, dass es natürlich nicht nur einige, sondern hunderte und tausende, ja Millionen von Zwischengliedern zwischen je zwei Arten geben müsste, wenn Darwin mit seiner Vorstellung einer graduellen Evolution recht hätte. Der prominente Biologe and Dendrologe Maciej Giertych, Mitglied der polnischen Akademie der Wissenschaften, formuliert dies markant:

Das einzige, was wir über die fehlenden Zwischenglieder, die Darwin postulierte, wissen, ist, dass sie immer noch fehlen.[234]

Schon aus diesem Grund müsste ein ernsthafter Naturwissenschaftler auch die partielle Evolutionstheorie ver-

---

234 Maciej Giertych, *Evolution, Devolution, Science,* zit., p. 36.

werfen. Die Verteidiger der Evolutionstheorie übergehen entweder die totale Abwesenheit jener paläontologischen Fakten, die dieser Theorie nach den eigenen Aussagen Darwins entsprechen müssten und die auch objektiv von einer universellen und nahtlosen »schöpferischen« Evolution im zweiten Sinne vorausgesetzt werden. Oder aber sie deuten das Fehlen der Zwischenglieder in eigenartiger Weise. Ausgerechnet alle diese Zwischenglieder seien verschollen, nie versteinert worden, die Knochen der Zwischenglieder seien von gierigen Raubtieren verzehrt worden usw.

Eine streng atheistische und darwinistische oder neodarwinistische Theorie, die *Intelligent Design* ablehnt und nur zufällige Mutationen und natürliche Auslese als Ursprung der Arten behauptet, müsste über die Milliarden von Zwischengliedern hinaus noch Milliarden mal Milliarden von überlebensunfähigen Pannen unter den Zwischengliedern der Evolution verlangen, im Gegensatz zu einer »augustinischen« Schöpfungsvariante von Evolution, die keine nahtlose Reihe von Gliedern zwischen den Arten und erst recht nicht eine Reihe von unzähligen Monstern und Pannen erfordern würde.

Die Evolutionisten übersehen viele weitere Probleme. Das Prinzip der natürlichen Auslese etwa findet null Anwendung auf die angebliche Evolution der ersten einzelligen Tiere, die sich durch Zellteilung vermehren, da hier kein Existenzkampf dem Entstehen neuer Arten vorhergeht und keinerlei Grund zur Annahme besteht, dass von zwei Hälften des Einzellers eine immer die stärkere (»the fittest«) sei und nur diese überlebe. Also können mit diesem Prinzip der natürlichen Auslese die ersten Stufen der angeblichen Evolution nicht erklärt werden. Wenn aber der Anfang der Höherentwicklung nicht durch die Prinzipien der Evolution erklärt werden kann, wie soll dann der Rest derselben durch dieselben ungeeigneten »Prinzipien« erklärt werden?

Außerdem unterlässt der Evolutionismus Antworten auf die Fragen, was denn der Grund dafür ist, dass a) ein Organismus überhaupt anpassungsfähig ist und b), dass er sich durch diese Anpassung höherentwickelt. Mit anderen Worten, zwei im höchsten Maß erklärungs*bedürftige* angebliche Fakten werden für Erklärungen gehalten.

Die einzig vernünftige Annahme angesichts dieser Tatsachen ist die, dass eine wahre Erklärung der Herkunft der Arten nicht in einer »vollständigen Evolution« aller pflanzlichen und tierischen Organismen, sondern in ihrer göttlichen Schöpfung liegt.[235]

2. Die einseitig morphologische Evolutionstheorie versagt als Erklärung der technologisch-architektonischen Aspekte der Arten

Als nächstes kommt das große Manko, auf das Michael Behe und John Lennox aufmerksam gemacht haben, dass nämlich dem Darwinismus eine rein morphologische Betrachtung der Lebewesen zugrunde liegt, die überhaupt nicht ausreicht, um Evolution zu postulieren. Selbst wenn man

235 Vgl. die ausführliche und höchst überzeugende wissenschaftliche Erklärung und Darlegung des völligen Versagens des paläontologischen »Beweises« der Evolutionstheorie und einiger berühmter Fälle von Schwindel und gefälschten »Funden« bei Maciej Giertych, *Evolution, Devolution, Science,* zit., S. 36–58. Giertych zeigt auch, dass sich viele der angeblichen »Zwischenglieder« in paläontologischen Funden, deren Alter auf Millionen von Jahren angegeben wurde, nachträglich als Skelette noch lebender Arten erwiesen. Vgl. auch die trotz der (in fast allen Punkten unberechtigten, wütenden und beleidigenden Kritiken von Anhängern der Evolutionstheorie, die mit über 5000 Prozessen seitens des Autors erwidert wurden) reich belegten und völlig überzeugenden Vergleiche zwischen paläontologischen Funden und lebenden Arten von Pflanzen und Tieren, die den paläontologischen Funden haargenau entsprechen, in Harun Yahya & Sami Olcun, *The Atlas of Creation,* 4 volumes (Istanbul, Turkey: Global Publishing, vol. 1 October 2006, v. 2 and 3 2007, v. 4 2012); auch gratis als PDF erhältlich auf dem Internet. Allein dieses Bildmaterial, selbst wenn die eine oder andere wissenschaftliche Bezeichnung der abgebildeten Arten inkorrekt ist, wie Dawkins behauptet, ist eine vernichtende Widerlegung des »paläontologischen Beweises« für die Evolutionstheorie und bietet überwältigende Gründe für die Schöpfungslehre.

davon ausginge, dass wir über eine vollständige paläontologische morphologische Reihe aller Übergangs- bzw. Zwischenglieder zwischen den Arten verfügen würden (was absolut nicht der Fall ist, im Gegenteil!), verliert eine Theorie der »vollständigen Kette der Evolution« jede Plausibilität, sobald die mechanischen und technologischen Aspekte der Natur berücksichtigt werden, sobald also die unglaubliche Ingenieurkunst und Erfindungskraft des Schöpfers, von der die Natur tausendfältiges Zeugnis gibt, beachtet wird. Neue gemeinsame US-Studien von Mathematikern und Biologen untersuchten zum Beispiel Bakterien, deren äußere Formen extrem nahe beieinander liegen, so dass ein oberflächliches Ansehen ihrer Formen uns glauben machen könnte, dass angesichts der Geringfügigkeit ihrer morphologischen Unterschiede die Evolution eine ausgezeichnete Erklärung für den Ursprung einer Bakterienart aus einer anderen sei.

Aber dem ist in keiner Weise so. Denn die genannten Studien, die auch von den von ID-Forschern bestätigt und ergänzt wurden, zeigen zum Beispiel, dass wir in morphologisch fast identischen Bakterien häufig ungeheuer ausgeklügelte und völlig unterschiedliche »irreduzible Systeme« und brillante technische Bewegungsvorrichtungen – zum Beispiel bezüglich der Techniken, die diese Bakterien zum Zweck ihrer Fortbewegung anwenden – besitzen. Daher können die zugrunde liegenden Ideen und Techniken dieser Fortbewegung nicht im geringsten durch die sogenannten »Prinzipien der Evolution« wie die natürliche Auslese oder das Überleben des Stärkeren erklärt werden.

So schreibt der eminente Mathematiker-Kritiker der Evolutionstheorie John Lennox:

»Wir haben die Zelle immer unterschätzt«, so Bruce Alberts, Präsident der National Academy of Sciences, USA. »Die gesamte Zelle ist wie eine Fabrik mit einem ausgeklügelten Netzwerk ineinandergreifender Fließbänder, von denen jedes aus einem Satz großer Proteinmaschinen besteht. […] Warum nennen wir die großen Proteinansammlungen, die den Zellfunktionen zugrunde liegen, Proteinmaschinen?

Genau deshalb, weil diese Proteinansammlungen – wie die von Menschen für einen effektiven Umgang mit der makroskopischen Welt entwickelten Maschinen – hochgradig koordinierte bewegliche Teile enthalten.« Es ist schwierig, ein Bild von dem schwindelerregenden Gewimmel zu bekommen, das sich im Inneren einer lebenden Zelle abspielt. Diese enthält innerhalb ihrer Lipidmembran möglicherweise hundert Millionen Kopien von 20.000 verschiedenen Proteinen, und doch ist die gesamte Zelle so winzig, dass einige Hundert davon auf den Punkt dieses Buchstabens »i« passen könnten. Mit ihren vielen Mikrominiatur-Fließbändern produziert die Zelle permanent unendliche Mengen von Proteinmaschinen. Die Existenz dieser eindrucksvoll zusammengesetzten molekularen Maschinen ist für manche Wissenschaftler ein starkes Argument für eine planende Intelligenz. Bekannt geworden ist der Biochemiker Michael Behe, der sich mit diesen Maschinen in einem Buch befasst und damit viele kritische Diskussionen hervorgerufen hat. Er gibt darin ein Beispiel von dem winzigen säurebetriebenen Motor (bereits 1973 entdeckt), der die bakterielle Geißel antreibt – ein propellerähnliches Bauteil, das die Bakterien zum Schwimmen nutzen. Dieser Motor, der so klein ist, dass 35.000 davon nebeneinandergelegt nur einen Millimeter lang wären, besteht aus etwa vierzig Proteinen, darin ein Rotor, ein Stator, das Lager und eine Antriebsachse. Behe behauptet, dass das Fehlen von nur irgendeinem dieser Proteine den kompletten Ausfall der Motorfunktion bedeuten würde. Das heißt, der Motor ist irreduzibel komplex – er ist ein »einzelnes System, das aus mehreren, gut aufeinander abgestimmten, interagierenden Teilen besteht, die an der Grundfunktion beteiligt sind. Wird irgendein Teil entfernt, führt dies dazu, dass das System nicht mehr wirklich funktionieren kann.« Dieses Prinzip kann leicht an einer einfachen Mausefalle illustriert werden. Sie funktioniert nur, wenn jedes ihrer fünf oder sechs Bestandteile vorhanden ist. Für Behe heißt das: »Ein irreduzibel komplexes System kann nicht durch kleine aufeinanderfolgende Modifi-

kationen aus einem Vorgängersystem heraus auf direktem Wege entstehen (d.h. durch fortwährende Verbesserung der Anfangsfunktion, die aufgrund des gleichen Mechanismus bestehen bleibt). Wenn nämlich irgendeinem Vorgänger eines irreduzibel komplexen Systems ein Teil fehlt, führt dies definitionsgemäß zum Funktionsverlust.« Es ist ganz offensichtlich, dass die Existenz von irreduzibel komplexen biologischen Maschinen eine enorme Herausforderung für die Evolutionstheorie darstellt. Diese Herausforderung sah auch Darwin, als er schrieb: »Ließe sich irgendein zusammengesetztes Organ nachweisen, dessen Vollendung nicht möglicherweise durch zahlreiche kleine, aufeinanderfolgende Modifikationen hätte erfolgen können, so müsste meine Theorie unbedingt zusammenbrechen.« Auch Dawkins bezieht sich in seinem Buch Der blinde Uhrmacher darauf, wenn er sagt, wenn ein solches komplexes Organ jemals gefunden wird, »so werde ich aufhören, an den Darwinismus zu glauben«. Behe geht auf Darwins Herausforderung ein und weist auf die Existenz vieler irreduzibel komplexer molekularer Maschinen, wie das Flagellum hin. Aus Darwins Äußerung geht jedoch klar hervor, dass er einen Negativbeweis dafür fordert, dass ein bestimmtes System irreduzibel komplex ist; was bekanntlich äußerst schwierig ist. Es überrascht deshalb nicht, dass Behe (der, wohlgemerkt, keine Einwendungen gegen die darwinistische Vorstellung einer gemeinsamen Abstammung macht) eine stürmische Kontroverse auslöste, als er behauptete: »Für molekulare Evolution gibt es keine wissenschaftliche Bestätigung. Es gibt keine Veröffentlichung in der wissenschaftlichen Literatur – in renommierten Journalen, fachgebietsbezogenen Zeitschriften oder Büchern –, worin beschrieben wird, wie die molekulare Evolution irgendeines realen, komplexen biochemischen Systems vonstattenging oder zumindest hätte vonstattengehen können. Es gibt Behauptungen, dass eine solche Evolution stattfand, aber keine einzige davon wird durch einschlägige Experimente oder Berechnungen gestützt […] Trotz diverser Sequenzvergleiche und mathe-

matischer Modelle hat die molekulare Evolution nie die Frage angesprochen, wie komplexe Strukturen entstanden sind. Im Grunde hat die darwinistische molekulare Evolutionstheorie keine Veröffentlichungen hervorgebracht, die sie belegen. Daher sollte sie ad acta gelegt werden.«[236]

3. Die partielle Evolutionstheorie versagt angesichts der Formen und Wesenheiten der Gattungen und Arten der Lebewesen

Ein anderer, primär philosophischer Einwand gegen die Evolutionstheorie ist folgender: die verschiedenen Gattungen und Arten von Lebewesen besitzen grundlegend verschiedene, allgemeine »Wesensformen«, angefangen von ihrer äußeren Erscheinung bis zu ihren inneren Strukturen, Organen, ihrer Nahrung, Bewegung und vielen anderen Klassen-, Gattungs- und Artmerkmalen. Die Wissenschaften der Biologie, Botanik und Zoologie wären vollkommen undenkbar, wenn es keine allgemeinen Wesen und Merkmale der verschiedenen Gattungen und Arten, die man seit Jahrhunderten mit präzisen lateinischen Namen bezeichnet, gäbe.

Diese von ungezählten Individuen geteilten Gestaltprinzipien und andere Merkmale der verschiedenen Arten von Lebewesen können jedoch absolut nicht durch zufällige Mutationen oder die natürliche Auslese erklärt werden. Sie können sich unmöglich aus zufälligen Mutationen, die höchstens eine Unzahl vereinzelter Formen und Missgestalten, niemals aber neue Arten erklären könnten, ergeben haben, sondern setzen einen intelligenten Schöpfer der Natur voraus.

Einige der angesehensten Biologen, wie Erwin Mayr, dessen Werke ein beeindruckendes und wahrhaft umfassendes Wissen über die naturwissenschaftlicher Erkenntnis zugänglichen biologischen Fakten und Arten der Lebewesen

---

236 Lennox, John. *Hat die Wissenschaft Gott begraben? Eine kritische Analyse moderner Denkvoraussetzungen* (Institut für Glaube und Wissenschaft), (German Edition). SCM R. Brockhaus. Kindle-Version.

sowie über die bewegte Geschichte der Evolutionstheorie vermitteln, versuchen, dieses der Evolutionstheorie einen Todesstoß versetzende Argument einfach durch eine glatte Leugnung von fixen allgemeinen Gattungen und Arten wegzuwischen.

In seinem Buch, *The Last Superstition*, zit., führt Edward Feser mit vollstem Recht die absolute Unmöglichkeit der Erklärung der Gattungen und Arten der Lebewesen auf dem Boden der Evolutionstheorie und der kausalen Erklärung der Entstehung von Arten durch zufällige Mutationen und andere geistlose »Prinzipien« an.

Dagegen erheben Anhänger der Evolutionstheorie eine Reihe von Einwänden, die sämtlich philosophischer Natur sind und verschiedenen Wurzeln entstammen und auf die ich kurz antworten möchte:

1. Erstens gehe es bei der Benennung von Arten lediglich um Konzepte und Artefakte des menschlichen Geistes, ohne dass diesen etwas in der tatsächlichen biologischen Realität entspreche. Die detaillierten Merkmalskataloge und Beschreibungen der Gattungen, Arten und Unterarten der Tiere in *Brehms Tierleben* etwa wären pure Fiktionen, die willkürlich erfunden wurden, um sich kollektiv auf eine große Anzahl von Individuen zu beziehen.

Eine groteskere Behauptung kann man sich schwer vorstellen. Die minutiöse Darstellung der Arten und Gattungen der Tiere in dem umfassenden, 24-bändigen Klassiker als Erfindungen zu bezeichnen und den Beschreibungen fiktiver Fabelwesen gleichzustellen, kann nur als absurd bezeichnet werden.

Denn offensichtlich sind die Begriffe und Beschreibungen der Tier- und Pflanzenarten keine willkürlichen Erfindungen, sondern entsprechen den objektiven und in wiederholten Beobachtungen feststellbaren tatsächlichen Eigenschaften der Wesen und Naturen dieser Lebewesen. Die gegenteilige Behauptung würde so seriöse Wissenschaften wie die Zoologie und Botanik als nichts als eine Reihe von Fiktionen abstempeln, denen keine Arten, Spezies oder Genera von Lebewesen entsprächen. Das wäre genauso absurd wie die Behauptung, die an medizinischen Fakultäten gelehrten Strukturen, Gewebearten, Organe und Eigenschaften des menschlichen Leibes seien nichts als eine Erfindung der Mediziner und Physiologen.

2. Wenn ein Kritiker unserer Kritik der Evolutionstheorie die Lächerlichkeit dieses radikal nominalistischen und konstruktivistischen Einwands (1) einsieht, könnte er einen subtileren Einwand formulieren: Platon und Aristoteles haben angenommen, alle Lebewesen entsprächen ewigen Ideen und absolut unveränderlichen Wesenheiten *(eide)*, die keiner möglichen Entwicklung unterworfen sein könnten. Dadurch haben sie auch viele Biologen glauben lassen, es gäbe in der Natur unveränderliche *typologische Arten*. Dies entspreche aber nicht der Dynamik und Fluidität der Lebewesen. Diese verlangten eine Ersetzung des *typologischen Artbegriffs* durch einen *biologischen Artbegriff*, der auf fluide Populationen aufbaue.

Darauf erwidere ich: Sicher waren es erst spätere Philosophen,[237] die erkannten, dass es neben absolut notwendigen und absolut unveränderlichen Wesenheiten, die selbst Gott nicht ändern könnte, wie das Wesen der Primzahlen, der Kreise oder der Gerechtigkeit, zahllose andere Wesen gibt, wie sämtliche Pflanzen- und Tierarten, deren Merkmale anders sein *könnten* und die daher nur *a posteriori* erkannt werden können. Daher sind diese Wesen keiner apriorischen

237 Ich hebe hier besonders hervor Dietrich von Hildebrands *Was ist Philosophie?*, aus dem Engl. übers. v. Fritz Wenisch, in: Hildebrand, *Gesammelte Werke*, Bd. I (Regensburg/Stuttgart: Habbel/Kohlhammer, 1976), Kap. 4. Vgl. auch Josef Seifert, *Sein und Wesen.* Philosophie und Realistische Phänomenologie/Philosophy and Realist Phenomenology. Studien der Internationalen Akademie für Philosophie im Fürstentum Liechtenstein/Studies of the International Academy of Philosophy in the Principality Liechtenstein, (Hrsg./Ed.), Rocco Buttiglione and Josef Seifert, Band/Vol. 3 (Heidelberg: Universitätsverlag C. Winter, 1996), Kap. 1.

mathematischen oder philosophischen Wesenseinsicht und Beweisen zugänglich, sondern ihre Erkenntnis verlangt Beobachtungen, Beschreibungen, Experimente etc. Denn sie könnten durch den Willen des Schöpfers anders sein oder verändert werden, wie Christen dies von der »neuen Erde« und dem »Neuen Himmel« annehmen, von denen die *Geheime Offenbarung spricht*. Änderungen nicht absolut notwendiger Wesen und Arten könnten *prizipiell* auch durch eine evolutionäre Änderung vieler einzelner, kontingent mit einander verbundener Merkmale erfolgen, durch die neue Arten aus vorhergehenden entstünden.

Nur nicht-absolut notwendige Wesen und Naturen, nicht etwa Gerechtigkeit oder das Naturrecht, könnten sich durch allmähliche Änderungen zu anderen Arten entwickeln, oder zu einer neuen, fortpflanzungsfähigen Art führen, die wiederum in *Brehms Tierleben* oder einem ähnlichen enzyklopädischen Werk als eine neue Art aufgenommen werden müsste.

Man muss den Evolutionisten zugestehen: Ein biologischer Essentialismus, der kontingente, nicht absolut notwendige Arten mit absolut notwendigen und unveränderlichen Wesenheiten verwechselt, wäre philosophisch gesehen falsch, obwohl sich die de facto bestehenden Arten von Tieren – aus paläontologischen Funden zu schließen, deren Alter auf Jahrmillionen geschätzt wird – de facto nicht geändert haben,[238] weshalb *Brehms Tierleben* seine volle Gültigkeit auch für Arten, die vor Unzeiten gelebt haben, zu besitzen scheint.

3. Lamarck und Darwin lehnten dieses – keineswegs erfundene, sondern aus der Natur der Sachen sich ergeben-

238 Vgl. dazu eine eindrucksvolle Fülle von Vergleichen zwischen (nach Einschätzung von Paläontologen) Jahrmillionen alten Funden und Strukturen derselben heute noch lebenden Tiere in Harun Yahya & Sami Olcun, *The Atlas of Creation,* 4 volumes (Istanbul, Turkey: Global Publishing, vol. 1 October 2006, v. 2 and 3 2007, v. 4 2012).

de – »essentialistische Artenkonzept«, das auch für nicht-absolut-notwendige natürliche Arten gilt, die anders sein könnten, aber nicht anders sind, aus nominalistischen philosophischen Ideen heraus ab, obwohl es sich durch ergebnisoffene wissenschaftliche Forschung aufdrängt und Biologie und die Disziplinen der Medizin ohne seine Wahrheit undenkbar wären.

Unter dem Einfluss des Evolutionismus entwickelte sich jedoch ein neuer *biologischer Artbegriff*, durch den man den typologischen ersetzen möchte. Dieser biologische Artbegriff ist völlig inhaltsleer, rein formal. Er sucht, von einer Bestimmung einer Art (eines Typus) durch inhaltliche Merkmale ganz abzusehen und definiert eine »biologische Art« nur dadurch, *»dass Individuen zur selben Art gehören, wenn sie sich fruchtbar kreuzen lassen und die Nachkommen ebenfalls ohne Einschränkung fruchtbar (sprich: fortpflanzungsfähig) sind.«*[239]

Insofern die im 19. Jahrhundert etablierte neue und andere Art der Naturphilosophie, das sogenannte Populationsdenken, gegen den Begriff fixer typologischer Arten protestiert und nominalistisch auf der absoluten Einzigartigkeit von allem, was in der organischen Welt existiert, beharrt, müsste sie auch Darwins *Origin of Species* verwerfen. Denn dieses Werk setzt neben Individuen und Abweichungen von Arten sowie Devolutionen auch echte inhaltlich fassbare Arten und Typen voraus, deren behauptetes Entstehen die Evolutionstheorie jedoch auf dem Boden einer konsequent nominalistischen Grundlage absolut nicht erklären kann. Durch »Populationen von einzigartigen Individuen« lassen sich die Arten der Lebewesen keineswegs auslegen. Die Behauptung, es gäbe keine dauerhaften Eichhörnchen, keine »Eichhornessenz«, sondern nur Populationen von Individuen, die eine statistische Verteilung von Variationen in Größe,

---

239 Vgl. Charles Darwin, *Die* Entste*hung der Arten.* 1. Aufl. Kommentierte und illustrierte Ausgabe. Hrsg. v. Paul Wrede und Saskia Wrede (Weinheim: WILEY-VCHVerlag, 2013); Erläuterung 2.1, S. 39–41.

Form, Farbe und Neigungen aufweisen, wird nicht dadurch wahr oder überzeugend, dass sie mithilfe einer nominalistische Terminologie das Faktum der typologischen Eichhornart leugnet, sondern widerspricht sich auch selbst.

Sie hebt nämlich den alternativen Begriff der »Population« auf. Denn wenn diese eine Population von Etwas sein soll, setzt sie die Art im Sinne eines Typus voraus, deren Population sie ist, nicht nur im Sinne einer total fluiden reinen Fortpflanzungsgemeinschaft.

4. Die Entstehung neuer Arten *ad infinitum* besitzt zwar null Belege und ist eine Lamarcksche und Darwinische Träumerei. Doch selbst wenn es sie gäbe, könnten neue allgemeine Arten niemals aus den dürftigen und dazu vollkommen unzureichenden Ursachen zufälliger Mutationen, Anpassungen oder natürlicher Auslese erklärt werden. Wenn schon, müsste man die etwa in Mischlingen und Mestizen aller Art fraglos existierenden Abweichungen und Bildungen neuer rassischer Merkmale und Kreuzungen in Betracht ziehen, die aber ihrerseits in den Erbgesetzen der jeweiligen Art ihr Fundament haben. Überdies handelt es sich hier um keine Formung einer neuen Art, da etwa Schwarze, Weiße und Mestizen zu derselben Art von Lebewesen gehören, nämlich Menschen sind, wie auch Darwins Finken trotz größerem Schnabel Finken bleiben.

5. Wenn die Genetik es möglich machen sollte, durch horrende und moralisch frevelhafte Experimente und Kreuzungen menschlicher und tierischer Samen und Eizellen Monster zu zeugen, so sind auch diese, selbst wenn man nicht klar erkennen könnte, ob sie Menschen oder Tiere wären, entweder Menschen oder Tiere, weil es zwischen diesen abgrundtief verschiedenen Wesen keinerlei Zwischenstufen gibt.

Wenn wir vom Menschen sprechen, handeln wir, neben seinen empirischen und kontingenten biologischen Eigenschaften, von einer absolut notwendigen Wesenheit der Person, die nicht zu den kontingenten, nicht-notwendigen

Wesen gehört. Die menschliche Person kann weder unter die nicht-absolut-notwendigen Wesen natürlicher Arten eingeordnet werden noch sich jemals aus graduellen Evolutionsschritten entwickeln. Dieses unreduzierbare Wesen der Person ist nicht auf rein biologischer Ebene fassbar, sondern setzt die menschliche Geistseele voraus, die sich wesenhaft und absolut von der Tierseele unterscheidet und graduelle Übergänge ausschließt.

Eine Evolutionstheorie, die eine allmähliche Umgestaltung einer Art in eine andere *ad infinitum* postuliert, scheitert schon im Tier- und Pflanzenleben vollkommen und muss als Phantasterei bezeichnet werden. Doch im Falle des Menschen scheitert sie noch vollkommener und absoluter. Dies führt uns zur endgültigen Widerlegung des Anti-Essentialismus, die weiter unten in Form der Beweise der menschlichen Geistseele innerhalb der Antworten auf die totale (radikale) Evolutionstheorie entwickelt werden soll.

Es gibt unzählige andere empirische und philosophische Probleme, denen der Evolutionismus gegenübersteht, was es mir unglaublich erscheinen lässt, dass eine solche Theorie seit bald zwei Jahrhunderten so erfolgreich sein und so unkritisch von fast der ganzen Gemeinschaft von Naturwissenschaftlern sowie von Theologen, ja sogar von Päpsten akzeptiert und zumindest als wahrscheinlich betrachtet werden konnte.

Angesichts der erwähnten und anderer unüberwindlicher Schwierigkeiten, z.B. wie eine Evolution aller Tiere von Amöbe bis Elefant auseinander empirisch verifizierbar oder auch nur möglich wäre, sollten wir einfach eine derartige Evolutionstheorie, auch die partielle, radikal verwerfen und sie durch eine konsistente Schöpfungslehre ersetzen, die von Anfang bis Ende den Wundern der Natur und des Menschen sowie den paläontologischen Funden viel besser gerecht wird und alle nicht überzeugenden und unvernünftigen Kompromisse zwischen der Behauptung der göttlichen Schöpfung und einem philosophisch gesprochen kläglichen

Konstrukt des Evolutionismus nach dem Vorbild des Darwinismus vermeidet.

Auch die partielle Evolutionstheorie ist mit so vielen Tausenden Schwierigkeiten, irrationalen Annahmen und unbeantwortbaren Fragen über die Widersprüche zwischen Fakten und Theorie konfrontiert, dass ihr der denkende Wissenschaftler und Philosoph unbedingt den biblischen Schöpfungsbericht bevorzugen sollte, nicht nur aus Gründen seines Glaubens, sondern auch aus Gründen der Vernunft.

Dic partielle Evolution aller Tierarten aus einem (oder mehreren) ersten einzelligen Lebewesen als Ursprung von Arten ist daher aus einer Überfülle von Gründen absolut keine fest etablierte Tatsache, sondern eine bloße Hypothese, die sich sowohl philosophisch als auch naturwissenschaftlich zumindest mit einem höchsten Wahrscheinlichkeitsgrad widerlegen lässt.

Empirische Fakten und philosophische Überlegungen über die grundlegend verschiedenen und einheitlichen Formen und Arten der Lebewesen und vor allem über die Einzigartigkeit und Würde des menschlichen Leibes sollten uns dazu veranlassen, sehr kritisch, *sine ira et studio*, und sehr genau, selbst jene intelligentesten und sich an Augustins *rationes seminales* anlehnenden Formen einer *partiellen* Evolutionstheorie[240] zu prüfen. Und wenn wir das tun, werden wir sie zweifellos zu verwerfen haben.

4. Die extreme Unwahrscheinlichkeit einer »theistischen radikalen partiellen Evolution«

Auch die radikale partielle Evolutionstheorie nach dem Vorbild des Darwinismus ergibt nur dann ernsthaft Sinn, wenn es keinen Schöpfergott gibt, zumindest keinen, der dyna-

240 Die die katholische Kirche von Pius XII. bis Johannes Paul II. zu akzeptieren erlaubt hat. Aber so zu tun als sei ein Katholik durch diese päpstlichen Aussagen verpflichtet, die Evolutionstheorie anzunehmen, als ob ihre Annahme ein Glaubensartikel wäre, ist unrichtig, ja absurd, selbst wenn ein inzwischen verstorbener polnischer Erzbischof dies meiner Kritik an der Evolutionstheorie im Jahr 2000 entgegengehalten hat.

misch und aktiv in das Weltgeschehen eingreift. Sobald wir feststellen, dass es den unendlichen göttlichen Schöpfergott gibt, wofür wir unwiderlegbare Beweise kennengelernt haben, wird es letzten Endes sinnlos, eine Evolution sämtlicher Arten aus einem ersten einzelligen Lebewesen anzunehmen. Darwin selbst erklärt, dass seine Theorie auf der Leugnung sinnvollen Designs der Dinge beruht:

> *Wir können nicht mehr argumentieren, dass zum Beispiel das schöne Scharnier einer zweischaligen Muschel von einem intelligenten Wesen hergestellt worden sein muss, so wie das Scharnier einer Tür von einem Menschen. Es scheint in der Variabilität der natürlichen Wesen und in der Handlung der natürlichen Auslese nicht mehr Design zu geben als in dem Verlauf, in dem der Wind weht.*[241]

Wenn Gott die ganze Welt aus dem Nichts geschaffen hat, wie wir eingehend bewiesen haben, warum sollte er dann eine so primitive Technik wie die Evolution im Sinne Darwins (Zufällige Mutationen, Überleben des Stärkeren etc.) mit naturgemäß unzähligen gescheiterten Versuchen, Devolutionen, Missbildungen, lebensunfähigen Mischprodukten, Missgeschicken und Zufallsereignissen benutzen, um seine kreative Idee zu verwirklichen?

Ein solcher dem Spiel des Zufalls zusehender Gott, um sinnvolle Kreaturen zu schaffen, wäre wie ein Michelangelo, der Hände und den Willen hat, die Kuppel des Petersdoms zu bauen, sie aber nicht baut, sondern stattdessen Jahrmilliarden herumsitzen und warten würde, bis Stürme, Regen, Sand und Erdbeben die von ihm genial ausgedachte Kuppel und Fresken der sixtinischen Kapelle zufällig erzeugen würden.

---

241 Charles Darwin, *The Life and Letters of Charles Darwin*, Ed. by Fr. Darwin (London 1887), Vol I, p. 309 (Übers. JS). Vgl. Auch Lutz Sperling, »Devastating effects of the Paradigm of Evolution in Church Owned Institutions and Media«, in Albrecht Graf von Brandenstein-Zeppelin, Alma von Stockhausen (Hrsg.), *Evolution Theory and the* Sciences: *A Critical Examination*, zit,, S. 185–209; S. 186.

Weder für ihre empirischen Behauptungen noch für ihre philosophischen Implikationen gibt es gute Argumente oder gar Beweise, wie etwa Phillip E. Johnson brillant gezeigt hat.[242] In ihrer radikalen Form (mit der Behauptung, dass sich alle Tiere von Amöben bis zu Elefanten aus demselben Tier entwickelt hätten) ist die partielle Evolutionstheorie definitiv ein reiner wissenschaftlicher Mythos jener Art, von der Karl Popper vergeblich versucht hat, sie aus den Lagern der Wissenschaft auszumerzen. Da von der Unmenge von Übergängen und Mischformen, die man in diesem Fall annehmen müsste, jede paläontologische Spur, jedes Anzeichen und jeder Beweis fehlt, muss diese Theorie aus der Wissenschaft verbannt und in das Reich der Phantasie verwiesen werden.

5. Farbe bekennen: Bin ich ein Anhänger der »Intelligent Design« Theorie oder ein Kreationist oder ganz was anderes?

Der Begriff des »Kreationismus« kann sich auf jene schrifttreuen Juden, Muslime, oder Christen beziehen, die an der buchstäblichen Lehre des Buches *Genesis* oder des *Koran*[243] festhalten und daher glauben, dass Gott die ganze Welt in sechs Tagen (6x24 Stunden) geschaffen habe.

Ein philosophischer Beweis der göttlichen Schöpfung aus dem Nichts ist möglich und wir haben ihn erbracht, aber einer des Sechs-Tage Werks unmöglich. Es gibt allerdings auch keinerlei Beweis dafür, dass die Welt *nicht* in sechs Tagen geschaffen wurde, da diese Frage jenseits der Philosophie und der Naturwissenschaft liegt. Die Antwort auf diese Frage ist Sache der göttlichen Offenbarung bzw. des Glaubens, nicht philosophischer Beweise.

Andere Kreationisten meinen, die sechs Tage stünden nur symbolisch für ganz andere wirkliche Zeiten. Die göttli-

242 Phillip E. Johnson, *Darwin on Trial* (2nd ed.), (Downers Grove, IL: InterVarsity Press. 1993); ders., *Defeating Darwinism by Opening Minds* (Downers Grove, Ill: Intervarsity Press, 1997).

243 Auch im *Koran:* 7:54, 10:3, 25:59, 50:38, 57:4, 11:7, 32:4 steht, dass Gott die Welt in sechs Tagen geschaffen hat.

che Schöpfung sei in geraumen Zeiträumen oder in nur einem einzigen Augenblick erfolgt. Keine dieser beiden Überzeugungen sind philosophisch beweisbar oder widerlegbar.

Die Lehre vom Intelligent Design hat durch höchst intelligente Vertreter wie Phillip E. Johnson, Michael J. Behe und William A. Dembski Ruhm erlangt (und zugleich viel Widerstand und Beschimpfungen seitens Dawkins[244] und anderer erfahren.)

Eines der berühmtesten Argumente gegen die geistlose Evolutionstheorie, das der Biochemiker Behe eingeführt hat, baut ganz auf Darwins eigener Bemerkung auf, dass die Evolutionstheorie zusammenbrechen würde, wenn es in einem Lebewesen auch nur ein Organ gäbe, das unmöglich durch die von Darwin angenommenen graduellen Evolutionsschritte gebildet worden sein könnte:

> *[Darwin bemerkte]: »Wenn nachgewiesen werden könnte, dass irgendein komplexes Organ existiert, das unmöglich durch zahlreiche, aufeinanderfolgende, leichte Modifikationen gebildet worden sein kann, würde meine Theorie absolut zusammenbrechen.«*
> *Ein System, das Darwins Kriterium erfüllt, ist ein System, das eine nicht reduzierbare Komplexität aufweist. Mit irreduzibler Komplexität meine ich ein einzelnes System, das aus mehreren interagierenden Teilen besteht, die zur Grundfunktion beitragen, und bei dem die Entfernung eines der Teile dazu führt, dass das System effektiv nicht mehr funktioniert. Ein irreduzibel komplexes System kann nicht direkt durch geringfügige, aufeinanderfolgende Modifikationen eines Vorläufersystems erzeugt werden, da kein Vorläufer eines irreduzibel komplexen Systems … funktionsfähig ist.*[245]

---

244 Richard Dawkins; *The God Delusion* (S. 156 ff.). HMH Books. Kindle-Version.

245 Michael J. Behe, »Molecul »Molecular Machines: Experimental Support for the Design Inference« (pitt.edu/~jdnorton/teaching/HPS_2501_Philosophy_of_Science/HPS_2501_in_2006/pdf/Behe_Molecular_Machines.html):

»*[Darwin noted]: ›If it could be demonstrated that any complex organ existed which could not possibly have been formed by numerous,*

Dieses Argument, zu dessen Illustration Behe die Mausefalle verwendet, gewinnt an Kraft, wenn man es mit der erwähnten Tatsache verknüpft, dass in zwei morphologisch verwandten Bakterien zwei ganz verschiedene irreduzibel komplexe Fortbewegungs-Systeme anzutreffen sind.

Viele der ID-Argumente für einen intelligenten Schöpfer (Designer) sind ausgezeichnete konkrete Beispiele der fünften Via (des fünften Weges Thomas von Aquins) und werden vollkommen irrational als unwissenschaftlich disqualifiziert, während sie einer Verbindung zwischen Naturwissenschaft und der höheren Wissenschaft der Philosophie entspringen.

---

successive, slight modifications, my theory would absolutely break down.‹

A system which meets Darwin's criterion is one which exhibits irreducible complexity. By irreducible complexity I mean a single system which is composed of several interacting parts that contribute to the basic function, and where the removal of any one of the parts causes the system to effectively cease functioning. An irreducibly complex system cannot be produced directly by slight, successive modifications of a precursor system, since any precursor to an irreducibly complex system is by definition nonfunctional.«

Vgl. Auch Behe, M. J., Darwin's Black Box, (New York: Simon & Schuster, 1996). ar Machines: Experimental Support for the Design Inference« (pitt.edu/~jdnorton/teaching/HPS_2501_Philosoph_of_Science/HPS_2501_in_2006/pdf/Behe_Molecular_Machines.html):

»[Darwin noted]: ›If it could be demonstrated that any complex organ existed which could not possibly have been formed by numerous, successive, slight modifications, my theory would absolutely break down.‹

A system which meets Darwin's criterion is one which exhibits irreducible complexity. By irreducible complexity I mean a single system which is composed of several interacting parts that contribute to the basic function, and where the removal of any one of the parts causes the system to effectively cease functioning. An irreducibly complex system cannot be produced directly by slight, successive modifications of a precursor system, since any precursor to an irreducibly complex system is by definition nonfunctional.«

Vgl. Auch Behe, M. J., Darwin's Black Box, (New York: Simon & Schuster, 1996).

Dembski, der selbst, wie auch Phillip E. Johnson und der Bioethiker Michael Behe, Gott für den intelligenten »Designer« hält, geht anstatt von »irreduzibel komplexen Systemen« im Sinne Behes von »komplexer spezifizierter Information« aus, die er als »alles, was mit einer Wahrscheinlichkeit von weniger als $1{:}10^{150}$ durch (natürlichen) Zufall entstehen kann« definiert. Eine solche komplexe spezifizierte Information ist etwa in der DNA enthalten.[246]

Die ID-Lehre macht bei manchen ihrer Verteidiger keine klaren Aussagen darüber, ob der intelligente Designer der personale Gott oder ein anderes Wesen sei, oder ob es überhaupt nur eine oder verschiedene intelligente Personen gibt, die die Ordnung der Schöpfung begründen, ja ob die Gesamtnatur überhaupt einen personalen Schöpfer oder Planer voraussetzen müsse oder man eine nicht-personale Intelligenz als Ursprung des »intelligenten Plans« annehmen könne. In diesen Hinsichten folge ich der ID-Lehre ebenso wenig wie darin, dass manche ihrer Vertreter den intelligenten Design nicht als sichere Erkenntnis, sondern als eine bloße probabilistische Hypothese hinstellen.

Es ist klar, dass im vorliegenden Buch, jedenfalls seiner Intention nach, die Existenz, Ewigkeit und Vollkommenheit eines personalen Schöpfergotts als eine unbezweifelbare und objektiv evidente Erkenntnis bewiesen worden ist. Ferner wurde das tatsächliche Kommen der ganzen Welt aus dem Nichts und der freie göttliche Schöpfungsakt als Ursache des Seins der Welt bewiesen.

Damit ist das vorliegende Werk ein Ausdruck eines entschiedenen philosophischen Kreationismus. Vom Intel-

246 Michael Behe in »Molecular Machines: Experimental Support for the Design Inference« , zit. Vgl. Auch William Dembski: *The Design Inference. Eliminating chance through small probabilities.* (CUP, Cambridge 1998, ISBN 0-521-62387-1.) William Dembski: *The design revolution. Answering the toughest questions about intelligent design.* InterVarsity Press, Downers Grove, Ill. 2004, ISBN 0-8308-3216-5.

ligent-Design-Konzept aus gesehen ist die Schöpfungslehre eine, ja die wichtigste und verbreitetste Variante des ID Gedankens. Oft ist die Lehre vom ID einfach ein verkappter Kreationismus. Deshalb nennt der Muslim Sami Olcun die Intelligent-Design-Lehre unehrlich, weil sie nicht ausdrücklich Gott als Schöpfer und Quelle des ID anerkennt. Solange sie jedoch einen göttlichen Schöpfer nicht explizit ausschließt, ist sie nicht unehrlich, sondern nur unvollständig, vielleicht in manchen Fällen klug, um sich nicht von vornherein den Weg zu einem Atheisten zu verbauen oder Wissenschaft und Philosophie nicht mit dem religiösen Glauben zu vermischen, in anderen Fällen überängstlich oder feige; in wieder anderen die Folge einer positivistischen oder empiristischen Erkenntnistheorie. Allgemeine und pauschale Urteile gegen die ID-Lehre als unaufrichtig sind jedoch ganz unberechtigt, da nicht nur viele Vertreter des ID den intelligenten Plan einem personalen Gott zuschreiben, sondern auch jede Schöpfungslehre notwendig die Anerkennung eines ID enthält.

Man kann der ID-Lehre höchstens vorwerfen, dass sie sich hauptsächlich auf spezielle und besonders offenkundige Beispiele von Sinn und Zweckhaftigkeit in der Natur konzentriert, sozusagen Kabinettsstücke der schöpferischen Intelligenz. Doch besteht darin, dass die ID-Theorie sich auf besonders verblüffend offenkundige Beispiele als Beweise für intelligenten Welt-Design konzentriert, solange sie nicht die Notwendigkeit eines personalen geistigen Schöpfers für jede einzelne Zelle leugnet, kein Fehler.

Ich halte so gut wie alle Hinweise auf einen intelligenten Schöpfer der Welt, die die Vertreter des ID anführen, für richtig, nur dass ich erstens denke, dass es auch strikte Beweise dafür gibt, dass dieser intelligente »Designer« ein unendlich vollkommener Gott ist und zweitens, dass es nicht der besonderen fabelhaften Phänomene der »irreduzibel komplexen Systeme« bedarf, sondern jedes einzeln Blatt genügt, um den intelligenten Schöpfer zu beweisen. Drittens denke ich, dass die philosophische Erkenntnis der *göttlichen*

Schöpfung, statt nur die eines super-intelligenten Wesens, vieler weiterer Schritte bedarf (die wir in den ersten drei Teilen dargelegt haben und die die ID-Vertreter ungenügend beachten), um zu beweisen, dass der intelligente Schöpfer ein unendlich vollkommener Gott ist.

Rhonheimer und andere Autoren werfen der ID-Theorie überdies vor, dass sie den immensen Unterschied zwischen Gottes Schöpfung und einem menschlichen Künstler oder Techniker verkenne. Dies ist aber keineswegs notwendig der Fall. Gott als Schöpfer ist sicherlich unendlich über alle menschliche Kunst und Technik erhaben, besitzt diese jedoch *per eminentiam.*

Überdies ist natürlich ein göttlicher Schöpfer, neben dem exklusiv göttlichen Schöpfungsakt der Schöpfung aus dem Nichts, die von jeder menschlichen Kunst und Technik wesensverschieden ist, dennoch zugleich auch, solange man sich des bloß analogen Charakters menschlichen Schaffens bewusst bleibt, der beste und überbeste Techniker, Künstler, Mathematiker, Physiker, Chemiker und Architekt. Denn jedes von der ars divina geschaffene Lebewesen übertrifft unvergleichlich alles, was Menschen ausdenken oder gar hervorbringen könnten.

Menschliches Schaffen ist nur schwaches Abbild des göttlichen Schöpfungsaktes, der jedoch gerade in seiner unermesslichen Verschiedenheit, zugleich das *primum analogatum,* ein Urbild allen menschlichen Schaffens und künstlerischen Hervorbringens ist.

Sicher ist der Mensch kein Kunstwerk »vom Menschen«, sondern eben der Mensch selbst. Dessen Schöpfung verlangt jedoch die höchste *ars divina,* Macht und Intelligenz, um die in jedem Lebewesen vorhandene wundervolle Technik des Lebendigen zu schaffen.

III. Vernichtende Kritik der radikalen (uneingeschränkten) Evolutionstheorie

1. Die unhaltbare Ontologie des Primats des Todes vor dem Lebendigen in der allumfassenden Darwinistischen Evolutionstheorie

Hans Jonas hat gezeigt, dass in dieser dritten radikalen Form der Evolutionstheorie ein gewaltiger Wechsel der Ontologie stattgefunden hat: nicht mehr das Lebendige ist Urform des Seins und Quelle des Lebenden und Toten, sondern umgekehrt generiert das Tote das Lebendige. Er spricht von einem »Klima und einer universalen Ontologie des Todes«.

Die Theorie des universellen Umfangs der evolutiven Entwicklung ist rein philosophischer Natur und eine schlechte Metaphysik und Pseudoreligion, die alle Wesensunterschiede zwischen Geist und Materie, zwischen Pflanzen, Tieren und Menschen leugnet und behauptet, sie alle könnten sich aus der unbelebten Materie durch Evolution entwickelt haben.

Die ersten drei Teile des vorliegenden Werkes haben diese dritte Version der Evolutionstheorie streng beweisbarer und evidenter Weise als rein philosophische und falsche Theorie erwiesen.

2. Der totale Zusammenbruch der universalen evolutionistischen Theorie der Ursachen der Evolution angesichts des Ursprungs des Lebens und der menschlichen Seele, die ausschließlich durch göttliche Schöpfung aus dem Nichts werden können

A) Die Unerklärbarkeit des Lebens aus der unbelebten Materie: Erster Todesstoss für die totale Evolutionstheorie

Ein grundlegender philosophischer Einwand gegen die universale Evolutionstheorie liegt in der unumstößlich begründeten Erkenntnis, dass das Leben absolut nicht aus unbelebter Materie entspringen kann.[247]

Wissenschaftler beobachteten – wie der Nobelpreisträger für Physik Erwin Schrödinger klar dargelegt hat –, dass organische Substanzen zum Teil durch Prinzipien gesteuert werden, die sich antithetisch von jenen, die die anorganische Materie beherrschen, unterscheiden.[248] Während klassische Formen des Materialismus und monistische Identitätstheorien versucht hatten, zu zeigen, dass Leben und Geist gegenüber geschlossenen und vollständig determinierten Systemen materieller Elemente, die den Gesetzen der Physik und Chemie unterliegen, nichts Wesentliches Neues wären, beobachteten die Lebenswissenschaften zunehmend, dass lebende Organismen nicht nur komplexer sind als unbelebte Materie, sondern auch prinzipiell anderen und teilweise konträren Gesetzen gehorchen.

Zum Beispiel findet im Lebendigen eine Umkehrung des zweiten Entropiegesetzes statt, das die unbelebte Materie beherrscht und das von Bertalanffy als «Negentropie» bezeichnet wurde.[249]

---

247 Ich habe dies ausführlich in meinem Buch über das Leben dargelegt: J. Seifert, *What is Life?*, zit.

248 Erwin Schrödinger, *What Is Life?* (Cambridge: University Press, 1948).

249 Schrödingers Buch *What Is Life?*, ist in mancher Hinsicht, vor allem der Entdeckung der Negentropie, ein Meisterwerk, obwohl

Während leblose materielle Dinge den thermodynamischen Gesetzen des unbelebten Kosmos und den Prinzipien der Entropie gehorchen, die einen wachsenden Übergang zu niedrigeren Energieformen und weniger geordneten materiellen Ganzen beinhalten, entwickeln sich die lebenden Organismen nach den Prinzipien der »negativen Entropie«, die ein eminent positives Phänomen der Entwicklung lebender Organismen zu geordneteren und organisierteren materiellen und energetischen Systemen bezeichnet. Schrödinger sagt, dass der Organismus »aus seiner Umgebung Ordnung trinkt« und die darin enthaltenen Nährstoffe in seine eigene komplexe Körpersubstanz verwandelt und einer höheren Ordnung einverleibt. So widersteht der Organismus der Tendenz, einen statischen Zustand des thermodynamischen Gleichgewichts zu erreichen. (Nur der Tod unterwirft Organismen dem zweiten Gesetz der Thermodynamik.)

Entropie bewegt ein unbelebtes physisches System auf immer niedrigere Energieformen und auf wachsende Unordnung zu. Ludwig Boltzmann formulierte das zweite Gesetz der Thermodynamik als »Jedes geschlossene System neigt zu einem Gleichgewichtszustand maximaler Wahrscheinlichkeit, der mit einem Temperatur-, Druckausgleich usw. verbunden ist«.

Das Leben ist jedoch diesen Gesetzen der leblosen Materie in keiner Weise unterworfen. Das Leben stellt einen Übergang zur »Ordnung aus der Ordnung« dar, indem lebende Organismen in sich selbst eine Ordnung besitzen, die sie durch Wachstum vermehren und durch Fortpflanzung weitergeben und die nicht in der Weise von außen empfangen wird. In anorganischer Materie wird Ordnung nur durch eine äußere Ursache wie einen Biber, eine Ameise oder einen menschlichen Handwerker oder Architekten er-

---

insbesondere sein Epilog versucht, diese Phänomene in Form quantenphysikalischer Gesetze zu erklären, philosophisch zutiefst verwirrt ist und eine seltsame These von einer erlebten All-Identität eines pantheistisch konzipierten einzelnen »Bewusstseins« vertritt.

zeugt. Andernfalls führen die thermodynamischen Gesetze zu einer »negativen Ordnung« eines thermodynamischen Gleichgewichts. Daher kann ein materielles Universum kein Leben erklären.

Der lebende Organismus schafft durch die Assimilationsprozesse und das Ernährungssystem eine höhere Ordnung aus relativ ungeordneten Materialien und Lebensmitteln (Ordnung aus Chaos), während die anorganischen physischen Systeme umgekehrt zu Chaos aus Ordnung führen.

Das Erstaunen über den inneren Aufbau von Ordnung in Lebewesen wurde von Hedwig Conrad-Martius dem erwähnten hervorragenden Bild formuliert.

Die erstaunlichen Phänomene des Lebens reduktionistisch durch innere Entwicklungen in der leblosen Natur erklären zu wollen wird dem Urphänomen des Lebens absolut nicht gerecht.

Trotz der fantastischen Fortschritte moderner wissenschaftlicher Erklärungen der Materie im Vergleich zu älteren sind viele moderne Lebens- und Bewusstseinstheorien grundsätzlich genauso reduktionistisch wie die älteren. Nur die Natur eines bestimmten Objekts kann uns sagen, ob es sich um ein letztes irreduzibles Datum oder um ein ableitbares handelt. Nur die Intelligibilität der Sachen selbst bestimmt, ob anspruchsvollere materialistische Erklärungen des Lebens reduktionistisch sind oder nicht.

Und wenn alles Leben eine Entelechie oder Seele erfordert,[250] bleiben selbst die anspruchsvollsten materialistischen Modelle zur Erklärung des Lebens, die nichtlineare Gleichungen, Chaostheorie, Quantenphysik usw. verwenden, reduktionistisch und unzureichend. Wenn sie versuchen, die völlig neuen Phänomene des Lebens und des Bewusstseins auf das physikalische Universum zu reduzieren, bleiben sie im Grunde genauso reduktionistisch wie die

250 Josef Seifert, *Leib und Seele*, zit.; *Das Leib-Seele Problem und die gegenwärtige philosophische Diskussion. Eine kritisch-systematische Analyse*, zit.

alten Reduktionismen, die etwa mit de La Mettrie[251] Leben und Geist auf die Ebene reiner Maschinen und auf andere der Physik damals bekannte Phänomene zu reduzieren versuchten. De la Mettrie hatte schon die Grundidee einer radikalen Evolution, der Selbstorganisation der Materie bis hin zum Menschen entwickelt und wird manchmal als Vater einer radikalen Evolutionstheorie vom Molekül zum Menschen angesehen.

De la Mettrie's Theorie des Geistes mag viel primitiver reduktionistisch gewesen sein als diese modernen Theorien; aber es geht um Folgendes: Kann biologisches Leben und mentales Leben – können Bios oder Zoé – auf komplexe Gehirnereignisse, Gehirnprozesse, Zellen, Module etc. reduziert werden? Wenn nicht, ist und bleibt jeder Versuch, sie so zu erklären, reduktionistisch und unterscheidet sich nur in seinem jeweiligen Grad von älteren und simplistischeren Formen des Reduktionismus.

Eine Philosophie, die sich ihrer grundlegenden Methode bewusst ist, die ich realistische Phänomenologie nenne, beginnt mit einer einfachen Intuition in das irreduzible Wesen des Lebens, bei dessen Betrachtung und Analyse seiner Wesensmomente wir erkennen, dass das Wesen des Lebens auf physische Systeme jeglicher Art unzurückführbar ist.

Sollte es also sogar einer reduktionistischen Erklärung von Organismen im Sinne chaotischer oder nichtchaotischer physikalischer Systeme einmal gelingen (was ich für ausgeschlossen halte), die Phänomene, die wir bei Organismen beobachten, auf der Ebene der Physik oder Chemie zu erklären, könnte eine solche Theorie nur beweisen, dass die scheinbar lebenden Substanzen nichts anderes sind als Maschinen und überhaupt nicht leben. Das wäre ein »de facto Reduktionismus«, aber nicht »ein in sich unmöglicher Wesensreduktionismus«.

251 Julien Offray, sieur de La Mettrie, *L'Homme-Machine* (*Der Mensch-Maschine*), 1748, das purste atheistisch-materialistische Werk dieses Arztes und Philosophen.

Max Scheler weist darauf hin, dass ein solcher de facto Reduktionismus die gleiche Intuition in das Wesen des Lebens voraussetzt, das der Verteidiger dieser Art von Reduktionismus zu leugnen beabsichtigt. Denn er sagt ja: Das mechanistisch erklärte Phänomen lebt nicht, es scheint nur zu leben. Er kann dies nur erkennen, weil er einsieht, dass Leben wesenhaft von unbelebter Materie verschieden und nicht mechanistisch erklärbar ist.

B) Die Unhaltbarkeit der Erklärung des Menschen aus dem Tierreich

In der radikalen Darwinistischen Evolutionstheorie betrachtet man auch den Menschen als Produkt einer Evolution aus den Tieren. Die niedrigeren Lebewesen, unsere Amöben-Urahnen, wären also die Vorfahren höherer Tiere inklusive des Menschen, und vererbbare Mutationen, natürliche Auslese und Überleben der stärksten Exemplare, samt Anpassung und anderer geist- und planloser Ursachen wären ausreichende Gründe der Höherentwicklung der Arten inklusive des Menschen. Auch der Mensch stamme am vorläufigen Ende dieser Evolutionskette, die vielleicht noch zum Trans-Menschen oder Übermenschen weitergehen könnte, vom Tier ab. Unser Urahn wäre als Affe eingeschlafen und als Mensch aufgewacht – oder, wenn man den Unterschied zwischen Mensch und Tier nur für graduell hält, hätte nach Generationen immer menschenähnlicherer Affen einen so hochentwickelten Affen gezeugt, dass man ihn Mensch nennen konnte? Theistische Evolutionsanhänger haben hier die Einschränkung gemacht, dass nur der menschliche Leib sich durch Evolution aus dem Tierleib entwickelt haben könnte. Die Geistseele des Menschen müsse unmittelbar von Gott geschaffen worden sein. Um daher die absolute Unhaltbarkeit einer evolutionären Abstammungstheorie des Menschen aus den Tieren zu widerlegen, müssen wir uns der Frage nach dem Ursprung der menschlichen Seele zuwenden.

C) Beweise für die Existenz der Geistseele des Menschen: Zweiter Todesstoss für die totale Evolutionstheorie

Wenn unsere Erforschung der Unerklärlichkeit des Lebens durch Totes mit der unmittelbaren inneren Erfahrung unserer eigenen bewussten Erfahrung beginnt, befinden wir uns epistemologisch gesehen in einer noch weitaus besseren Position, um jede reduktionistische Interpretation des Lebens, die der Evolutionstheorie von Molekül zu Mensch zugrunde liegt, abzulehnen, als wenn es sich um Pflanzen- oder Tierleben handelt.

Bedenken wir, dass Descartes die, wenn auch absolut unplausible, Interpretation von Tieren als Automaten vorschlagen konnte. Warum? Weil ihr Leben (und damit ihr Wesen), das wir nicht mit derselben inneren und absolut unbezweifelbaren Gewissheit erkennen können wie das eigene, in einem hyperbolischen Cartesischen Zweifel als Schein angesehen werden könnte. In diesem Falle wären Tiere nur göttlich gestaltete Marionetten, die von unsichtbaren Natursträngen gezogen werden, oder, in moderner Redeweise, Roboter, die von Gott programmiert und gesteuert würden. Weil das Wesen oder die Schmerzen der Tiere, insofern sie Tiere, und damit durch eine Welt von Maschinen und allem, was Produkt einer präbiologischen Evolution sein könnte, verschieden sind, nicht unmittelbar und zweifellos unserem Wissen zugänglich ist, war ihre Interpretation als Maschinen – so absurd sie auch ist – seitens eines philosophischen Genies überhaupt möglich.

Daher konnte Descartes es für denkbar halten, so konstruiert eine solche Theorie auch ist, dass das tierische Leben nichts anderes ist als eine Reihe von Operationen einer Maschine oder Eigenschaften, die durch unbelebte Materie erzeugt werden, kraft einer von Gott gestalteten, kunstvoll gefertigten Maschine oder eines mechanischen Naturgeräts, das in uns den täuschenden Schein erweckt, Tier können Befehle verstehen, Schmerzen erleiden usw. Gott würde uns auf diese Weise nur täuschen wie ein Filmproduzent oder

Leiter eines Puppentheaters, der uns fühlen lässt, dass eine Holzpuppe, wie Pinocchio, menschliche Gedanken und Gefühle hat oder redet.

So absurd ein solches radikales Vorbeigehen Descartes' am Phänomen tierischen Lebens und Erlebens auch ist, so konnte es nur stattfinden, weil das Innenleben und Bewusstsein der Tiere uns nicht mit derselben unmittelbaren Evidenz gegeben ist, wie das eigene, dessen Unreduzierbarkeit auf materielle Prozesse absolut evident ist.

Den folgenden Beweis findet man in verschiedenen Formen unter anderem bei Eccles/Popper (1977) und in anderen Werken des Autors:

Die materielle Substanz selbst ist räumlich ausgedehnt, zusammengesetzt, teilbar usw. Wenn wir nun die positiven Wesensmerkmale des psychischen Seins betrachten – von innen gelebt und bewusst »vollzogen« zu werden, die Intentionalität (bewusste und sinnvolle Subjekt-Objekt-Beziehung) der meisten Erlebnisse und Akte, die Notwendigkeit, mit der das bewusste Leben die Existenz eines bewussten und unteilbaren einzigartigen Subjekts erfordert, das in allen bewussten Erlebnissen als ein und dasselbe Subjekt präsent ist etc. – sehen wir, dass es unmöglich ist, dass ein materieller Stoff in seiner Vielfältigkeit und seiner Zusammensetzung die Grundlage für die bewussten Handlungen des einen, unteilbaren Subjekts ist. Leibniz hat dies klar ausgedrückt:

> *17. Andererseits muß man gestehen, daß die Vorstellungen, und Alles, was von ihnen abhängt, aus mechanischen Gründen, dergleichen körperliche Gestalten und Bewegungen sind, unmöglich erklärt werden können. Man stelle sich eine Maschine vor, deren Structur so eingerichtet sei, daß sie zu denken, zu fühlen und überhaupt vorzustellen vermöge und lasse sie unter Beibehaltung derselben Verhältnisse so anwachsen, daß man hinein, wie in das Gebäude einer Mühle eintreten kann. Dies vorausgesetzt, wird man bei Besichtigung des Innern nichts Anderes finden, als etliche Triebwerke, deren eins das andere bewegt, aber gar nichts, was hinreichen würde, den Grund irgend einer Vorstellung abzugeben. Die letztere ge-*

hört ausschließlich der einfachen Substanz an, nicht der zusammengesetzten, und dort, nicht hier, muß man sie suchen. Auch sind Vorstellungen und ihre Veränderungen zugleich das Einzige, was man in der einfachen Substanz antrifft.[252]

Wir sehen, dass die Art und Weise der positiven Einfachheit und unzusammengesetzten Individualität des Subjekts, die beispielsweise für ein ästhetisches Erlebnis vorausgesetzt wird, unmöglich auf eine wesenhaft nicht einfache, materielle Substanz, deren Teile sich außerhalb anderer im Raum befinden, zurückgeführt oder von ihr erfahren werden kann.

Bei sorgfältiger Betrachtung des intelligiblen Wesens menschlicher »psychischer Erfahrungen« einerseits und materiell zusammengesetzter Substanzen andererseits ist sofort ersichtlich, dass letztere niemals den ersteren als Subjekt zugrunde liegen können. Trotz der Unvollständigkeit unseres Wissens über die materielle Substantialität reicht dieses Wissen aus, um diese Erkenntnis mit Sicherheit zu gewinnen, und nicht als bloße Hypothese anzunehmen. Bewusste Erfahrungen, wie z.B. die komplexe ästhetische Erfahrung des Erlebens des Schlußchores »Shine, Holy Ray of Love« der wunderschönen Oper Cinderella des damals 10 jährigen Wunderkindes Alma Deutscher[253] oder die Betrachtung der Pietà Michelangelos im Petersdom, erfordern eindeutig ein und dasselbe identische und unteilbare Subjekt, um überhaupt möglich zu sein.

Die Einheit der ästhetischen Form eines sichtbaren Kunstwerks selbst ist mit einem ausgedehnten materiellen Träger vereinbar – ja die Schönheit sichtbarer und farbiger Gegenstände der Natur oder Kunst erfordert notwendigerweise, dass das, was diese Schönheit besitzt, im Raum ausgedehnt ist. Denn offensichtlich könnte diese Schönheit ohne

252 G. W. Leibniz, *Philosophische Abhandlungen.* in G. W. Leibniz, *Die philosophischen Schriften,* hrsg. v. C.J. Gerhardt (Hildesheim: G. Olms, 1965), in 7 Bänden, Bd. VI. Bd., Nr. XI, Die sog. *Monadologie,* VI, 607–623, 17. Zitiert nach: https://www.gutenberg.org/files/39441/39441-h/39441-h.htm.

253 Vgl. mein Buch, *Das Wunderkind Alma Deutscher,* zit.

räumlich ausgedehnte Gestalten, Formen und Farben usw. nicht existieren, wobei der materielle Träger dieser Schönheit nicht notwendig wirklich zu existieren braucht, können wir doch auch von herrlichen Landschaften träumen.

Es ist jedoch nicht minder offensichtlich, dass die *Erfahrung* dieser Form und schönen Skulptur oder Malerei absolut unvereinbar ist mit einem Subjekt, das weniger als streng unteilbar und einfach wäre. Somit besitzt das Subjekt aller bewussten Akte Eigenschaften, die im Widerspruch zu jenen einer materiellen Substanz stehen.

Genau in dem Moment aber, in dem aus dem Wesen des ästhetisch sichtbaren Objekts sofort ersichtlich wird, dass ein Gemälde oder eine Skulptur ohne Form, Farbe und damit ohne einen (realen oder imaginären) materiellen Träger absolut unmöglich wäre, erkennen wir, dass *das Subjekt* künstlerischen Erlebens unmöglich Farbe, Form und räumliche Ausdehnung besitzen kann.

Diese beiden Einsichten sind völlig rational, weil sie auf einem intelligiblen und notwendigen Wesen der Schönheit des Sichtbaren und der ästhetischen Erfahrung und ihres Subjekts, und auf klar einsichtigen Sachverhalten beruhen, wie sie die Grundlage aller mittelbaren philosophischen Beweise und aller indirekten Argumentation bilden.

So wie diese unmittelbaren Erkenntnisse und auf ihnen aufgebauten Beweise höchste Evidenz auszeichnet, so ist auch der Sachverhalt evident, dass ein Gehirn mit seinen Millionen mal Millionen von verschiedenen Teilen und Funktionen viele Akzidentien wie Muster, Formen, elektrische oder magnetische Eigenschaften, funktionelle Rollen usw. haben kann, aber nie bewusste Erfahrungen, die nicht aus einer Vielzahl von Teilen außerhalb von Teilen, elektrochemischen Ereignissen nach anderen derartigen Ereignissen, aufgebaut sind. Ein bewusstes Erlebnis der Art der beschriebenen würde völlig zerstört und sein Sein und seine unmittelbar erlebte Einheit verlieren, wenn es nicht ein und dasselbe identische und unteilbare Selbst als ihr Subjekt gäbe. Das Subjekt eines »Ich verstehe die logische

Gültigkeit eines Schlusses der Form »Babara« oder »Mich entzückt der Schlusschor von Beethovens Oper *Fidelio*« kann nur dieses unzusammengesetzte und einfache »Ich« sein, nicht irgendwelche aus unzähligen Teilen bestehende Hirnpartien oder ein Reihe chemisch-elektrischer Vorgänge im Gehirn.

D) Ein Beweis für die Unhaltbarkeit einer materialistischen Erklärung der Seele und die Absurdität einer Evolutionstheorie der menschlichen Seele

Man könnte Beweise für die Unmöglichkeit, die Entstehung der Seele durch Evolution aus der Materie zu erklären, verkürzt so darstellen:

ARGUMENT NR. 1

i) Erste Prämisse: Bewusste menschliche Erfahrungen erfordern eine unteilbare, einfache, nicht zusammengesetzte Substanz als Subjekt.
ii) Zweite Prämisse: Keine materielle Substanz und nichts Materielles ist ein solches Subjekt bzw. eine unteilbare, einfache und nicht zusammengesetzte Substanz.
iii) Fazit: Somit ist keine materielle Substanz diejenige Substanz, die von bewussten Erfahrungen als Subjekt des bewussten menschlichen Lebens vorausgesetzt wird.

ARGUMENT NR. 2

Erwähnen wir auch den Beweis der Seele durch die Freiheit.

Ein Versprechen als freie Handlung ist unmöglich, wenn es identisch mit materiellen oder organischen Prozessen, die durch physiologische oder chemische Ursachen verursacht werden, oder durch sie bestimmt ist. Darüber hinaus findet jeder Mensch in sich mit unbezweifelbarer Gewissheit freie Akte: wie z.B. die Suche nach der Wahrheit oder die Gleichgültigkeit gegen sie, das Geben und Halten eines Versprechens etc. Auch wenn ein Mensch beschließt und verspricht, den Materialismus und die Leugnung des freien Willens zu verteidigen, bleibt sein Versprechen ein freier Akt. Ist er es nicht, oder ein bloßes kausales Produkt evolutionärer Entwicklungen, ist er kein Versprechen.

Jonas (1981) hat die Absurdität des gegenseitigen Versprechens des berühmten Materialisten Helmholtz und seiner Freunde, niemals nicht-physikalische oder nichtchemische Ursachen zuzulassen, klar aufgewiesen. Sie verpflichteten sich, eine Theorie der Macht der Materie über den Geist zu verbreiten, gingen aber in der Annahme, dass ihr Versprechen gehalten werden könnte und würde, von einer ursprünglichen Macht des Geistes über die Materie und der kausalen Unabhängigkeit freier Akte von elektrochemischen Prozessen im Gehirn aus.

Jeder Mensch vollzieht tagtäglich einige freie Haltungen und Handlungen und ist sich ihrer klar bewusst, wie z.B. der Suche nach der Wahrheit, seines Behauptens, Versprechens usw. Wenn er beschließt oder gar ein Versprechen ablegt, den Materialismus zu verteidigen und keine immateriellen Ursachen zuzulassen, widerspricht er seiner eigenen Theorie in dem Moment, in dem er durch das Geben und Halten des Versprechens beweist, dass er einen freien Willen besitzt.

Dabei geht es nicht nur um eine unvermeidliche subjektive Voraussetzung à la Kant, sondern um eine offensichtliche Gegebenheit des Wesens der Freiheit und ihrer realen Existenz in uns. Wenn wir in einer Weise handeln, die das freie Initiieren von Handlungen impliziert, die nicht aus einer anderen Ursache, sondern aus dem Selbst selbst kommen, würden diese Handlungen nicht existieren, wenn wir sie nicht gewollt hätten, und sie beinhalten die Tatsache, dass wir Herr über ihr Sein oder Nichtsein sind. Und diese klare Gegebenheit des Wesens und der Existenz der Freiheit widerlegt den Materialismus, nach dem freie Handlungen nicht existieren könnten.

Weder der Vollzug freier Akte noch ihr geistiges Subjekt ist auf das Gehirn oder irgendein anderes denkbares materielles System physischer Vorgänge zurückführbar, seien diese durch gut erforschte oder durch chaotische Gesetze dominiert. Ein freier Akt ist ebenso unerklärbar durch zufällige oder chaostheoretisch erklärbare Vorgänge wie durch nach strengen Naturgesetzen determinierte. Daher ist jeder materialistische Reduktionismus seelisch-geistiger Akte und Subjekte auf materielle Vorgänge zugleich eine Leugnung menschlicher Freiheit.

Auch Philosophien, die die Existenz einer Seele anerkennen, können deterministisch sein und die Freiheit ablehnen, wie Calvin und Luther dies taten.

Es widerspricht dem Wesen der Erkenntnis und freier Handlungen, bloße Epiphänomene von Gehirnprozessen, geschweige denn mit dem Gehirn oder seinen Funktionen identisch zu sein.

Dies wird besonders deutlich, wenn wir die Transzendenz des Menschen in der Erkenntnis betrachten, in der sich das Wesen oder das Dasein von etwas unserem Geist offenbart, wie es an sich ist, und wenn wir die Transzendenz unserer Freiheit (im moralisch guten Akt und in der Liebe) betrachten, die in der Lage ist, auf ein Gut um seiner selbst willen zu antworten, ihm die richtige «Wertantwort» um seiner selbst willen zu geben und damit das Steckenbleiben in der immanenten Entfaltung des eigenen Egos zu überwinden.

Diese doppelte Fähigkeit der Person zur Selbstüberschreitung in der Erkenntnis der Wahrheit und im Guten und der Liebe zu begreifen, ist absolut notwendig für jedes Verständnis der Person als jemand, der sein primäres Ziel in etwas in sich Gutem hat, das er um seiner selbst willen bejaht und liebt. Diese Beschreibung der Person ist unvergleichlich besser als die Fassung der Person als jemand, der sein Ziel in sich selbst hat und nur nach Selbstverwirklichung und eigenem Glück strebt.

Die Erkenntnis der Existenz der menschlichen Geistseele als Subjekt des Bewusstseins stellt eine absolute Widerlegung jedes Evolutionismus dar, der glaubt, dass Materie das Leben, und tierisches Leben die menschliche Geistseele und geistiges Leben hervorbringen kann.

3. Die Unfähigkeit der sogenannten »augustinischen Evolutionstheorie«, den Ursprung der menschlichen Seele zu erklären, die nur unmittelbar von Gott aus dem Nichts geschaffen werden kann

Es ist klar, dass Augustinus sowohl eine atheistische als auch eine universelle, allumfassende Evolutionstheorie vom Molekül (oder dem *Big Bang*) bis zum Menschen ablehnt.

Seine Verwerfung derselben ruht, neben seiner philosophischen Gotteserkenntnis, zunächst auf Augustins Philosophie der menschlichen Seele: Der Ursprung des Menschen ist unmöglich ohne unmittelbares schöpferisches Eingreifen Gottes. Selbst der allmächtige Gott kann nicht eine absolut einmalige geistige Menschenseele aus unbelebten physikalischen Vorgängen und Elementen entstehen lassen, ja er kann sie nicht einmal aus tierischen Seelen oder aus anderen menschlichen Seelen machen, nicht weil Seine Macht begrenzt wäre, sondern weil dies in sich unmöglich ist. Wie C.S. Lewis sagte: »Unsinn bleibt Unsinn, auch wenn Du ihn Gott zuschreibst«.

Jede menschliche Seele und jeder Engel, in ihrer unwiederholbaren geistigen Identität, so erkennen wir, kann ausschließlich unmittelbar aus dem Nichts geschaffen werden. Und schon an dieser Erkenntnis scheitert auch die intelligenteste, pseudo-augustinische »theistische Evolutionstheorie«, wenn sie nicht den Gedanken der nahtlosen Evolution verlässt und am Anfang, in der Mitte und am Ende der Evolution die unmittelbare Schöpfung aus dem Nichts erkennt und anerkennt.

4. Wissenschaftliche Fortschritte auf dem Boden der Evolutionstheorie beweisen nicht deren Wahrheit

Die wissenschaftliche Gemeinschaft könnte sich gegen diese philosophisch gesehen unvermeidlichen Schlussfolgerungen wehren. Eines der unterstützenden Argumente der Wissenschaftler für den Wahrheitswert der Evolutionstheorie ist, dass gerade unter dem Einfluss von Darwins Theorie unzählige wissenschaftliche Entdeckungen gemacht wurden. (Wir sehen hier von einer Darlegung der Tatsache von durch die Evolutionstheorie verursachten Rückschritten in den Naturwissenschaften ab; viele molekulare, embryologische und paläontologische Fakten wurden auf Grund der Evolutionstheorie nicht berücksichtigt, weil die Evolutionstheorie wie ein religiöses Glaubensbekenntnis akzeptiert wurde.)[254] Also selbst wenn die Evolutionstheorie Anlass zu wichtigen naturwissenschaftlichen Erkenntnissen gewesen ist, impliziert dies nicht den geringsten Wahrheitsbeweis der Theorie.

Sowohl philosophische Entdeckungen als auch philosophische Irrtümer können empirische wissenschaftliche Er-

---

254 Diese negative Auswirkung der Evolutionstheorie auf die Naturwissenschaft wurde etwa von Erich Blechschmidt bewiesen, indem er die schon 1874 vom bedeutenden Neuroanatomen Wilhelm His nachgewiesene Fälschung der Präparate und Abbildungen, die Haeckel benutzte, um das »Biogenetische Grundgesetz« als »schlagenden und einzigen empirischen Beweis der Evolutionslehre« voll und ganz zu bestätigen vermochte. Vgl. F. Müller, R. O'Rahilly: »Wilhelm His and 100 years of human embryology«. In: *Acta Anatomica*. Band 125, Nummer 2, 1986, S. 73–75. Erich Blechschmidt konnte auf Grund der weltweit besten Sammlung von Präparaten menschlicher Embryonen noch besser und begründeter beweisen, dass die Behauptungen Haeckels, dass die Ontogenese, d.h. die embryonale Entwicklung, des menschlichen Embryos alle vermeintlichen Stufen tierischer »Vorfahren des Menschen« durchläuft, falsch ist.

Ja, dieses behauptete »Biogenetische Grundgesetz« erwies sich nicht nur als Irrtum mit fatalen Auswirkungen auf die biologische Wissenschaft, sondern als direkter Schwindel, der auf gefälschten Abbildungen beruhte, welche Generationen von Naturwissenschaftlern in die Irre führten. Vgl. Erich Blechschmidt, *Die Erhaltung der Individualität. Humanembryologische Befunde,* zit. Vgl. auch den interessanten Aufsatz von Hugh Owen, in dem dasselbe negative Verhältnis zwischen Evolutionstheorie und Fortschritt der biologischen Wissenschaften demonstriert wird: »The Negative Impact of the Evolutionary Hypothesis on Scientific Research: A Retrospective Assessment«, in: Albrecht Graf von *Brandenstein*-Zeppelin, Alma von Stockhausen (Hrsg.), *Evolution Theory and the* Sciences: A Critical Examination, S. 441–464.

kenntnisse anregen. Aber das rechtfertigt keineswegs die philosophischen oder wissenschaftlichen Irrtümer, dass sie neue Erkenntnisse inspirieren können. Denn es gibt vielfältige und komplizierte gegenseitige Beziehungen zwischen philosophischem und empirischem Wissen und zwischen Irrtümern und Erkenntnissen. Die komplexen und dialektischen Beziehungen zwischen Philosophie und Wissenschaft verbieten es uns ebenfalls anzunehmen, dass der wissenschaftliche oder populäre Erfolg bestimmter Theorien, wie der Evolution oder der Relativität der Zeit, automatisch die Wahrheit der philosophischen Annahmen garantiert, die einer bestimmten wissenschaftlichen Theorie zugrunde liegen.[255]

So beweist beispielsweise der Erfolg der nicht-euklidischen Geometrie in der modernen Physik oder der Erfolg einer physikalischen Theorie, die auf dem Konzept der Relativitätstheorie der Zeit basiert, nicht die Wahrheit des philosophischen Übergangs von Lorentz zu Einstein oder Einsteins rein philosophischer These, dass die Zeit selbst relativ sei. Denn Lorentz könnte die gleichen Phänomene mit seiner nicht-relativen Zeittheorie wie Einstein erklären. Er unterschied, auf der Grundlage ähnlicher empirischer Beobachtungen, wie sie Einstein später machte, die echte Zeit von der scheinbaren Zeit. Einstein identifizierte später, was Lorentz (aus guten und rein philosophischen Gründen) als scheinbare Zeit bezeichnet hatte, mit der wirklichen Zeit und verkündete die Relativitätstheorie der Zeit auf Grund dieser philosophischen Verwechslung und Simplifizierung und anderer philosophischer Verwechslungen und Simplifizierungen. Aber dieser Übergang von Lorentz zu Einstein basiert auf rein philosophischen Thesen und philosophischen Interpretationen von empirischen Daten. Folglich ist die Wahrheit von Einsteins philosophischen Vorstellungen, in deren Lichte er seine einflussreichen wissenschaftlichen Entdeckungen und Theorien interpretierte, keineswegs

---

255 Vgl. Kritik der Konsenstheorie, der Habermas'schen und der pragmatischen und funktionalen Wahrheitstheorien in Josef Seifert, *Der Streit um die Wahrheit,* zit.

durch den praktischen harten Erfolg in der Physik garantiert. Erst recht gewährleistet die nahezu universelle Akzeptanz seiner Relativitätstheorie in der wissenschaftlichen Welt nicht die Wahrheit seiner philosophischen These der Relativität der Zeit. Das Gleiche gilt für Darwins Evolutionstheorie und für Heisenbergs philosophische Thesen, die mit der Unschärferelation bzw. Unbestimmtheitsrelation, ihn fälschlicherweise dazu veranlassten, viele höchst evidente metaphysische und epistemologische Sachverhalte zu leugnen: zum Beispiel die absolute Gültigkeit der Prinzipien des ausgeschlossenen Dritten und der Kausalität und die wesenhafte objektive zeitliche und räumliche Bestimmtheit jedes realen Gegenstands hinsichtlich seiner Lage und Bewegung. Weder der wissenschaftliche Erfolg einer Theorie noch, und schon gar nicht, der Konsens darüber ist identisch mit der Wahrheit oder garantiert sie. Ersteres anzunehmen basiert auf dem hypothetisch-kategorischen logischen Fehlschluss:

> Wenn A, B.
> B.
> Ergo A.

Dieser logische Fehlschluss kann leicht aus einem Beispiel als solcher erkannt werden:

> *Wenn ein Schlauch Wasser über die Straße gespritzt hat, ist die Straße nass.*
> *Die Straße ist nass.*
> *Ergo hat ein Schlauch Wasser über die Straße gespritzt.*

Offenbar ist nämlich die Straße auch dann nass, wenn es vor einer Stunde geregnet hat. Dass A B impliziert, bedeutet nicht, dass auch B A impliziert.

Selbst ideologische oder offensichtlich falsche philosophische Vorstellungen, wenn wir versuchen, sie durch die Wissenschaft zu beweisen, führen oft zu positiven wissenschaftlichen Entdeckungen. Ein radikaler materialistischer Reduktionismus zum Beispiel, der an die Möglichkeit glaubt, Leben aus nicht lebenden chemischen Substanzen oder sogar Menschen aus Tieren zu erzeugen, oder ein Reduktionismus, der durch philosophische Argumente widerlegt werden kann, führte zu vielen unmoralischen Experimenten und wichtigen Entdeckungen, in Russland und anderswo. Ähnliches gilt für Rassismus, der Forscher zu Entdeckungen bestehender Unterschiede zwischen Rassen führte, die inhaltlich nichts mit ihrem Rassismus zu tun hatten.

Angesichts dieser Möglichkeit, dass falsche philosophische Ideen eine positive Rolle bei der Verwirklichung empirischer Entdeckungen spielen, können die rein philosophischen Aspekte einer reduktionistischen und materialistischen Lebenstheorie und insbesondere der Evolutionstheorie (sofern diese Theorie von einer immanenten Entwicklung ausgeht, die von der reinen Materie zum Menschen führen soll) nicht durch ihre Fruchtbarkeit für die empirische Forschung begründet werden.

So hat etwa auch der reine Materialismus in der Auffassung der Person und ihrer Intelligenz zu unermüdlichen Versuchen geführt, »Künstliche Intelligenz« herzustellen. In diesem Fall hat der absurde Irrtum, dass eine Maschine oder ein Computer denken kann, zu revolutionären Fortschritten auf den Gebieten der Informatik und Computerwissenschaften beigetragen, obwohl ein Computer genauso wenig denken kann wie eine Nähmaschine und, wie Karl Popper scharf formulierte, nur »ein glorifizierter Bleistift« ist. Natürlich kann ein Computer, wie schon die einfachste Rechenmaschine, aber ungleich besser, »Intelligenz simulieren«, aber hat nichts mit wirklicher Intelligenz zu tun, die ein bewusstes, personales Ich, das Denkakte zu vollziehen vermag, voraussetzt.

Während also Darwins Evolutionstheorie sowie moderne Versionen davon zu vielen wissenschaftlichen Entdeckungen über Ähnlichkeiten zwischen den Arten, über die geographische Verteilung der Arten, über Erbgesetze usw. führten, rechtfertigt diese Tatsache allein in keiner Weise den

Glauben daran, dass die philosophischen Ideen von Darwin, obwohl er sie in gewisser Weise aus Beobachtungsbeweisen oder genauer gesagt, trotz der Tatsache, dass er sie erfolgreich bei der Interpretation empirischer Fakten einsetzte, wahr sind.

Die Geschichte der Evolutionstheorie und ihrer verschiedenen Stadien und Radikalitätsgrade ist übrigens alles andere als einfach. Darwin selbst benutzte den Begriff »Evolution« nicht, außer in den späteren Versionen seines *The Origin of Species*. Vor allem Herbert Spencer und später Ernst Haeckel führten die Art der evolutionistischen Religion ein, die die Lebensphilosophie des 19. und 20. Jahrhunderts dominierte. Darüber hinaus wurden die Erbgesetze vor allem, wie allgemein bekannt ist, von einem großen Wissenschaftler entdeckt, der in keiner Weise ein Reduktionist oder Materialist war, dem Priester Mendel. Und seine Entdeckungen wurden in der Evolutionstheorie missbraucht, so als würde die Feststellung vererbbarer Eigenschaften und Mutationen die Wahrheit der Evolutionstheorie beweisen.

Selbst die radikalsten metaphysischen Versionen der Evolutionstheorie können jedoch trotz ihrer Falschheit zu bedeutenden wissenschaftlichen Entdeckungen führen.

Teilhard de Chardin verteidigte die evolutionäre These im radikalen Sinne einer kontinuierlichen Entwicklung von der lebenslosen Materie über alle Lebensformen bis hin zum »kosmischen Christus« (le Christique), der eine Art Evolution der Welt zu Gott beinhaltet. In einer weniger radikalen Form verteidigen Grichka und Igor Bogdanov ein evolutionäres Lebenskonzept, in dem jeder wesenhafte Unterschied zwischen lebenden und leblosen Wesen übersehen wird. Ihre Sichtweise beinhaltet auch einen Reduktionismus, nach dem das Leben im Vergleich zu lebenslosen Substanzen nur durch einen höheren Grad an Ordnung und Komplexität sowie an Information gekennzeichnet ist. Zweifellos haben ihre philosophischen Ideen sie zu wissenschaftlichen Entdeckungen geführt, aber das beweist in keiner Weise die Wahrheit ihrer philosophischen Ansichten.

Als deutlichster Beweis für die Möglichkeit, dass falsche philosophische Annahmen gelegentlich zum Erfolg der experimentellen Wissenschaft führen, sei angemerkt, dass selbst Hitlers grotesker und bösartiger Rassismus und die darauf aufbauenden an jüdischen Frauen in Ravensbrück durchgeführten kriminellen Experimente zu medizinischen Erkenntnissen über biologische Fakten oder zu chirurgischen Techniken und zu erfolgreichen Behandlungen von Infektionskrankheiten geführt haben. Aber dieser Erfolg rassistischer Überzeugungen und darauf aufbauender horrender Experimente für die Wissenschaft war sicherlich nicht der geringste Beweis für die Wahrheit dieser bösartigen Perversionen und Ideen.

Ein ähnlich zweideutiges Verhältnis zwischen experimenteller Wissenschaft und Philosophie könnte im Hinblick auf den philosophischen Materialismus nachgewiesen werden, der zu vielen empirischen Entdeckungen, aber auch zu ernsthaften Vorurteilen führte, die den Fortschritt der experimentellen Wissenschaft behinderten. Insbesondere im Bereich der empirischen Hirn-Geist Forschung wurden von Materialisten und Deterministen unzählige empirische Beweise gegen den Materialismus ignoriert oder beiseitegeschoben. Im Gegensatz dazu entdeckten Wissenschaftler, die den Fehler der Leugnung der Freiheit überwunden haben, wie der Nobelpreisträger Sir John Eccles, solche ignorierten Beweise für die Macht der Subjektivität und des freiwilligen Handelns im Gehirn wieder oder führten sogar zum ersten Mal die notwendigen Experimente durch, um sie durchzuführen.[256]

Im Gegensatz zu philosophischen Irrtümern, die für die Empirie sowohl gute als auch schlechte Ergebnisse bringen können, können philosophische Wahrheiten als solche nie zu einem wissenschaftlichen Rückschritt führen. Nur ihre einseitige und damit falsche Interpretation oder Übertrei-

256 Vgl. Josef Seifert: »In Defense of Free Will: A Critique of Benjamin Libet«, *Review of Metaphysics,* Volume LXV, Nr. 2, December 2011, pp. 377–407.

bung kann zu einem solchen Rückschritt führen, wie z.B. die übertriebene Rolle, die dem Wissen um notwendige und intelligible Wesenheiten von Aristoteles, oder jede andere falsche absolutistische Rolle, die dem a priori Wissen zugesprochen wird, das die breiten Forschungsgebiete ignoriert, die empirische Methoden erfordern. In diesem Sinne zeigte Stanley Jaki, dass ein falscher Apriorismus jahrhundertelang zu Behinderungen der empirischen Wissenschaften führte, ohne dass Jaki sich über die tatsächliche Existenz vieler notwendiger (a priori) Wesenheiten und Sachverhalte und deren entscheidender Bedeutung für alle Wissenschaften einschließlich der empirischen Wissenschaften im Klaren gewesen wäre.

Philosophische Einsichten und Entdeckungen als solche können jedoch niemals experimentelle Erkenntnisse verhindern. Im Gegenteil, sie können sogar zu experimentellen Erkenntnissen und wissenschaftlichem Fortschritt führen. Wie zum Beispiel Sir John Eccles zeigte, führte die philosophische Anerkennung Willensfreiheit und damit eines extrinsischen kausalen Einflusses auf das Gehirn zu wichtigen Experimenten und Beweisen in der Hirnforschung, deren Entdeckung und korrekte Interpretation ohne das richtige philosophische Konzept der Freiheit kaum denkbar gewesen wäre.[257]

So können sowohl falsche philosophische Ideen oder fanatische Ideologien, durch Zufall, als auch echte philosophische Erkenntnisse, ganz natürlich, eine inspirierende Rolle für empirische wissenschaftliche Entdeckungen spielen. Der Einfluss empirischer Erkenntnisse auf die philosophische Forschung und Entdeckung ist ein ähnlich komplexes Thema. Obwohl sie in vielerlei Hinsicht miteinander verwandt sind, haben die philosophische Analyse und die empirische

---

257 Vgl. Josef Seifert, »Can Neurological Evidence Refute Free Will? The Failure of a Phenomenological Analysis of Acts in Libet's Denial of ›Positive Free Will‹«, *Pensamiento. Revista de investigación e información filosófica*, vol. 67, núm. 254, *Ciencia, filosofía y religión. Serie especial no 5* (2011), 1077–1098.

Untersuchung des Lebens völlig unterschiedliche und irreduzible Aufgaben und Methoden. Empirische Lebenswissenschaften können uns daher nie von der Aufgabe der philosophischen Analyse befreien.

Doch liegt es mir bei allem Gesagten fern, die philosophischen Abenteuer der Wissenschaftler, wie jene Sir John Eccles' oder die Überlegungen der Philosophen über den Gegenstand und die Ergebnisse wissenschaftlicher Untersuchungen, als bedeutungslosen Dilettantismus abzustempeln. Im Gegenteil, die Philosophen sollten sich heute intensiv, wenn auch zum Teil kritisch, mit den Fragen befassen, die die Wissenschaftler im gegenwärtigen Moment der Weltgeschichte diskutieren: neue medizinische Techniken, neue Definitionen von Leben und Tod, genetische Codes, Evolution, Urknall und dergleichen.

Denn die transdisziplinäre Einheit des Seins selbst verlangt, dass wir die Welt von all den verschiedenen Seiten betrachten, die sich nur den verschiedenen Disziplinen und ihren verschiedenen Methoden öffnen; gleichzeitig sollten wir nicht vergessen, dass wir das begrenzte Wissen, das wir durch unsere eigenen Disziplinen erworben haben, durch die in anderen erworbenen Erkenntnisse ergänzen sollten.

Auch müssen wir uns bewusst bleiben, dass falsche philosophische Ideen häufig und logisch zu ernsthaften Hindernissen für empirische Entdeckungen führen, was auch für die Evolutionstheorie gilt. Einer der größten Human-Embryologen unseres Jahrhunderts, Erich Blechschmidt von der Universität Göttingen, demonstrierte, dass Darwins, Spencers und Haeckels Evolutionismus und ihre Vorstellungen, dass sich in der individuellen Morphogenese des menschlichen Embryos die Ontogenese und Evolution des menschlichen Embryos wiederholt, zu ernsthaften Vorurteilen und total irrigen Annahmen über die Entwicklung des menschlichen Embryos und andere empirische Aspekte des menschlichen Lebens führten, z.B. zu Irrtümern über ein Fischstadium des menschlichen Embryos und Kiemen, die sich als haltlos erwiesen. Es handelte sich in Wirklichkeit um Falten, die sich im Menschen zu Schilddrüsen entwickeln.[258]

IV. Die atheistische und antitheistische Evolutionsideologie

Wir können unsere Überlegungen über die irregeleitete philosophisch-naturwissenschaftliche Evolutionstheorie nicht schließen, ohne das Phänomen der *Evolutionsideologie* zu behandeln, die sich nicht nur im öffentlichen Leben und an Schulen und Schulbüchern sowie in den Sphären der Wissenschaft und des universitären Lebens, sondern auch im Reich der Gesetzgebung und politischen Macht etabliert hat.

Selbstredend liegt es mir fern, alle Wissenschaftler, die die Evolutionstheorie für wahr halten, für Evolutionsideologen anzusehen.

Unter Ideologie verstehe ich Ideen und Theorien, die nicht schlicht um ihrer Wahrheit willen und in Offenheit für dieselbe vertreten werden. Ideologien sind, wie Marx und Engels scharfsinnig und kritisch erkannten,[259] obwohl sie selbst die ärgste und erfolgreichste politische Ideologie entwarfen,[260] ein theoretischer Überbau über ganz andere Interessen, die jenseits der Wahrheitsfrage liegen. Sie wurden im Klassenkampf eingesetzt, um politische Ziele zu verfolgen. Sie wurden benutzt, um Menschen anderer Rassen

258 Blechschmidt, *Die Erhaltung der Individualität. Der Mensch – Person von Anfang an. Humanembryologische Befunde,* zit.; Giertych, *Evolution, Devolution, Science,* S. 60.

259 Karl Marx/Friedrich Engels, *Die deutsche Ideologie,* in: Marx-Engels, Werke, Bd. 3 (Berlin: Dietz Verlag, 1958). Vgl. Josef Seifert, »Ideologie und Philosophie. Kritische Reflexionen über Marx-Engels ›Deutsche Ideologie‹ – Vom allgemeinen Ideologieverdacht zu unbezweifelbarer Wahrheitserkenntnis« in *Prima Philosophia,* Bd. 3, H 1, 1990.

260 Karl Marx/ Friedrich Engels, *Manifest der Kommunistischen Partei,* in: Marx-Engels, *Werke,* Band 4, (Berlin: Dietz Verlag, 1974), S. 459–493.

auszubeuten. Sie werden benutzt im Kampf gegen die jüdische, muslimische und christliche Religion.

Die Evolutionsideologie diente den Nazis und Hitlers Politik dazu, die »arische Rasse« als bisher höchstes Produkt der Evolution zu feiern und »minderwertige Rassen« und »lebensunwertes Leben« einfach zu vernichten. Die Evolutionstheorie wurde benutzt, um eine brutale, an den Sophisten Kallikles gemahnende, Ethik des Rechts des Stärkeren zu verfechten, die aller wahren Ethik widerspricht.[261]

Auch heute blüht die Evolutionsideologie. Anstatt ihre Kritiker mit akademischen Waffen zu besiegen, bekämpfen ihre Vertreter ihre Gegner durch Hohn, Verunglimpfung und akademische Verfolgung.

In vielen Ländern wird sogar der Unterricht im biblischen Schöpfungsbericht verboten, Kritiker der Evolutionstheorie, auch wenn sie auf dem Boden strenger naturwissenschaftlicher oder philosophischer Erkenntnisse argumentieren, werden disqualifiziert, von Lehrstühlen ausgeschlossen, mit Schimpfworten bedacht, als unwissenschaftlich abgestempelt. Dagegen werden die absurdesten Formen der Evolutionstheorie als höchst wissenschaftlich gelobt und ihre Vertreter, selbst wenn deren Mangel an philosophischer und logischer Erkenntnis – bei all ihrer wissenschaftlichen Brillanz – jeder Beschreibung spottet, an Universitäten und im öffentlichen Leben mit Lorbeerkränzen und Festen empfangen und erreichen Millionenabsätze ihrer in alle Weltsprachen übersetzten Bücher.

Die unglaubliche Aggressivität und Unsachlichkeit dieser Evolutionsideologie, die auch Karl Popper von seinem agnostisch-empiristischen Standpunkt aus glänzend kritisiert hat, die jedoch eine gewaltige akademisch-politische Macht gewonnen hat, gefährdet menschliche Erkenntnis und eine rationale Gesellschaft und zeitigt, auf Grund ihrer philoso-

261 Platon schildert uns seine Philosophie im Dialog mit Sokrates im *Gorgias.* Kallikles' brutale ethische Machtideologie findet auch in Nietzsches, von Darwin beeinflusster, Ethik des Übermenschen ihren Widerhall.

phischen und empirischen Fehlurteile, viele Auswüchse und üble akademische und praktische Wirkungen in den Bereichen der Erkenntnistheorie, Ethik und Gesellschaft, ganz abgesehen von ihren verheerenden Auswirkungen auf die Religion.[262]

Man kann eine solche Evolutionsideologie mit ähnlichen Ideologien vergleichen, etwa im Bereich der Medizin mit der unkritischen und ihre Kritiker verfolgenden Hirntodideologie, die sich in total unkritischer Weise gegen die gediegenen philosophischen und medizinischen Beweise der Unrichtigkeit der Hirntoddefinition wendet, vermutlich nicht zuletzt wegen der ungeheuren finanziellen Verlockung der auf Grund der »Hirntoddiagnose« gerechtfertigten Entnahme der vitalen Organe lebendiger Menschen und Organtransplantationen, die ein Billionengeschäft sind.[263]

Dabei liegen derartigen Ideologien, ganz wie Marx und Engels erkannten, sehr oft rein pragmatische, wirtschaftliche und politische Gesichtspunkte zugrunde, werden sachliche ethische und humane, wissenschaftliche und logische Überlegungen ausgeschaltet und die sokratische Einsicht verkannt, dass man immer, auch wenn man um ihretwillen Spott erntet, der Wahrheit folgen soll und unter keinen Umständen Unrecht tun darf.

---

262 Vgl. Sir Karl Popper, *The Logic of Scientific Discovery* (New York: Harper & Row, ²1968).

263 Vgl. zur definitiven Widerlegung der Gleichsetzung des »Hirntods« mit dem Tod des Menschen D. Alan Shewmon:

»Spinal shock and ›brain death‹: somatic pathophysiological equivalence and implications for the integrative-unity rationale«. *Spinal Cord* 37(5): 313–324, 1999; »›Brainstem Death‹, ›Brain Death‹ and ›Death‹: A Critical Re-Evaluation of the Purported Equivalence«, *Issues in Law & Medicine,* Vol. 14, n. 2, 1998, pp. 125–145.

Vgl. ferner Doyen Nguyen, *The New Definitions of Death for Organ Donation*, (Pieterlen: Peter Lang AG, 2018); sowie Josef Seifert: »IS ›Brain death‹ actually death?«, *The Monist* 76 (1993), 175–202; *What is Life?*, S. 76 ff., 81 ff., 104 ff., 25 ff., 37 ff., 53 ff., 91 f.

Es gibt ein weites Reich solcher verderblicher Ideologien, in denen Behauptungen aufgestellt und mit irrationaler Leidenschaft verteidigt werden, nicht weil sie wahr sind, sondern weil sie von praktischem Nutzen zu sein scheinen oder sogar, von einem rein materiellen oder wirtschaftlichen Nutzen aus beurteilt, wirklich sein können.

Die in diesem Buch behandelten philosophischen Beweise der göttlichen Schöpfung aus dem Nichts geben insbesondere der Evolutionismus-Ideologie, aber auch der universellen Evolutionstheorie jeder Spielart, einen Todesstoß. Sollte es mir mit dem vorliegenden Buch gelungen sein, wenigstens einen Teil der Wissenschaftler, Philosophen und »normalen Menschen« überzeugt zu haben, dass sie sich in kritischem Denken mit der Evolutionstheorie auseinandersetzen sollen, anstatt gedankenlos herrschende Meinungen nachzubeten, die der Wahrheit widersprechen, und sich vor allem von jedem verderblichen theoretischen und praktischen Einfluss der Evolutionsideologie selbst freizuhalten und diese Ideologie auch im öffentlichen und privaten Leben zu bekämpfen, gleich was die Folgen für ihr Ansehen sind, hat dieses Werk ein wichtiges Ziel erreicht.

SCHLUSSWORT

Das kritische sowie das rein positive Ziel dieses Werks:

Die Erkenntnis der göttlichen Schöpfung – ihre existentielle Bedeutung für den Menschen

Es wäre es ganz gegen die Intention des Autors anzunehmen, sein Hauptziel sei eine Kritik der Evolutionstheorie und des Atheismus gewesen. Nein, so unentbehrlich die Kritik des Atheismus und der Evolutionstheorie auch war, so ist doch der Hauptzweck des vorliegenden Werkes ein rein positiver: den Glanz der Wahrheit der göttlichen Schöpfung der Welt und des Menschen aus dem Nichts zu erkennen und den geistigen Blick auf die Sonne des unendlich Guten, auf Gott, über den hinaus nichts Größeres sein oder auch nur gedacht werden kann, zu richten. Das Ziel dieses Werkes ist ein *maieutisches, sokratisches*: den Leser nicht durch Rhetorik und Verunglimpfungen des Gegners mitzureißen, sondern zur ganz persönlichen Einsicht hinzuführen, die nur jeder Leser selbst gewinnen kann: dass nur Gott die Welt und den Menschen erschaffen konnte und dass sich seine Herrlichkeit in dem Werk der Natur, und vor allem des Menschen, manifestiert.

Kaum eine Frage könnte existentiell wichtiger sein als die, ob wir Produkt blinder Zufälle und materieller Kräfte eines Urknalls oder Geschöpfe eines allgütigen, vollkommenen und alliebenden Gottes sind, der uns, innerlicher als wir selbst es sind, immer gegenwärtig ist. Die Erkenntnis der göttlichen Schöpfung ist für das menschliche Leben, für das Menschenbild, die Ethik und die letzte Bestimmung des Menschen von grundlegender Bedeutung; und ihre rein wissenschaftlich-philosophische Erkenntnis, wie sie im vorliegenden Werk dargelegt wird, ist auch für jene Menschen, die an dieser Wahrheit auf Grund ihres Glaubens von Kindheit an festhalten, ein bedeutsames Geschenk.

Mögen die in diesem Werk dargelegten philosophischen Beweise der göttlichen Schöpfung helfen, die atheistischen und materialistischen Irrtümer, die den wahren Ursprung der Welt und des Menschen verdunkeln und verfälschen und Gottes Schöpferkraft und Schöpferweisheit verkennen, von allen Universitäten und Schulen, und aus dem öffentlichen Leben zu vertreiben als eine intellektuelle Pest. Und mögen unsere Untersuchungen zur Verwirklichung des noblen Zieles helfen, das wahre Menschen- und Gottesbild wieder neu und fest in der Gesellschaft zu verankern.

Könnte das vorliegende Werk auch nur einen bescheidenen Beitrag dazu leisten, die Torheit und den Wahnsinn einer atheistischen und evolutionistischen Leugnung des Schöpfers alles Sichtbaren und alles Unsichtbaren durch die wahre Erkenntnis, nicht nur des Glaubens, sondern auch der Vernunft, zu überwinden, dass Gott die ganze geistige und materielle Welt aus dem Nichts geschaffen hat, so hätte es seinen höheren Zweck erfüllt. Dieser besteht in der Erkenntnis, dass wir nicht sinnlose Produkte des Big Bang und des Zufalls oder eines zwecklosen und brutalen evolutionären Überlebenskampfes zugunsten der »bevorzugten Rassen« (der »*Favoured Races*«) sind.

Nein, wir sind weder Produkt zufälliger Mutationen noch Glied in einer schier unendlichen Kette der Überlebenden oder der Untergehenden in einem sinnlosen Existenzkampf, der, obwohl er ohne Ziel, Zweck oder Schöpfer tobt, doch zugleich einen nebulosen Zweck verfolgt, indem er alle Lebewesen entweder zu Mitteln oder zu Produkten einer von niemandem geplanten oder gedachten »Evolution« macht, deren anonyme Ursachen absolut niemand kennt und deren Sinn niemand versteht.

Nein, wir haben erkannt, dass wir persönlich von einem unendlich guten Gott seit Ewigkeit gedachte, gewollte und geschaffene Personen und als solche wahre Ebenbilder Gottes sind. Ausgehend von diesen Erkenntnissen, verstehen wir unsere persönliche Sendung: Diese besteht nicht darin, möglichst erfolgreich den Überlebenskampf zu bestehen und uns vielleicht gar zu einem transhumanen Wesen zu entwickeln oder den 10.000 Jahre alten Riesenschwamm oder den Bacillus, der 250 Millionen Jahre überlebt, zu übertreffen und absoluter Sieger im Überlebenskampf zu werden.

Nein, unser beglückender Ruf und unsere Pflicht ist es, den unendlich vollkommenen Gott, der uns geschaffen hat, zu suchen, Ihn zu lieben, Ihm zu danken und Ihn im Geist und in der Wahrheit anzubeten und zu verherrlichen und Ihm zu dienen, und damit zugleich unsere eigene Würde zu erkennen und zu verwirklichen und unser höchstes Glück zu erlangen.

Ziel dieses Werks ist es schließlich, dem Menschen seine Würde zu zeigen, die er niemals aus zufälligen und planlosen Mutationen ableiten könnte, sondern daraus erkennen kann, dass Er Frucht der Erkenntnis und des schöpferischen Willens des Guten selbst ist, der jeden Menschen, jede Seele, aus Liebe aus dem Nichts ins Dasein gerufen und mit der hohen Würde eines Imago Die ausgestattet und zur *similitudo Dei*, zur moralischen *Verähnlichung mit Gott*, die schon Platon als höchstes Ziel des Menschen bezeichnet hat, beruft: zur *homoiosis theō*.

Mit dem wohl sublimsten aller platonischen Texte, der eine Schlussfolgerung aus allem in diesem Buch Gesagten sein könnte, möchte ich dieses Buch schließen:

> *SOKRATES: ... Deshalb muß man auch trachten, von hier dorthin zu entfliehen aufs schleunigste. Der Weg dazu ist Verähnlichung mit Gott soweit als möglich* (ὁμοίωσις θεῷ κατὰ τὸ δυνατόν) *und diese Verähnlichung, dass man gerecht und fromm sei mit Einsicht. Allein, o Bester, es ist gar*

nicht leicht deutlich zu machen, dass nicht aus der Ursache, weshalb die meisten sagen, dass man die Schlechtigkeit fliehen und der Tugend nachstreben solle, die eine zu suchen ist und die andere nicht, damit man nämlich nicht böse, sondern gut zu sein scheine. Denn dies ist nur, was man nennt der alten Weiber Geschwätz, wie es mir scheint; das Wahre aber wollen wir so vortragen.

Gott ist niemals auf keine Weise ungerecht, sondern im höchsten Sinne vollkommen gerecht, und nichts ist ihm ähnlicher, als wer unter uns ebenfalls der Gerechteste ist. Und hierauf geht auch die wahre Meisterschaft eines Mannes, so wie seine Nichtigkeit und Unmännlichkeit. Denn die Erkenntnis hievon ist wahre Weisheit und Tugend, und die Unwissenheit hierin die offenbare Torheit und Schlechtigkeit. Jegliche andere dafür geltende Meisterschaft und Einsicht aber ist, wenn sie in der bürgerlichen Verwaltung sich zeigt, nur etwas Gemeines, wenn in den Künsten, etwas Unfreies und Niedriges. Wer also Ungerechtes und Gottloses redet und tut, dem ist es bei weitem am besten, man gebe ihm nicht zu, er habe es zur Meisterschaft gebracht mit arglistigem Wesen; denn sie freuen sich über den Vorwurf, und glauben zu hören, dass sie nicht Toren sind, unnütze Lasten der Erde, sondern Männer, wie die sein müssen, denen es im Staate wohlgehn soll. So muss man ihnen demnach die Wahrheit sagen, dass sie nur um desto mehr solche sind, wie sie nicht glauben, weil sie es nicht glauben. Denn unbekannt ist ihnen, was am wenigsten jemandem unbekannt sein sollte, die Strafe der Ungerechtigkeit, nämlich nicht was sie dafür halten, Leibesstrafe und Tod, wovon ihnen oft nichts widerfährt beim Unrechttun, sondern eine, welcher es unmöglich ist zu entfliehen.

THEODOROS: Welche meinst du denn?

SOKRATES: Zwei Vorbilder, o Freund, sind aufgestellt in der Welt, das Göttliche der größten Glückseligkeit, und das Ungöttliche des Elendes; sie aber sehen nicht, dass es sich so verhält, und werden aus Torheit und höchstem Unverstande unvermerkt um der ungerechten Handlungen willen diesem ähnlich, immer unähnlicher aber jenem. Wofür sie dann die Strafe leiden, indem sie ein Leben führen, dem angemessen, welchem sie ähnlich geworden. Sagen wir ihnen nun, dass wenn sie von jener Meisterschaft nicht ablassen, dann auch nach geendetem Leben jener von allen Übeln gereinigte Ort sie nicht aufnehmen werde, sondern sie immer hier ein ihnen, wie sie sind, ähnliches Leben führen werden, als Böse im Bösen lebend: so hören sie das alles doch nur an wie Weise und Überkluge, wenn armselige Toren etwas sagen.[264]

264 Platon, *Theaitetos,* 176a–177a. Übersetzung und Einleitung: Friedrich Schleiermacher 1804–1828. Zitiert nach der exzellenten modernen wissenschaftlichen Edition: *Platon im Kontext PLUS* – Werke auf CD-Rom: Griechisch-Deutsch.

NAMENS- UND SACHREGISTER

A

B

C

D

E

F

G

H

I

J

K

L

M

N

O

P

Q

R

S

T

U

V

W

Y

Z

Weitere Publikationen von Josef Seifert im PATRIMONIUM-VERLAG

Josef Seifert
Heitere Philosophie

Philosophieren mit Johann Nestroy – dem witzigsten österreichischen Philosophen

Warum sollte Philosophie, die sich eigentlich an jeden Menschen richtet, immer in trockener Sprache und in Büchern dargestellt werden, die wenige Leser anziehen und von noch wenigeren verstanden werden?

Das vorliegende Werk gräbt Schätze tiefsinniger philosophischer Einsichten aus, die Johann Nestroy uns im attraktiven Gewand brillanter Sprachspiele, »metaphysischer Komplimente«, unterhaltsamer Couplets und sprühenden Witzes schenkt. Damit erfüllt es einen Herzenswunsch Johann Nestroys, der sich als Hauptdarsteller seiner eigenen Komödien häufig über wiehernde Lachsalven seines Publikums ärgerte und uns wissen ließ, daß sich unter dem meist heiteren, manchmal auch tragischen Gewand seiner Komödien tiefe Erkenntnisse über den Menschen, die Welt, die Wahrheit, die Gerechtigkeit und Ehrlichkeit und das absolute Gute verbergen, die erst der nachdenkliche Leser entdeckt.

212 Seiten
Paperback
ISBN: 978-3-86417-052-2
EUR 14,80

Josef Seifert
Unbezweifelbare Wahrheitserkenntnis

Jenseits von Skeptizismus und Diktatur des Relativismus

Die Suche nach der Wahrheit stellt eine der ältesten Disziplinen der Philosophie dar. Doch was ist wahr? Alles, was wir sehen, hören, riechen und schmecken können? Ist das, was wir wahrnehmen, am Ende auch tatsächlich wahr? Oder ist es möglich, dass unsere Wahrnehmung manchmal getrübt ist und nicht der Wahrheit entspricht?

Nicht nur Kant vertrat die Auffassung, dass dem menschlichen Geist das Wissen um das objektiv Seiende, die wahre Essenz der Dinge, verwehrt bleibt. Josef Seifert, Gründungsrektor der Internationalen Akademie für Philosophie im Fürstentum Liechtenstein, widerspricht dem und weist mittels einer phänomenologischen Analyse der Einsichten des augustinischen Cogito-Arguments nach, dass sowohl die reale Welt als auch in sich notwendige Wesenheiten mit unbezweifelbarer Gewissheit erkannt werden können. Wahrheit und Erkenntnis seien nicht nur Konstrukte, und jeder Relativismus, jede Deutung des Erkennens als Konstruktion, Konstitution oder Schöpfung seiner Gegenstände widersprechen laut Seifert nicht nur sich selbst, sondern auch evidenter Wahrheitserkenntnis. Dem frühen Husserl, Reinach, Edith Stein, Dietrich von Hildebrand und vielen anderen Denkern verbunden, vollzieht Seifert als einer der bedeutendsten lebenden Vertreter des phänomenologischen Realismus einen Schritt, der vielen Relativisten unmöglich schien: eine Rückkehr zu den »Sachen selbst«, zur Person und zur philosophischen Wahrheit.

292 Seiten
Paperback
ISBN: 978-3-86417-038-6
EUR 14,80

Josef Seifert
Der Widersinn des Relativismus

Befreiung von seiner Diktatur

Obwohl der allgemeine Relativismus und alle seine Spielarten letzten Endes widersprüchlich und widersinnig sind, übt der Relativismus in tausend Formen einen ungeheuren Einfluss auf die meisten Menschen und sogar einige der größten Philosophen der Philosophiegeschichte aus. Doch ist seine Macht und Herrschaft nicht auf die akademische Welt begrenzt, sondern dehnt sich tief ins praktische Leben der Menschen, in Gesetzgebung und Politik aus, waren doch die schrecklichsten totalitären Regime und Ideologien des 20. Jahrhunderts, und sind viele totalitäre Erscheinungen in der heutigen akademischen und politischen Welt auf einen radikalen Relativismus und eine Entthronung der Wahrheit gebaut, die sich für das Fundament von Demokratie und Freiheit hält, aber in Wirklichkeit alle Fundamente einer freien Demokratie untergräbt.

Gerade heute können wir von einer wahrhaften akademischen und außerakademischen Diktatur des Relativismus sprechen. Das Buch Seiferts deckt in scharfsinniger Weise Irrtümer und Widersprüche im Relativismus und seinen verschiedenen Formen und Spielarten, die nicht nur den Nationalsozialismus und das Denken von Marx bestimmten, sondern bis zu Gipfeln der Kantischen, Hegelschen, und späten Husserl'schen Philosophie reichen, auf. Er analysiert sie im historischen Relativismus Diltheys, Heideggers, Gadamers und widerlegt die Versuche Heideggers, Gadamers, und berühmter Logiker, diese Widersprüche zu leugnen oder als plumpe Überrumpelungsversuche abzutun. Das Buch unternimmt auch eine wahre Entthronung des Wertrelativismus und ethischen Relativismus sowie des Relativismus in der Religionsphilosophie.

236 Seiten, Paperback
Paperback
ISBN: 978-3-86417-053-9
EUR 14,80

Josef Seifert
Gottes dritte Versuchung oder das Evangelium des Teufels

Ein Roman aus dem Fürstentum Liechtenstein

»Wenn schon ich, ein Mensch, der über internationale Erfahrungen verfügt und als weder feige noch abergläubisch gilt, solche Angst habe, wenn ich nur einen Roman über diese Ereignisse schreibe, hinter dessen Zeilen die wahren Ansichten und Gedanken des Schriftstellers in gewissem Maße verborgen bleiben, so werden sicherlich viele andere Menschen noch viel leichter eingeschüchtert und erschreckt, sodass einfach die nackte Angst die Menschen schweigen lässt.«

Den Kern dieses metaphysischen, religiösen und transzendenten Romans bilden Gespräche mit einem »orthodox-katholischen« Satan, der, wie unter dem Bann des Exorzismus, zu wahren Aussagen auch über sich selbst gezwungen ist. So interpretiert er etwa die dritte Versuchung Jesu in der Wüste und stützt sich dabei auf das – den Menschen bis jetzt unbekannte – »fünfte Evangelium«, das »Evangelium Satans«. Gleichsam aber offenbart sich Jesus im Licht der satanischen Schriftdeutung und im Widerschein seines Zerrbildes.

1. Auflage
534 Seiten, Paperback
ISBN: 978-3-86417-108-6
EUR 24,80